モラル・サイコロジー

心と行動から探る倫理学

Moral Psychology

太田紘史 編著
小田亮
田中泉吏
飯島和樹
永守伸年
信原幸弘
片岡雅知
立花幸司
吉田敬 著

春秋社

モラル・サイコロジー　目次

モラル・サイコロジー——心と行動から探る倫理学

序論

モラル・サイコロジーの展開

太田紘史

心理学はなぜ倫理学の問題になるのか

人を傷つけると分かっていながら正直に話すか、あるいは人を傷つけないように嘘をついて騙すか。どちらかを選択しなければならないとしたら、どちらを選択すべきだろうか。意図的に人に危害を加えることは、偶然の事故で人に危害を与えてしまうことよりも悪いことだと思われるが、その考えは本当に正しいのだろうか。個人の利益を犠牲にすべき場面もあると言う人もいるだろうが、自分の利益をいつも最優先にするような生き方をして何がいけないのか。そして、そもそもこのような問題には普遍的に正しい答えが存在しているのだろうか。普遍的に正しい答えはなく、正しさは実は相対的なものだとしても、それは各人の主観に相対的なのか、それとも時代や文化や社会に相対的なのか。あるいは普遍的に正しい答えが存在するとしても、それを見つけ出すためにはどのように考えていけばよいのか、そしてその考えを正当化するにはどうすればよいのだろうか。

哲学の長い歴史のなかで、こういった倫理や道徳にまつわる問題は連綿と論じられてきた。その舞台が、倫理学と呼ばれる一つの哲学分野である。仮に、この宇宙がどのような物質で構成されているかとか、この世界にどのような生物が存在しているかといった経験的な問題をすべて科学の力で解明しても、倫理の問題は残り続けるだろう。なぜなら、経験的な問題を解決することで得られるのは「……である（ない）」という事実に関わる情報だが、倫理の問題は、「……は善い（悪い）」とか「……すべきだ」といった、価値や規範に関する言明をめぐる問題だからだ。

だが、経験的な問題が倫理の問題に全く関係がないというのも、間違った考えである。なぜならば、倫理の問題を考えるうえでは、そもそも人間がどのような存在者なのかという事実面の問題が本質的に関わってくるからである。ある行為を選択すべきだと言われても、それが現実の人間の行動能力に照らして達成可能でなければ、ほとんど意味をなさないだろう。倫理の問題に正しい答えがあると言えるのは、そもそも真や偽になりうる言明を人間の判断が表現しているときだけだろう。正しい答えを認識するために何らかの認識手段が提案されたとしても、その認識手段が心理能力として実現可能なものでなければ、そのような提案はつまらないものになるだろう。

実は、そうした人間本性に関する問題は、倫理学でも伝統的に考えられてきた。アリストテレスは、勇敢な人だとか矜持ある人だとかいった人格性が、習慣的な行為によって形成されると考えた。ホッブズは、機械論的な唯物論の観点から、人間を利己心のみによって行動する生物として描いた。ロールズは、人間が持つ道徳感覚は言語能力と類比的に理解できるものだと提案した。そして各哲学者は、そうした見解に基づいて、価値や規範に関する提案を行ってきたのである。ただ、そうした見解はどれも思弁的なものにすぎなかった。なぜならば、人間の心や行動のあり方を実証的に解明するための手段が未発達だったからである。しかし今や、その手段が手に入っている。それは、実験心理学、社会心理学、認知神経科学、進化生物学、発達心理学、文化人類学など、すでに多様な分野において確立されている科学の手法である。そうであれば我々は、人間の心と行動に関する事実について科学的知見を通じた再検討を施すべきであり、そしてそれが倫理の問題にどう関わるのかを再考すべきである。以下では、この哲学と科学の交差点、とりわけ倫理学と心理学の融合分野としての「モラル・サイコロジー（道徳心理学）」の基本問題を紹介させていただこう。

道徳は進化で説明できるか

人間の行動には、他人を助けたり約束を守ったりするような道徳的行動もあれば、他人に危害を加えたり嘘をついたりするような不道徳行動もある。このような行動は、人間のどのような心理から生じるのだろうか。不道徳とされる行動については、比較的容易に理解できそうだ。それは、自己の利益を優先させるような心理、すなわち利己的な心から生じているからだろう。しかし、自分にとって不利益であっても、他人を助けたり約束を守ったりするのはなぜだろうか。このような道徳的行動は、実は非常に奇妙である。というのも、それは進化で生じた生物にとって不可能な行動に思われるからだ。

ダーウィンに由来する進化生物学の基本的発想によれば、生物は突然変異と自然選択によって進化する。遺伝子に生じる突然変異は次世代の子孫へ継承されるが、その大半は生物にとって有利なものではない。しかし稀に、有利な突然変異が生じることがあり、その遺伝子を持った個体は環境のなかで比較的うまく生存して繁殖し、結果として自らの遺伝子をより多く残すことができる。それゆえ、有利な突然変異を持った遺伝子は世代を通じてますます集団内で広まっていく。これが自然選択と呼ばれる過程である。この過程の繰り返しによって、生物集団の全体的な変化（すなわち進化）がもたらされる。だがこのように生物が突然変異と自然選択を通じて進化するのならば、利他性というものは進化過程のなかで出現しないように思われる。

というのも、コストを払って他個体に利する行動を傾向づける遺伝子を持った個体は、生存と繁殖において比較的不利になるので、そうした遺伝子は次世代へと継承されにくくなるはずだからだ。

この問題を解決するための一つの道は、進化生物学者のハミルトンが提唱した「血縁選択」である(Hamilton 1964)。利益を与える相手が自分の血縁者であれば、その個体は自分と同じ遺伝子を共有している。それゆえ、相手が利益を得て生存や繁殖に成功すれば、自分が持つのと同じ遺伝子が次世代に残される確率が高まることになる。簡単に言えば、血縁者に利する行動の遺伝子が、まさにその血縁者の手によって次世代へと継承されるのである。ミツバチやアリのような生物種で、自らは一切繁殖活動を行わずに集団内で労働に従事する個体(「ワーカー」)が存在し続けるのは、このような血縁選択を強く傾向づける特殊な遺伝様式を持っているおかげだとされる。

だがこれでは人間の利他性の全ては説明されない。人間は血縁者以外にも、例えば血縁関係のない友人に対しても利他行動をするからだ。そこで利他性の進化の第二の道として考えられるのが、進化生物学者のトリヴァースが提唱した「互恵的利他性」のシステムである(Trivers 1971)。一般に、自分に対して「お返し」の利他行動をしてくれる個体がいれば、その個体に対して利他行動をしておくことは自らにとって有益になりうる。例えば、生存するための資源を自分が十分に持っているときにそれを他個体に分け与えておけば、将来自分が困窮したときにその相手から資源を分け与えてもらうことが可能になる。それゆえ、このような利他行動をするタイプの個体は、そうでないタイプの個体よりも生存上有利であり、その行動パターンは進化の枠組にうまく収まるものとなる。

しかし人間の利他性は友人どころか見知らぬ人にまで及ぶ。道に迷っている人に尋ねられたら、その人に再び出会うことはない(だから「お返し」は得られない)はずなのに、目的地への行き方を教える。あるいは自然災害が起きたことを知ったら、その被害者のために寄附を行い、それに対して見返りを求めることもない。こういった行動は、生物進化のなかでいかにして生じうるのだろうか。一つの提案は、上記の互恵的利他性を拡張した「間接的互恵性」による説明である（Alexander 1987; Nowak & Sigmund 1998）。他者に利他行動をした結果、それが後に集団内で評判になり、その評判に基づいて第三者から利他行動を受けることになる。このような条件のもとでは、やはり利他行動が自身にとってむしろ有利なものとなり、利他行動をとる個体が集団のなかで支配的になると見積もられている。

このように直接的にせよ間接的にせよ、互恵的な利他行動は自己利益（あるいは「遺伝子にとっての」利益）を促し、そのおかげで自然選択による進化が可能になったと考えられる。ただし、ある行動が自己利益にかなうことで進化したからといって、その行動の発動が常に自己利益で動機づけられているとはかぎらない。むしろそれは、自己利益を求めるのとは異なる心理から動機づけられ、しかし結果的に自己利益をもたらすので、自然選択によって進化したのかもしれない。とりわけ利他行動のようにコストのかかる行動を動機づけるには、強力な感情が必要になるだろう。しかし、それはどのような感情だろうか。

一つの候補は、共感である。我々は苦しんでいる他者を観察すると、それに対して共感を経験し、助けてやらねばという援助行動への動機を抱く。しかし、共感が援助行動を動機づけるとしても、それは真に利他的な欲求を介しているのか、それとも実は利己的な欲求を介しているのだろうか。例えば、苦しんでいる他者を見ることで生じる共感は、自分自身にも苦しみを引き起こすので、こうして生じた自分の苦しみを取り除こうという動機から、援助行動は生じるのかもしれない。そうだとすれば、利他性も実は利己心に基づいているということになるだろう。人間を本質的に利己的なものだと見なした哲学者のホッブズは、自身が乞食に恵んでやるさい、それは自分が乞食を見て感じる苦痛をやわらげるためだと言い放ったという。だが社会心理学者のバトソンが精力的に行ってきた行動実験が示すように、共感により生じる自身の苦痛を回避する手段が他にあっても、人は他者を助けるのである（Batson 2011）。また共感は、他者の心理状態を推測する「認知的共感」や、自身のなかで他者と同じ情動を自動的に再現する「情動的共感」など、複数の心理機能から構成されている。前者と違って後者はサルやマウスといった動物にも見いだされており、人間とそれ以外の動物の進化的連続性を考察するうえでも興味深い（De Waal 2009）。

非協力者への罰と、それを動機づける感情もまた、互恵性のために重要な役割を担うと目されている。集団内で互恵性が維持されるためには、他者から助けてもらいながら自分は他者を助けないような「タダ乗り」行為は罰せられねばならない。近年、このような罰の存在が協力行動を促進することが、「投資ゲーム」の行動実験によって判明している（Fehr & Gachter 2002）。この実験では、四人からなる被験者グループの各メンバーは、自身の手持ちの資金を「投資」して、その成果として資金を増やすことができる。ただし増えた分の資金は、仲間全員で分け合わねばならない。このような場面では、自分は投資せずに他者の成果を享受することも可能である。しかしここで、ある種の罰のシステムを導入する。各メンバーは、タダ乗りをした者に対して懲罰金を払わせることができるが、そのためには自らも資金を払わねばならない。このような、コストを払ってでも他者を罰するという行為（「利他的罰」）が可能な状況では、タダ乗りの頻度が著しく減少し、協力行動が大きく促進された。そして、このような罰を動機づけているのは怒りという感情であることも質問紙調査によって示唆されたのである。

このように利他性の進化は、それに関連する道徳感情の進化を伴いながら展開してきたと推測できる。道徳感情には他にも、行為の失敗から喚起される罪や恥の感覚、さらには集団内で平等や公正を促す正義の感覚といったものがあるだろう。これらはどれも、その心理学的な本性をめぐって現在盛んに研究されている。

だがそうした道徳性の進化生物学的説明は、倫理学に対して何をもたらすのだろうか。

これまで何度も話題になってきたのは、こうした進化生物学的説明が、道徳の正当性を掘り崩してしまうのではないかという提案である。最近のそうした提案の一つによれば、「困った人を助けるべきだ」とか「人を裏切ってはいけない」といったものを含め、我々が抱く道徳的信念はすべからく信頼できなくなる(Joyce 2006)。道徳的信念が正しいのならば、それは、その信念が指示する道徳的性質(正しさや不正さ)の存在によって説明されるはずである。だがそのような道徳的性質の存在を引き合いに出さずとも、突然変異と自然選択の積み重ねによる進化プロセスによって、その信念は説明できる。むしろ、「裏切るのは不正である」といった道徳的信念は、裏切りを忌避するという我々の心理傾向があたかも真理であるかのように世界に対して投射しているのに過ぎないのだという。これは道徳的信念すべてが対象となる大規模な「道徳懐疑論」であるが、より局所的な懐疑論も提案されている。それは、道徳直観に基づいた信念に焦点を合わせる懐疑論である(Singer 2005; Greene 2008)。我々の道徳直観は、進化的に獲得された道徳感情に基づいて生じている。だとすれば道徳直観は、我々の祖先が当時の環境で生存するために獲得した心理傾向に過ぎない。それゆえ、どのような行為を選択すべきかを判断するうえで、あるいは一般的な倫理学理論をつくりあげるうえで、そのような直観を考慮に入れることは正当なものではないという。これらのように、進化的な観点から道徳的信念の正当性を切り崩す議論は「進化的暴露論証」と呼ばれており、その正否をめぐる検討が現在なされているところである。

道徳判断はどのように生産されるのか

我々は、「人を殺してはならない」とか「困っている人を助けるべきだ」という判断を下すことができる。

それは、一般的な規則のような判断かもしれないし（「誰しも嘘をついてはならない」）、個別の行為に関する判断かもしれない（「あのとき彼は嘘をつくべきではなかった」）。いずれにせよ、こうした道徳的な内容を持った判断は、「道徳判断」と呼ばれる。道徳判断の興味深い一つの特徴は、それがしばしば直観的に下されるという点である。倫理学ではしばしば、ある理論が妥当なものかをテストするために、それが反直観的な結論を生じないかどうか検討される。そしてそのために、具体的な行為を選択する場面を考えてみるわけだ。そうしたもののなかでも有名なのは、「トロッコ問題」だろう。これは、哲学者のフットとトムソンが考案した思考実験である（Foot 1967; Thomson 1985）。

線路上に五人の作業員がおり、そこに暴走した電車が向かっているが、彼らはそれに気づいていない。そのままでは五人は電車に轢かれて死んでしまうが、あなたは線路の脇にある機器をスイッチして、電車を別の線路へと引き込むことができる。そうすれば五人の命は救われるだろう。だが不幸にもその別の線路の先にも作業員が一人おり、スイッチすれば、その一人が電車に轢かれて死んでしまうだろう。このとき、あなたはスイッチすべきだろうか。これがトロッコ問題の「スイッチ事例」と呼ばれるものである。

これに対して「プッシュ事例」と呼ばれるバージョンは、次のように少し異なっている。線路上の五人の作業員に向かって暴走した電車が向かっているが、彼らはそれに気づいていない。そのままでは五人は電車に轢かれて死んでしまう。あなたは線路にまたがる歩道橋のうえから太った男を線路上に突き落とすことができ、そうすれば電車は彼にぶつかって、五人の手前で停止するだろう。だがもちろんその場合は、その一人が電車に轢かれて死んでしまうだろう。このとき、その太った男を突き落とすべきだろうか。

スイッチ事例で線路を切り替える行為でも、プッシュ事例で太った男を突き落とす行為でも、結果として五人の命を救い一人の命を失うことになる。前者の行為とは違って、後者の行為は道徳的に許されないと判断されるだろう。このような判断の「ズレ」は、実際に約五〇〇〇人の人びとを対象にした大規模調査においても実証されている。スイッチ事例での行為については多くの被験者（八九％）が肯定的に答えたのに対して、プッシュ事例での行為についてははわずかの被験者だけ（一一％）が肯定的に答えた（Hauser et al. 2007）。

二つの事例の間で判断が異なる傾向は、倫理学における「功利主義」と「義務論」の対立に対応するとしばしば言われる。ベンサムに由来する功利主義の基本的な考えによれば、全体の効用を最大化するような行為が最も望ましい。それゆえ例えば、人命がかかっているような意思決定にあたっては、できるだけ多くの人命を救う選択をすべきである。この点で、スイッチ事例に対する人びとの肯定的な反応は「功利主義的」な判断だと言える。他方でカントに由来する義務論の基本的な考えによれば、行為そのものが正しい仕方でなされているかどうかが重要になる。例えば、意図的に人に危害を加えてはいけないという義務や、人を手段として用いてはいけないといった義務は、そうした行為が全体的に善い結果をもたらす場合でも守られなければならない。それゆえ例えば、救われる人命を最大化するような行為でも、その行為の仕方しだいでは、むしろ道徳的に間違ったものになる。この点で、プッシュ事例に対する人びとの否定的な反応は「義務論的」な判断だと言える。

功利主義の考えを一貫して適用すると、スイッチ事例で線路を切り替えるべきであるのはもちろんのこと、プッシュ事例ですら太った男を突き落とすべきだということになってしまう。しかしこのような結論は、先ほど見た通り、多くの人びとが直観的に下す判断とは対立する。このような直観的に受け容れがたい結論を導くような倫理学理論は、何らかの修正が必要だと思われる。実際、功利主義のなかでも、個別の意思決定ではなく、一般的な規則（例えば〈人を殺してはならない〉といった規則）を正当化するためだけに効用最大化に訴えるという考えがある（「規則功利主義」）。この考えのもとでは、太った男を突き落とすべきだという反直観的な結論は避けられるだろう。

また、義務論ならば常に直観にかなうというわけでもない。カントの義務論では、義務は例外なき絶対的なものである。それゆえ、〈嘘をついてはならない〉という義務のもとでは、どのような場面でも嘘をついてはならず、例えば人の命を救うためでも嘘をついてはならない。これに対して哲学者のロスは、そうした義務はあくまでも「一応の義務(*prima facie* duty)」であると提案した(Ross 1930)。そして人が抱える複数の義務は互いに衝突することがあり、行為選択の場面ではそれら全ての義務を考慮しなければならない。義務をこのようなものとして理解すれば、〈人を助けるべきである〉という義務を優先して嘘をつく、という選択肢も開かれるだろう。

このように倫理学理論は、道徳直観と照らし合わせることで、様々なテストを行うことができる。そして直観的な判断を汲み出すためには、様々な事例を考察すればよい。しかし、ある選択や判断が直観的に受け容れやすいということは、それを正しいものとして信じる根拠になるのか。また、倫理学における理論や立場を評価するうえで、それが道徳直観に合致するということはどれくらい重要なことなのか。これは、道徳判断を正当化するにはどうしたらよいか、倫理学理論を評価したりするためには何を参照したらよいのかというメタレベルの倫理学的問題の一種である。

他方で最近の心理学的研究では、現実の人びとの直観的な判断がどのようなパターンを示し、またそれがどのような要因に影響されるのかということが、実証的に明らかにされつつある。そのために心理学者らは、トロッコ問題のような思考実験を様々な仕方で書き換え、それに対応して人びとがどのように反応を変えるかを調べている。このような手法から明らかにされた道徳直観に影響する要因には、倫理学者が以前から注目していた要因も含まれる。例えば、悪い結果を意図してなされる行為のほうが、悪い結果を単に予見しながらなされる行為に比べて、より否定的な評価が下されやすい。しかし、倫理学者にとっては予想外の要因も明らかにされている。例えば、同じように悪い結果を引き起こす行為のなかでも、身体的接触のある場合のほうが、そうでない場合よりも、否定的な評価が下されやすい（Cushman et al. 2006）。

さらに、思考実験の内容自体ではなく、思考実験を呈示する順序や、思考実験を表現する言葉遣いもまた、道徳直観を左右する。ある研究では、トロッコ問題を被験者に呈示するときに、プッシュ事例の後にスイッチ事例を呈示すると、スイッチ事例で線路を切り替えるという選択はあまり受け容れられなくなった。また、トロッコ問題のスイッチ事例で、「スイッチにより一人が救われる」と表現する場合のほうが、「スイッチにより五人が死ぬ」と表現する場合よりも、線路を切り替えるという選択が受け容れられやすかった（Petrinovich & O'Neil 1996）。そして興味深いことに、哲学者の直観もまた、そうした要因によって影響されることが報告されている（Schwitzgebel & Cushman 2012）。こうした知見からは、我々が直観的に下す道徳判断が信頼に値しないのではないかという疑念が自然と生じてくるだろう。道徳的ジレンマを含む様々な思考実験で、直観的な判断がどのようなパターンを示すか、またそれがどのような要因によって影響されるかという問題には、心理学だけでなく倫理学からも大きな関心が寄せられている。

直観と対をなすものは推論（理由づけ）である。道徳判断を下すためにどのような推論が心のなかで行われているのかは、それ自体で興味深い問題である。特に最近注目を集めている見方は、人間は推論を行ってから判断を下すわけではないという見解である。これを強く提唱しているのが、社会心理学者のハイトである（Haidt 2001）。彼が行ったある実験では、被験者は架空のストーリーを呈示された。それは、事故死してしまった愛犬の死体を調理して食べるといったストーリーや、国旗を雑巾にして風呂掃除に使うといったストーリーである。被験者はしばしばこのような行為は道徳的に間違ったものだと答え、その理由として、犬の死体を食べたら病気になってしまうとか、国旗を雑巾にするのを隣人が見たら不快に思うといったことを挙げた。これに対して実験者は、調理は完全になされているので病気にはならないはずだとか、国旗を雑巾にするのは家の中でのことであり誰にも見られていないとかいった点を指摘し、被験者が挙げた理由を退けていった。すると被験者は、自分が下した判断を撤回するのではなく、判断を支持する他の理由を探し出したのであった。このように推論は、判断を導くためではなく、すでに下された判断に対して理由を与えるために行われるのだという（「ポストホック推論」）。ハイトが提唱する「社会的直観モデル」では、まず直観が判断を駆動し、その後にそれを合理化するための推論が働く。推論は直観や判断を修正することがあるかもしれないが、それは稀な出来事である。むしろ推論は、自分ではなく他者の直観に対して働きかけ、その考えを方向付けるという形で影響力を発揮する。このように道徳推論は、これまで考えられていたように個人内の心理過程ではなく、むしろ社会における個人間の相互作用において働くものなのだという（Haidt 2012）。

理性と感情は脳内でどのように働いているのか

人間の道徳を、理性と感情という二つの相克する心理によって理解する試みは、倫理学の長い歴史で繰り返し行われてきた。例えば近代の倫理学では、一方にはカントに代表される理性主義があり、他方にはヒュームに代表される感情主義がある。カントによれば、ある行為が道徳的に正しいものであるためには、それが理性によって動機づけられていなければならず、そしてその動機づけは、理性が道徳にまつわる普遍的法則に従うことで達成されるのでなければならない。しかしヒュームによれば、理性にそのような働きはない。理性は感情を満たすように働くものであり、そしてそうあるべきなのだという。また二〇世紀以降の倫理学においても、道徳判断は真や偽になりうるものであり、その真偽は道徳的真理が正しく認知されるかどうかに依存するという見解（認知主義）や道徳判断はその主体が抱いている情動の表れに過ぎないとする見解（情動主義）など、いくつもの提案がなされてきた。

最近の科学的研究からは、現実の人びとが道徳判断を下すさいに感情が影響力を持っていることが、様々な実験によって示されている。例えば、人の嫌悪感を操作する手段として、散らかった部屋に滞在させるといったものや、不愉快なシーンを含む動画を見せるといったものがあり、こうした操作のあとでは人びとはより厳しい道徳判断を下すという報告がなされている（Schnall et al. 2008）。また、不愉快な動画を見せられて嫌悪感を高められた被験者と、動画を見せられた後に石鹸で手を洗った被験者とを比較すると、後者のほうにおいてより緩やかな道徳判断が下されていた（Schnall, Benton & Harvey 2008）。

道徳判断において感情が働くメカニズムは、判断を下しているときの脳を調べることによっても探求されている。認知神経科学者のグリーンのグループは、先ほどのトロッコ問題のような様々な道徳的ジレンマを被験者に呈示し、そのときに被験者がどのような脳活動を示すかをｆＭＲＩでスキャンして調べた（Greene et al. 2001; Greene et al. 2004）。結果、スイッチ事例を呈示された被験者では、背外側前頭前皮質（DLPFC）という高次の認知活動に関わる部位が賦活しており、これに対してプッシュ事例を呈示された被験者では、内側前頭前皮質（MPFC）・後帯状皮質（PCC）・扁桃体（amygdala）といった感情反応の処理に関わる部位が賦活していた。

グリーンはこの結果を、理性と感情が脳内で対立していることの現れとして理解し、「二重過程モデル」を提案する。脳内には理性的な神経プロセスと感情的な神経プロセスが存在しており、それらは道徳判断を下す際に競合的に働きうる。スイッチ事例では、より多くの人命を救うべきだという推論が理性的な推論に基づいて働くのに対して、プッシュ事例では、人に意図的な危害を加えてはならないという直観が感情によって駆動し、それが理性による推論の力を上回る。このように最終的にどのような判断が下されるかは、理性と感情のどちらがより強く働くかしだいであるという。

理性と感情が脳内でどのように道徳に関わっているのかという問題を考えるうえでは、精神医学や神経心理学の知見も示唆的である。精神医学的診断によってサイコパスとして分類される人びとがおり、彼らは反社会的行動と情動障害によって特徴づけられる（Blair et al. 2005）。彼らは衝動的な行動傾向を持ち、他人を利用したり危害を加えたりすることがあっても、それに対する罪悪感を欠く。

サイコパスの主要な生物学的基盤の一つは、恐怖条件づけを始めとする情動処理において重要な役割を果たす扁桃体の機能不全であるとされる。これは、彼らが健常者と違って、学習性の脅威刺激（電気ショックが数秒後に与えられることを知らせるブザー音）に対して皮膚電位反応を示さないという知見にも合致する。

また、サイコパスの脳内要因として、腹内側前頭前皮質（VMPFC）の機能不全の可能性も指摘されている。ＶＭＰＦＣは情動反応や価値表象を統合して意思決定を導く機能を持つとされているが、実際、この部位に損傷を受けた患者はサイコパスに類似した傾向を示す（「後天性ソシオパス」）（Damasio 2005）。ＶＭＰＦＣ患者もサイコパスと同様に、知的に健常であり、とりわけ社会的なルールに関する質問に適切に答えられるものの、感情の全般的な平板化とときおり見せる衝動性、そして反社会的な行動傾向を抱えている。サイコパスとＶＭＰＦＣ患者は、情動処理障害の特徴や攻撃行動のパターンなど様々な面で異なってはいるが、知的に健常であり道徳判断を下せるにもかかわらず、それに対応した行動を動機づけ制御できていないように見える。

サイコパスとＶＭＰＦＣ患者についての知見は、道徳的動機づけをめぐる倫理学的問題に対しても新たな光を当てる。「動機内在主義」という見解によれば、道徳判断は本質的に、それに対応する道徳的行動を動機づけるものである。これは道徳判断についての日常的な理解にも合致する見解である。例えばあなたが、自身の友人が困っていることを聞いて〈彼を助けねばならない〉と心の底から考えたとしたら、それに続いて〈彼を助けよう〉という動機が涌き上がり、そのために何ができるかを思案するようになるだろう。判断することで特定行動への動機が必然的に生じる――これは、〈地球は丸い〉というような事実判断にはない、道徳判断に特有の働きである。しかし、このような動機内在主義の見方は、上記のようなサイコパスやVMPFC患者の知見と衝突するように思われる。というのも、彼らは知的に健常で、〈人を傷つけてはならない〉といった判断を下すことができるにもかかわらず、行動傾向はそうした判断に合致しないからだ（Roskies 2003）。

だが動機内在主義の正否は、その主張内容の正確な定式化しだいであろう。一つの定式化は、〈合理的な人の道徳判断は必然的に行動を動機づける〉というものである（Smith 1994）。このように定式化された動機内在主義ならば、サイコパスやVMPFC患者の知見によっては棄却されないかもしれない。というのも、彼らは何らかの点で不合理な仕方で判断を下しているがゆえに、それに対応する行動の動機づけに失敗しているのかもしれないからだ。実際、彼らが健常者と同じように道徳判断を下せているのかについては疑念が残る。彼らは健常者と違って、道徳的規則（例：人を傷つけてはならない）と、単なる慣習的規則（例：学校で異性の制服を着てはならない）とを区別できないことが示唆されている（Blair et al. 2005）。

このように、人間の脳内でどのように理性と感情が道徳に結びついているのか、そしてそれがどのような倫理学的意義を持つのかは、現在大きな論争となっており、経験的にも理論的にも盛んに研究が進められている。

道徳はどのように発達し多様化するのか

子供はどのように規範意識を発達させるのか。その発達には体系的で段階的なパターンがあると提唱したのが、発達心理学者のコールバーグである（Kohlberg 1969）。彼はそれを、子供の推論（理由づけ）を調査することに基づいて提案した。例えば、子供に次のようなストーリーを呈示する。ハインツさんは病気の妻を抱えていて、彼女の命を救うためには薬を手に入れなければならない。しかし彼は、それを買うためのお金を持っていない。それを譲ってくれるように薬屋に頼んだが、それも断られてしまった。彼は、薬を盗むかどうか、決めなければならない（「ハインツのジレンマ」）。コールバーグは子供達に対して、ハインツがどうすべきかを答えさせたうえで、子どもがその答えに対してどのような理由づけを行うかに着目した。ここでコールバーグは、その理由づけが年齢によって変化していくパターンを探り、それを六段階に分類したのである。

例えば低年齢では、盗むべきだという答えに対して、「薬を盗んだくらいで罰せられはしない」（第一段階：服従と罰の回避）、「盗むのが唯一の手段だからだ」（第二段階：欲求充足のための道具主義）といった理由づけが見られがちである。より年齢を経ると、「妻への愛があるなら盗むべきだ」（第三段階：他者との協調）、「盗むべきだがその社会的責任は負うべきだ」（第四段階：社会的秩序への志向）といった理由づけが、より高い頻度で見られるようになる。そして最終的には「人は生きる権利を持つからだ」（第五段階：権利と契約による社会的秩序の理解）、「生命は何よりも重い価値を持つからだ」（第六段階：普遍的な道徳原理の適用）といった理由づけが展開される。（同様に、盗んではいけないという答えに対する理由づけも六段階で展開する。）このように年齢に伴う理由づけの発達傾向は、他律的で相対的で状況的な規範意識から、自律的で普遍的で慣習に依存しない規範意識への展開という形をとる。この発達傾向はコールバーグによって三水準六段階としてまとめられ、最初の二段階は「前慣習的水準」、次の二段階は「慣習的水準」、最後の二段階は「脱慣習的水準」として分類された。子供の規範意識は、こうして徐々に普遍的な規範を認識するようになるのだという。

しかし発達心理学者テュリエルによる調査からは、子供はもっと早い段階から普遍的な規範とそうでない規範を区別することが示唆されている（Turiel 1983）。その調査結果によれば、他者を傷つけるとか所有物を盗むとかいった道徳的規則からの逸脱は、それらを禁じる規則がなくとも常に悪いことだと答えられる傾向にあったが、テーブルマナーを守らないとか学校で制服を着ないとかいった慣習的規則からの逸脱に対しては、そのような傾向は比較的弱いものであった。彼によれば、道徳的規則は行為に内在する善さや悪さによって成立するものであり、危害・人権・公正性といったことを要因に焦点が当てられる。他方で慣習的規則は社会秩序を維持するマナーとして成立するものであり、もっぱら呼称・礼儀・服装といったものに関わる。道徳は慣習に依存しておらず、それらは根本的に異質なものとして認識されるのだという（「領域特殊理論」）。

だが文化人類学者のシュウィーダーの調査からは、そもそもこうした仕方での道徳／慣習区別を否定するような結果が得られている（Schweder et al. 1987）。その調査によれば、インド人はアメリカ人と違って、食物タブーや性別役割規範を、状況に関わらない義務だと答える傾向にある。例えば、インド人の大半は、「未亡人が週に二、三度魚を食べる」、「息子が父親をファーストネームで呼ぶ」といったことは許されないと答えたうえで、そうしたことを禁じる自国の規範を変えてはならないし、さらにアメリカでもそうした規範が実践されたほうがよいと答えた。他方でアメリカ人の大半は、そうした行為は許されると答えたうえで、そうした行為を禁じるような規範が自国で導入されるべきではないし、またインドでもそのような規範は変えられたほうがよいと答えた。このように、インド人は自身が義務だと思うものを普遍的と見なし、またアメリカ人も自身が権利だと思うものを普遍的と見なしていた。アメリカ人から見れば慣習に過ぎない規範は、インド人にとっては普遍的な規範として理解されているのである。シュウィーダーはこうした知見に基づいて、道徳を構成する理念を、欧米の個人主義的社会に見られがちな〈自律の倫理〉だけではなく、〈共同体の倫理〉および〈神聖の倫理〉をも含むものとして包括的に理解しようとした。

社会心理学者のハイトはシュウィーダーの理論を発展させ、「道徳基盤理論」を提唱している（Haidt 2001）。道徳的な規範は、〈危害〉を禁止する規範や〈公正〉を確保する規範だけではない。それに加えて、自身が所属する集団に〈忠誠〉を示すという規範、社会階層における〈権威〉を敬い従うという規範、そして〈神聖〉なものを守り不浄を避けるという規範もまた、慣習を超えた道徳的規範なのである。様々な道徳規範はこれら五つのうちいずれかの領域を基盤としており、そしていずれの領域も経験に先立って組織化されているという意味で生得的である。ただし、生得性は固定性を意味しない。これらの基盤のうちどれに重きを置くかによって、また発達過程において各基盤にどのような「トリガー」を結びつけるかによって、様々な文化差や個人差が出現するという。例えば、体罰は子供を傷つける行為だとして非難する人では、体罰が〈危害〉規範に違反するトリガーとなっている。他方で、体罰が〈敬意〉規範に合致するトリガーとなっている人では、体罰は子供を親や教師に服従させるための手段として、むしろ許容されている。さらに、この五基盤の分布により、政治的信条の違いも説明されるという。政治的左派は〈危害〉〈公正〉に重きを置く道徳観を発達させているのに対して、政治的右派はそれも含めた五つの基盤すべてに重きを置いた道徳観を発達させているのだという。この理論的説明は、道徳基盤に〈自由〉の領域を追加することでさらに展開されつつある（Haidt 2012）。

行動を規定するのは人格性か状況か

道徳的な振る舞いというものは、その人の性格しだいと考えられるかもしれない。このような考えは、少なくとも我々の日常的な思考には根付いている。人が嘘をつくのを見かけたら、その人は不誠実な性格の持ち主だと見なすだろうし、また困っている人を助けてあげている人を見かけたら、その人はきっと優しい人なのだと考えるだろう。これは、その行為者に対して特定の性質を帰属することで、その行為の心理的起源を説明しているのである。ここで帰属されている「誠実さ」や「優しさ」は、個々の行為ではなく、その行為を生み出す人の性格を特徴づけるものであり、一般に「人格性（パーソナリティ）」と呼ばれるもの（とりわけ道徳的な人格性）である。

道徳的な行動は道徳的な人格性に基づいて生み出されるという考えは、徳倫理学という見解において展開されてきた。とりわけ支配的なのは、アリストテレスの徳倫理学と、それに基づいて発展してきた陣営（「新アリストテレス主義」）である。「徳（virtue）」に対応する古代ギリシャ語である「アレテー」は、「優れていること」を意味する。人間が行為者として優れていること、すなわち有徳であることが、徳倫理学の基本理念である。倫理学ではしばしば、あるタイプの行為が正しいかどうか、それを基礎づける原理は何かが問題として設定される（功利主義と義務論の対立はこの問題の一局面である）。これに対して徳倫理学は、行為よりもまず行為者の人格性に焦点を当て、それに基づいて行為の正しさを規定したり評価したりするのである（Hursthouse 1999）。

しかし近年、道徳的な行動を生み出す人格性といったものは、実は存在しないのではないかという疑いが提案されている。そうした疑いは、社会心理学の様々な行動実験からの知見に基づいたものである。

社会心理学者のミルグラムによる「従属実験」(Milgram 1974)では、体罰が学習に対して及ぼす効果の調査実験のためだと称して、参加者が集められた。参加者(教師役)は、他の参加者(生徒役)が暗記テストに失敗するたびに、心理学者からの指令のもと、電気ショックを与えるよう促される。この実験の真の目的は、教師役がどれくらい心理学者の指令に従うかを調べることであり、実は生徒役の参加者は電気ショックを与えられて苦しむ演技をする「役者」である。生徒役はテストで繰り返し失敗するので、それに応じて教師役は、電気ショックの強度(電圧)を高めるように促される。生徒役は、電圧が一五〇Vにいたると実験中止を求めて叫び、その訴えは電圧とともにさらに高まり、三三〇Vを超えるともはや何の反応も示さなくなる。素朴に考えれば、普通の人ならばこのような残酷な指令に従うはずがないと思われるかもしれないが、結果は違った。最終的に教師役の全員が三〇〇V以上まで電圧を高め、さらに六割以上が最高電圧(四五〇V)まで高めたのである。

ミルグラム実験は、人に危害を与える行動が状況要因に左右されることを示唆しているが、他方で人を助ける行動(援助行動)もまた状況要因に左右される。「傍観者効果」は、その一例である(Latane & Darley 1970)。ある実験条件では、部屋に一人きりでいる被験者は、隣室から叫び声を聞く。この場合、多くの被験者(七〇%)が隣室へ介入する行動をとった。しかし別の実験条件では、隣室から叫び声が聞こえるとき、それに対して無反応な人(役者)が周囲にいる。この場合、介入行動をとる被験者はわずかであった(七%)。「気分(ムード)効果」もまた行動の状況依存性を示している(Isen & Levin 1972)。ある実験条件では、被験者は電話ボックスを出たところで、書類を散乱させた人(役者)と出くわす。この場合、それを集めるのを助ける行動をとった人はわずかであった(四%)。しかし別の実験条件では、被験者は電話ボックスを出るときに釣り銭でコインを一枚見つける。この場合には大半の被験者が助けに出たのであった(八〇％以上）。

　人間の行動はその状況によって規定されるという考え方は「状況主義」と呼ばれる。一部の哲学者は、状況主義の見解に基づいて徳倫理学を批判する（Harman 1999; Doris 2002）。人の行動は外的な状況に大きく左右される。様々な状況を通じて特定の行動を顕現させるような性格（「グローバル特性」）は存在せず、せいぜい、特定状況に相対的に行動を顕現させる性格（「ローカル特性」）しか存在しない。新アリストテレス主義の徳倫理学は、人は性格に基づいて道徳的な行動をなすと考えているが、批判者によればこれは誤った経験的想定であり、それゆえ徳倫理学は棄却や修正を迫られる。他方で、徳倫理学はそうした経験的知見によっては棄却されないと論じる擁護者も多く、徳倫理学と状況主義をめぐる論争が激しく展開されている。

†

　本書には、モラル・サイコロジーの基本問題をめぐって、計九本の論考が収録されている。以下、簡潔に各章の論考を紹介していこう。

　第Ⅰ部「生物学から探る倫理学」に収められた三論考は、生物進化と生得性の観点から道徳性を理解することを試みる。第１章「道徳的行動の進化的背景」（小田亮）では、人間の利他行動とそれを支える心理がどのような進化生物学的な基盤を持つのか、関連する経験的知見を包括的に検討したうえで、道徳規範の起源について考察する。第２章「道徳心理の進化と倫理」（田中泉吏）は、ダーウィン以来の進化論と倫理学の関わりあいについて歴史的考察を施したうえで、道徳的真理の客観性に対する暴露論証の正否を検討する。第３章「生まれいづるモラル――道徳の生得的基盤をめぐって」（飯島和樹）は、道徳認知にまつわる発達研究から社会神経科学までの幅広い知見を考察したうえで、道徳認知がどのような計算論的過程に従っているのか、そしてそれがどのような意味で生得的たりうるのかを検討する。

第Ⅱ部「人間心理から探る倫理学」に収められた三論考は、道徳判断に対して理性・感情・直観・推論・動機といった心理学的諸要素とそれらにまつわる倫理学的な問題を扱う。第4章「感情主義と理性主義」（永守伸年）は、道徳判断における感情と理性の役割についての経験的知見を総括しながら、それが判断の正当化に関する諸見解とどのように噛み合うのかを検討する。第5章「道徳直観は信頼不可能なのか」（太田紘史）は、直観的な道徳判断が判断者の置かれる様々な文脈によって左右される現象に焦点を当て、そうした現象が道徳直観を信頼できないものにするのかを検討する。第6章「道徳判断と動機」（信原幸弘）は、道徳判断の動機力をめぐる問題に向けてサイコパスやVMPFC患者の事例を考察するとともに、道徳判断にとって合理性がどのように位置づけられるか、そして内在主義がどのような形式をとりうるか、理論的展望を示す。

第Ⅲ部「人間行動から探る倫理学」に収められた三論考は、道徳的行為者の内的特性とそれをとりまく外的文脈をめぐる心理学的および倫理学的な問題を扱う。第7章「利己主義と利他主義」（片岡雅知）は、人はどのような意味で真に利他的たりうるのかを考察したうえで、実際に人が利他的かどうかを調べる心理学的成果を総括する。第8章「徳と状況――徳倫理学と状況主義の論争」（立花幸司）は、（不）道徳的行動の状況依存性にまつわる社会心理学と人格心理学の知見を踏まえ、徳倫理学はそうした知見にどのように応じうるのかを検討する。第9章「文化相対主義の克服に寄せて――道徳的／慣習的規則の区別に関する論争を手がかりに」（吉田敬）は、行動規範における道徳／慣習区別の文化差をとりあげつつ、それが招く文化相対主義に抗して、合理性概念の再考を基盤とした批判的検討を加える。

本書に収められた論考は、モラル・サイコロジーの科学的発展からの成果を踏まえつつ、その倫理学的な意義についても真摯な検討を行っている。読者諸氏には各論考を通じて、心理学と倫理学の視線が重なる交差点を楽しんでいただければ幸いである。

参考文献

Alexander, R.D. 1987. *The Biology of Moral Systems*. Aldine de Gruyter.

Batson, D. C. 2011. *Altruism in Human*. Oxford University Press.（D・バトソン『利他性の人間学』菊池章夫・二宮克美訳、新曜社、二〇一二年）

Blair, J., Mitchell, D. & Blair, K. 2005. *The Psychopath: Emotion and the Brain*. Blackwell.（J・ブレア、D・ミッチェル、K・ブレア『サイコパス――冷淡な脳』福井裕輝訳、星和書店、二〇〇九年）

Cushman, F., Young, L. & Hauser, M. 2006. The role of conscious reasoning and intuition in moral judgment: Testing three principles of harm. *Psychological Science* 17: 1082–1089.

Damasio, A. R. 2005. *Decarte's Error: Emotion, Reason, and the Human Brain*. Penguin Group.（A・R・ダマシオ『デカルトの誤り――情動、理性、人間の脳』田中三彦訳、筑摩書房、二〇一〇年）

De Waal, F. 2009. *The Age of Empathy: Nature's Lessons for a Kinder Society*. Harmony Books.（F・ドゥ・ヴァール『共感の時代へ』柴田裕之訳、紀伊国屋書店、二〇一〇年）

Doris, J. M. 2002. *Lack of Character: Personality and Moral Behavior*. Cambridge University Press.

Fehr, E., & Gachter, S. 2002. Altruistic punishment in humans. *Nature* 415: 137–140.

Foot, P. 1967. The problem of abortion and the doctrine of double effect. *Oxford Review* 5: 5–15.

Greene, J. D. 2008. The secret joke of Kant's soul. In W, Sinnott-Armstrong（ed.）, *Moral Psychology: The Neuroscience of Morality*. MIT Press, pp. 35–79.

Greene, J. D., Nystrom, L. E., Engell, A. D., Darley, J. M. & Cohen, J. D. 2004. The neural bases of cognitive conflict and control in moral judgment. *Neuron* 44（2）: 389–400.

Greene, J. D., Sommerville, R. B., Nystrom, L. E., Darley, J. M. & Cohen, J. D. 2001. An fMRI investigation of emotional engagement in moral judgment. *Science* 293: 2105–2108.

Haidt, J. 2001. The emotional dog and its rational tail: A social intuitionist approach to moral judgment. *Psychological Review* 108: 814–834.

Haidt, J. & Graham, J. 2007. When morality opposes justice: Conservatives have moral intuitions that liberals may not recognize. *Social Justice Research* 20 (1): 99–116.

Haidt, J., Koller, S., & Dias, M. 1993. Affect, culture, and morality, or is it wrong to eat your dog? *Journal of Personality and Social Psychology* 65: 613–628.

Haidt, J. 2012. *The Righteous Mind: Why People are Divided by Politics and Religion*. Penguin Books.（J・ハイト『社会はなぜ左と右に分かれるのか』髙橋洋訳、紀伊國屋書店、二〇一四年）

Hamilton, W. D. 1964. The genetical evolution of social behaviour. I. *Journal of Theoretical Biology* 7: 1–16.

Harman, G. 1999. Moral philosophy meets social psychology: Virtue ethics and the fundamental attribution Error. *Proceedings of the Aristotelian Society* 99: 315–331.

Hauser, M., Cushman, F., Young, L., Jin, R. K. & Mikhail, J. 2007. A dissociation between moral judgments and justifications. *Mind & Language* 22: 1–21.

Hursthouse, R. 1999. *On Virtue Ethics*. Oxford University Press.（R・ハーストハウス『徳倫理学について』土橋茂樹訳、知泉書館、二〇一四年）

Isen, A. M. & Levin, P. F. 1972. Effect of feeling good on helping: cookies and kindness. *Journal of Personality and Social Psychology* 21: 384–388.

Joyce, R. 2006. *The Evolution of Morality*. MIT Press.

Kohlberg, L. 1969. Stage and sequence: the cognitive-develop-mental approach to socialization. In D. A. Goslin (ed.), *Handbook of Socialization Theory and Research*. Rand McNally, pp. 347–480.

Latané, B. & Darley, J. M. 1970. *The Unresponsive Bystander: Why Doesn't He Help?* Meredith Corporation.（B・ラタネ、J・

M・ダーリー『冷淡な傍観者』竹村研一・杉崎和子訳、ブレーン出版株式会社、一九九七年）

Milgram, S. 1974. *Obedience to Authority: An Experimental View.* Harper & Row.（S・ミルグラム『服従の心理』山形浩生訳、河出書房新社、二〇〇八年）

Nowak, M. A. & Sigmund, K. 1998. Evolution of indirect reciprocity by image scoring. *Nature* 393: 573–577.

Petrinovich, L. & O'Neill, P. 1996. Influence of wording and framing effects on moral intuitions. *Ethology and Sociobiology* 17: 145–171.

Roskies, A. 2003. Are Ethical Judgements Intrinsically Motivational? Lessons from "Acquired Sociopathy", *Philosophical Psychology* 16: 51–66.

Ross, W. D. 1930. *The Right and the Good*. Oxford University Press.

Schnall, S., Benton, J. & Harvey, S. 2008. With a clean conscience: Cleanliness reduces the severity of moral judgments. *Psychological Science* 19: 1219–1222.

Schnall, S., Haidt, J., Clore, G. L. & Jordan, A. H. 2008. Disgust as embodied moral judgment. *Personality and Social Psychology Bulletin* 34: 1096–1109.

Schwitzgebel, E. & Cushman, F. 2012. Expertise in moral reasoning? Order effects on moral judgment in profes-sional philosophers and non-philosophers. *Mind & Language* 27: 135–153.

Shweder, R. A., Mahapatra, M. & Miller, J. 1987. Culture and moral development. In J. Kagan & S. Lamb (eds.), *The Emergence of Morality in Young Children.* University of Chicago Press, pp. 1–90.

Singer, P. 2005. Ethics and intuitions. *Journal of Ethics* 9: 331–352.

Smith, M. 1994. *The Moral Problem.* Blackwell.（M・スミス『道徳の中心問題』樫則章監訳、ナカニシヤ出版、二〇〇六年）

Thomson, J. J. 1985. The trolley problem. *Yale Law Journal* 94: 1395–1415.

Trivers, R. 1971. Evolution of reciprocal altruism. *Quarterly Review of Biology* 46: 35–57.

Turiel, E. 1983. *The Development of Social Knowledge: Morality and Convention.* Cambridge University Press.

I　生物学から探る倫理学

第1章 道徳的行動の進化的背景

小田　亮

1　生物学からみた道徳

1・1　「なぜ」利他行動をするのか？

道徳的規範には、さまざまな文化に共通してみられる部分と、文化ごとに異なる部分とがある。利他的な行動や心情、少なくとも自身が属する集団の成員に対するそれは文化の違いに関わらず共通してみられるものであり、道徳のひとつの核であるといえるだろう。本章では、道徳的行動のなかでも特に人間の利他性に注目し、その進化についてこれまで明らかになっていることを概観しつつ考察していく。

道徳的規範は心の働きであり、そういった心の働きの帰結として例えば利他行動がみられる。では、そもそも動物は「なぜ」ある行動をするのだろうか。動物行動学の創設者の一人であるティンバーゲンは、動物の行動について考えるときには四つの異なる考え方がある、ということを提唱した（Tinbergen 1963）。そ

	時間軸	
	短い	長い
メカニズム	至近要因 （しくみ）	究極要因 （機能）
プロセス	発達要因 （発達）	系統進化要因 （歴史）

図１　ティンバーゲンの４つの問い

れぞれ、⑴至近要因、⑵究極要因、⑶発達要因、⑷系統進化要因とされており、⑴は行動の起きるメカニズムについての問い、⑵は行動の機能についての問い、⑶は行動が個体の一生のうちにどのように発達してくるのかということについての問い、そして⑷は行動がどのような歴史的由来をもっているかということについての問いである。これらは、メカニズムとプロセス、時間軸が長いか短いか、という分け方もできる。至近要因と究極要因はどちらもメカニズムであり、発達要因と系統進化要因はプロセスである。では何が違うかというと、「しくみ」と「発達」は短い時間軸で行動を眺めたものであり、一方「機能」と「歴史」は長い時間軸で眺めたものである（図１）。心理学は人間の行動を扱う分野だが、基本的に至近要因と発達要因の解明を主に行ってきた。つまり、どのような心理が働いて、あるいはどのような内分泌機構が働いて特定の行動が出てくるのか、あるいは特定の行動がどう発達して、そこに学習や経験がどう影響してくるのかといったことを明らかにしてきたのである。近年盛んになってきた脳神経科学も、生物学的な色合いが増してはいるものの、至近的なメカニズムを追求しているという点においては従来の手法とさほど変わりはない。しかしながら、究極要因と系統進化要因もまた同等に重要な問いであり、「そのような心理にはどういう機能があるのか」あるいは「そのような心理が進化の歴史のなかでどういう過程を経て現在に至っているのか」ということについても解明していかなければ、真に人間行動を理解したことにはならないのである。

利他行動についても同様のことがいえる。心理学ではこのような行動に「向社会的行動（順社会的行動）」、「愛他行動」、「援助行動」といったさまざまな用語が用いられている。例えばアイゼンバーグは、向社会的行動（prosocial behavior）を、行動の動機は不明だが、表面上は意図的で自発的な、他者の利益になる行動であると定義している（Eisenberg 1982）。一方、愛他行動（altruistic behavior）は他者の利益のために外的報酬を期待することなくなされる、意図的かつ自発的な行動であるとされ、向社会的行動の方がより広い概念として定義されている。心理学ではこのような行動について、動機づけや発達の観点から研究が進められてきた。一方、同じ行動について、進化生物学では異なる観点から研究が進められてきた。心理学では「愛他行動」と訳されることが一般的な altruistic behavior は、進化生物学では「利他行動」と呼ばれており、その行動によって相手が得た利益の程度、あるいは行為者が払った損失の程度に焦点が当てられる。動機や意図の有無はあまり問題とはされず、向社会的行動と愛他行動はどちらも利他行動として扱われる。利益や損失に注目するのは、進化生物学では究極要因と系統進化要因が主な問題とされるからである。

生物のもつ機能は、主に自然淘汰（natural selection）によって進化してきたと考えられている。そもそも進化とはＤＮＡの塩基配列に起こる偶然の変化の積み重ねであり、基本点には方向性がない。しかしながら、そこに自然淘汰が働けば、進化に一定の方向性がみられるようになる。自然淘汰とは、形質に遺伝的な分散があった場合、他の形質よりも次世代に相対的に多く遺伝子を残せる形質が集団内に広がっていくことであり、その結果として適応（adaptation）が生じる。つまり、進化生物学における適応とは、ある環境のもとで生存や繁殖に有利な形質をもつことをいい、適応の度合いは、適応度という、次世代に残した遺伝子の相対頻度によって判断する。これは行動の進化にも適用可能であり、自然淘汰が働くと、結果として動物の行動はより環境に適応したものとなっていく。自然淘汰を理解するうえで重要なのは、その単位が遺伝子である、ということだ。つまり単純化すると、動物の行動は個体のためではなく、遺伝子をより多く残すために進化していくということがいえる。ドーキンスはこの考え方を「利己的な遺伝子」（selfish gene）というコピーによって言い表し、広めることに成功した（Dawkins 1976）。では、利他行動はこのような観点からどう説明できるだろうか。利他行動はその行為者が自らの利益、すなわち適応度を下げて受益者の適応度を上げる行為であり、このような行動は普通に考えると自然淘汰において残っていかない、すなわち進化しないように思えるが、実際には自然界に広くみられている。これを説明する鍵は、やはり自然淘汰の単位が遺伝子であるということだ。ハミルトンは、利他行動の受益者が行為者の血縁、すなわち同祖遺伝子を高い確率で共有する相手であれば、利他行動によってその共有された遺伝子が選択されるため、一定の条件下でこのような行動は進化しうるということを明らかにした（Hamilton 1964）。これを血縁淘汰理論（kin selection theory）という。例えばアリやハチといった社会性昆虫では、コロニーにおいて繁殖可能な個体は一個体のみであり、ワーカーはまったく繁殖せずにコロニーの他個体、つまり自分の姉妹の世話をして一生を終える。これは個体のレベルでみると自らの繁殖を犠牲にして他個体の適応度を上げる利他行動であるが、半倍数体の種においては姉妹間の血縁度、つまり同祖遺伝子を共有する確率が親子間よりも高いので、結果的に自分と同じ遺伝子を助けていることになり、このような行動も進化しうるのである。

では、非血縁個体、つまり同祖遺伝子を共有する確率が集団全体と比較して特に高くない相手に対する利他行動はどのように説明できるのだろうか。そこで提案されたのが、トリヴァースによる互恵的利他主義（reciprocal altruism）の理論である（Trivers 1971）。これは、ある個体が非血縁個体に対して利他行動をすると、そのときには適応度が下がるが、後で同じだけ相手から返してもらえば、差し引きがゼロになり、互いに困っているときに助けてもらえるので、このような行動は進化しうるだろう、という理論だ。ただし、これが成り立つには相手からのお返しが確実になる条件が必要であり、例えば閉鎖的な関係が長期間続く集団であること、相手の識別や過去のやりとりを記憶する能力があることなどが考えられている。ある程度長期間の安定した関係が続く間柄における利他行動はこの理論で説明できるが、ヒトの場合、寄付などにみられるように、血縁でもないし普段から付き合いもない赤の他人に対しても利他行動を行うことがよくある。このような利他行動は他の種においてはほとんどみられず、ヒトという種の大きな特徴であるといえるだろう。このような利他行動を説明するために考えられたのが、間接互恵性（indirect reciprocity）である。これはつまり、利他行動の相手から直接お返しがくるのではなく、代わりに第三者から利益がもたらされることによって互恵性が保たれることがある、という理論だ。その重要な要因が「評判」である。アレクサンダーは、たとえ相手にした利他行動に対して直接的なお返しがなくても、それを見ていた第三者によって、「あの人は親切な人だ」という評判がたてば、その後のやりとりで相手から利他的にふるまってもらえるだろう、ということを提唱した（Alexander 1987）。その後、シミュレーションによる研究によって、集団のなかでやりとりをするが、その際に評判の高い相手に対してのみ協力する、という条件のもとで進化が進むと、最終的には協力的な個体ばかりになることが示されている。ノヴァクとシグムントは、これを順行的互恵性（downstream reciprocity）と呼んでいる（Nowak & Sigmund 1998）。実際に、他者に対して利他行動をした人物が周囲から協力してもらえるという現象があることが、実験的状況（Wedekind & Milinski 2000）や幼児を対象としたフィールド観察（Kato-Shimizu, Onishi, Kanazawa & Hinobayashi 2013）において検証されている。一方、人間社会においては、誰かから助けられた人が、助けてくれた相手ではなく第三者にお返しをするという場合もよくある。こちらの方は逆行的互恵性（upstream reciprocity）と呼ばれている。これについても、他者から助けてもらった人はその後に他人に対して親切にするということが、実験的状況において検証されている(Bartlett & DeSteno 2006)。これらが集団のなかで廻り廻ることによって、間接互恵性に基づく利他行動が成り立っていると考えられる。

ヒトにみられる利他行動の究極要因については以上のようなことが考えられている。では、系統進化要因についてはどうなのだろうか。次に、他の霊長類種との比較を通じて、ヒトの利他性がどのような進化史を辿ってきたのか考えていく。

1・2 利他性はどこから来たのか

形態的特徴とは異なり、行動は化石のような物的証拠として残らない。ゆえに、ヒトの祖先がどのような心をもち、どのように行動していたのかを復元することは非常に困難だが、ひとつの有効な方法として、比較的近い過去に共通祖先をもつ種との比較というものがある。もし近縁種とのあいだに共通した行動がみられれば、それは共通祖先から受け継がれたものである可能性が考えられる。一方、ヒトにみられる行動が近縁種にはみられないということがあれば、近縁種と分岐した後に、ヒトの系統において独自に進化した可能性がある。現生の霊長類でヒトに最も近縁なのはチンパンジーとボノボだ。これらの種には、ヒトがもつような利他性がみられるのだろうか。

野生チンパンジーの行動研究は長いものでもう三〇年以上続いており、さまざまな観察結果が蓄積されている。そのなかには、チンパンジーが互恵的利他行動をしているのではないかと考えられるものもある。チンパンジーの主食は果実などの植物だが、時々集団で他の哺乳類を狩猟し、その肉を食べるということをする。肉はかれらにとって貴重な食物だ。ウガンダのキバレ森林に生息している野生チンパンジーの調査から明らかになったのは、オスたちが、自分に肉を分配してくれるオスや、他個体とのけんかの際にいつも援助してくれるオスに対して、選択的に肉を分配するということだった(Mitani 2009)。一緒に狩猟をするオスたちは、普段から互いによく毛づくろいをし、なわばりの境界線のパトロールも一緒に行う。つまり、助け合いの仲間関係ができているのだ。こういった仲間は血縁とは関係なく形成されるので、血縁淘汰理論で説明できるようなものではない。このように、チンパンジーの互恵性を示すような結果が野外観察から得られている。しかしながら、野外で観察できることには限りがある。例えば互恵的利他行動が成立するには利益を得た方が後でお返しをしなければならないが、本当にそれができているのかどうかを確かめるのは難しい。そこで、実験室での実験が重要になる。実験は野外における行動を忠実に再現できるものではないが、適切に計画された実験は、チンパンジーの心のしくみについてより細かな情報をもたらしてくれる。山本・ハムル・田中は、京都大学霊長類研究所において、隣り合うふたつの実験室にそれぞれチンパンジーを一個体ずつ入れ、利他行動が必要な条件をつくり出すことで、どのようなやりとりがみられるのかを研究した(Yamamoto, Humle & Tanaka 2009)。

実験室の壁は全て透明になっている。両方の部屋を隔てる壁には手が通るくらいの穴が開けられており、チンパンジーはそこから腕を出せる。片方の部屋の外壁にはジュースの出る容器が取り付けられているが、ストローがないと飲めないようになっている。もう一方の部屋の外側には、少し離れたところにジュース入りの容器が置いてあるが、手を伸ばして取ることはできず、ステッキを使わなければならない。しかし、ストローもステッキも、それぞれもう一方の部屋に置かれている。つまり、ストローが必要な部屋にはステッキがあり、ステッキが必要な部屋にはストローがあるのだ。部屋のあいだには穴が開いているので、お互いに道具を交換すれば、両方がジュースを手に入れることができる。

二個体の組み合わせは、母子のペアが三組、血縁関係にないオトナどうしのペアが三組だった。必要な道具が自分の部屋に置かれている対照条件と比較してみると、必要な道具が置かれていない条件の方が、相手に道具を渡す行動がはるかに多くみられた。ただ、そのうちの七〇％強が、相手が壁の穴から腕を伸ばしてきたり、声をあげたりといったような要求に応じてのものだったそうだ。自発的に道具を渡したのは一五％程度しかなかった。また、母子のペアでは双方向的に、つまり互いに道具を渡すことがほとんどだったが、非血縁のペアでは、双方向のやりとりは三〇％程度しか起こらず、劣位個体が優位個体に渡すことが多かった。

彼らはさらに、ペアのうち片方だけが道具をもつという条件でも実験を行ってみた。この場合、道具を渡す方には何の利益もない。今回は母子ペアだけについて、渡す側と受け取る側の役割を交換してそれぞれ二四回の実験を行ったが、役割をどちらにしても、相手に渡す行動が頻繁にみられた。やはり、この場合も自発的な手渡しはほとんどなく、相手の要求に応えて渡すことが多かった。この結果から、チンパンジーには互恵的に利益をやりとりする能力があることが明らかになった。興味深いのは、それが自発的なものではなく、相手の要求によって初めて可能になるということだ。一方、これまでみてきたように、ヒトの利他行動はかなり自発的なものである。私たちはもちろん相手の要求に応えて援助をすることもあるが、たとえ頼まれなくても相手を助けることはよくある。そこが、近縁種であるチンパンジーとの大きな違いだといえる。山本と田中は、このような要求に応えて利他行動をする能力は、チンパンジーとヒトの共通祖先がもっていたものだろうと推測している（Yamamoto & Tanaka 2009）。ヒトの系統が分岐してから、要求に関わらず利他行動を行うような行動パターンやその基盤となる心が進化してきたのだろう。つまり、ヒトはチンパンジーとの共通祖先から分かれてから、「おせっかいなサル」になっていったのだ。

2　利他行動に適応した心

2・1　裏切り者検知メカニズム

互恵性に基づく利他行動はヒトという種に特徴的なものであり、ヒト社会は高度な協力関係によって成り立っている。そこから予測できるのは、ヒトには互恵的な利他行動に適応したさまざまな心のしくみがあるのではないかということだ。ある機能を備えるためには、それに応じたしくみが必要である。自然淘汰によって生物の特徴が機能的になっていくことについてはすでに述べたが、その結果、特徴がもつしくみはその機能をうまく果たせるようなかたちになっているはずである。ということは、しくみを探ることによって、そこにどのように自然淘汰が作用したのか考えることができるのだ。このような考え方からヒトの心のしくみについて探ろうとするのが、進化心理学という分野である（小田 2013）。心の進化について考える際に基本となるのは、現代人の心は必ずしも現代の環境に適応しているわけではないという考えである。現在の文明社会は農耕牧畜のうえに築かれたものだが、農耕牧畜は約一万年前に始まっており、ヒトの約七〇〇万年の進化史のうえでは非常に最近のことであるといえる。おそらく、ヒトのほとんどの特徴は、それ以前の環境に適応して進化してきたものであろう。進化心理学では、現代人のもつ生物学的特徴が進化してきた環境のことを、進化的適応環境（Environment of Evolutionary Adaptedness）と呼んでいる。進化的適応環境としては、ヒト属（ホモ属）が現れてから農耕牧畜の開始までの約二〇〇万年間の環境を考えることが一般的だ。物理的な進化的適応環境がどのようなものであったのかについては、地域によってかなり異なるだろう。また、進化的適応環境といってもかなり気候変動などが激しかったという話もあり、長期に安定した物理的環境があったのかどうか疑問視する声もある。しかし、狩猟と採集によって食物を獲得し、定まった家や財産を持たず、家族を中心とした比較的少人数の集団を形成していたという点は共通していると考えられる。もちろん複雑な社会組織や階層はなかっただろう。そのような環境のなかでいかに生き延びて繁殖するかという課題に直面し、そのためのさまざまな特徴が進化してきたのである。そのなかには、当然心のしくみも入るだろう。この節では、互恵的利他行動の基盤となっている心のしくみについて、進化心理学的観点からどのようなことが予測され、またそれがどう実証されているのかについて、これまでに分かっていることを概説する。

互恵的利他行動が成り立つためには、利他行動の受け手が行為者に対してお返しをするということが不可欠である。しかしながら、お返しをしなければ一方的に得をするので、助けてもらうがお返しをしないというただ乗り個体（free rider）が発生する可能性が常にある。つまり、ただ乗り個体にいかに搾取されないか、ということが、互恵的利他行動を成り立たせるうえで重要になってくるのである。互恵的利他行動を高度に発達させたヒトには、ただ乗り個体からの搾取という社会的な淘汰圧に対応した心のしくみがあるということが指摘されている。そのひとつが、裏切り者検知メカニズムである。この裏切り者検知メカニズムの存在を示した最も有名な研究は、コスミデスとトゥービーによる、ウェイソン（Wason）の選択課題、あるいは四枚カード問題と呼ばれる課題を応用した研究だ（Cosmides & Tooby 1992）。ウェイソンの選択課題とは、まず課題への参加者にある規則が説明され、次にその裏表に規則に関連した情報が書かれているカードが四枚呈示される。次に参加者は、これらの四枚のカードについて規則が守られているかどうか確かめるには、最低限どのカードを裏返して確認すればいいかを問われる、という課題である。例えば、表面にはアルファベット一文字、裏面には数字がひとつ書かれている四枚のカードがあるとする。これらのカードについて、

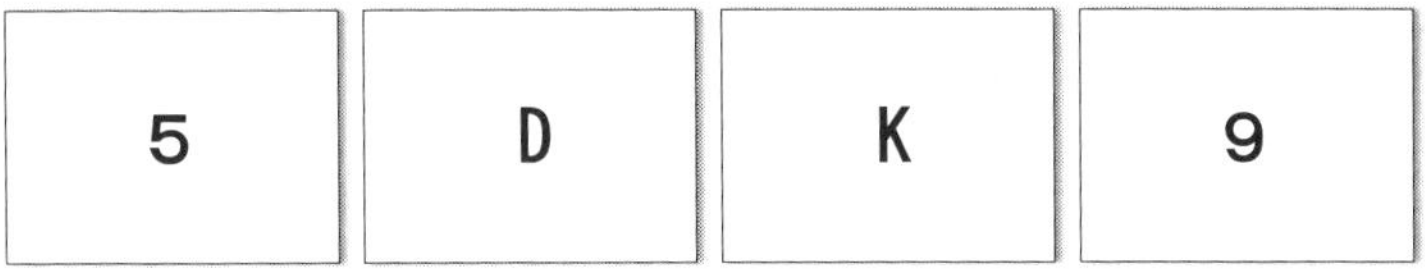

図2　規則「カードの片面がKであれば、その裏面は必ず5である」が守られているかどうか？

「カードの片面がKであれば、その裏面は必ず5である」という規則があったとする。いま、あなたの前にはそれぞれ「5」「D」「K」「9」と書かれている四枚のカードがある（図2）。これらのカードについて、規則が守られているかどうか確かめるには、最低限どのカードを裏返せばいいだろうか。正解は「K」と「9」である。もし「K」の裏が「5」でなければ規則が破られていることになるし、もし「9」の裏が「K」であればこれも規則に反することになる。しかしながら、多くの人は「5」を選ぶという間違いを犯す。規則は「Kの裏は5である」であり、「5の裏はKである」ではない。よって、「5」のカードの裏が何であっても、規則には反しないのである。このウェイソンの選択課題は世界のさまざまなところで行われてきたが、正答率は、大学生でもせいぜい二割程度である。

　コスミデスとトゥービーは、このウェイソンの選択課題を改変することで、正答率を大幅に向上させることができることを示した。そのひとつが、規則を「利益を得るならば、代償を払う」というかたちにして、それぞれのカードの表面には利益を得たかどうか、裏面には代償を払ったかどうかが書かれているというバージョンである。具体的には、例えばある会社では「平日に休みを取るなら、週末に働く」という規則があり、四枚のカードのそれぞれに従業員についての情報が書かれているという設定にする。それぞれのカードには「平日に休みを取った」「平日に休みを取らなかった」「週末に働いた」「週末に働かなかった」と書かれている（図3）。この場合、理論的な正解は「平日に休みを取った」と「週末に働かなかった」になるが、このような問題にすると、正答

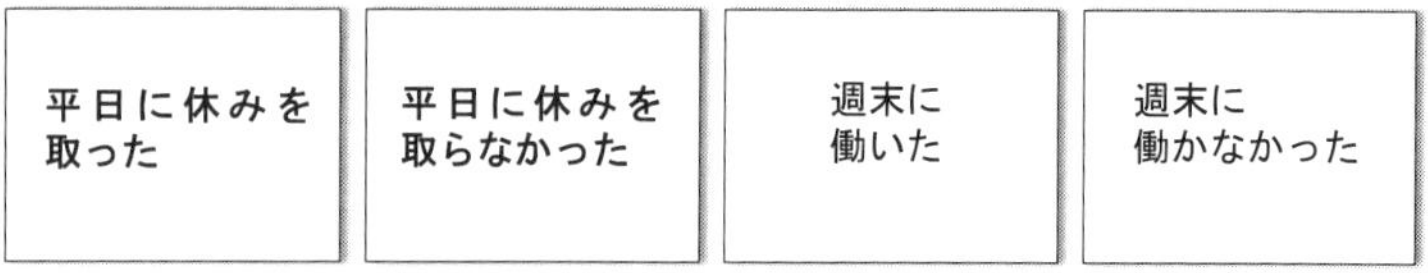

図3　規則「平日に休みを取るなら、週末に働く」が守られているかどうか？

率が大幅に向上したのである。コスミデスとトゥービーは、このような問題にすると正答率が向上する理由について、規則が社会契約のかたちになっているからだ、と主張している。つまり、ヒトには互恵的利他行動への適応として、利益を得るが代償を払わないというただ乗り個体を見つけ出すための認知的適応、つまり裏切り者検知メカニズムがあり、規則が社会契約のときにそれがほぼ自動的に発動するというわけだ。ただ、このようなかたちにすると正答率が向上する理由として、問題がより具体的になったからではないか、という可能性もまた考えられる。数字やアルファベットといった記号が出てくる問題よりは、労働を題材にした具体的な問題の方が考えやすいからではないか、というわけだ。この仮説を検証するためには、具体的ではあるが社会契約になっていない問題についての正答率を確かめてみればよい。例えば、「福岡に行くなら、飛行機を使う」といった規則について、表面に行き先、裏面に交通手段が書かれている四枚のカードがあるとして、それぞれ「福岡」「東京」「飛行機」「新幹線」となっているような課題である。すると、正答率は数字とアルファベットを用いた課題よりは高くなるが、しかし社会契約課題に比べると低くなるのである。

2・2　利他主義者の見極め

互恵的利他主義の理論を提唱したトリヴァースは、裏切り行為にはふたつあるとしている（Trivers 1971）。ひとつは「明らかな裏切り」（gross cheating）、もうひとつは「微妙な裏切り」（subtle cheating）である。明らかな裏切りとは、相手に搾取されたということが明白な事象であり、上述した裏切り者検知メカニズムは、この明らかな裏切りに対抗して進化したものであると考えられる。一方、微妙な裏切りとは、相手に搾取されているのだが、それが明白ではない、という事象である。ヒトの特徴のひとつに分業があるが、分業が高度化すると相手が何をやっているのかよく把握できないので、自分が与えた分よりも少なく返されても気づかない、という事態が生じる。分業は近代以降に成立したと一般的には考えられているが、現代の狩猟採集民のあいだにも分業はみられることから、ヒトの認知能力が進化した進化的適応環境においてもなされていた可能性が高いと考えられる。そこでは、常にこのような微妙な裏切りが大きな問題となっていただろう。微妙な裏切りを防ぐためには、裏切らないような人、つまり利他的な傾向のある人と最初からつき合えばいいのだ、というのがトリヴァースの主張である。たしかに、最初から利他的な人だけを選んで相手にしておけば、裏切られる可能性はかなり少なくなる。微妙な裏切りがヒトにとって大きな問題であったのなら、それに対抗するための何らかのしくみがヒトの認知能力に備わっていても不思議ではない。つまり、わたしたちの心には利他主義者を見つけ出すしくみがあるのではないかと考えられるのである。

ブラウンとムーアは、そのようなしくみがウェイソンの選択課題を解くときにも働いている、と主張している（Brown & Moore 2000）。「もし他人のためになることをするなら、報酬をもらう」という規則についてウェイソンの選択課題を作成し、新しい友人を探す、あるいはベビーシッターの候補を探す、というような状況を想定して規則違反を探してもらうと、正答率が高くなったのである（図４）。つまり、ヒトには「他人のためになることをするのだが、報酬は要求しない」という利他的な人を見つけだすしくみがあり、それを用いて最初から利他的な人とだけつき合っていれば、微妙な裏切りにあう危険性が少なくなるだろう、というのである。

平日に休みを取った	平日に休みを取らなかった	ボランティアをした	ボランティアをしなかった

図４　規則「ボランティアをしたなら、平日に休みを取る」が守られているかどうか?

これらの研究から、ヒトには明らかな裏切り者を見つけ出すしくみと、利他主義者を見つけ出して微妙な裏切りを防ぐしくみの両方が備わっていることが示唆された。では、これらは別々のしくみであり、まったく独立に働いているのだろうか。あるいは両者に何らかの関連性があるのだろうか。そもそも個別のしくみではないことも考えられる。例えば、利他主義者検知は裏切り者検知と同じメカニズムではないのかという議論がある。利他主義者とは「決して裏切らない人」のことであり、利他主義者検知にも結局は裏切り者検知と同じしくみが働いているのではないか、というわけである。小田・平石・松本は日本人大学生を対象に、同じ人に裏切り者検知と利他主義者検知の両方を行ってもらい、その回答パターン間の連関をみることで、これらのしくみの関係を推測しようと考えた（Oda, Hiraishi & Matsumoto-Oda 2006）。もし社会契約課題の成績がよい人が利他主義者検知もよくできていれば、それらに関わるしくみのあいだに何らかの関連性がある、あるいは同じものであることが示唆される。結果としては、裏切り者検知と利他主義者検知のあいだに統計的に意味のある連関はまったくみられなかった。つまり、裏切り者検知がよくできるからといって利他主義者検知ができるわけではないということである。これは、ふたつのしくみが独立して働いていることを示唆するものだ。この結果はオーストラリアの大学生を対象とした実験によっても追認されている（Fiddick & Erlich 2010）。

ヒトの利他主義者を検知する能力は、ウェイソンの選択課題以外の方法でも検証されている。ブラウン・パラメータ・ムーアは、実験参加者の表情や身振りをビデオ撮影し、それをその人をまったく知らない第三者に見せ、印象を聞くという実験から、表情や身ぶりから他者の利他性をある程度判断できることを示した（Brown, Palameta & Moore 2003）。実験の流れとしては、まず利他性の高い人と低い人を選び出す。次にかれらが会話をしているところを撮影し、編集する。それを第三者に見てもらい、利他性を評価してもらう、というかたちになる。かれらは五六項目からなる利他主義尺度（Johnson et al. 1989）を用いて、最も点数の高かった数名と低かった数名を選び出した。この高利他主義者と低利他主義者たちにいくつかのことをやってもらうのだが、そのひとつは、カメラに向かって「赤ずきん」のお話を語ってもらい、それを第三者に見せ、高利他主義者か低利他主義者かを当ててもらう、というものだった。結果は、偶然よりも、つまり当てずっぽうでどちらかを判断した場合よりもよく当たっている、というものだった。かれらはまた、高利他主義者と低利他主義者に、互いの協力によって得点をあげるビデオゲームをやってもらい、そのときの様子を録画したものを第三者に見せる、という実験も行っている。「この人はどの程度いい人なのか」といったようないくつかの項目について数値で評価してもらったところ、やはり高利他主義者の方が高い評価を得るという結果になった。しかしながら、かれらの実験にはいくつか問題がある。わたしたちが、この人はどんな人だろう、という予想をするときには、たいてい相手と会話しているときか、あるいはその相手が誰かと話しているところを見ているときである。お話を語る、というのは少しばかり作為的で、日常性から離れているのではないだろうか。また、相手との協力が必要な場面を見て判断してよいのなら、当然かなり正確に判断できるだろう。

小田・山形・屋比久・松本は、より日常に近い状況を撮影した動画を用い、評価方法も厳密にして、外見による利他性の評価についての実験を行った（Oda, Yamagata, Yabiku & Matsumoto-Oda 2009）。この実験では、ブラウンら（Brown et al. 2003）が使用したのと同じ利他主義尺度を六九名の日本人男子学生に実施し、最も点数の高かった七名（高利他主義者）と低かった七名（低利他主義者）を選出した。これらのうち、実験への協力を承諾してくれた高利他主義者六名と低利他主義者四名について、実験室で初対面の実験者と会話をしているところを撮影させてもらった。実験者と対面してからの最初の三〇秒間の動画から音声を消したものを、刺激として用いた。この刺激について第三者の実験参加者に評定してもらうのだが、評定者にはまず、利他主義尺度の五六項目のなかで、高利他主義者と低利他主義者とのあいだで最も効果量の大きかった七項目に対し、自分について答えてもらった。次に、動画の人物がこの尺度で何点取ったかということを予想してもらった。その結果、高利他主義者の方が低利他主義者よりも高い点数であると評価された。つまり、音声のない三〇秒間の動画を見ただけで、その人物の利他性をある程度評価できる能力が、ヒトには備わっているのだということができる。

しかしながら、この実験結果だけでは利他主義者の見極めができていたとは言い切れない。今回高利他主義者と低利他主義者を区別するために用いた尺度は、過去に他者に対してどれだけ利他行動をしたかについて測定するものだった。ということは、そもそも他者とあまり関わりをもたなければ、この尺度の得点は低くなってしまう。評定者は利他性そのものではなく、動画の人物の社会性を評価していたのではないだろうか。また、この実験では、評定者は単に動画の人物の尺度における得点を予想しただけである。相手の利他性に反応して、見極める側が行動を変化させなければ、利他主義者を検知する意味がない。そこで小田・永縄・山内・山形・松本は、同じ動画を用いて、見極めの正しさが実際の利益につながるようなかたちでの実験を行ってみた（Oda, Naganawa, Yamauchi, Yamagata & Matsumoto-Oda 2009）。今回の実験で用いられたのは清成・山岸によって開発された分配委任ゲームである（清成・山岸 1999）。分配委任ゲームは、お互いに面識のない参加者のペアにより一回だけ行われる。ペアは分配者と被分配者に分かれ、分配者はある金額

（例えばX円）を実験者より与えられる。分配者はそのX円を被分配者とのあいだで分け合うように教示される、分配者が決定したとおりに分配者自身の報酬は決まる。一方、被分配者には分配者がどのように分配したかは知らされない。被分配者の選択肢はふたつある。ひとつは分配者に分配を委任して、分配者が分配したとおりの金額をもらう（委任選択）、もうひとつは、委任せずに実験者から確実な金額P円（ただしX円の半分より少ない）をもらう（確実選択）というものだ。この分配委任ゲームでは、分配者は被分配者に確実にP円もらうという選択が与えられていることを知らされていない。つまり、被分配者にどれだけの金額を分配するかは、純粋に利他的な行動としてとらえることができる。実験参加者には、動画の人物を分配者、自分を被分配者としてこの分配委任ゲームを行ってもらう。参加者には、実験者からもらった三〇〇円を見知らぬ相手と分けるとしたらいくら相手に渡すか、ということをあらかじめ動画の人物に聞いてある、という教示をし、動画の一〇名それぞれについて、三〇〇円を委任するか、それとも委任せずに確実に一〇〇円もらうか決めてもらう。もし相手が二〇〇円以上自分に分配してくれるような利他的な人物なら委任した方がいいし、全く分配してくれないような非利他的な人物なら、委任せずに一〇〇円を確実にもらった方がいいということになる。全部で四〇名の大学生にゲームを行ってもらい、動画の人物に委任した場合にはその人物に1点、されなかった場合には0点を与えて、高利他主義者と低利他主義者のあいだで得点を比較した。その結果、高利他主義者の方が低利他主義者よりも多く分配委任されていることが明らかになったのである。これはつまり、参加者が高利他主義者に対して、より自分に多く分配してくれるだろうという期待を抱き、信頼したということを示している。この結果はまた、先の実験において評価されていたものが、単なる社会性ではなく、利他性そのものであったことも示唆している。

2・3　記憶のバイアス

このような見極め能力に加えて、社会的な交渉相手を選ぶ際にもうひとつ重要なものがある。それは記憶だ。互恵的な関係が成り立つためには記憶能力が重要だということは上述したが、ヒトの社会的な交渉の相手に対する記憶にも、ある種のバイアスがかかっていることが予想される。利益を得たのにその代償を払わなかった裏切り者とまたつき合ってしまうと、さらに搾取される恐れがある。そのため、裏切り者の顔を記憶しておいて次の交渉を避けるというバイアスが進化したと考えられている。

このような記憶のバイアスは、多くの実験によって確かめられている（例、Mealey, Daood & Krage 1996; Chiappe et al. 2004; Barclay & Lalumiére 2006）。例えば、小田は囚人のジレンマゲームを応用し、裏切り者の顔写真が無意識のうちによく記憶されていることを実証した（Oda 1997）。実験の参加者はまず、一回限りの囚人のジレンマ状況において相手への協力と非協力のどちらを選択するか決定する。次に、男性一八枚、女性一八枚、計三六枚の顔写真が参加者に見せられた。それぞれの顔写真の下には、写真の人物の性別と架空のイニシャル、そしてこの人物が協力と非協力のどちらを選んだかについて書かれている。参加者には、写真の人物にも囚人のジレンマゲームをやってもらい、その結果が下に書かれていると説明する。実際には、それぞれの性別の半分は協力、残り半分は非協力になるように割り当てられている。参加者にはまずこれらの写真の魅力度を評価してもらい、その一週間後に、今度は別の三六枚の顔写真を混ぜた七二枚の顔写真を見てもらう。参加者は、このなかから先週見たと思える人物の写真を選んでもらう。参加者には一週間後に再認テストがあることは知らせておらず、このテストはいわば抜き打ちで行うことになる。その結果、非協力のラベルをつけられた顔写真の方が、協力の写真よりもよく記憶されていた。つまり、参加者は非協力の選択をした人物の顔を、無意識のうちに記憶していたことになる。

これらの裏切り者を排除するための記憶バイアスは、明らかな裏切りに対しての適応であると考えられる。しかし、上述のように、裏切りには微妙な裏切りもある。もしも明らかな裏切り者だけでなく利他主義者をもよく覚えていれば、次に会ったときにその人を選んでつき合うことができ、微妙な裏切りにあう可能性を低くすることができるはずだ。つまり、ヒトには利他的な人に対する記憶バイアスもあるのではないかと予想されるのである。小田と中島は、分配委任ゲームを用いて顔写真に対する無意識の記憶を探った（Oda & Nakajima 2010）。三二枚の顔写真を用意し、実験参加者にはそれらの顔写真を相手に分配委任ゲームを二回行ってもらう。もし利他主義者の顔を無意識のうちに覚えているのなら、一回目のゲームにおいて利他的な分配をした人物に対して、二回目での委任が多くなるはずである。三六名の参加者には、それぞれの顔写真が五秒間呈示される。参加者はこの人物に分配を委任するかどうかを決め、キーを押すと、その人物が参加者に二〇円くれたか、あるいは何もくれなかったかが表示される。その際にも顔写真が五秒間呈示される。つまり、参加者は各人物の顔写真を一〇秒間だけ見ることになる。参加者は自分がいくら得たのかを記録し、キーを押すと次の人物の顔写真が出てくる。これを三二枚の顔写真について繰り返す。一回目のゲームが終わった後、被験者には計算問題を五分間解いてもらう。その後、同じ顔写真を相手に二回目のゲームを同じように行うが、二回目があることは事前には知らされておらず、いわば抜き打ちのかたちで行う。二〇円を分配した利他主義者の顔写真と、全く分配しなかった非利他主義者の顔写真について、二回目に委任された枚数から一回目に委任された枚数を引いた値を計算した。これが正の値なら、その顔写真に対しては二回目に委任が増えたということになり、逆に負の値だと、二回目に委任されなくなったということになる。結果を見てみると、どちらにおいても平均値は負の値になった。つまり全体的に、参加者は二回目のゲームでは委任しなくなっていることだ。特に、非利他主義者の顔写真についての委任が減っていて、利他主義者への委任と比べると統計的に有意な差になった。つまり、全く分配してくれなかった人物の顔は無意識のうちに記憶され、次に関わった際には避けられる傾向があるが、一方で利他主義者を覚えていて次の関わりの際により信頼するようになるかというと、そうではないということだ。どうやら顔への記憶バイアスは、非利他主義者を避けるという方向にしか働いていないようである。

これらの研究結果は、利他的な、つまり自分にとって特になる人を憶えておくのではなく、損失を与える人を憶えておいて排除するという方向にのみ記憶バイアスが働いているということを示している。なぜ、そのようなことになるのだろうか。そこで考えなければならないのが、なぜ集団のなかで協力関係が維持されるのかということである。協力関係を維持するうえでの重要な要因のひとつが「罰」である。先に述べたウェイソンの選択課題を使った実験で分かるような、明らかな裏切りを探し出す能力が発揮され、その裏切り者に罰が与えられる、あるいは関係から排除されることで互恵的な関係が維持されていく。一方で、それとはまったく逆に、他者に対して利他的にふるまった人に対して報酬を与え、そのような行動を奨励することで互恵的利他行動を維持していくことも考えられるだろう。では、どちらが効果的なのかというと、実は罰の方なのである。ボイド・ギンティス・ボウルズ・リチャーソンは、その理由として、罰を与えることで集団から裏切り者を減らしていくというのは負のフィードバックになるからだ、と主張している（Boyd, Gintis, Bowles & Richerson 2003）。まず、裏切り者に罰を与えるのはタダではない、ということを押さえておかなければならない。罰を与えるためには、何らかのコストがかかるのである。例えば、わたしたちの社会がもつ司法制度や警察制度は多額の税金によって維持されている。いま、ある集団のなかに多くの裏切り者がいるとする。これらに罰を与えるのはコストがかかることではあるが、その結果として裏切り者の数はどんどん減っていく。すると、数が少なくなったぶん、罰を与えるコストは少なくて済む。つまり、どんどん裏切り者を探し出し、罰を与えていけばいくほど、コストは少なくなるのである。最終的には、実際に罰を与えなくても、罰があるという可能性だけで裏切り者の発生を抑えるところまでいくだろう。また、高度なコミュニケーション能力をもつヒトにおいては、罰が必ずしも物質的なものではなく、象徴的なものでも充分効果をもつという指摘もある（高橋・竹澤 2014）。一方、報酬を与えることで集団内に利他主義者を増やしていくのは、逆に正のフィードバックとなる。利他主義者に報酬を与えることにも、もちろんコストがかかる。ある集団のなかに利他主義者が何人かいて、これらに報酬を与えることで集団内の割合を増やしていこうとするとどうなるだろうか。報酬によって利他主義者は増えていくが、数が多くなるとそれだけ報酬にかかるコストも増えていく。つまり、このやり方では利他主義者が増えるほどコストがかかってしまうということになるのである。自然淘汰は、より少ないコストで適応度を上げるものを選択していく。ゆえに、裏切り者を探し出したり記憶したりすることで罰を与えるしくみの方が、利他主義者を覚えておくしくみよりも発達したのかもしれない。

2・4　評判への適応

ここまでみてきたのは、互恵的利他行動に適応したヒトの認知のしくみであった。上述のように、ヒトは直接的な互恵性だけでなく、間接互恵性という大きな特徴をもっている。そこから、ヒトの認知には間接互恵性に適応したしくみもあるのではないかと予想される。間接互恵性において順行的互恵性をもたらす重要な要因が評判であった。ヘイリーとフェスラーは、目の絵を用いた実験により、ヒトがいかに利他性の評判に対して敏感であるかということを示した（Haley & Fessler 2005）。赤の他人、つまり非血縁かつ普段から付き合いのない他者への利他性を実験室において測定する方法のひとつに、独裁者ゲームがある。これは実験参加者が、実験者から与えられた一定の金額を見知らぬ他者と分け合うというものだ。このゲームにおいては、相手は誰だか分からないし、相手からも自分が分配者だとは分からないかたちになっている。ヒトが合理性のみで行動しているのであれば、相手には一銭も渡さないことが最適な解となる。しかし、さまざまな国のさまざまな文化をもつ人間集団において独裁者ゲームに参加してもらったところ、ほとんどの集団でいくらかの金額を他者に分配することが明らかになっている（Henrich et al. 2006）。つまり、ヒトは赤の他人に対しても利他的であるということが、実験的にも示されたということだ。ヘイリーとフェスラーは、参加者に独裁者ゲームを行ってもらう際に、パソコンのモニタ上に「ホルスの目」という抽象的に描かれた目の絵を呈示した。すると、ホルスの目を分解して再構成した、顔に見えない刺激を呈示したときに比べて分配額が有意に多くなったのである。また、バーナムとヘアは公共財ゲームという、参加者が一定の金額を提供すると、それが倍になって参加者に分配されるというゲームにおいて、ヒューマノイド・ロボットの目の写真がもつ効果について調べた（Burnham & Hare 2007）。この場合、一銭も提供しなくても分配金はもらえるので、そのような裏切り行為が広がる可能性が常にあるが、目の写真には提供を促進する効果がみられた。これらの結果は、ヒトは実際に他者に見られていなくても、目の絵や写真があるだけで利他性を発揮する傾向があることを示している。

その後、独裁者ゲームにおける目の刺激の効果はいくつかの実験によって追認され、リグドン・石井・渡部・北山は三つの点を逆三角形状に配置した、かなり抽象的な刺激でも利他性を促進することができると報告している（Rigdon, Ishii, Watabe & Kitayama 2009）。また、実験室の外でも同様の刺激が利他性を促進することが、いくつかのフィールド実験によって示されている（例、Bateson, Nettle & Roberts 2006; Ernest-Jones, Nettle & Bateson 2011; Francey & Bergmüller 2012）。これらの実験において利他性が促進された理由として、より評判に敏感な方が間接互恵性における順行的互恵性を引き出すことができるので、たとえ抽象的な刺激であっても目に反応するような認知メカニズムが進化したのだろうと考えられている。ただ、評判への期待にはポジティブなものとネガティブなものがある。ポジティブな期待は、独裁者ゲームにおいて気前のよいふるまいをすると、第三者から自分もそうしてもらえるのではないかというものであり、ネガティブな期待は、他者に対してけちなふるまいをすると第三者から罰を受けるのではないかというものだ。どちらの期待が分配額を増やしているのか検証するため、小田・丹羽・本間・平石は、分配後の参加者に質問をし、分配時に何を考えていたのか、あるいは独裁者ゲームの状況をどのように解釈していたのかということを定量的に明らかにした（Oda, Niwa, Honma & Hiraishi 2011）。分析の結果、目の刺激は罰への恐れを高めるものではなく、また罰への恐れが高いからといって分配額が増えるということはなかった。一方、報酬への期待は目の刺激によって強まり、また報酬への期待の強さは分配額の高さと関係していた。つまり、報酬への期待は目の刺激の有無と分配額とのあいだを媒介していたということになる。独裁者ゲームにおいては、いくら他者に多く分配したところで、自分にお返しがあるわけではない。しかし、そこに目の刺激があると、本来は一方的に分配する状況が、利他的なことをするとお返しがある状況のように「誤解」されるのではないかと考えられる。ヒトには一回限りの囚人のジレンマゲームにおいて相手に対する協力を選択するという非合理な行動がみられるのだが、清成・谷田・山岸はこれについて、「社会的交換ヒューリスティック」が働いたのではないかと考察している（Kiyonari, Tanida & Yamagishi 2000）。社会的交換ヒューリスティックとは、社会的交換状況であると判断されるような状況において、相手が裏切らないかぎり、自分からは進んで裏切らないで、相互協力の達成をめざそうとする方略のことである。社会的交換ヒューリスティックは、ヒトにとって重要な適応課題であった集団内での相互協力関係の形成のために進化してきた認知機能ではないかと考えられる。清成らは、合理的に考えれば非協力を選択した方がよい囚人のジレンマ的状況が、社会的交換ヒューリスティックが作動することにより、お互いに協力しあった方がよい状況であるように「誤解」された結果として、相手に対する協力が選ばれるのではないかとしている。小田らの結果は、目の刺激にもある種の社会的交換ヒューリスティックを作動させる機能があるのではないかということを示唆している（Oda et al. 2011）。

2・5　利他行動と性淘汰

すでに述べたように、非血縁個体への利他行動は、行為者の適応度が下がるのにも関わらず自然淘汰において残っており、それをどう説明するのかということが問題である。同祖遺伝子を共有している確率の低い、いわゆる赤の他人への利他行動を説明する原理として互恵性があり、ヒトにはそれに適応していると考えられる心のしくみがあるということをみてきた。実は、互恵性の他にもうひとつ、このような行動を説明する原理がある。それが性淘汰（sexual selection）だ。有性生殖する生物は、配偶行動を通じて次世代に遺伝子を伝えていく。ということは、いかに、どのような異性と配偶するかということがさまざまな形質の進化に影響することになる。たとえ生存にとっては不利な形質でも、それをもつことで配偶機会を増やすことができれば、その形質は進化しうる。つまり、一見適応度を下げているようにみえ、自然淘汰では説明できないようにみえる形質も、性淘汰によって説明できることがあるのだ。ということは、行為者の適応度を下げる非血縁個体への利他行動についても、性淘汰の可能性を考えることは理にかなっているだろう。

ヒトの場合、男性が配偶の際に提供するのは、ごくわずかな精子だけである。一方、女性はいちど受胎してしまうと、長い妊娠期間のあいだ、自分の体内で子どもを育てなければならない。必然的に、女性は男性を慎重に選ぶ方向に進化するだろう。そこから、男性の利他行動は女性に選択されることによって進化したのではないかという仮説を考えることができる。ヒトは他の霊長類と比較しても脳がかなり大きいので、成長期間が長く、それだけ親による子への投資が重要になってくる。女性の側からすると、自分の子どもにより多くの資源を投資してくれるような男性が、配偶者として望ましいということになる。そこで男性の側は、女性に対して自分がいかに他者に対して資源を与えられるかということをアピールするようになると予測される。その場合の男性から女性への信号は、コストのかかるものでなければならない。なぜなら、簡単に真似ができるような信号なら嘘がつけてしまうからである（Zahavi & Zahavi 1997）。赤の他人への利他行動は、血縁者や友人などの互恵的な関係にある相手への利他行動に比べてよりコストがかかると考えられる。なぜなら、お返しが確実に期待できないうえに、お返しがあったとしても時間的な遅延がより長いからである。つまり、赤の他人に対して利他的に振る舞えるということは、その人物がそうすることができるだけの資源確保能力を備えているということを意味する。ということは、赤の他人への利他行動は、行為者の能力の高さを示す信号として機能しうるということだ（Zahavi 1995）。そこからまず予想できるのは、男性は女性に対して自らの利他性をアピールしようとするだろうということである。

ある実験では、参加者はコンピュータ上でゲームをし、そこで得た報酬をある慈善団体に寄付するように求められた。その際に三つの条件があり、ひとつは参加者が一人だけでゲームを行うもの、あとのふたつは「傍観者」がいるというものだ。「傍観者」として、外見が魅力的な男性と女性が用意された。つまり、ある条件の参加者は、すぐ側にいる魅力的な異性に見られながら寄付の決定を行い、別の条件の参加者は魅力的な同性に見られながら行うことになる。男女それぞれの参加者について、これら三つの条件のあいだで報酬額のなかから寄付に廻した割合を比較すると、魅力的な女性に見られていた男性参加者は、報酬額の六割近くを寄付したのに対し、他の条件の参加者はせいぜい三割から四割程度しか寄付しなかった（Iredale, Van Vugt & Dunbar 2008）。これは英国の大学生を対象に行われた実験だが、セネガル人を対象にした同様の実験でも同じような結果が得られている（Tognetti, Berticat, Raymond & Faurie 2012）。別の実験では、参加者が三人ひと組になり、そのうち一人が痛みと不快な目にあうのに耐えるとグループ全体に金銭的報酬がもたらされるというゲームに参加した。男性二人と女性一人というグループと、女性二人と男性一人というグループを比較すると、前者の方で男性がより自己犠牲的に振る舞おうとする傾向がみられた（McAndrew & Perilloux 2012）。

これらの研究は行動の性差を調べたものだが、性淘汰は異性への好みにも影響する。利他性が男性の能力を正直に示す信号として機能しているのなら、女性はそれをより好むようになるだろう。そこから、配偶相手の好みについての性差が生じることになる。実際に、男性は女性よりも配偶相手の容姿や若さを好むのに対して、女性は男性よりも相手の経済力や野心を好むことが、さまざまな研究によって報告されている（例、Oda 2001）。これは、性淘汰理論から予想されることと合致する結果である。では、利他性への好みについてはどうだろうか。利他行動のなかでも、普段から付き合いのない非血縁の相手に対するものは、男性よりも女性に好まれるということが予想される。しかしながら、女性は配偶相手の男性から自分の子どもに投資してもらう必要があるので、単に周囲の人に対して優しいだけの相手を好むことは必ずしも適応的ではない。そこで、長期的な関係をもつ相手に対しては、血縁への利他行動の頻度が重視されるのではないだろうか。小田・柴田・清成・武田・松本は、小田・大・丹羽・五百部・清成・武田・平石（2013）が開発した対象別利他行動尺度を用い、異性の利他性への好みを調べた（Oda, Shibata, Kiyonari, Takeda & Matsumoto-Oda 2013）。対象別利他行動尺度は過去に他者に対して行った利他行動の頻度を尋ねるもので、利他行動の相手が家族、友人あるいは知人、他人のそれぞれについて七項目、合計二一項目の利他行動の事例について、行った頻度を五段階で回答するようになっている。小田らはこれらの項目について、異性の特性としてどれだけ望ましいかを日本人大学生に評価してもらった。その際、短期的な交際の相手と、長期的な配偶の相手の両方を想定してもらい、それぞれについての好みを調べた。結果は、交際の種類が短期的、長期的にかかわらず、男性よりも女性の方が他人に対する利他行動を好んでいた。また、家族への利他行動は短期的な交際相手については性差がみられなかったが、長期的な交際相手については男性よりも女性の方が好んでいた。これらは予想と合致するものであり、男性の非血縁者に対する利他行動が性淘汰によって進化した可能性を示唆する。

先にも述べたように、利他行動のなかでも赤の他人に対するものは、男性の優秀さを示す信号として機能しうる。そこには遺伝的な基盤もあるだろう。女性の配偶戦略として考えられていることとして、子どもに、遺伝的に優秀な男性からはその遺伝子を、誠実な男性からは子育てのための投資を提供してもらうというものがある。そこから予想されるのは、女性は妊娠しやすい時期、つまり排卵期前後には赤の他人に対する利他行動が魅力的にみえるのに対して、それ以外の時期には血縁への利他行動が魅力的にみえるのではないかということだ。実際、これまでの研究において、女性は排卵期前後にはより肉体的に逞しい、つまり遺伝的に優秀な男性を好むという結果が得られている（総説としてGildersleeve, Haselton & Fales 2014）。そこで小田・奥田・武田・平石は、女性の生理周期によって男性の利他行動への好みが変化するかどうか、対象別利他行動尺度を用いて検証した（Oda, Okuda, Takeda & Hiraishi 2014）。質問紙調査とウェブ調査により、日本人大学生のべ六一二人を対象に調査した結果、排卵期前後の女性とそれ以外の時期の女性とのあいだで利他行動への好みに違いはみられなかった。同様の結果は、イギリス人を対象とした対象別に分けていない調査においても得られている（Farrelly 2011）。しかし一方で、前記の小田らの研究（Oda et al. 2013）と同じく、長期的な交際相手については短期的な相手よりも血縁に対する利他行動が好まれた。これらの結果から、男性の利他行動は、第一に資源の提供者の指標として機能しているのではないかということが示唆された。

3　心から規範へ

3・1　規範の誕生

ここまで主にみてきたのは、互恵的利他行動あるいは間接互恵性に適応したと考えられる心のしくみであった。これらはおそらく、主に進化的適応環境において社会的な淘汰圧のもとに進化してきたものと考えられる。では、進化的適応環境においてヒトが形成していた社会的環境とはどのようなものだったのだろうか。それを考える際に役に立つのが、比較行動学的視点である。ダンバーは、さまざまな霊長類種について、大脳新皮質の脳全体に対する割合と、平均的な群れの大きさとの関係を調べた（Dunbar 1998）。すると、両者のあいだには相関関係がみられた。大脳新皮質は脳のなかでも思考などの高度な機能を担っている部分なので、その脳全体に対する割合は、大雑把ではあるがその種の知能の高さを表している。つまり、大きな群れをもっているサルほど、知能が高いということになる。なぜ相関関係がみられるのかというと、個体が社会のなかでうまく振る舞って自分の適応度を上げていくためには、社会的なさまざまな課題を解決しなければならないからだと考えられている。例えば、集団のなかでうまく振る舞おうとすると、自分と他個体との関係性だけでなく、他個体どうしの関係性についても把握していなければならない。そして、そのような社会ネットワークは、群れが大きくなると指数関数的に増大する。これが、知能に対する淘汰圧となったというのが社会的知能仮説である。ダンバーはさらに、ここから現代人の集団サイズを推測している。大脳新皮質の割合と群れサイズとのあいだの回帰直線から、現代人の大脳新皮質の割合に対応する群れサイズを計算すると、約一五〇人という結果になった。そこから、ヒトの認知的な群れサイズ、つまりお互いが誰であるか識別でき、そのなかで何らかの社会的交換が行われる集団の大きさは一五〇人程度なのではないかと推測される。おそらく、ヒトが進化的適応環境において形成していた認知集団の大きさはこれくらいであり、上述した利他行動に適応したと考えられるさまざまな認知特性は、このような社会集団のなかで進化してきたのではないかと考えられる（Dunbar 1997）。

ただ、ヒトが利他行動への適応として備えているのはこれまでみてきたような認知特性だけではない。ヒトには、道徳規範というものもある。至近的に考えれば、困った人を助けるのが道徳的に「正しい」からだ、という意識が、人々の利他性を支える大きな要因となっている。道徳規範は、ヒトにとって普遍的なものといえるだろう。ヒトが一五〇人という認知集団を超えて、相互の協力に基づくはるかに大きな社会集団を形成できたことには、このような道徳規範も貢献しているはずだ。しかし、具体的に何が良くて何が悪いかということについては、それぞれの文化集団ごとに異なっている。例えば安楽死の問題ひとつをとっても、オランダのように社会的に認められている国もあれば日本のように犯罪になる国もある。このようなことから、ドゥ・ヴァールは、道徳性は言語に似ている特徴だと指摘している（De Waal 1996）。言語を持たない人間集団はいない。言語能力はヒトに普遍的なものといえ、そこには生物学的な基盤もある。しかし、具体的に使っている言語の種類は日本語、英語、フランス語などそれぞれの集団ごとに異なっている。つまり、私たちは言語そのものを生得的に持っているわけではなく、外部からの混沌とした情報を言語という体系に整理していく能力を持って生まれてくるのだ。この能力のおかげで、私たちは生まれてきた集団に固有の複雑な言語を大した苦労もなしに習得することができるのである。ドゥ・ヴァールは、「人間の道徳性も、試行錯誤で学ぶには複雑すぎること、また多様性がありすぎて遺伝子にあらかじめプログラミングできない点で言語と共通している」と主張している。

ドゥ・ヴァールは、ヒト以外の霊長類にも道徳性の基盤となる共感や協調の能力がみられることから、それらが人類進化の早い段階から備わっていたと考えている（De Waal 1996）。しかし、それがすなわち道徳規範ではない。道徳規範とは、集団の中で一般に受け入れられている「こうあるべき」という規範の集まりであり、それらに従うべきであるという行動指針が道徳規範といえる。道徳規範に限らず、規範の興味深いところは、それがしばしば生物学的な適応論とは相容れないようにみえるところだ。例えば、カツオドリなどの鳥類においては、きょうだい殺しという行動がみられる。これは先に孵化した雛が後から孵化した雛、つまり自分のきょうだいを巣の外に押し出し、死に至らしめるというものだ。ヒトの道徳規範からみると異常な行為だが、ある雛からみるときょうだいと共有されている遺伝子は自分の二分の一でしかないので、親からの資源の供給が限られている場合は、たとえきょうだいでも犠牲にすることで自分自身の生存を確実にした方がよいと考えられるのである（Anderson 1990）。道徳哲学のなかでも帰結主義は自然淘汰理論と非常に相性がよい。なぜなら、自然淘汰理論はどんな行動であれ結果的に適応度を高くするものが残っていく、という理論であり、帰結主義における帰結を遺伝子にとっての利益、つまりは適応度に読み替えることが可能だからである。もちろん、帰結として得られるのはベンサムがいう「最大多数の最大幸福」ではなく、「自らのコピーの適応度の最大化」であるのだが。一方、道徳哲学にはカントのような非帰結主義もある。カントの義務論においては、行為の目的は排除され、どのような場合でも無条件で結果を考慮せず普遍的な道徳規則に従うことが倫理の達成であるとしている。これは一見したところ、道徳規範についても機能的な側面から捉えようとする進化生物学的な視点とは相容れないようにみえる。

クルツバン・デショーリ・ファインは、トロッコ問題（Foot 1967）を用いてこの問題を検討した（Kurzban, DeScioli & Fein 2012）。トロッコ問題はある種の思考実験であり、線路を走っていたトロッコが制御不能になったという事態を想定する。トロッコの進路には五人の作業員がいて、そのままでは全員がひき殺されてしまう。そのとき、たまたま自分が線路の分岐器のすぐ側にいたとする。分岐器を操作してトロッコの進路を変えれば五人は助かるが、変えた進路の先には一人の別の作業員がいて、確実にトロッコにひき殺される。この場合、分岐器を操作すべきかどうかを問うのがトロッコ問題である。つまり、五人を助けるために一人を犠牲にしてよいか、という問題だ。帰結主義的な立場、とくに功利主義的立場をとるのであれば、分岐器を操作して五人を助けるべきであり、カント的な義務論に従うのであれば、たとえ五人を救うためでも誰かを殺すべきではない、ということになる。また別のバージョンとして、分岐器を操作するのではなく、自分の横に立っていた人を線路に突き落として五人を救える場合に突き落とすかどうかという問題もある。クルツバンらは、トロッコ問題の犠牲者一人と助ける対象の五人の計六人全員を回答者からみて赤の他人、きょうだい、友人のそれぞれに設定した問題を作成し、のべ一二九〇人について選択結果を調べた。その結果、より多くの回答者が、赤の他人のときよりもきょうだいや友人のときに一人を犠牲にして五人を助けるという選択をしていた。さらに興味深いのは、犠牲者と助ける対象のそれぞれとの関係を変えた場合である。ある問題では、九四人の回答者に、五人のきょうだいを助けるために一人の赤の他人を突き落とすかどうか選択させた。すると、突き落とすと答えたのは五六・四％であった。つまり、半分弱の回答者は、たとえ五人のきょうだいを救うためでも一人の赤の他人を殺すことはしない、と答えたことになる。もしヒトの意思決定が血縁淘汰理論に従っているのなら、すべての回答者が突き落とすと答えるはずである。ただ、上記のように道徳規範は文化の影響を受けることがある。そこで、小田は、日本人大学生一一五人に同じ問題に対して回答してもらった（Oda 2013）。すると突き落とすと答えたのは五六・五％となり、クルツバンらの結果とほとんど一致していた。

なぜ、血縁を犠牲にしてまでカント的な道徳規則に従おうとする人がいるのだろうか。この事実は、ヒトの道徳規範は進化生物学からは説明できないということを示唆しているのだろうか。道徳規範に限らず、ヒトの行動を考える際に気をつけなければならないのは、ヒトの行動は他の種と比較して、「遺伝子の利益のため」よりも「個体の利益のため」になされることが多いということだ。スタノヴィッチは、人間の情報処理は「ＴＡＳＳ（The Autonomous Set of Systems）」と「分析的システム（Analytic Systems）」という異なるふたつのシステムからなっているという二重過程モデルからこれを説明している（Stanovich 2004）。ＴＡＳＳは、特定の目的を遂行する脳内の自律的・並列的なモジュールで、処理スピードが極めて速く、動作は通常意識されない。他方、分析的システムは連続した情報処理、集権的実行コントロール、意識的で広い範囲にわたる役割を果たす動作を担い、処理スピードは遅く、その目的は一般的で特定されていない。ＴＡＳＳはヒトにかなり普遍的にみられるシステムで、遺伝子のコピーという目的のために進化してきたと考えられる。一方、分析的システムはこれに比べると個人差が大きく、どちらかというと個体の利益のため働いているシステムである。これらのシステムの特性について、スタノヴィッチは火星探査機を例に挙げて説明している。例えば遠隔操作で火星を探査するロボットを造ろうとすると、いちばん単純な方法は地球から電波を送ってリアルタイムで遠隔操作するというものである。スタノヴィッチはこれを、short-leash（短い引き綱）型の直接制御方式としている。しかしながら、火星は地球からかなり遠く、電波が届くには数分かかる。直接操作していると、何か不測の事態が起こってしまったときには対応できないこともあるだろう。そうなると、リアルタイムで操作するのではなく、探査機に自分で意思決定をさせて、ある程度自由に振る舞わせた方が合理的になる。こちらの方はlong-leash（長い引き綱）型の制御方式とされている。自然淘汰が働くと、生物はあたかも誰かが設計して造ったようになるので、この火星探査機の例は遺伝子と個体の関係についても当てはまる。個体があまり変化のない環境におかれるのであれば、遺伝子は個体の行動をある程度「造り込んで」おけばいい。これはshort-leash型の制御と対応している。しかし、もし環境の変化が激しく、予測できないことが多ければ、long-leash型の制御にするべきだろう。スタノヴィッチはこれについて、遺伝子の視点からこう述べている。「脳よ、外の世界は変化が速すぎて、事細かに指示をすることができない――だから、われわれ（遺伝子）がつくり込んでおいた一般的目的（生存、有性生殖）に照らして、最適な行動をとりなさい」（邦訳、二九頁）。しかし、目的があまり一般的になると、遺伝子にとっての利益と個体にとっての利益が一致しないという事態が生じることになる。スタノヴィッチはこれを、避妊手段を講じたうえでの性交という例を挙げて説明している。性交は快楽を伴うので個体の利益にはなるが、遺伝子は次世代に伝わらないので遺伝子にとっての利益にはならない。

3・2　社会的ニッチと規範

ヒトのようなlong-leash型の種がもつ特徴のひとつが、自らが適応すべき環境を自ら創りあげてしまう、つまりニッチ構築がよくみられるということだ。生態系のなかで、それぞれの種は周囲の別の生物種、気温や湿度、地形などの物理的条件といったものと関わり、影響を受けている。これらの関わりを「ニッチ」（niche）と呼び、生態学においては「生態的地位」と訳されている。つまり、ニッチとは生態系のなかでそれぞれの種が適応し、存在している位置のことである。ニッチ構築とは、このニッチ、すなわち自らが適応すべき環境を生物自身が構築するという現象のことだ（Odling-Smee, Laland & Feldman 2003）。このニッチの考え方は、物理的な環境だけではなく、社会的な環境についても使える。人間社会のなかにもさまざまな要素が組み合わさった、いわば社会的ニッチというものがあり、それぞれの特性をもった人が、その特性にふさわしいニッチのなかで生活しているといえる。ヒトは社会性が高く、なおかつ社会的ニッチの構築は物質的な変化を伴わないので、比較的容易に、早く起こると考えられる。そのような環境では、遺伝子の利益よりも個体の利益を第一にするという行動が進化する可能性があるだろう。

山岸（2010）は、この社会的ニッチ構築という考え方から文化についての分析を試みている。山岸が提唱する文化への制度アプローチは、「社会的適応課題に対応した行動を人々がとることで、その適応課題そのものが生み出され維持される」（二〇頁）という点を中核としている。山岸は、ある文化で特定の行動が安定してとられるのは、その行動を適応的な行動にしている誘因が安定して存在しているからであり、この誘因は、誘因に従って行動する人々の行動そのものが生み出していると主張する。これはゲーム理論における均衡状態であり、この均衡は、人々にその戦略をとらせるように働く信念を介して達成され、維持されているとしている。山岸はこの状態を「制度」と呼んでいる。例として挙げられているのが集団主義制度である。これまでの研究によって、ヒトは内集団びいきの傾向をもっており、たとえ些細な基準によって分けられた集団であっても、他の集団よりも自分の属する集団の利益になるように振る舞うことが明らかになっている（Tajfel, Billig, Bundy & Flament 1971）。山岸らは、このような内集団びいきが生じるのは、自分の集団の成員を優遇することで、自分も自集団の成員から優遇してもらえるという内集団びいきの相互性が前提となっていることを明らかにした（Yamagishi, Jin & Kiyonari 1999）。この場合、内集団びいきを起こさせる誘因は、集団内の多くの成員が互恵的利他行動をとっていることによって生み出されている。集団内の多くの成員が自分と同じ内集団びいき行動をとっているだろうという信念が、心のはたらきと社会環境との均衡関係を維持しているのである。例えば、日本人は集団主義的な文化をもっているといわれるが、日本人の多くは自分自身が個人主義的であると考えているにも関わらず、他の人は集団主義的であるという信念をもっているという調査結果がある（平井 2000）。

山岸が議論の対象としたのは文化だが、制度アプローチは道徳規範についても適用できるのではないだろうか。つまり、ある道徳的判断にはそれをとらせる誘因が存在し、その誘因は集団内の多くの成員が同じ道徳的判断をしていることによって生み出されているのではないだろうか。例えばカント的な道徳規則に従うことは、必ずしも遺伝子の利益のためにはならないかもしれない。しかし、集団の成員のほとんどがカント的道徳規則に従っていれば、そこではカント的道徳規則に従うことが最も個体にとっての利益になる。また、集団内の他者がカント的規則に従うだろうという期待が、この社会的環境をますます強化することになるだろう。つまり、「汝、殺すべからず」という定言命法にも、結局のところ（個体レベルでの）適応的意義があるのではないかということだ。その意味において、カントの義務論は非帰結主義ではないといえる。道徳規則に従うことがその道徳規則そのものを強化している状況では、一見したところ行為の目的は排除され、普遍的な規則に従っているようにみえるだろう。そのときの心の働きが、カントのいう「理性」なのではないだろうか。

クルツバンら（Kurzban et al. 2012）のトロッコ問題を日本人を対象に追試した小田（Oda 2013）は、回答者に突き落とすかどうかという自分自身の判断について尋ねただけでなく、自分以外の世間一般の人が同じ状況でどう判断するか予想してもらった。さらに、赤の他人を線路に突き落とすと答えたAさんと、突き落とさないと答えたBさんという架空の人物について、自分自身と世間一般の人がどれくらい好ましいかと思うかを九段階評価で答えてもらった。結果は、突き落とすと答えた回答者の八〇%が世間一般の人も突き落とすだろうと予想しており、突き落とさないと答えた回答者は六四%が世間一般の人も突き落とさないだろうと予想していた。しかし、世間一般の人は突き落とすことを間違っていると思うかどうか、という問いに対しては、突き落とすと答えた回答者の六九%が間違っていると思うだろうと答え、突き落とさないと答えた回答者は六八%が間違っていると思うだろうと答えた。つまり、きょうだいを救うために他人を犠牲にすると答えた人たちの多くは、世間一般の人も同じ行動をとるものの、それは間違っていると思われるだろうと考えていたことになる。また、架空の人物の好ましさを尋ねた質問では、突き落とすと答えたAさんよりも、突き落とさないと答えたBさんの方が、全体的に好感度が高いという結果になった。つまり、突き落とさないというカント的判断の方がより正しく、好ましいとされていたということになる。自分はともかく他者はカント的規則に従うだろうという期待があることが示唆された。では、なぜ約半数の人たちは、カント的道徳規則に従わず、血縁を優先する判断をしたのだろうか。これについては今のところ検討できるようなデータがないが、おそらく社会的ニッチが異なるのだろうと考えられる。今後の検討が待たれる課題である。

まとめると、同祖遺伝子を共有している可能性の少ない他者、つまり赤の他人への利他行動をよく示すというのはヒトという種の特徴であるといえる。さらに、ヒトは相手から明示的に要求されなくても相手を助けるということをする。これは間接互恵性によって支えられていると考えられているが、ヒトにはそのためのさまざまな認知的な適応がみられる。これらの心理的適応は、ヒトが比較的小さな集団を形成していた進化的適応環境において進化してきたと考えられるが、ヒトはその後より大きな社会集団を形成するようになった。そのために必要だったのが道徳的規範や制度といったものである。しかしながら、規範は時として適応度を下げる、つまり遺伝子の利益には従わないような行動をとらせることがある。これは、ヒトが環境の変化に応じて臨機応変な行動が取れるよう、一般的な目的に従って行動するように適応してきた結果であり、特に社会的な淘汰圧については、ニッチ構築によって一見したところ遺伝子の利益と合致しない行動が選択されている可能性がある。このような道徳規範についての進化的考察はまだ始まったばかりであり、今後の発展が期待される分野である。

参考文献

Alexander, R. 1987. *The biology of moral systems*. Aldine de Gruyter.

Anderson, D. J. 1990. Evolution of obligate siblicide in boobies. 1. A test of the insurance-egg hypothesis. *American Naturalist* 135: 334–335.

Barclay, P. & Lalumière, M. L. 2006. Do people differentially remember cheaters? *Human Nature* 17: 98–113.

Bartlett, M. Y. & DeSteno, D. 2006. Gratitude and prosocial behavior. *Psychological Science* 17: 319–325.

Bateson, M., Nettle, D. & Roberts, G. 2006. Cues of being watched enhance cooperation in a real-world setting. *Biology Letters* 2: 412–414.

Boyd, R., Gintis, H., Bowles, S. & Richerson, P. 2003. The evolution of altruistic punishment. *Proceedings of the National Academy of Science* (*USA*) 100: 3531–3535.

Brown, W. M. & Moore, C. 2000. Is prospective altruist-detection an evolved solution to the adaptive problem of subtle cheating in cooperative ventures? Supportive evidence using the Wason selection task. *Evolution and Human Behavior* 21: 25–37.

Brown, W. M., Palameta, B. & Moore, C. 2003. Are there nonverbal cues to commitment? An exploratory study using the zero-acquaintance video presentation paradigm. *Evolutionary Psychology* 1: 42–69.

Burnham, T. & Hare, B. 2007. Engineering human cooperation. *Human Nature* 18: 88–108.

Chiappe, D., Brown, A., Dow, B., Koontz, J., Rodriguez, M. & McCulloch, K. 2004. Cheaters are looked at longer and remembered better than cooperators in social exchange situations. *Evolutionary Psychology* 2: 108–120.

Cosmides, L. & Tooby, J. 1992. Cognitive adaptations for social exchange. In J. H. Barkow, L. Cosmides & J. Tooby（eds.）, *The Adapted Mind: Evolutionary Psychology and the Generation of Culture*（pp. 163–228）, Oxford University Press.

Dawkins, R. 1976. *The Selfish Gene*. Oxford University Press.（R・ドーキンス『利己的な遺伝子（増補新装版）』日高敏隆・岸由二・羽田節子・垂水雄二訳、紀伊国屋書店、二〇〇六年）

De Waal, F. 1996. *Good Natured*. Harvard University Press.（F・ドゥ・ヴァール『利己的なサル、他人を思いやるサル』西田利貞・藤井留美訳、草思社、一九九八年）

Dunbar, R. 1997. *Grooming, Gossip, and the Evolution of Language*. Harvard University Press.（R・ダンバー『言葉の起源――猿の毛づくろい、人のゴシップ』松浦俊輔・服部清美訳、青土社、一九九八年）

Dunbar, R. 1998. The social brain hypothesis. *Evolutionary Anthropology* 6: 178–190.

Eisenberg, N.（ed.）1982. *The development of prosocial behavior*. Academic Press.

Ernest-Jones, M., Nettle, D. & Bateson, M. 2011. Effects of eye images on everyday cooperative behavior: a field experiment. *Evolution and Human Behavior* 32: 172–178.

Farrelly, D. 2011. Cooperation as a signal of genetic or phenotypic quality in female mate choice? Evidence from preferences across the menstrual cycle. *British Journal of Psychology* 102: 406–430.

Fiddick, L. & Erlich, N. 2010. Giving it away: altruism and answers to the Wason selection task. *Evolution and Human Behavior* 31: 131–140.

Foot, P. 1967. The problem of abortion and the doctrine of double effect. *Oxford Review* 5: 5–15.

Francey, D. & Bergmüller, R. 2012. Images of Eyes Enhance Investments in a Real-Life Public Good. *PLoS ONE* 7: e37397.

Gildersleeve, K., Haselton, M. G. & Fales, M. R. 2014. Do Women's Mate Preferences Change Across the Ovulatory Cycle? A Meta-Analytic Review. *Psychological Bulletin* 140: 1205–1259.

Haley, K. J. & Fessler, D. 2005. Nobody's watching? Subtle cues affect generosity in an anonymous dictator game. *Evolution and Human Behavior* 26: 245–256.

Hamilton, W. D. 1964. The genetical evolution of social behavior. I & II. *Journal of Theoretical Biology* 7: 1–52.

Henrich, J., McElreath, R., Barr, A., Ensminger, J., Barrett, C., Bolyanatz, A., Cardenas, J. C., Gurven, M., Gwako, E., Henrich, N., Lesorogol, C., Marlowe, F., Tracer, D. & Ziker, J. 2006. Costly Punishment Across Human Societies. *Science* 312: 1767–1770.

Iredale, W., Van Vugt, M. & Dunbar, R. I. M. 2008. Showing off in humans: Male generosity as a mating signal. *Evolutionary Psychology* 6: 386–392.

Johnson, R. C., Danko, G. P., Darvill, T. J., Bochner, S., Bowers, J. K., Yau-Huang Huang, Park, J. Y., Pecjak, V., Rahim, A. R. A. & Pennington, D. 1989. Cross-cultural assessment of altruism and its correlates. *Personality and Individual Differences* 10: 855–868.

Kato-Shimizu, M., Onishi, K., Kanazawa, T., Hinobayashi, T. 2013. Preschool Children's Behavioral Tendency toward Social Indirect Reciprocity. *PLoS ONE* 8: e70915.

Kiyonari, T., Tanida, S. & Yamagishi, T. 2000. Social exchange and reciprocity: confusion or a heuristic? *Evolution and Human Behavior* 21: 411–427.

Kurzban, R., DeScioli, P. & Fein, D. 2012. Hamilton vs. Kant: pitting adaptations for altruism against adaptations for moral judgment. *Evolution and Human Behavior* 33: 323–333.

McAndrew, F. T. & Perilloux, C. 2012. Is self-sacrificial competitive altruism primarily a male activity? *Evolutionary Psychology* 10: 50–65.

Mealey, L., Daood, C. & Krage, M. 1996. Enhanced memory for faces of cheaters. *Ethology and Sociobiology* 17: 119–128.

Mitani, J. 2009. Cooperation and competition in chimpanzees: current understanding and future challenges. *Evolutionary Anthropology* 18: 215–227.

Nowak, M. A. & Sigmund, K. 1998. Evolution of indirect reciprocity by image scoring. *Nature* 393: 573–577.

Oda, R. 1997. Biased face recognition in the prisoner's dilemma game. *Evolution and Human Behavior* 18: 309–315.

——— 2001. Sexually dimorphic mate preference in Japan: An analysis of lonely hearts advertisements. *Human Nature* 12: 191–206.

Oda, R., Hiraishi, K. & Matsumoto-Oda, A. 2006. Does an altruist-detection cognitive mechanism function independently of a cheater-detection cognitive mechanism? Studies using Wason selection tasks. *Evolution and Human Behavior* 27: 366–380.

Oda, R., Yamagata, N., Yabiku, Y. & Matsumoto-Oda, A. 2009. Altruism can be assessed correctly based on impression. *Human Nature* 20: 331–341.

Oda, R., Naganawa, T., Yamauchi, S., Yamagata, N. & Matsumoto-Oda, A. 2009. Altruists are trusted based on non-verbal cues. *Biology Letters* 5: 752–754.

Oda, R. & Nakajima, S. 2010. Biased face recognition in the Faith Game. *Evolution and Human Behavior* 31: 118–122.

Oda, R., Niwa, Y., Honma, A. & Hiraishi, K. 2011. An eye-like painting enhances the expectation of a good reputation. *Evolution and Human Behavior* 32: 166–171.

Oda, R., Shibata, A., Kiyonari, T., Takeda, M. & Matsumoto-Oda, A. 2013. Sexually dimorphic preference for altruism in the opposite-sex according to recipient. *British Journal of Psychology* 104: 577–584.

Oda, R. 2013. Refusal of killing a stranger to save five brothers: How are others' judgments anticipated and favored in a moral dilemma situation? *Letters on Evolutionary Behavioral Science* 4: 9–12.

Oda, R., Okuda, A., Takeda, M. & Hiraishi, K. 2014. Provision or good genes? Menstrual cycle shifts in women's preferences for short-term and long-term mates' altruistic behavior. *Evolutionary Psychology* 12: 888–900.

Odling-Smee, F. J., Laland, K. N. & Feldman, M. W. L. 2003. *Niche Construction: The Neglected Process in Evolution*. Princeton University Press.（F・J・オドリング-スミー＋K・N・レイランド＋M・W・L・フェルドマン『ニッチ構築――忘れられていた進化過程』徳永幸彦・佐倉統・山下篤子訳、共立出版、二〇〇七年）

Rigdon, M., Ishii, K., Watabe, M. & Kitayama, S. 2009. Minimal social cues in the dictator game. *Journal of Economic Psychology* 30: 358–367.

Stanovich, K. E. 2004. *The Robot's Rebellion: Finding Meaning In The Age Of Darwin*. The University of Chicago Press.（K・E・スタノヴィッチ『心は遺伝子の論理で決まるのか』椋田直子訳、みすず書房、二〇〇八年）

Tajfel, H., Billig, M. G., Bundy, R. F. & Flament, C. 1971. Social categorization and intergroup behaviour. *European Journal of*

Psychology 1: 149–178.
Tinbergen, N. 1963. On aims and methods in ethology. *Zeitschrift fur Tierpsychologie* 20: 410–433.
Tognetti, A., Berticat, C., Raymond, M. & Faurie, C. 2012. Sexual selection of human cooperative behaviour: An experimental study in rural Senegal. *PLoS ONE* 7: e44403.
Trivers, R. L. 1971. The evolution of reciprocal altruism. *Quarterly Review of Biology* 46: 35–57.
Wedekind, C. & Milinski, M. 2000. Cooperation through image scoring in humans. *Science* 288: 850–852.
Yamagishi, T., Jin, N. & Kiyonari, T. 1999. Bounded generalized reciprocity: Ingroup boasting and ingroup favoritism. *Advances in Group Processes* 16: 161–197.
Yamamoto, S., Humle, T. & Tanaka, M. 2009. Chimpanzees help each other upon request. *PLoS ONE* 4: e7416.
Yamamoto, S. & Tanaka, M. 2009. How did altruism and reciprocity evolve in humans? Perspectives from experiments on chimpanzees（*Pan Troglodytes*）. *Interaction Studies* 10: 150–182.
Zahavi, A. 1995. Altruism as a handicap - The limitation of kin selection and reciprocity. *Journal of Avian Biology* 26: 1–3.
Zahavi, A. & Zahavi, A. 1997. *The Handicap Principle: A Missing Piece of Darwin's Puzzle*. Oxford University Press.（A・ザハヴィ＋A・ザハヴィ『生物進化とハンディキャップ原理――性選択と利他行動の謎を解く』大貫昌子訳、白揚社、二〇〇一年）

小田亮（2013）「進化と人間行動」、五百部裕・小田亮編著『心と行動の進化を探る』朝倉書店、一-二五頁。

小田亮・大めぐみ・丹羽雄輝・五百部裕・清成透子・武田美亜・平石界（2013）「対象別利他行動尺度の作成と妥当性・信頼性の検討」『心理学研究』第八四巻、二八-三六頁。

清成透子・山岸俊男（1999）「分配委任ゲームを用いた信頼と信頼性の比較研究」『社会心理学研究』第一五巻、一〇〇-一〇九頁。

高橋伸幸・竹澤正哲（2014）「協力と賞罰」、山岸俊男他著『岩波講座コミュニケーションの認知科学4　社会のなかの共存』岩波書店、一二一-一四四頁。

平井美佳（2000）「「日本人らしさ」についてのステレオタイプ――「一般の日本人」と「自分自身」との差異」『実験社会心理学研究』第三九巻、一〇三-一一三頁。

山岸俊男（2010）「文化への制度アプローチ」、石黒広昭・亀田達也編『文化と実践――心の本質的社会性を問う』新曜社、一五-六二頁。

第2章 道徳心理の進化と倫理

田中泉吏

道徳行動およびその背後にある道徳心理に関する現代の研究は、認知科学・脳神経科学・進化心理学・社会心理学・発達心理学・動物行動学・人間行動生態学・人類学などの諸分野の成果を総合する「道徳心理学」として盛んにおこなわれている。その中核理論のひとつが進化論であり、本章の焦点は道徳心理の進化に関する知見およびその倫理学的含意にある。以下ではまず、進化論と倫理の関係についてダーウィン以降の歴史を概観する。その後、現代の道徳心理学の研究成果を紹介したうえで、道徳心理の進化に関する知見によって道徳実在論（客観説）が反駁できるという「進化論的暴露論法」について考察する。

1 ダーウィン進化論

ダーウィンは、私たち人間も含めたさまざまな生物が長い時間をかけて共通の祖先から枝分かれして進化してきたのだと主張した。私と私の弟が同じ両親から生まれ、私と私のいとこが同じ祖父母に由来するように、人間とチンパンジーは同じ共通祖先に由来する。時間を遡っていけば、あらゆる生物の間に共通祖先を見出せる。この「共通先祖説」は一九世紀当時、すべての生物は神によって創造され、人間はそのなかでも特別な地位を占めると考えるキリスト教的世界観に大きな衝撃を与えた。

また、ダーウィンは進化を引き起こすメカニズムに関する理論として自然選択説を提唱した。[1] 有名な『種の起源』の一節を見てみよう。

〔動植物の飼育栽培で〕人間にとって有用な変異が生じたことは疑いようがないのだから、各生物が大規模かつ複雑な生の闘争をする際になんらかの点で有用な変異が、数千世代を経るなかで時々生じることがありそうもないと言えるだろうか。もしもそのような変異が生じれば、たとえどんなにわずかでも他個体より幾分有利な変異をもつ個体は生き延びて子孫を残すチャンスが最も大きいということを（生存可能な数よりも多くの個体が生まれることを念頭に置けば）疑えるだろうか。他方で、ごくわずかな程度でも有害な変異は厳しく撲滅させられるのは確実だと感じられる。この有利な変異の保存と有害な変異の棄却を指して私は「自然選択」と呼ぶのである。（Darwin 1859/1964: 80–81, 邦訳一一二頁）[2]

そして、この「有利な変異」が極めて長い時間をかけて累積していけば、環境への複雑な適応が進化するという。そうした適応のなかには、昆虫の表皮や鳥類の羽毛に見られる驚嘆すべき擬態などのさまざまな形態的特徴から、カッコウの托卵などの極めて巧妙な繁殖戦略までもが含まれる。ダーウィンは『人間の由来』（Darwin 1871/1981）において、人間の心的能力もそうした適応のひとつであると主張したが、これは極めて画期的なことであった。というのも、それまでは高度な心的能力の存在が人間を特別視する根拠だと考えられてきたからである。そうした心的能力のなかでも「道徳感覚」は特に人間を他の生物から差別化する特徴だと位置づけられていた。

道徳感覚とは、例えば仲間を助けるために一瞬のためらいもなく自らの命を投げ出すようなときにはたらく感覚のことである。あるいは十分に熟考したあとに、自らの命をなんらかの大きな利益のために投げ出すように駆り立てる心の底からの義務感も道徳感覚という。このように、個人的な利害関心や保身を抑えて他者や共同体のために「こうすべし」と命じる利他的な感覚が道徳感覚の典型である。ダーウィンはそうした道徳感覚さえも自然選択説によって説明できると主張した。

2 群選択

ここでひとつの疑問が浮かぶ。自然選択は個体間の生存繁殖競争によって生じるのだから、仲間のために命を投げ出す利他的な個体よりも、自らの保身に躍起になる利己的な個体の方が生き延びて、より多くの子孫を残す可能性が大きいはずだ。そうすると、遺伝によって子は親に似る傾向があるわけだから、次世代には利己的な個体の割合が増加しているだろう。つまり、自然選択は利他的な個体を棄却し、利己的な個体を保存するようにはたらくのではないだろうか。だとすれば、道徳感覚の存在は自然選択説で説明できそうもない。

ダーウィンもこの問題には気づいていた。そして彼が悩んだうえに辿りついた解決策は、自然選択は個体の間だけでなく、部族の間にもはたらくという考えであった。個体間の選択では利己的な個体が確かに有利だが、部族間の選択では自らの保身に躍起になってばかりいる利己的な個体から構成される部族と、仲間のために命を投げ出すことも厭わない利他的な個体から構成される部族とでは、後者の方が有利になるはずだ。これはサッカーのようなチームスポーツの経験がある人には実感をもって理解されるだろう。このように、自然選択のはたらくレベルが複数あると考え、利他的な行動を導く道徳感覚は部族という群れレベルでの自然選択によって進化するというのが、ダーウィンの提示した解決策であった。この考えは何も人間だけに当てはまるわけではない。さまざまな社会的動物が示す利他行動を、群れの間の自然選択に訴えて説明するこの種の理論は「群選択説」と呼ばれる。

群選択説の是非は二〇世紀後半の進化生物学において大きな論点のひとつになった。利他行動の進化を説明する新たな理論として血縁選択説（Hamilton 1964）や互恵的利他行動理論（Trivers 1971）が提出され、支持を集めた一方、群選択説はいろいろな難点が指摘されたことも相俟って一時凋落の憂き目を見たが、その後新しいタイプの群選択説が登場し、現在その地位を復権しつつある[3]。

3　道徳起源論

ダーウィンが道徳感覚の進化について述べた次の一節はよく知られている。「どのような動物であろうとも、よく発達した社会的本能を備えていれば、その知的能力が人間におけるのと同じくらいに、あるいは近いくらいに発達するや否や、必ず道徳感覚または良心を獲得するであろう」（Darwin 1871/1981: 71-72, 邦訳七〇頁）。ダーウィンはここで人間の道徳感覚が実際に進化してきた道筋を描いているわけではないことに注意したい。そうではなく、彼はいわば道徳進化のモデルを提示しているのである。

この点については、今ではコンピュータシミュレーションを想起するとわかりやすいかもしれない。例えば「月はどのようにしてできたのか」という疑問に対して、物理学者はコンピュータシミュレーションモデルを用いて答えようとする。月の起源に関しては諸説あるが、有力な仮説である巨大衝突説によれば、月は原始地球に別の天体が衝突したときに飛散した破片が地球周回軌道上で集合することで形成された。物理学者はこの仮説に基づいて、天体の大きさや衝突する速度などがどの程度であれば月ができただろうかと考える。その際、コンピュータに数値を入力して計算させるのだが、その計算に基づく研究結果は条件文の集合として表現される。わかりやすく言えば、「もしも地球に衝突する天体の大きさが水星くらいならば月は形成されない」とか「もしも地球に衝突する天体の大きさが火星くらいならば月は形成される」というような、「もしも…ならば〜」というような文の集合になる。

ダーウィンはもちろんコンピュータシミュレーションを用いたわけではないが、本質的にはこれと同じことをしていたと考えてよいだろう。月の起源における天体の大きさや速度などが、道徳の起源における社会的本能や知的能力の程度に相当する。そして「もしもある種の動物において社会的本能がよく発達し、かつ知的能力が人間と同じくらいに、あるいは近いくらいに発達すれば、その動物種には道徳感覚が進化するだろう」というように、道徳感覚の進化する条件を述べていたのである。

コンピュータシミュレーションに入力する天体の大きさや速度が多少違っても、シミュレーション上で月は形成されるだろう。それは私たちが毎晩目にする月とは大きさなどが異なるかもしれないが、それでも月と言われるだろう。同様に、社会的本能や知的能力が人間ほどには発達していなくても、道徳感覚は形成されるかもしれない。地球に月はひとつしかないが、地球上には人間以外にも数多くの動物が存在する。そのなかには社会的本能や知的能力が人間ほどではないが、それにある程度近いくらいにまで発達した動物が何種かいる。代表的なのがチンパンジーやオマキザルなどの霊長類である。霊長類学者のフランス・ドゥ・ヴァールは、そうした霊長類が示す萌芽的な道徳感覚について詳細な観察をおこなっている（de Waal 1996など）。また、人間の子どもは社会的本能や知的能力の程度が大人と比べて低いから、道徳感覚が備わっていてもそれはまだ萌芽的な段階にあると言えるだろう（発達心理学には道徳性の発達段階に関する理論があり、特にローレンス・コールバーグの三レベル六段階説は有名だ）。ここに通底するのは、道徳感覚が段階的に（進化あるいは発達の過程で）発展を遂げるという考えである。それは単一の基準で測れるような単純なものではないだろうが、そうした発展過程の鍵を握る要素を特定することは道徳心理学の重要な課題と言えるだろう。

ところで、地球の月が（巨大衝突説の言うように）天体の衝突によってできたものだとしても、この宇宙にある無数の惑星の衛星がすべて同じように形成されたとは限らないだろう。つまり、衛星の起源は多様だと考えられるのだが、道徳の場合はどうだろうか。社会的本能と知的能力の組み合わせ以外の起源は考えられるだろうか。この問題に答える糸口として、社会的本能に従って（私たちが傍から見て道徳的だと評価するような）「道徳行動」をするが、そのことについて一切自省しない人間や、頭で考えて打算的にのみ「道徳行動」をする無感情な人間を想像してみればよいだろう。私たちはときに本能に導かれて衝動的に「道徳行動」をおこない、打算的に「道徳行動」をするかもしれないが、知的能力（自己反省）と社会的本能（感情）のどちらかが決定的に欠落している人間は真に道徳的だとは思われないだろう。

誤解を招かぬよう付け加えておくと、道徳感覚の発展において重要な要素だとダーウィンが考えたものはなにも社会的本能と知的能力に限られるわけではない。「究極的には非常に複雑な感情が、それは最初社会的本能から生じるのだが、仲間たちからの賞賛によって導かれ、理性や自己利益、のちには深い宗教的感情によっても導かれ、教育や習慣によって強められ、そうしたものがすべて組み合わされて私たちの道徳感覚または良心がつくりあげられるのである。」(Darwin 1871/1981: 165-166, 邦訳一四五頁) このように、実際の道徳感覚の発展過程はさまざまな要素がかかわる複雑なものだと考えられる。

4 ダーウィンのプロジェクトとその拡張

ダーウィンは同時代の倫理学についてよく学んでおり、『人間の由来』のなかでジョン・スチュアート・ミルの功利主義理論について批判的なコメントをしている[4]。そうした既存の倫理学に対する不満が原動力になって、道徳の歴史を進化の歴史のなかに位置づけて理解しようという道徳起源論のプロジェクトが開始されたのである。このプロジェクトは二〇世紀後半の社会生物学を経て、現代の道徳心理学にまで引き継がれている(後述)。

ダーウィンのプロジェクトでは道徳感覚の起源の解明が第一目標だった。ダーウィンは著作のなかで明確に述べなかったが、彼のプロジェクトには(現在で言うところの)規範倫理学やメタ倫理学の課題に切り込んでいく野心的なプロジェクトが派生する土壌があった(規範倫理学は「私たちはどのように行為し、どのような道徳原理に従うべきか」といった問題の探究を、メタ倫理学は「善い」「悪い」「正しい」「べし」などの道徳概念の分析などをおこなう)。一九世紀最後の四半世紀には、ダーウィンのプロジェクトがこうした研究にも拡張できるのではないかという期待が高まっていた(Farber 1994)。以下に引用するフレデリック・ポロックという法学者の回想からは、当時の人々の期待の高さを窺い知ることができる。

私たちは新生活と無限の可能性の大海に意気揚々と乗り出していくようだった。自然選択はきっとこの宇宙の問題解決の鍵になると思われた。私たちはそれがすべての謎を解き、すべての矛盾を解決してくれると期待した。とりわけそれは倫理学の新体系を提供し、功利主義の厳密さと超越主義の詩的観念を結びつけてくれるだろうと思われた。(Clifford 1879: 33)

これはウィリアム・クリフォードという人物の講義録・随筆集にポロックが寄せた文章である。クリフォードは数学者であり、リーマンとロバチェフスキーによる非ユークリッド幾何学の哲学的重要性に最初に注目した人物のひとりであるが、彼はまたダーウィン進化論の倫理学的含意について論じた最初の人物のひとりでもあった。クリフォードはダーウィンのプロジェクトに基づいて、道徳感覚は進化の産物であり、群れの生存のための適応であると主張した。彼はこの見解を拡張して自然主義的な倫理学の基礎を確立しようとした。そして正邪は社会的効率性によって定義でき、個人の幸福や生存は道徳的な正しさを決定するうえで共同体の利益ほど重要ではないと考えた。「そうすると、自然主義的倫理学の第一原理は、共同体への良心の絶対服従である。」(前掲書:172)

クリフォード以後の合理主義的で反キリスト教的な哲学者たちは、ダーウィン進化論のなかに新しい世界観と、人間の起源と能力についての自然主義的な説明を見出した。既存の価値観の土台が揺らいでいた時代に、彼らは当時の社会道徳を正当化する基礎をダーウィンのプロジェクトに求めたのである(Farber 1994)。

しかし、彼らの自然主義的倫理学には大きな問題点が指摘された。それは道徳の起源の説明と道徳の正当化を混同したことである。道徳の起源が進化論的に説明できたとしても、それでその道徳の正しさが証明されるわけではない。この種の批判は自然主義的倫理学に対して以後も繰り返されるが、その内容を簡単にまとめると次のようになる。道徳の起源は事実の問題であるのに対して、道徳の正当化は規範の問題である。

道徳がどのように進化してきたのかという事実の問題をいくら積み上げても、「だからこうすべし」という規範的な主張を導き出すことはできない。その「だから」には大きな論理的飛躍があるのだ。こうした議論は一八世紀の哲学者デイヴィッド・ヒュームの『人間本性論』(Hume 1739–1740) にすでに見られるので、彼の名に因んで「ヒュームの法則」と呼ばれている。自然主義的倫理学に対する懐疑的な見解は多くの場合このヒュームの法則に基づいているが、そうした態度は後述するように二〇世紀の倫理学では常識と言えるくらいにまで広まっていったのである。

クリフォードは一八七九年に三五歳の若さで逝去している。同年、彼の講義録・随筆集をポロックとともに編集・出版したレズリー・スティーヴンは、ダーウィン進化論に基づく「倫理の科学」の構築を目指していた。彼はもともとミルに大きな影響を受けていたが、ダーウィンと同じように功利主義では満足せず、進化論によって道徳を科学的に扱う必要性を感じていた。そこでスティーヴンは個人の幸福の総和としての社会効用を第一とする功利主義の考えと決別し、次のように主張した。「社会は単なる［個人の］寄せ集めではなく有機的発展の産物であり、それがひとつの全体をなし、その発展の諸法則は［社会を構成する］個人的原子のそれとは別に研究されうる。」(Stephen 1882: 31)

スティーヴンは個人から社会に視点をシフトすることによって既存の倫理学を拡張しようとしたが、その根拠となったのが先述の群選択説である。さらに、彼の「倫理の科学」は道徳感情の本性の進化論的な説明を目指したが、それは倫理学の単なる生物学化ではなく、心理学や社会学の観点を取り入れることも目指していた（社会学が関係してくるのは、個体の性質は社会環境への適応なので、社会環境を理解することもまた重要になるからである）。その意味で、スティーヴンは現代の総合的な道徳心理学を先取りしていたと言えるだろう。

ダーウィンはいくつかの高貴な感情は非適応的だと考えたが、スティーヴンは道徳感情に対して進化論的な説明を徹底した。しかし、その一方で個人がなぜ社会の利益のために行為すべきなのかという規範の問題には沈黙していた。せいぜい、道徳的であることが理に適っていることを示すだけで、具体的な道徳上の問題を解決する役にはほとんど立たなかった。スティーヴンはダーウィン主義的世界観のなかで道徳を機能的行動とみなす議論を展開したが、倫理学としてはミルの功利主義よりもすぐれた枠組みを提示できたわけではなかったのである（Farber 1994）。

5　スペンサーの進化倫理学

ダーウィンとは違って規範倫理学の課題にまで深く立ち入って論じたのがハーバート・スペンサーである。ダーウィンにとって道徳の起源は自然史上の興味深い問題のひとつだったのに対して、スペンサーにとって道徳の起源と正当化は彼の哲学体系の中心をなす問題であった。

スペンサーについて注意しなければならないのは、彼の言う「進化」がダーウィンのそれとは大きく異なるということである。ダーウィンの言う進化は世代を越えて生物の特徴が変化していくことであり、そこに下等生物から高等生物への進歩という方向性が読み込まれているわけではない。これに対してスペンサーの言う進化は明らかに進歩を意味しており、さらにその進歩こそが彼の哲学の鍵となる概念であった。彼によれば進歩とは同質なものが異質なものに変化していくことであり、それは生物に限らず、宇宙の始まりから人間社会の発展に至るまでのあらゆる局面にみられる。クリフォードやスティーヴンはダーウィン進化論に基づく進化倫理学を目指したが、スペンサーは彼独自の進化倫理学を構想したのである。

さらに、スペンサーの言う「進化」には特定の目的があり、ダーウィンよりもラマルクの進化論の考え方に近かった。すなわち、進化には個体の生命を増進し、種を維持し、社会のほかの成員と共存共栄するなどの目的があるというのだ。そして、こうした目的に適う行為が善い行為とされる。しかし、そうした目的に適うことがなぜ善いと言えるのかという問いに対するスペンサーの答えはそれが全体としてより多くの快や幸福をもたらすからというものだった（Spencer 1879）。これは快楽説や功利主義の考え方であるから、スペンサーの議論は突き詰めるとそうした既存の倫理学説に行き着く。したがって、

スペンサーは、結局、快楽説あるいは功利主義の倫理学に進化思想（実は進歩主義）の衣を着せて「進化論的倫理学」として売り出したのである。その基礎づけあるいは正当化の議論は、進化論（ダーウィンのものにせよスペンサーのものにせよ）とほとんど関係がないと結論せざるをえない。（内井 1996：八五頁）

スペンサーの進化倫理学はその後ラマルク進化論の衰退に伴って科学的支持基盤を失い、評判が低下していったが、それにはまた科学者や哲学者からの厳しい批判も関係していた。

6　進化倫理学への批判

まずはトマス・ヘンリー・ハクスリーによる批判からみてみよう。ハクスリーは「ダーウィンの闘犬」としてダーウィン進化論を力強く援護したことで知られる生物学者である。ダーウィンやスペンサーの友人と

して、科学によって世界を理解するという観点を共有していたにもかかわらず、彼は進化倫理学を最も手厳しく批判した論者のひとりであった。

ハクスリーは自然の変化を生みだす「宇宙の過程」と、それに対抗する力によって維持される「人為の状態」の対比を軸に議論を進める。生物の世界において宇宙の過程は生存闘争による最適者生存という形をとって現われる。人為の状態の典型例は人間の技術によって一定の状態を保たれる庭園である。人為の状態を一定に維持するためには宇宙の過程を排除しなければならない。つまり、両者は対立する関係にある。ハクスリーは倫理を人為の状態に分類し、文明化社会には「倫理的過程」が発展していると考えた。倫理的過程とは「人間社会の原初的絆の大部分をつくりあげる感情群が、良心と呼ばれる組織化され人格化された共感へと進化する過程」(Paradis and Williams eds. 1989: 88, 邦訳一〇九–一一〇頁)(5)を指す。ハクスリーによれば人類もほかの生物と同じように自然選択によって進化してきたが、人類だけはある段階以降でこの倫理的過程が作用するようになり、社会の進歩を導いてきた。こうした枠組みのもとで、ハクスリーは進化倫理学を次のように批判する。

「進化の倫理」と呼ばれるものを唱道する人々がいる。「倫理の進化」という言葉の方が通常は彼らの考察対象をより良く表現するのだが、彼らは道徳感情がほかの自然現象と同じように進化過程によって生まれたという考えを支持する、多少なりとも興味深い事実と、多少なりとも健全な論証を数多く提出している。私としては、彼らが正しいやり方をとっているということにほとんど疑いをもっていない。だが、不道徳な感情も「道徳感情に」劣らず進化してきたのだから、その限りではどちらにも同じくらいの自然的な支持が与えられているわけだ。盗人や人殺しは慈善家と同じように自然に従っている。宇宙の進化は人間の善悪にわたる性向がどのようにして生じたかを教えてくれるかもしれないが、それ自体では、善と呼ばれるものが悪と呼ばれるものよりも望ましい理由について、私たちがすでにもっている理由よりもすぐれたものを何ひとつ与えられないのである。いつの日か、私たちはきっと美的感覚能力の進化を理解するようになるだろうが、そうなっても、これは美しいとかあれは醜いとかいう［美的］直観の力は少しも増えも減りもしないだろう。（前掲書：137–138, 邦訳一五五–一五六頁）

同様に、道徳感覚の進化をいつの日か私たちが理解するようになっても、これは善いとかあれは悪いとかいう道徳直観の力は少しも増えも減りもしない、とハクスリーは考えたわけである。ハクスリーは倫理の進化を記述するダーウィンのプロジェクトの意義を認めるが、それが倫理的な指針を与えてくれるわけではないと主張している。つまり、彼はヒュームの法則に従って道徳起源論と規範倫理学を峻別しているのである。ハクスリーは上記引用文の直後に進化倫理学には誤りがもうひとつあると指摘している。その誤りとは、

全体として眺めれば、動植物は生存闘争とその結果としての「最適者生存」によって組織の完成を進めてきたのだから、社会のなかの人間、倫理的存在としての人間も、完成に向かう手助けとして同じ過程に注目しなければならない、という考えである。この誤りは、「最適者生存」という表現が不運なことに多義的であることから生じたのではないかと思われる。「最適」には「最善」という含みがあり、「最善」には道徳的な香りがある。だが、宇宙的自然において何が「最適」かは条件に依存するのだ。（前掲書：138, 邦訳一五六頁）

ここでハクスリーは生物の最適な特徴は環境に応じて変わるという事実を指摘している[6]。そのような「最適」と「最善」は区別されるべきである。そして最善な人々からなる社会を実現するためには最適者生存という宇宙の過程に任せていては駄目で、宇宙の過程を倫理的過程によって置き換えていくべきであり、それこそが社会の進歩なのだとハクスリーは論じる。ハクスリーにおいて宇宙の過程と倫理的過程は明確に対立しており、彼は倫理的過程の側につくことによって進化倫理学を批判したのだ。だが、倫理的過程の側につくことの正当性が論証によって示されているわけではないので、ハクスリーの批判も十分なものとは言い難い（内井 1996）。

自然選択説をダーウィンとは独立に定式化したアルフレッド・ラッセル・ウォレスも進化倫理学に反対した人物のひとりである。彼はダーウィンよりもダーウィン主義的であると言われるくらい、自然選択説を強力に擁護したことで知られている。ダーウィンは『種の起源』に寄せられたさまざまな批判に対応するなかで、自然選択は生物のさまざまな特徴を説明するメカニズムのひとつであるというふうに主張を弱めたが、ウォレスはそのような譲歩をしなかったからである。つまり、ダーウィンは進化のメカニズムに関して多元論者だったのに対して、ウォレスは自然選択一元論者だったと言えよう。そのようなウォレスが、人間の知的能力や道徳的能力は自然選択によって生じたのではないと主張した（Wallace 1870）。彼は人間に関してだけは反ダーウィン主義者だったのである。

ウォレスがこのような態度を取ったのは進化論を宗教と調停するためではないかと考える人もいるかもしれない。実際そのような考え方をした宗教家もいたし、ウォレス自身も心霊主義に傾倒していたことが知られている。心霊主義では霊魂の存在が信じられ、死者の霊魂と交信できると考えられていた。そのために開催される降霊会が盛況を極めるなど、一九世紀に心霊主義は大いに流行した。その一因として、当時の人々には進化論などの新しい科学的知見を人間や神についての伝統的な考え方と調和させる必要があったということが挙げられる（Farber 1994）。したがって心霊主義はウォレスだけが信じた世迷言というわけではないのだが、それにしても自然選択説の定式化という科学史上燦然と輝く金字塔を打ち立てたウォレスが、心霊主義のせいで人間だけを自然選択説の例外としたという解釈はあまり釈然としない。

実は、ウォレスはもっと別の理由で人間の心的能力を自然選択の枠外に置いたのである。それには彼が自然選択一元論者であったという事実が関係している。ウォレスはいわゆる未開人の脳が文明人の脳と同じであると気づいていた。これは未開人も文明人と同じように高度な数学や芸術に携われることを意味するが、実際にはそうした能力を未開人は発揮していない。だとすれば、自然界の生存闘争において高度な心的能力や大きな脳は必要ではない。それゆえ、それらが自然選択によって進化したことはありえない。したがって、大きな脳やそれによって可能になる高度な心的能力の存在は自然選択説で説明できない。このような論証によって、ウォレスは人間に関してだけは反ダーウィン主義者になったのである（Rachels 1990）。

ダーウィンよりもダーウィン主義的な自然選択一元論者であったがゆえに、人間に関してだけは反ダーウィン主義者になってしまったというのはなんとも皮肉な結果である。しかし、ウォレスの主張にはいろいろな問題が指摘できる。例えば、大きな脳は何も高度な数学や芸術のためではなく、道具の使用や社会的コミュニケーションといった実用的な能力のために進化し、のちに文化の進歩に伴って数学や芸術などの別の目的に用いられるようになったと考えることもできる。道徳感覚などの心的能力も、自然選択だけで説明できそうにないからといってすぐに超自然的な要因を持ち出すのはあまりに早計である。これに対してダーウィンは、道徳感覚の起源を説明する際に教育や習慣などの文化的要因を賢明にも考慮に入れていたのである（内井 1996）。

7　倫理学の自律性と自然主義的誤謬

一九世紀末の哲学界には進化倫理学の支持者が少なくなかったが、二〇世紀に入ると状況は一変した。哲学者たちはほぼ満場一致で進化倫理学を否定するようになった。それには指導的な哲学者たちの批判が大きく関与している。

ヘンリー・シジウィックは一九世紀後半に活躍した功利主義の哲学者であるが、彼は進化倫理学というアプローチそのものに論理的欠陥があると考えた。というのも、彼にとって道徳の起源は倫理学の営みと無関係だったからである。シジウィックは一八七四年に出版された『倫理学の方法』初版の序文で、「私は道徳的能力の起源を探究することを避けた」と述べている[7]。というのも、倫理学をおこなううえでは私たちが現在道徳的能力をもっていることが認められればそれでよいのであり、（例えば）空間認知能力の起源の探究が幾何学そのものには関係しないように、道徳的能力の起源の探究は倫理学そのものには関係しないからである[8]。これは倫理学が自律的な学問分野であるという主張であり、それを説明するのに数学との類比を持ち出すのは現在でもよく目にするタイプの議論である（例えば Nagel 1978; Rachels 1990; Kitcher 1993）。しかし、道徳の起源が本当に倫理学に無関係かどうかについては異論がないわけではない。実際、あとで紹介する「進化論的暴露論法」は道徳の進化的起源を暴くことによって道徳実在論を反駁しようとする倫理学的な議論である。

いずれにせよ、シジウィックにとって進化倫理学は倫理学の体系でも方法でもなかった。起源の説明と規範の正当化を峻別する彼の姿勢は次世代の哲学者にも大きな影響を与えた。ケンブリッジ大学でシジウィックの後任となったウィリアム・リッチー・ソーリーは進化論が倫理学に対してもつ意義について考察し、次のように結論づけている。

> 進化論は、自然科学の領域でその功績がどんなに偉大であろうとも、倫理学においてはほとんど無益であるように思われるだろう。［中略］それは人生の包括的な目標を立てることも、行為における善悪を区別する原理をもたらすことも不可能であるということが見出されたのだ。（Sorley 1904: 309）

進化倫理学に対するシジウィックの姿勢はこうして継承され、その後今日に至るまで強められることはあっても弱められることはなかった。

進化倫理学の批判者としては、シジウィックやソーリーよりもG・E・ムーアの方がよく知られている。実際、彼の名と共に記憶されている「自然主義的誤謬」は、ヒュームの法則と並んで倫理学の教科書ではおなじみである。ムーアは主著『倫理学原理』第一章で倫理学の主題について考察し、「『善い』がどのように定義されるべきかというこの問いは、あらゆる倫理学において最も基本的な問いである」（Moore 1903: 5）と述べている。ここで彼の言う「定義」は辞書的な定義ではなく解明的な定義である。つまり、ムーアは「善い」という観念の本性を発見したいと考えていた。この問いに対する彼の答えを読むと、肩透かしを食わされたような気持ちになるだろう。

> 「善とは何か」と聞かれれば、私の答えは、善は善であり、話はそれで終わりである。あるいは、「善はどのように定義されるべきか」と聞かれれば、私の答えは、善は定義できないというものであり、それ

が質問に対して私が言うべきことのすべてである。（前掲書:6）

そうすると、「善い」を「より進化している」や（生物学的な意味で）「より適している」といった自然的性質と同一視することは、定義できないものを定義することになるので誤りになる。これが自然主義的誤謬であるが、この誤謬を犯しているとして批判されたのがスペンサーだった。ムーアによれば、自然主義的誤謬を犯していると考えなければ説明のつかない混乱がスペンサーの議論には見受けられる。スペンサーはより進化している行為がより高等であるとかより善いとかいうことを証明したと言うが、実際はそのような証明は一切なされていない。これはスペンサーが自然主義的誤謬を犯している十分な証拠だと、ムーアは言うのである（内井 1996）。

スペンサーの進化倫理学は突き詰めると快楽説に行き着くということはすでに述べた。ムーアの批判はこの快楽説に対しても当てはまる。というのも、快楽説は善を快楽と同一視するからである。さらに言えば、ムーアの批判は善を快楽のような自然的な性質と同一視することだけに当てはまるわけではない。例えば「善い」を「神によって命じられた」と同一視することも、定義できないものを定義することになるから誤謬である。しかし、「神によって命じられた」は自然的な性質ではなく、形而上学的な性質である。したがって、「自然主義的誤謬」という呼び名は必ずしも適切ではなく、むしろ「定義主義的誤謬」という呼び名の方が適切かもしれない（伊勢田 2008）。

しかし、なぜムーアは善を定義することは誤りだと考えたのだろうか。彼は「未決問題論法」という議論によってこの考えを正当化しようとした。その内容を簡単にまとめるとこうだ。「善い」を「より進化している」という意味だと定義する人がいたとしよう。この定義が正しければ、「Xはより進化している。だが、それは善いのだろうか」という問いは、「Xはより進化しているのだろうか」という問いと同じ意味だということになる。しかし、この二つの問いは本当に同じ意味だろうか。後者の問いは問うまでもなく、すでに答えが決まっている「既決問題」である。これに対して前者の問いは、答えがまだ出ていない「未決問題」ではないだろうか（Rachels 1990）。例えば、「利己的な行為がより進化していると言える場合もあるが、だとしたら利己的な行為も善いと言えるのだろうか」と問うことはできるし、問うことに意義がないとは言えないだろう。そうすると、上記の二つの問いは同じ意味ではない。それゆえ、「善い」を「より進化している」という意味だと定義することは正しくない。この論法は「より進化している」をほかの性質に置き換えても成立する。

ムーアの議論では言葉と言葉の間の関係性が問題にされていた。そして、「善い」という言葉と「より進化している」という言葉が同じ意味であると考えるのは誤りであると主張された。しかし、「善い」と「より進化している」の関係性はそれ以外にも考えられる。例えば「水は H_2O である」と言うとき、私たちは「水」という言葉と「H_2O」という言葉が同じ意味だと述べているわけではない。私たちはこのとき、私たちが「水」という言葉で呼んでいる存在が、「H_2O」という言葉で呼んでいる存在と同一であると述べている。これと同じように、「善い」と「より進化している」は存在として同一だと言えるかもしれない。もちろん、この主張はまだ実証されたわけではないが、だからと言って誤りであるということにはならないだろう。科学が発展した結果「水」と「H_2O」が存在として同一であることが明らかになったように、いつの日か「善い」と「より進化している」が存在として同一であることが明らかになるかもしれない。このように、「善い」と「より進化している」の関係性は意味論的な同一性ではなく、存在論的な同一性なのかもしれない。ある行為が善いということは道徳的な事実であり、ある行為がより進化しているということは自然的な事実であるから、この考えは「道徳的な事実は自然的な事実に還元される」と表現することもできる（James 2011）。

8 雌伏の時代

シジウィック、ソーリー、ムーアはみなイギリスの哲学者だが、同時代のアメリカではプラグマティズムと呼ばれる立場の哲学者たちが活躍していた。彼らはダーウィン進化論の哲学的重要性を積極的に認めたにもかかわらず、進化論から倫理的指針を導き出すことには反対した。例えばジョン・デューイはジェームズ・タフツとの共著『倫理学』（Dewey and Tufts 1908）において、進化論から道徳原理を導き出そうという試みは疑似科学であると退けている。デューイにとって進化論は人間に関して必要な背景知識を与えるが、倫理学を基礎づけるものではなかったのである（Farber 1994）。

第一次世界大戦後には道徳感情に関する研究でも進化論的観点が影を潜めた。人類学では心理学的アプローチが、心理学では行動主義が流行し、学問の世界全体で進化論の影響力が弱まっていった。当時はダーウィン進化論自体も斜陽の時代を迎えていたが、それは当時のダーウィン進化論が二〇世紀に入ってから急速に発展したメンデル遺伝学と矛盾すると考えられていたからである。

しかし、二〇世紀も半ばになると興味深い例外が現れる。トマス・ヘンリー・ハクスリーの孫にあたるジュリアン・ハクスリーである。彼は「現代的総合」を成し遂げた人物のひとりとして知られている（現代的総合とは、ダーウィン進化論とメンデル遺伝学が融合して生まれた集団遺伝学を中心とする生物学の諸分野の総合を指す）。ジュリアンは祖父とは反対に進化倫理学の擁護者であった。ただし、彼の進化倫理学においては文化進化が中心的な役割を果たしていた。文化進化とはさまざまな観念や価値の間の生存闘争を指す。人間はその思考能力と言語のおかげで経験を蓄積して知識を次世代に伝達できる。この能力が文化進化を可能にするのだが、文化進化は生物進化よりもはるかに速く進むので、人間の進化は文化進化によって決まると考えられた（Huxley 1941）。

また、ジュリアンは道徳的義務感をフロイト心理学の観点から説明しようとした（Huxley 1943）。しかし、それはあくまでも事実に関する説明であって、義務感の正当化をしたわけではなかった。科学史家のポール・ファーバーによれば、

［ジュリアン・］ハクスリーはその経歴の初めから、キリスト教的世界観を科学的ヒューマニズムに置き換えようとしていた。ハクスリーは哲学と宗教の違いについて次のように考えた。宗教は神の存在仮説に基づいているが、自分の見解は科学的方法に基づいている、と。しかし、彼が実際に提唱したのは新しい神話の創造であり、それは進化生物学の装いをしているが、それにもかかわらず一揃いの仮定、価値観、信念の集合だったのである。科学を使って宗教を乗り越えようとはするが、宗教的畏敬の感覚を依然保持しているコント［一九世紀前半に活躍した実証主義の哲学者オーギュスト・コントのこと］以来の多くの試みと同じように、ハクスリーの自然主義は彼が発見したと触れ込んだ見方を仮定していたのである。（Farber 1994: 136）

スペンサーの進化倫理学が快楽説を進化論で偽装したものだったということはすでに述べたが、同様の批判がジュリアン・ハクスリーにも当てはまる。彼が同時代の人々に進化倫理学の意義を認めさせることができ

なかったのは意外ではない。進化倫理学は依然として忘却の淵に沈んだままだったのである。(9)

9　社会生物学の挑戦

歴史が動いたのは一九七〇年代のことである。昆虫学者として名高いエドワード・ウィルソンによる『社会生物学――新しい総合』(Wilson 1975/2000) という浩瀚な著作が巻き起こした大論争は、今でも多くの人々の記憶に残っている。この著作の副題にある「新しい総合」はジュリアン・ハクスリーらによる「現代的総合」の新しい局面を意味し、社会生物学とは動物の社会行動を集団遺伝学の観点から説明しようという試みである。この試み自体は生物学の中でおおむね好意的に受け入れられたが、ウィルソンが社会生物学を人間にも適用したことに対しては、人文系の研究者(およびスティーヴン・ジェイ・グールドなどのマルクス主義的生物学者)から極めて大きな反発があった。ウィルソンは「倫理学を哲学者の手から一時的に取り去って生物学化するときが来た」(前掲書：562, 邦訳一一一〇頁)と大胆にも宣言したのだから、当然と言えば当然の反応と言えよう。しかし、「倫理学の生物学化」とはいったいどのようなことだろうか。ウィルソンは『社会生物学』の冒頭で次のように述べている。

これらの情動制御中枢［脳の視床下部および大脳辺縁系］が憎悪・愛情・罪悪感・恐怖などのあらゆる感情を私たちの意識のなかにどっと流し込んでいるわけだが、これらの感情群は善悪の基準を直観したいと思う倫理学者が参考にしているものである。しかし、そうすると視床下部と大脳辺縁系はどのようにしてできたものなのか、と問わざるを得なくなる。それらは自然選択によって進化したものなのだ。

この単純な生物学的言明は［中略］倫理学および倫理学者を説明するために、徹底的に追及されなければならない。（前掲書：3, 邦訳三頁）

ここでウィルソンは倫理学者の思考を進化論的に説明し、倫理学の問題を生物学の問題として検討しようと提案している。

しかし、ウィルソンはそれ以上に野心的なことを『人間の本性について』のなかで述べている。

人間生物学の主要な仕事は、倫理学者などのあらゆる人々の下す倫理的決定に影響を与える制約を特定してその程度を把握し、さらに心の神経生理学的および系統史的再構成によってそうした制約の意義を推定することである。［中略］その過程で倫理の生物学がつくりあげられることになるだろう。そしてこの倫理の生物学によって、もっと理解の生き届いた持続的な道徳的価値基準を選び出せるようになるだろう。（Wilson 1978: 196, 邦訳三五九頁）

このように価値や規範の選択という領域にまで踏み込むと、進化倫理学の先駆者たちがこれまで幾度もぶつかってきた壁が立ち現れる。その壁とは先述のヒュームの法則、あるいはムーアの自然主義的誤謬である。ウィルソンがこの壁を乗り越えようとするのなら、事実から価値を導き出せる（あるいは善を定義できる）ことを論証しなければならない。ウィルソンがこの壁を乗り越えようとはせずにただ回避するのであれば、「倫理の生物学が選び出す道徳的価値基準」は結局のところ伝統的な道徳的価値基準と生物学的知見を前提にして導かれたものということになる。その場合、ウィルソンの提唱する「遺伝子の倫理」は見かけに反して極めて穏当なものだと言えよう（田中 2010）。というのも、私たちが推論によって新しい道徳的価値基準を導くときには通常、より一般的な道徳的価値基準を述べる言明と事実言明を前提に置くからである。さらに、その前提に置かれる事実言明に新しい科学的事実が付け加えられるのは少しも奇異ではない。むしろより適切な科学的事実に基づいて道徳判断を下す方が望ましいと言われるだろう。しかし、その際には科学的事実そのものから道徳的価値基準が導出されているわけではないのである。

一九七五年以来今世紀に至るまで、道徳を含む人間文化に対する生物学的アプローチとして数多くの研究プロジェクトが登場してきた。代表的な例としてはドーキンスのミーム論、アレグザンダーの生物人類学、カヴァリ＝スフォルツァとフェルドマンによって始められ、ボイドとリチャーソンによって発展させられた遺伝子と文化の二重継承説、トゥービーとコスミデスらによって強力に推進されてきた進化心理学などが挙げられる[10]。ここに挙げた例はいずれも生物学や進化論が道徳の進化を理解するのには役立つが、道徳的な価値の源泉になるとは主張していないため、ウィルソンの社会生物学と比べると極めて穏健なプロジェクトである。一九七〇年代以降、人文社会系の学問分野において生物学および進化論の存在感は復活したが、そこから倫理的指針を導き出すような野心的なプロジェクトが再び発展することはなかった。

10　道徳心理学の展開

現在、百年の時を経てダーウィンのプロジェクトは復活したかのようである。スティーヴンが構想したような「倫理の科学」が今まさに実現されつつあると言ってよいかもしれない。その原動力となっているのが道徳心理学であり、さまざまな分野の科学者と哲学者が一緒になって道徳の本性を探究し、道徳に関する科学的知見がどのような倫理学的含意をもつのかについて考察している（例えば Sinnott-Armstrong ed. 2008a, 2008b, 2008c; Doris and the Moral Psychology Group eds. 2010）。そのなかでも道徳判断についての神経科学的研究が近年とりわけ注目を集めている。

ここで取り上げるのはジョシュア・グリーンを中心とした研究グループによる実験的研究である。グリーンらは、実験に協力した被験者が道徳的なジレンマ（二つの選択肢があって、どちらを選んでも望ましくない結果が生じる状況）に対して道徳判断を下す際に脳のどの領域が活性化するかを、脳の活動を画像化する装置のひとつであるｆＭＲＩ（機能的磁気共鳴画像法）を用いて調べた（Greene et al. 2001, 2004 など）。彼らが被験者に提示した道徳的ジレンマは、倫理学では「路面電車問題」（Foot 1967; Thomson 1976）として昔からよく知られているものである。実験によって、道徳的ジレンマに対する被験者の反応とそのときの脳の活動は「転轍機ジレンマ」に代表されるジレンマ群と「歩道橋ジレンマ」に代表されるジレンマ群とで大きく異なることが明らかになった。

まずは転轍機ジレンマから説明しよう。線路上にいる五人の線路作業員に向かって暴走した路面電車が突き進んでおり、そのままでは作業員たちが轢き殺されてしまうという状況をあなたが目撃しているとする。あなたの傍には転轍機があり、それを操作して路面電車を側線に引き込めば五人の作業員の命を救える（それ以外の方法では救えない）が、不幸なことに側線にも作業員が一人いて、転轍機を操作すれば彼が轢き殺されてしまう。このとき、転轍機の操作は道徳的に許されるだろうか。

歩道橋ジレンマでは状況がやや異なる。暴走した路面電車が線路上にいる五人の作業員に向かって突き進んでいて、そのままでは彼らが轢き殺されてしまうという状況は先ほどと同じだが、今度あなたがいるのは転轍機の傍ではなく、路面電車と五人の作業員の中間に位置する歩道橋の上である。そしてあなたの隣には大きな荷物を背負った作業員が一人いる[11]。この作業員を線路上に突き落せば死んでしまうだろうが、その死体と荷物が線路上にあるおかげで路面電車は五人の作業員を轢き殺す前に停止するだろう（それ以外の方法では路面電車を停止させられない）。このとき、自分の隣にいる作業員を歩道橋から突き落として五人の作業員の命を救うことは道徳的に許されるだろうか。

この二種類のジレンマについて判断を求められた被験者のほとんどが、転轍機の操作は道徳的に許されるが、作業員を突き落とすことは許されないと回答した。つまり、ほとんどの人が転轍機ジレンマでは「より多くの命が助かる方がいい」と判断したのに対して、歩道橋ジレンマでは「五人の命が助かるとしても、一人の人を突き落として殺すことは間違っている」と判断したわけである。グリーンは、前者の判断は倫理学における帰結主義の立場に特徴的な判断であるとして「帰結主義的判断」、後者の判断は義務論の立場に特徴的な判断であるとして「義務論的判断」と呼んだ[12]（Greene 2008）。簡単に言うと、義務論では「人を手段としてのみ扱ってはならない」というような義務論的制約（道徳法則）に従っているか否かによって行為の善し悪しが判断されるのに対して、帰結主義では行為の帰結によって当の行為の善し悪しが判断される。もちろん、倫理学のなかではそれぞれの立場の特徴づけについていろいろな議論があるが（児玉 2010 参照）、ここではそうした詳細は割愛してグリーンの用語法に従う。

さて、どちらのジレンマでも「一人の命を犠牲にして五人の命を救う」という構図は同じなのに、被験者の回答において一方では義務論的判断が典型的になり、他方では帰結主義的判断が典型的になるという対照的な結果が出たのはなぜだろうか。グリーンはほかにもさまざまな道徳的ジレンマについて実験をおこない、歩道橋ジレンマのように「他者を手段として利用し、身体的な暴力によって危害を加える行為」では義務論的判断が典型的になり、そうでない行為では帰結主義的判断が典型的になることに気がついた（Greene

2013)。しかし、実験の被験者は道徳的ジレンマに含まれる行為の特徴について哲学者のように分析したうえで判断を下したわけではなかった。被験者はごく短い時間で回答をおこない、さらにその内容はほぼ一様であるため、人々の道徳判断の背後には特定の心理過程があるとグリーンは考えた。では、それはいったいどのような心理過程だろうか。

謎を解く鍵は被験者が道徳判断をしている際の脳の活動にあった。歩道橋ジレンマにおいて義務論的判断を下した被験者の脳では、前頭前野腹内側部や扁桃体など、感情に関わることが知られている領域が（それ以外のジレンマの場合と比べて有意に）活性化していた[13]。他方、転轍機ジレンマにおいて帰結主義的判断を下した被験者の脳では、前頭前野背外側部や下頭頂葉など、高次認知機能に関連する脳領域が（それ以外のジレンマの場合と比べて有意に）活性化していた。この結果に基づき、グリーンは次のような説明をした。歩道橋ジレンマにおいては、隣の作業員を突き落とす行為を想像することで否定的な感情が刺激され、被験者たちはその感情に導かれて「突き落とすことは許されない」という義務論的な判断を直観的に下したが、転轍機ジレンマではそのように感情を刺激する行為が含まれない（側線にいる作業員とは身体的な接触がなく、直接的に危害を加えるわけでもない）ので、被験者たちは「一人の命よりも五人の命を救う方が望ましい」と冷静に推論をして帰結主義的な判断を下した。

このようにグリーンは、感情と推論という二種類の心理過程によってジレンマごとの判断の違いを説明しようとしている。彼はこれを「道徳判断の二重過程説」と呼んでいる。二重過程説という考え方自体は心理学のなかで特に目新しいものではない。二重過程説において「感情」は意識下で自動的・非意図的かつ迅速に生じる心理過程を指し、「推論」は意識的・意図的に制御され、比較的ゆっくりと生じる心理過程を指す(Bargh and Chartrand 1999; Haidt 2001)。例えば、私たちは自分の大切な人や物を他人にけなされると、咄嗟に怒りの感情が込み上げてくる。このとき、私たちは怒りを感じようと意識的に努力しているわけではない。むしろ、抑え込もうとしてもそうした感情は否応なしに湧き上がってくる。他方、429840÷108という計算をするときには同じようにはいかない。特殊な暗算の訓練でも受けていない限り、順序立てて意識的に推論をしていかなければならない。それは多くの人にとって意識の集中と努力が必要な、時間のかかる過程である。

道徳判断の二重過程説によれば、道徳判断は感情または推論によって導かれる。だが、感情と推論は同時にはたらき、競合する場合もある。

グリーンらは、「赤ちゃん殺しのジレンマ」と「泣き叫ぶ赤ん坊のジレンマ」という二つのジレンマを比較した（Greene et al. 2004）。まず、赤ちゃん殺しのジレンマではあなたは妊娠した一五歳の女の子である。あなたはなんとか妊娠を隠し通し、ある日ロッカールームでこっそり出産した。しかし、あなたには赤ん坊を育てることなどできないので、出産を隠して赤ん坊をゴミ箱に捨てられればどんなに楽かと考える。このとき、被験者は「あなたが楽な人生を送るために、赤ん坊をゴミ箱に捨てることは適切か」と尋ねられる。

他方、「泣き叫ぶ赤ん坊のジレンマ」ではあなたの村が敵国によって占領され、敵国の兵士が村人を皆殺しにしようとしている。あなたと村人たちがシェルターに隠れているとき、あなたの赤ん坊が大声で泣き出した。あなたは咄嗟に赤ん坊の口を手で塞いだが、そのままでは赤ん坊が窒息して死んでしまう。しかし手を放せば泣き声で敵国の兵士に見つかり、あなたと赤ん坊を含めた村人全員が皆殺しにされてしまう。このとき、被験者は「あなた自身と村人たちを救うために、あなたの赤ん坊を窒息死させることは適切か」と尋ねられる。

どちらのジレンマにも他者を手段として利用し、身体的な暴力によって危害を加える行為が含まれる。したがって、これらはいずれも転轍機ジレンマではなく歩道橋ジレンマと同じ種類の道徳的ジレンマである。しかし、二つのジレンマで被験者の回答は大きく異なっていた。「赤ちゃん殺しのジレンマ」ではほとんどの人が「適切ではない」という判断を比較的すばやく（平均約三秒）下したのに対して、「泣き叫ぶ赤ん坊のジレンマ」では被験者間で判断の一致は見られず、判断までにも比較的長い時間（平均約八秒）がかかった。

fMRIで脳の活性化領域を調べたところ、赤ちゃん殺しのジレンマでは歩道橋ジレンマと同様に感情に関わる部位がより活性化したが、泣き叫ぶ赤ん坊のジレンマでは感情に関わる部位だけでなく、帯状回皮質前部という葛藤が生じるときに活性化する部位や、前頭前野背外側部の前部という認知的制御に関わる部位もより活性化していた。この違いが生じるのは、泣き叫ぶ赤ん坊のジレンマでは感情に従った判断（赤ん坊を殺すのは適切ではないという判断）が極めて不合理な結果をもたらすからだろうと推測される（赤ん坊を殺せば赤ん坊以外の全員が助かるが、赤ん坊を殺さなければ赤ん坊を含む全員が殺されてしまう）。このため、自分の赤ん坊を殺したくないという感情と、合理的な結果を導こうとする推論が葛藤して判断までに時間がかかり、判断の内容にも個人差が生じたのである。このように、歩道橋ジレンマと同種のジレンマでも推論が感情を抑え込んで帰結主義的な判断が下される場合もある。

二重過程説はさまざまな実験によって支持を得ている。例えば、道徳的ジレンマについて判断を下す被験者に対して、提示される文章の下に約三・五秒ごとに現れる数字が「五」のときにはボタンを押さなければならないという認知的負荷をかけると、義務論的な判断には影響が出ないが、帰結主義的な判断には影響が生じた（判断にかかる時間が有意に長くなった）という。帰結主義的判断だけに影響が生じたのは、認知的負荷は意識的な推論のはたらきを妨げるが、意識下で自動的に生じる感情のはたらきには影響を及ぼさないからである（前掲論文）。

他方で、時間をかけて熟考するように被験者を促すと帰結主義的判断が増加したという実験結果も出ている（Suter and Hartwig 2011）。熟考を促すことは（認知的負荷とは逆に）推論が判断に与える影響を強める効果があるのだろう。また、数学のひっかけ問題を解いた被験者は帰結主義的な行為をより許容する傾向があったという（Paxton et al. 2011）。ひっかけ問題では、直観的な答えが間違いになる。例えば、「バット一本とボール一個を合わせた値段は一万一千円であり、バット一本の値段はボール一個の値段よりも一万円高い。このときボール一個の値段はいくらだろうか」というような問題で、多くの人は初め直観的に「千円」と答えてしまうが、きちんと計算をすれば五百円という正解がわかる。この種の計算をしたあとだと、人は推論のはたらきが優勢になって帰結主義的判断を下すようになるという(14)。

11 進化論的暴露論法

さて、以上で紹介した道徳判断の二重過程説が大筋で正しいと仮定した場合、そこから何が言えるのだろうか。まず、感情に導かれて非意識的かつ迅速に下される道徳判断には生物学的な基盤があり（汎文化的に一様な判断が下されることがその根拠のひとつである）、特定の種類の道徳的ジレンマに直面したときに特定の感情を抱かせるような「回路」が私たちの脳に備わっていると考えられる。それはおそらく人類の祖先が社会的動物として生活するなかで道徳的ジレンマに直面したときに「考えるより前に行動に移す」ことが合理的かつ適応的だったために、自然選択によって進化してきたのだろう。しかし、文明が発達した現代では、私たちの祖先が直面してこなかったような道徳的ジレンマもたくさん生じている。そうしたジレンマに直面したとき、感情に従った判断は必ずしも合理的ではないし、適応的でもないだろう。

グリーンはこうした考えを受けて、「私たちは科学を用いて私たちの反功利主義的［反帰結主義的］な道徳直観の裏を暴き、それが有用である理由や、あまりに柔軟性に欠けるので正邪の究極的裁決には使えない理由を理解することができるだろう」（Greene 2013: 212, 邦訳二八二頁）と述べている。ここでは直観という言葉が使われているが、感情に置き換えても大差はない（道徳心理学ではしばしばこの二つの言葉は互換的に用いられる）。また、ここで言われている「裏」には道徳感情の神経的基盤だけでなく進化的起源も含まれる。そして、道徳感情は祖先が置かれた社会環境に対する進化的適応であり、必ずしも道徳的に正しい判断を導くわけではないというのである。

同様の議論は倫理学者のピーター・シンガーもおこなっている。

> 私たちの直観的反応の性質をより良く理解すれば、さまざまな［道徳的ジレンマの］ケースが生みだす異なる直観を正当化する道徳原理を見つけようとしても無駄だということがわかるだろう。［中略］私たちが社会的哺乳類として、霊長類として、最後には人類として進化した間に私たちや私たちの祖先が暮らした状況に対する進化的反応から生じる熟慮された道徳判断に合致するように道徳理論を構築することはほとんど無意味である。私たちは急速に変化する環境のなかで、現在手にしている推論能力を使ってそれ以上に上手くやっていけるだろう。（Singer 2005: 348）

ここでシンガーは、特定の進化的起源を有する直観（感情）に基づく道徳判断は正当化できないし、それに基づいた道徳理論を構築しようとしても無駄だと主張する。だとすれば私たちは直観や感情に頼るべきではなく、理性的な推論能力に基づいて道徳判断を下し、道徳理論を構築した方が良いという。ここで重要なのは、この主張が「私たちの直観（感情）は進化の産物である」という考えに支えられているということである。

ある信念の起源を暴露することでその信念は正当化できないと主張する議論のことを「暴露論法」という。これは哲学者には昔からおなじみの議論だが、最近は特に道徳信念の進化的起源を暴露することで道徳信念は正当化できないと主張する「進化論的暴露論法」が注目を集めている。[15] グリーンやシンガーの議論はこの進化論的暴露論法の一種である。

暴露論法と一口に言ってもいろいろな種類がある。例えば、赤い色眼鏡を掛けながら牛乳を見て「赤い牛乳がある」と言う人がいるとしよう。この人の「赤い牛乳がある」という信念は正当化できない。なぜなら、色眼鏡を掛けると（ほとんどの場合）実際の色とは違った色に見えるからである。[16] 赤い色眼鏡を掛ければ、実際には白い牛乳も赤く見えてしまう。「赤い牛乳がある」と言う人がいれば、私たちは色眼鏡の効果と牛乳の実際の色を指摘して、その人の信念は偽であると言うことができる。このとき私たちは「赤い牛乳がある」という信念の起源が色眼鏡を掛けながらの知覚であると暴露することで、その信念は正当化できないと主張している。

進化論的暴露論法はこの種の知識に基づく暴露論法ではない。というのも、この種の暴露論法は色についての真理に関して私たちがあらかじめ知識をもっていることを前提にしているからである。しかし、私たちは牛乳の色についての真理を知っているように、道徳についての真理を知っているわけではない。もしも道徳的真理についてあらかじめ知っていれば、赤い色眼鏡を掛けて牛乳の色について判断を下そうとしている人に色眼鏡を外すよう指導できるのと同じように、正しい道徳信念を形成するように人々を教育することができるだろう。その場合、私たちの道徳信念が正当化できるかどうかと問うことはそもそも意味がない。

他方で、「日本海に生息している魚の数は四十四億九千八百二十五万二千九百匹だ」と言う人がいるとしよう。私は日本海に生息している魚の数について知識をもっていない。したがって、この数字が正しいのかどうかはまったくわからない。だが、この人が「日本海に生息している魚の数は海王星の平均公転半径と同じである」となぜだか仮定して上の信念を形成したのだとすれば、その信念は正当化できないと言える。なぜなら、日本海に生息している魚の数と海王星の平均公転半径が同じだと考えられる根拠がないからである。もしかしたら日本海に生息している魚の数は本当に四十四億九千八百二十五万二千九百匹かもしれないが、そうだとしてもそれは驚異的な偶然の一致としか言いようがないだろう。このように、私たちは日本海に生息している魚の数の真理について何一つ知らなくても、上の信念は正当化できないと考えられる。進化論的暴露論法はこれと同種の不可知論的な暴露論法である（Shafer-Landau 2012）。

進化論的暴露論法ではまず、私たちが現に抱いている道徳信念を私たちがもっていることは自然選択によって説明されると主張する。ところで、自然選択は「有利な変異の保存と有害な変異の棄却」を指すのであった。しかし、日本海に生息する魚の数が海王星の平均公転半径と関係ないように、生存繁殖上の有利不利は道徳的真理と関係がない。つまり、自然選択は道徳的真理を「追跡する」過程ではないのである（Kahane 2011）。仮に真なる道徳信念をもつ生物が生存繁殖上有利であるような状況が想像できたとしても、それはその生物が置かれた特定の環境においてたまたまそのような状況が成立しているだけであって、環境が変われば自然選択はその生物を排除してしまうかもしれない。つまり、自然選択という過程それ自体には真理を優遇する性質がないのである。したがって、私たちが現に抱いている道徳信念は正当化できない。これが進化論的暴露論法である。

この論法では最初に「私たちが現に抱いている道徳信念を私たちがもっていることは自然選択によって説

明される」という前提を置いているが、これは非常に雑な主張だと批判されるかもしれない。しかし、それは進化論的暴露論法の提唱者にとっては大きな問題にならないだろう。というのも、自然選択だけでなく遺伝的浮動などのほかの進化的要因を考慮に入れたり、あるいは教育などの文化的要因を組み合わせたりして前提を改良することができるからである。進化論的暴露論法の主唱者の一人であるシャロン・ストリートは、私たちの道徳信念の起源がともかくも科学的に説明可能であることが重要だという（Street 2006）。

ところで、進化論的暴露論法にはひとつ重要な暗黙の前提がある。それは「道徳実在論は正しい」という主張である（Kahane 2011）。「道徳実在論」（「客観説」とも呼ばれる）とは、簡単に言うと道徳信念の真偽は客観的に決まっているという考え方のことである。例えば「近親相姦は悪い」という道徳信念が真であるとしよう。このとき、その道徳信念が真であるのは、私たちがたんに「近親相姦は悪い」と主観的に思っているという、ただそれだけの理由によって真であるわけではない。その道徳信念を真にする何かが客観的に存在していなければならない。そのような何かがあれば、私たちの道徳信念は正当化できる。この道徳実在論が正しいという前提がなければ、自然選択は道徳的真理を追跡する過程ではないという主張がナンセンスになってしまう。それゆえ、進化論的暴露論法は「道徳実在論は正しい」という前提を置くと言える。

進化論的暴露論法の目的は実はこの道徳実在論の反駁である。進化論的暴露論法では、道徳実在論が正しいという暗黙の前提とそのほかの前提から、私たちの道徳信念が正当化できないという結論が導かれる。しかし、この結論は道徳実在論者には到底受け入れられるものではない。というのも、道徳実在論者は私たちが正当化された真なる道徳信念をもちうると考えるからである（Shafer-Landau 2012）。

では、この進化論的暴露論法に対して道徳実在論はどのような反論ができるだろうか。「道徳実在論は正しい」という暗黙の前提は当然否定できないので、それ以外の前提を否定できるかどうか考えてみよう。すでに述べたように、「私たちが現に抱いている道徳信念を私たちがもっていることは自然選択によって説明される」という前提を否定することは簡単そうに見えるが、自然選択以外のさまざまな要因を考慮に入れた改良版の否定は難しいだろう。それは私たちの道徳心理を科学的に説明する可能性そのものを拒絶することになるからである。

他方で、「自然選択は道徳的真理を追跡する過程ではない」という前提の否定は非常に興味深い。この前提の否定は「自然選択は道徳的真理を追跡する過程である」という言明である。この言明を元の前提の代わりに置くと、進化論的暴露論法は「私たちの道徳信念は正当化できる」という結論を導く「進化論的正当化論法」につくり変えられる。進化論的正当化論法は道徳実在論を支持する自然主義的な議論である。したがって、自然主義の立場に立つ道徳実在論者は「自然選択は道徳的真理を追跡する過程である」と主張することによって進化論的暴露論法に対抗することができる。

だが、「自然選択は道徳的真理を追跡する過程である」という主張は、どうすれば立証されるのだろうか。それは少しも明らかではない。自然主義の立場に立つ道徳実在論者は「自然選択による進化の結果、私たちは真なる道徳信念をもつようになった（進化的成功と道徳的真理の間にはつながりがある）」ということを立証しなければならないだろう（Wilkins and Griffiths 2012 参照）。これは一筋縄ではいきそうもない難題である。仮に善悪を（例えば）快苦によって定義すれば、私たちは快を追い求め、苦痛を避けることによって間接的に道徳的真理を追跡するように進化したと言えるかもしれない。しかし、この場合には善悪を快苦で定義しているので、自然主義的誤謬を犯すことになってしまう。では、善悪は（例えば）快苦と存在論的に同一であると言ったらどうだろうか。これは検証可能な主張かもしれないが、少なくとも今の私たちにはどのように検証をしたらよいかさえわからない主張である。

進化論的暴露論法をめぐる論争は現在も進行中である。だが、もしも進化論的暴露論法に対する有効な反論がないとしたら、私たちは正しい道徳判断を下せないことになるのだろうか。グリーンやシンガーはそうは考えない。というのも、彼らは進化論的暴露論法の対象になる道徳信念は直観的（感情的）なものに限られると考えているからである。彼らによれば、直観や感情に導かれた道徳信念は正当化できないが、推論に導かれた道徳信念は正当化できる。さらに、彼らはこれを根拠に（彼らが感情に基づくと考える）義務論的倫理学を拒絶し、規範的指針を与えうる倫理学として帰結主義の一種である功利主義の倫理学を支持するのである（Singer 2005; Greene 2008, 2013）。

この主張に対してはいろいろな応答の仕方が考えられるだろう。まず、彼らは二重過程説を前提にしているので、二重過程説を批判することで彼らの議論の土台を切り崩すという方法が思い浮かぶ。現在いくつかの有力な研究グループが異なる立場から道徳判断の神経的基盤について研究を進めており（蟹池 2008; 田中・中尾 2009; 信原 2012 参照）、道徳心理学の今後の展開によっては功利主義にとって不利な理論が有力な候補となるかもしれない。

では、二重過程説が大筋で正しいと仮定した場合には、どのような応答が可能だろうか。例えば、次のような反論をする人がいるかもしれない。進化論的暴露論法は道徳心理が進化の産物であるという前提に基づく議論である。それなのに、直観や感情に導かれた道徳信念にだけ進化論的暴露論法が適用されて、推論に導かれた道徳信念に適用されないのはダブルスタンダードではないか。

この反論は一見もっともらしいが、二種類の心理過程の違いに注目すれば説得力を失うだろう。道徳直観や道徳感情と呼ばれる心理過程は特定の適応課題への解決策として群選択によって進化したと考えられるが、その適応課題に共通するのは部族内の利他性や協力の促進である。これらは極めてローカルな道徳心理であり、その進化は道徳的真理を追跡する過程とはとても言えない。これに対して道徳推論は一般的な抽象的推論能力を道徳の領域に適用したものだから、同じ理屈は通用しない。例えば、数学の問題で正解を導く推論能力が進化の産物であったとしても、それが進化の産物であるという理由だけでその推論の結果が疑わしいことにはならないだろう。これと同じように、道徳的ジレンマの解決を導く推論能力が進化の産物であったとしても、それが進化の産物であるという理由だけでその推論の結果が疑わしいことにはならない。このように二種類の心理過程の違いに着目すれば、一方にのみ進化論的暴露論法が適用される理由が理解できよう。

おわりに

最後にもう一度歴史を振り返って本章を締め括ろう。初めてダーウィンの思想に触れたとき、生物の姿かたちだけでなく、人間の道徳感覚の起源までもが進化論によって解明されるかもしれないという発想に魅力を感じた人は少なくないだろう。クリフォードは自然選択が「この宇宙の問題解決の鍵になる」と述べたが、それは決して大袈裟な感想ではなかった。現代でも哲学者のダニエル・デネットが『ダーウィンの危険な思想』(Dennett 1995) のなかでダーウィンの思想をあらゆるものを溶かし尽す想像上の液体「万能酸」に喩えている。ダーウィンの思想の神髄に触れた人にとって、自然選択はすべての物事を説明し尽くす万能概念のように思えるだろう。しかし、そんな万能概念にも不可能だと思われたことがひとつだけあった。それが道徳規範の正当化である。

ダーウィン進化論が伝統的な価値観を破壊したと考えた人々にとって、進化論に基づく新たな科学的道徳の確立は喫緊の問題だったはずである。だが、進化論は道徳の起源を解明することはできても、道徳を正当化することは決してできないと考えられた。進化論は（例えば）人に危害を加えることは悪いと私たちが考える理由を説明できても、人に危害を加えることが悪い理由を説明することはできないというのである。事実と規範を峻別するこの考え方はムーアなどの指導的倫理学者の議論によって強化された。その結果、二〇世紀には生物学と倫理学の分業が確立されたのである。

　ダーウィン自身は慎重に、彼の理論が倫理学に対してもつ含意については（少なくとも公刊された書物においては）控えめだった。一方、進化論から倫理学的な含意を導き出そうとする野心的なプロジェクトはスペンサーによって華々しく打ち上げられた。もっとも、それは彼独自の進化論に基づくもので、結局のところは快楽説を進化論で偽装したものにすぎなかったのだが。しかし、進化論が道徳の本性や倫理的指針について何か言えるのではないかという発想は一部で根強く残り、二〇世紀半ばにはジュリアン・ハクスリーが、一九七〇年代にはウィルソンが野心的なプロジェクトに着手したが、そうした試みはいずれもヒュームの法則やムーアの自然主義的誤謬といった「進化倫理学の壁」を乗り越えられなかった。

　今日、脳神経科学や社会心理学などのいろいろな分野の研究者たちが私たちの道徳心理をさまざまな角度から解明しつつあるが、そこで俎上に載せられているのは一般人の心理だけではない。道徳心理学では倫理学者の思考にも分析のメスが入れられる。例えばグリーンは次のように述べる。

> 義務論は一種の道徳的作り話である。私たちには根拠は不明だがはっきりと「これは絶対にしてはいけない」とか「あれは絶対にしなければならない」と告げる強い感情がある。だが、こうした感情をどう理解すればよいかが明らかではないので、私たちはとりわけ創造力のある哲学者の助けを借りて理性に訴える話をでっち上げるのである。［中略］私の考えるところ、義務論は私たちの心の奥底にある道徳

感情の自然な「認知的」表現である。（Greene 2008: 63. 傍点強調は原文イタリック）

「理性に訴える話」の最たる例として挙げられるのが「権利」である。権利という言葉には感情に訴える力がある。いやむしろ事態は逆で、私たちが遠い祖先から受け継いできたある種の道徳感情を、のちに哲学者たちが「権利」という言葉でコーティングし、理解できるような対象にしたと言う方が正確なのだろう。[17]

このように、道徳心理学は倫理学（者）を「説明する側」から「説明される側」に移し替えている（Tachibana 2009）。だが、この試みは道徳心理学が初めてというわけではなく、ウィルソンの社会生物学においてすでに見られた。現在の道徳心理学は「新しい総合」の夢を社会生物学から引き継いでいると言えるのかもしれない（Haidt 2012）。

もちろん両者には違いもある。グリーンはウィルソンや進化倫理学の先駆者たちとは違って、進化論から新たな道徳規範を導出しようとしているわけではない。むしろ、彼は既存の倫理学説のひとつである功利主義を支持している。だが、彼は功利主義を支持する積極的な議論を科学的研究から引き出しているわけではない。そうではなく、功利主義と対立する義務論を進化論的に暴露することによって、倫理的指針の源泉として功利主義が残されると主張している。[18] この主張の是非および進化論的暴露論法の検討は、進化論と倫理の関係に関心をもつ研究者によって今後さらに進められていくべきだろう。その際、道徳心理学の新たな展開から目が離せないことは言うまでもない。[19]

註

（1）アルフレッド・ラッセル・ウォレスも独自に自然選択説に辿りついているが、彼は人間の進化のある段階より先には自然選択説を適用できないと考えていた（後述）。

（2）翻訳に際しては邦訳を参考にしたが、訳文は筆者が作成したものである。［　］内は筆者による補足である（以下の訳文に関しても同様）。

（3）新しいタイプの群選択説を擁護する議論は Sober and Wilson（1998）, Wilson and Sober（1994）や Okasha（2006）などを参照されたい。日本語で読める解説には Sterelny and Griffith（1999）や Sober（2000）がある。

（4）ただし、ダーウィンはミルの議論を誤解しており、きちんと分析すれば両者の見解は十分親近性が強いと言える（内井 1996）。

（5）Paradis and Williams（eds.）（1989）にはハクスリーのロマネス講演「進化と倫理」と、その序文である「プロレゴメナ」が収録されている。訳文は邦訳に加えて内井（1996）も参考にして作成した（以下も同様）。

（6）「最適者生存（survival of the fittest）」という言葉自体は元々スペンサーによる造語だが、ダーウィンものちにウォレスの提言に従って自然選択説の内容を表現する用語として採用している。通俗的な理解では自然選択よりも最適者生存の方が広まっているが、現在の進化生物学者がこの言葉を専門用語として用いることはまずない（ただし Bouchard 2011 を参照）。

（7）初版の序文は第七版（Sidgwick 1907）にも収録されている。

（8）ただし一八八四年の第三版では「この言明は今では少し修正が必要なように思われる」という注が付け加えられている（Sidgwick 1907: viii）。

（9）同時期の生物学者で、進化論と倫理の関係に関心があったウォディントンやドブジャンスキー、シンプソンらの見解については Farber（1994）の第七章を参照のこと。

（10）関心のある人は Sterelny and Griffiths（1999）, Sober（2000）, 中尾（2010）などの概説、およびそこで紹介されている文献を参照されたい。

（11）「大きな荷物を背負っている」という設定の代わりに「とても太っている」という設定の場合もあるが、本質に変わりはない。

（12）Greene（2013）では「帰結主義的判断」の代わりに「功利主義的判断」という言葉が使用されている。功利主義は帰結主義の一種だが、その違いはここでは問題とならない。

(13) ダマシオ(Damasio 1994)によれば、前頭前野腹内側部を損傷している患者は感情を失い、反道徳的行動を繰り返すようになる。では、そうした患者は歩道橋ジレンマについてどのような判断を下すかというと、健常者とは異なり帰結主義的な判断を下すという(Koenigs et al. 2007)。これは義務論的判断が感情によって導かれるという仮説の傍証となるだろう。

(14) さまざまな道徳的ジレンマに対する人々の道徳判断の違いを説明する理論はグリーンの二重過程説だけではない。田中・中尾(2009)は道徳と言語のアナロジー説、蟹池(2008)および信原(2012)は皮質辺縁系統合説と比較した議論をおこなっている。

(15) 進化論的暴露論法をめぐる近年の論争の起爆剤となったのはJoyce(2006)およびStreet(2006)である。

(16)「ほとんどの場合」と言うのは、元々赤い色の物の場合(例えばポスト)、赤い色眼鏡を掛けても違った色に見えるわけではないからである。

(17) さらに言えば、道徳心理学は倫理学における異なる立場の対立の歴史を理解する役にも立つかもしれない。児玉(2010)によれば、「グリーンらの研究が示唆するところでは、功利主義と直観主義の対立——とりわけ前者の帰結主義的思考と後者の非帰結主義的思考——は、究極的には、『人間の脳の構造から生じるより基本的な緊張関係を反映している』、つまりわれわれの脳が持つ二つの思考システムの対立関係によって説明されることになる。功利主義者と直観主義者の構想という倫理思想史上の一大論争は、われわれが進化の過程で身に付けた合理的な思考と直観的な思考の産物——あるいは副産物——であったということになる。」(二四二頁)

(18) もちろん、義務論と功利主義以外の倫理学的立場(例えば徳倫理学)も道徳心理学の観点から検討されるべきだろう(立花 2010参照)。

(19) 日本哲学会第七三回大会ワークショップ「道徳心理学の最前線」および道徳心理学コロキアム第五回ワークショップ「進化生物学と道徳心理学」にお招きいただいた太田紘史氏と、本章の原稿に丁寧なコメントをくださった矢島壮平氏に深く感謝します。

参考文献

Bargh, J. A. and Chartrand, T. L. 1999. The unbearable automaticity of being. *American Psychologist* 54: 462–479.

Bouchard, F. 2011. Darwinism without populations: A more inclusive understanding of the 'survival of the fittest'. *Studies in History and Philosophy of Science Part C: Studies in History and Philosophy of Biological and Biomedical Sciences* 42: 106–114.

Clifford, W. K. 1879. *Lectures and Essays by the Late William Kingdon Clifford*. 2vols., L. Stephen and F. Pollock (eds.). Macmillan.

Damasio, A. R. 1994. *Descartes' Error: Emotion, Reason, and the Human Brain*. Grosset/Putnam.（A・R・ダマシオ『デカルトの誤り——情動、理性、人間の脳』田中三彦訳、筑摩書房、二〇一〇年）

Darwin, C. 1859/1964. *On the Origin of Species*. Harvard University Press. A Facsimile of the First Edition (London: John Murray, 1859).（C・ダーウィン『種の起原』八杉龍一訳、岩波書店、一九九〇年）

——— 1871/1981. *The Descent of Man, and Selection in Relation to Sex*. Princeton University Press. A Facsimile of the First edition (London: John Murray, 1871).（同『人間の進化と性淘汰Ⅰ・Ⅱ』長谷川眞理子訳、文一総合出版、一九九九年）

Dennett, D. C. 1995. *Darwin's Dangerous Idea: Evolution and the Meanings of Life*. Simon and Schuster.（D・デネット『ダーウィンの危険な思想——生命の意味と進化』石川幹人・大崎博・久保田俊彦・斎藤孝訳、青土社、二〇〇一年）

de Waal, F. B. M. 1996. *Good Natured: The Origins of Right and Wrong in Humans and Other Animals*. Harvard University Press.（F・ドゥ・ヴァール『利己的なサル、他人を思いやるサル——モラルはなぜ生まれたのか』西田利貞・藤井留美訳、草思社、一九九八年）

Dewey, J. and Tufts, J. H. 1908. *Ethics*. Henry Holt.（J・デュウイー、J・H・タフツ『倫理学』帆足理一郎訳、春秋社、一九六二年）

Doris, J. M. and the Moral Psychology Research Group (eds.) 2010. *The Moral Psychology Handbook*. Oxford University Press.

Farber, P. L. 1994. *The Temptations of Evolutionary Ethics*. University of California Press.

Foot, P. 1967. The problem of abortion and the doctrine of double effect. *Oxford Reviews* 5: 5–15.

Greene, J. D. 2008. The secret joke of Kant's soul. In Sinnott-Armstrong, W. (ed.) 2008c, pp. 35–79.

——— 2013. *Moral Tribes: Emotion, Reason, and the Gap between Us and Them*. Penguin Press.（J・グリーン『モラル・トラ

イブズ——共存の道徳哲学へ』（上・下）竹田円訳、岩波書店、二〇一五年）

Greene, J. D., Nystrom, L. E., Engell, A. D., Darley, J. M. and Cohen, J. D. 2004. The neural bases of cognitive conflict and control in moral judgment. *Neuron* 44: 389–400.

Greene, J. D., Sommerville, R. B., Nystrom, L. E., Darley, J. M. and Cohen, J. D. 2001. An fMRI investigation of emotional engagement in moral judgement. *Science* 293: 2105–2108.

Haidt, J. 2001. The emotional dog and its rational tail: A social intuitionist approach to moral judgment. *Psychological Review* 108: 814–834.

——— 2012. *The Righteous Mind: Why Good People are Divided by Politics and Religion*. Pantheon.（J・ハイト『社会はなぜ左と右にわかれるのか』高橋洋訳、紀伊國屋書店、二〇一四年）

Hamilton, W. D. 1964. The genetical evolution of social behavior, I, II. *Journal of Theoretical Biology* 7: 1–52.

Hume, D. 1739–1740. *A Treatise of Human Nature*, Book I and II, 1739; Book III, 1740.

Huxley, J. 1941. *The Uniqueness of Man*. Chatto and Windus.

——— 1943. *Evolutionary Ethics*. Oxford University Press.

James, S. M. 2011. *An Introduction to Evolutionary Ethics*. Wiley-Blackwell.

Joyce, R. 2006. *The Evolution of Morality*. MIT Press.

Kahane, G. 2011. Evolutionary debunking arguments. *Noûs* 45（1）: 103–125.

Kitcher, P. 1993. Four ways of "biologicizing" ethics. In K. Bayertz（ed.）*Evolution und Ethik*. Reclam. Reprinted in E. Sober（ed.）, *Conceptual Issues in Evolutionary Biology*（3rd edition）. MIT Press, 2006, pp. 575–586.

Koenigs, M., Young, L., Cushman, F., Adolphs, R., Tranel, D., Damasio, A. and Hauser, M. 2007. Damage to the prefrontal cortex increases utilitarian moral judgements. *Nature* 446: 908–911.

Moore, G. E. 1903. *Principia Ethica*. Cambridge University Press.

Nagel, T. 1978. Ethics as an autonomous theoretical subject. In G. S. Stent（ed.）, *Morality as a Biological Phenomenon*, University of California Press.

Okasha, S. 2006. *Evolution and the Levels of Selection*. Oxford University Press.

Paradis, J. and Williams, G. C.（eds.）1989. *Evolution and Ethics: T. H. Huxley's Evolution and Ethics with New Essays on Its Victorian and Sociobiological Context*. Princeton University Press.（J・パラディス、G・C・ウィリアムズ『進化と倫理――トマス・ハクスリーの進化思想』小林傳司・小川眞理子・吉岡英二訳、産業図書、一九九五年）

Paxton, J. M., Ungar, L. and Greene, J. D. 2011. Reflection and reasoning in moral judgment. *Cognitive Science* 36（1）: 163–177.

Rachels, J. 1990. *Created from Animals: The Moral Implications of Darwinism*. Oxford University Press.（J・レイチェルズ『ダーウィンと道徳的個体主義――人間はそんなにえらいのか』古牧徳生・次田憲和訳、晃洋書房、二〇一〇年）

Shafer-Landau, R. 2012. Evolutionary debunking, moral realism and moral knowledge. *Journal of Ethics and Social Philosophy* 7（1）: 1–38.

Sidgwick, H. 1907. *The Methods of Ethics*（7th edition）. Macmillan.

Singer, P. 2005. Ethics and intuitions. *The Journal of Ethics* 9: 331–352.

Sinnott–Armstrong, W.（ed.）2008a. *Moral Psychology, vol. 1: The Evolution of Morality: Adaptations and Innateness*. MIT Press.

――――（ed.）2008b. *Moral Psychology, vol.2: The Cognitive Science of Morality: Intuition and Diversity*. MIT Press.

――――（ed.）2008c. *Moral Psychology, vol.3:The Neuroscience of Morality: Emotion, Brain Disorders, and Development*. MIT Press.

Sober, E. 2000. *Philosophy of Biology*（2nd edition）. Westview Press.（E・ソーバー『進化論の射程――生物学の哲学入門』松本俊吉・網谷祐一・森元良太訳、春秋社、二〇〇九年）

Sober, E. and Wilson, D. S. 1998. *Unto Others: The Evolution of Altrnism*. Harvard University Press.

Sorley, W. R. 1904. *The Ethics of Naturalism: A Criticism*. William Blackwood and Sons.

Spencer, H. 1879. *The Data of Ethics*. Hurst and Co.

Stephen, L. 1882. *The Science of Ethics*. Smith, Elder.

Sterelny, K. and Griffiths, P. 1999. *Sex and Death: An Introduction to the Philosophy of Biology*. University of Chicago Press.（K・ステレルニー、P・グリフィス『セックス・アンド・デス――生物学の哲学への招待』太田紘史・大塚淳・田中泉吏・中尾央・西村正秀・藤川直也訳、春秋社、二〇〇九年）

Street, S. 2006. A Darwinian dilemma for realist theories of value. *Philosophical Studies* 127: 109–166.

Suter, R. S. and Hartwig, R. 2011. Time and moral judgment. *Cognition* 119 (3): 454–458.

Tachibana, K. 2009. Moral neuroscience and moral philosophy: Interactions for ecological validity.『科学哲学』四二（二）、四一–五八頁。

Thomson, J. J. 1976. Killing, letting die, and the trolley problem. *Monist* 59: 204–217.

Trivers, R. L. 1971. The evolution of reciprocal altruism. *The Quarterly Review of Biology* 46: 35–57.

Wallace, A. R. 1870. The limits of natural selection as applied to man. Reprinted in *Natural Selection and Tropical Nature: Essays on Descriptive and Theoretical Biology*. Macmillan, 1891.

Wilkins, J. S. and Griffiths, P. E. 2012. Evolutionary debunking arguments in three domains: Fact, value, and religion. In G. W. Dawes and J. Maclaurin (eds.), *A New Science of Religion*. Routledge, pp. 133–146.

Wilson, D. S. and Sober, E. 1994. Reintroducing group selection to the human behavioral sciences. *Behavioral and Brain Sciences* 17: 585–654.

Wilson, E. O. 1975/2000. *Sociobiology: The New Synthesis* (25th anniversary edition). The Belknap Press of Harvard University Press.（E・O・ウィルソン『社会生物学』（合本版）、伊藤嘉昭監修、坂上昭一・粕谷英一・宮井俊一・伊藤嘉昭・前川幸恵・郷采人・北村省一・巌佐庸・松本忠夫・羽田節子・松沢哲郎訳、新思索社、一九九九年）

———1978. *On Human Nature*. Harvard University Press.（同『人間の本性について』岸由二訳、筑摩書房、一九九七年）

伊勢田哲治（2008）『動物からの倫理学入門』名古屋大学出版会。

内井惣七（1996）『進化論と倫理』世界思想社。

蟹池陽一（2008）「道徳的判断と感情との関係——ｆＭＲＩ実験研究の知見より」、信原幸弘・原塑編『脳神経倫理学の展望』勁草書房、一八三–二一四頁。

児玉聡（2010）『功利と直観——英米倫理思想史入門』勁草書房。

立花幸司（2010）「道徳——理性主義と感情主義」、信原幸弘・原塑・山本愛美編『脳神経科学リテラシー』勁草書房、一〇一-一二四頁。

田中泉吏（2010）「進化倫理学の課題と方法」、松本俊吉編著『進化論はなぜ哲学の問題になるのか――生物学の哲学の現在〈いま〉』勁草書房、一八五-二〇五頁。

田中泉吏・中尾央（2009）「道徳と言語のアナロジー説の批判的検討――感情説との比較を通じて」『科学哲学科学史研究』三、一-一九頁。

中尾央（2010）「人間行動の進化的研究――その構造と方法論」、松本俊吉編著『進化論はなぜ哲学の問題になるのか――生物学の哲学の現在〈いま〉』勁草書房、一六三-一八三頁。

信原幸弘（2012）「道徳の神経哲学」、苧阪直行編『道徳の神経哲学――神経倫理からみた社会意識の形成』新曜社、一-二四頁。

第3章

生まれいづるモラル——道徳の生得的基盤をめぐって

飯島和樹

はじめに——何がはじまりなのか

「道徳」という言葉には、どこか、厳かで近寄りがたい印象がある。道徳は晦渋な哲学書や経典の中に記されており、実践に移すためには、更なる修練を要するかのように思われるかもしれない。しかし、道徳は私たちの中におのずと生まれ育つものとして捉えることもできる。私たちは、毎日の生活のなかで、他者のさまざまな行為について無数の道徳的な判断を容易に行っている。あるいは、どのような行為をなすべきかについての道徳的な判断にもとづいて、通常は容易に自らの行動を選択している。テレビや週刊誌には、道徳的な言説があふれているし、道徳的なテーマを描いた映画や小説も、枚挙に暇がない。私たちは道徳的な言説を進んで享受しているとも言えるかもしれない。確かに、道徳的な意思決定は、時に困難な選択を迫るものにもなり得るが、そうした葛藤自体は、おのずと生じてくる強固な道徳判断どうしの対立によることがほとんどであり、その当初の判断自体には、抗いがたい確信が伴っているのではないだろうか。強い自明性をもって、心の中におのずと生じてくる道徳判断は、しばしば客観的な「正しさ」を持っているかのように感じられる。こうした道徳判断に伴う経験は、明らかに、私たちの心的生活において、もっとも強い印象を持つもののひとつである。しかし、そもそもの道徳判断の能力が、どのようにして自分の中に根付いたのかについては、未だ誰も知らないのである。我々は、いわば、道徳に根拠を与えることのできないまま、強い確信をいだいて、それを行使して、日々を過ごしているのである。

どうやら、私たちは、成長の過程で、みずからの道徳体系を苦も無く獲得しているようである。たしかに、幼少のころに、親や兄弟、友人から、何が道徳的に良い行動で、何が道徳的に悪い行動かを明示的に教えられた経験があったかもしれない。また、学校においても、「道徳」の名を冠する授業があったかもしれない。しかし、こうして明示的に教えられる道徳判断のリストは、特定のいくつかの場面についてのみ成り立つ評価であることがほとんどで、その判断の根拠が十分に与えられることは少なく、我々が獲得する成熟した道徳判断を支えるにはあまりに貧弱のように思われる。また、そのように明示的に教えられた道徳を、子供たちがどれだけ素直に内面化するかも、自らを鑑みれば、危ぶまれるのではないだろうか。

倫理学には、神に与えられた生得的な道徳的知識の存在を根拠として、直観に基づき道徳理論を構築してきた伝統がある。一方で、道徳的直観は単なる観念連合に過ぎないとして、そうした直観に依拠しない形で、客観的な道徳体系を築きあげようとする試みも展開されてきた（児玉 2010）。現代では、もはや、超自然的な所与を道徳の基盤として捉える者は少ない。しかし、生物学的に妥当な形で生得的な道徳能力を想定することは可能かもしれない。実際、二〇世紀後半の認知科学においては、言語学を中心に、心の生得的基盤を重視する立場が重要な位置を占めてきた。そして、こうした潮流に刺激される形で、道徳の生得性を擁護する「新・生得主義」とでも呼ぶべき立場が倫理学においても重要な立場として、今、脚光を浴びている。

この章では、私たちの道徳能力がどのように獲得されるかについて、実証的な研究を参照しながら考察する。二〇世紀までの古典的な道徳心理学の想定に反して、近年の発達心理学の実験からは、言語を完全に獲得する前の生後数年の段階で、乳児が道徳に関連した豊かな心的能力を既に有していることが明らかにされつつある。その一方で、文化間での道徳体系の多様性についても実証的な知見が蓄積されてきている。道徳の獲得理論は、こうしたデータについて、一貫した説明を行うことを求められている。道徳の獲得理論は、第一に、成熟した道徳判断の精緻さと、道徳獲得の容易さとの間のギャップを埋めなければならない。こうした問題は、我々の有する知識が経験のみからでは説明できないことから、生得的な知識の存在を唱えたプラトンに因み、言語学においては「プラトンの問題」と呼ばれている。こうした問題の解決策として、プラトンのような、魂の輪廻に依拠しない形で、人間の道徳には生得的な基盤が存在すると主張する研究者も多い。もちろん、こうした問題を解決するために、道徳体系が脳にあらかじめ書き込まれている、といった単純な生得説を取ることはうまくいかない。なぜなら、文化間での道徳体系の多様性が明らかになっているからである。つまり、成功する道徳の獲得理論は、一方で、精緻な道徳を獲得することの容易さを説明しながら、他方で、獲得の柔軟性についても説明しなければならないという困難に直面しているのだ。こうした二つの問題の間での緊張を解きほぐすことが、道徳の獲得理論には求められているのである。

この章では、特に、道徳の生得性を主張する有力な理論として、ジョナサン・ハイトによる「道徳基盤理論」(moral foundation theory)、そして、ジョン・ミハイルやスーザン・ドゥワイア、マーク・ハウザーを初めとする論者による「普遍道徳文法」(universal moral grammar)の理論を紹介する。特に生成言語学のアイディアを導入して、詳細な理論化を目指している後者に焦点を当てて、こうした理論が、どの程度、経験的・理論的に擁護可能であるのかについて検証する。この過程で、生得性の概念そのものについても、生物学の哲学や実験哲学の成果を参照しながら、手短に検討を加える。また、生物学的に妥当な道徳の生得性について考える上では、近年の生物学や学習理論の進展を真剣に受けとめ、生得性概念を明確化しつつ、生得的な要素の最小化を志向する必要があることを論じる。そして、何よりも、ひとびとの示す精緻な道徳判断についての詳細な理論化が重要であり、そして、そうした理論に照らしながら、乳幼児と環境との相互作用を丹念に描き出す作業が重要であることを強調する。

なお、この章で取り扱う道徳とは、基本的には、ひとびとの道徳判断に関する記述的なレベルのものであることを注意しておきたい。すなわち、ひとびとがどのような道徳判断を行っているのか、そして、そうした道徳判断がどのようにして獲得されたのか、といった心理学的な事実についての記述的な探究を第一とする。アダム・スミスの『道徳感情論』第四版の副題を借りれば、「人間がまず隣人の、次に自分自身の行為や特徴を、自然に判断する際の原動力を分析するための論考」と言えるだろう。そうしたひとびとの道徳判断が（なんらかの意味で）真正の道徳を反映しているのか、そして、（道徳判断がなんらかの内容を持つとして）その内容は真なるものか、また、正当化されているのか、といった問いについては、さしあって開かれたままにしておきたい。もちろん、道徳とは道徳判断に尽きるものではないし、また、道徳判断の本性とはどのようなものか、ということ自体が倫理学における議論の対象である（DePaul 2013; 鈴木 2013）。とはいえ、こうした倫理学における議論は、その長い論争の歴史にもかかわらず、決着の着く見込みがあるとはいまだ言いがたい（Nado et al. 2009; Wallace and Walker 1970）。したがって、本章においては、特定の倫理学的な立場に照らして考察を進めるのではなく、素朴に道徳判断と呼びうる現象を対象にして行われている心理学・認知神経科学の知見を中心に、道徳判断とはどのようなものか、そしてそれがどのように獲得されるのか、について検証を進めていきたい。そうした中から、倫理学における議論になんらかの示唆が得られるかもしれない。そして、最後の節において、仮に人間の道徳に生得的な基盤があるのだとすれば、そこからどのような哲学的含意を引き出せるのかについて手短に議論したい。

1 道徳的な乳児

二〇世紀後半までの道徳心理学においては、ジャン・ピアジェによる構成主義の流れを汲む発達研究が優勢であった。ピアジェは、子供は道徳的相対主義者から道徳的客観主義者へと成長すると考えた（Piaget 1965）。また、この流れを汲むローレンス・コールバーグは、幼児の道徳発達が、普遍的な道徳的原理を理解するに至る最終段階に達するまでに、いくつかの段階を経ることを提唱した（Kohlberg 1981）。彼らはイマヌエル・カントの普遍化可能性の原理こそが道徳の領域を規定するものであると考え、普遍化可能でないものは、社会慣習として道徳心理学研究の対象から除外した。こうした伝統の中で行われた研究では、上記の定義に基づいて区別された、道徳規範の違反と、社会規範の違反に対して、子供たちがそれぞれ異なる反応を示すことが明らかになってきた（Turiel 1983）。しかし、彼らが道徳発達の証拠として主に用いたのは、子供たちの道徳判断そのものというよりも、それを明示的に正当化する能力だった。こうした枠組みのもとでは、乳児における道徳能力はほぼ自明に排除されることになる。こうした構成主義心理学は生得的な道徳能力を認めない「空白の石盤」理論であり、理性的な推論に基づいた学習プロセスのみによって道徳発達を説明することを目指していた。

こうした伝統の一方で、二〇世紀後半の発達心理学は、乳幼児がこれまで考えられていた以上に、高次認知と分類される領域で豊かな能力を有していることを明らかにしてきた。たとえば、数（Lipton and Spelke

2003; Wynn 1992; Xu and Spelke 2000）、物体の同一性や因果性の知覚などの素朴物理学（Baillargeon et al. 1985; Leslie and Keeble 1987）、行為の知覚（Kuhlmeier et al. 2003; Premack and Premack 1997）といったさまざまな領域で、乳児の早期の能力が検証されてきている（Carey 2009; Carruthers et al. 2005, 2007, 2008）。道徳に関連する社会的な認知に関しても、二〇〇〇年代以降、こうした研究の趨勢が及んできた。ここでは特にカイリー・ハムリンが中心となって発展させてきた、乳児を対象とした研究を紹介しよう。

　彼女らは、まず、生後一年以内の乳児が、他者の向社会的行動と反社会的行動とを区別して、前者をポジティヴに評価しているということを示した（Hamlin et al. 2007）。彼女らが用いたのは期待違反法という方法である。この方法は「乳児が仮になんらかの予測を外界に対して持っているとするならば、その予測に反したイベントが生じた際は、その予測に一致したイベントが生じた際と比べて、乳児はより長くイベントを注視するだろう」という仮定に基づいた、発達心理学では確立した手法である。この実験では、乳児は、あるキャラクターAが急峻な斜面を登ろうとしている人形劇の場面を観察した。最初に、何度か斜面をのぼろうと挑戦しては失敗する場面が繰り返されたあと、今度は、別のキャラクターBが現れて、Aが登るのを下から押し上げて助ける場面が展開される。さらに、次の場面では、また別のキャラクターCがAが登ろうとしているのを上から押し下げて邪魔をする。こうした二通りのイベントを観察したのち、今度は場面が切り替わって、Aが、BとCのどちらか一方へ近づいて行こうとする。もし、乳児が、BとCの行為に対してなんらかの評価をしているとすれば、援助行動を行ったBの方へとAが近づいていくことを予想するはずである。こうした仮説を裏付けるように、生後九か月および一二か月の乳児は、妨害行動を行ったCのほうへとAが近づいていく場面に対して、より長い注視時間を示した。つまり、乳児は、自らの予測に反したイベントを長く見つめたのである。さらに、乳児のすぐ手前にキャラクターBとCを差し出し、実際に手を伸ばさせたところ、乳児が実際にBのほうへと手を伸ばす割合は、Cのほうへと手を伸ばす割合よりも高かった。[1] こうした結果から、ハムリンらは、乳児は単に行為者の目標志向的な行為を理解しているのみならず、他者に対する行為の「良さ／悪さ」に基づいて、行為者を評価していることが示されたと論じている。

さらに、近年の研究では、一〇か月齢の乳児が行為者を評価する際、単に行為者の表面的な行為だけではなく、他者の心的状態について行為者が有する信念（あるいは知識）を考慮に入れていることが示されている（Hamlin et al. 2013）。卑近な例でいえば、チョコレートを誰かにあげる行為が称賛されるのは、相手がチョコレートを好み、かつ、そのことを知っていて行為した場合である。乳児もそのような仕方で他者の行為を評価していることが示唆されているのである。具体的な実験は、ぬいぐるみを用いた以下のような人形劇からなる。まず、主人公のライオンの前に花とアヒルが提示され、ライオンがアヒルを何度も選んで掴む光景が乳児に提示される。これはライオンが花よりもアヒルを好んでいることを示している。このとき、ライオンの傍で、二匹の象もこの光景を観察している。すなわち、象はライオンの選好を知っていることになる（選好-知識条件）。その後、花とアヒルの前にそれぞれ仕切りが下りてきて、ライオンはそれらに近づくことができなくなってしまう。ここで二匹の象が、それぞれ、一方の仕切りを持ち上げる。アヒルの前の仕切りを持ち上げた象Aはライオンが好む対象への到達を助けることになるし、花の前の仕切りを持ち上げた象Bはライオンが好む対象への到達を助けなかった（あるいは妨げた）ことになる。[2] こうしたイベントを観察したのち、先行研究同様に、二匹の象を乳児のすぐ手前に差し出し、実際に手を伸ばさせた。その結果、乳児は、象Bよりも象Aに有意に多く手を伸ばす傾向が見られた。つまり、象がライオンの選好を知っている（二階の信念表象）ことを乳児は前提として、「『ライオンが選好に基づいて目標へと到達すること』を促進することを目標とする」（二階の目標表象）ような象を、ポジティヴに評価したことになる。知りながら意図的に他者を助けるのは、良い行動であり、かつ、他者を助けるということは、他者の目標への到達を目標として行為することである、という成人の直観と整合的な判断を生後一〇か月の段階で乳児は見せるのである。

ハムリンらは、この解釈を明確にするために、ライオンが何度もアヒルを掴んでいる光景を象が観察していないような条件（選好-無知識条件）を加えている。もし乳児が評価において、二階の信念表象を用いているとすれば、この場合、象はライオンの選好を知らないのだから、どちらの対象への到達を引き起こそうと、二匹の象の間で評価に差はなくなるはずである。象がどちらの仕切りを持ち上げようとも、ライオンの選好を知らずにやったことなのだから、象への評価の違いは生まれないはずである。一方で、もし乳児が評価において二階の信念表象を用いていなければ、つまり、ライオンの選好について象が有する知識の有無に関わらず、単にライオンの好む対象への到達を助けることが良いことだと考えているとすれば、この条件においても、ライオンの好む対象へのアクセスをもたらした象Aへの到達行動が多くみられるはずである。なぜなら、実際は、象Aはライオンの選好を知らずに、単にアヒルの前の仕切りを持ち上げただけなのだが、乳児は象の知識の有無に依らずに、これを援助行動として理解することになるからだ。実験結果によれば、この条件では、象Aと象Bの間で乳児の到達行動に差は見られなかった。すなわち、乳児は実際に二階の信念表象（および二階の目標表象）を用いて評価を行っていることが支持されたのである。

また、二階の目標表象を評価に用いていることを確かめるために、ハムリンらは、ライオンがイベントの最初の段階で特定の選好を示さず、その様子を象が観察するような条件も設けた（無選好-知識条件）。ライオンの前には、単にアヒルだけが示されて、それを掴むのである。そして、その場面を観察したあと、花とアヒルが現れて、仕切りが下りてくる。二匹の象はどちらかの仕切りを上げる。この場合、もし乳児が評価において、二階の目標表象（および二階の信念表象）を用いているとすれば、ライオンには特に選好がなく、象もそれを知っているのだから、二匹の象がどちらの対象への到達を引き起こそうと、二匹の象の間で評価に差はなくなるはずである。一方で、もし乳児が評価において二階の目標表象を用いていなければ、つまり、ライオンの選好の有無に関わらず、単にライオンが以前に掴んでいた対象（アヒル）への到達を助けることを象の目標として捉えているとすれば、この条件においても、アヒルへのアクセスをもたらした象Aへの到達行動が多くみられるはずである。実験結果によれば、この条件でも、象Aと象Bの間で乳児の到達行動に差は見られなかった。すなわち、乳児は実際に二階の目標表象（および二階の信念表象）を用いていることが支持されたのである。ハムリンらは、乳児がどのように象の行為を理解しているかについて、四種類のベイズ的計算論モデルを立て、どのモデルが実際の乳児の行動を一番良く説明できるかについての比較を行っているが、その結果によれば、低次の物理学的手がかりに基づいていたり、ライオンの選好・目標といった一階の信念表象のみを用いたりするモデルに比べて、二階の信念表象を用いて評価を行うモデルがより良く乳児の行動を説明できることがわかった。こうした結果から、乳児は、他者の援助行動を動機づける心的状態を分析し、それに基づいて行為の評価を行っていることが強く支持される。乳児は生後一年ですでに、社会的刺激に対して、複雑な心的表象を用いて、評価を行っているのである。また、別の実験では、二一か月児が、他者の道徳的な行為に応じて、報酬や懲罰に関連する行動を見せることも明らかになった（Hamlin et al. 2011）。乳児に、道徳的に良い行為を行ったキャラクターと悪い行為を行ったキャラクターのどちらかに菓子を渡すように促すと、良い行動をとったキャラクターに渡すのである。また、逆に、キャラクターの持っている菓子を取り上げるように促すと、悪い行動をとったキャラクターから取り上げるのである。

以上のように、言語を完全に獲得する以前の乳児でも、他者の社会的行為を、他者の心的状態を考慮しながら評価し、それに基づいた選好を示すのみならず、他者に対し、賞罰的な態度も見せることが明らかとなってきた。こうした社会的刺激に対する評価能力やそれに関連した賞罰行動が、成熟した道徳能力の基盤となることは疑いがないように思われる。もちろん、こうした乳幼児の行動が本当に「道徳」に関連するものかどうかについてはいまだ確定的な答えはない、とこれらの実験に関わったポール・ブルームも認めている（Bloom 2012）。たとえば、道徳判断とただの社会的選好とをどのようにして区別したら良いのだろうか。こうした乳幼児の行動は、他者理解と自己利益の観点からシンプルに説明できるかもしれない。また、道徳を欠くとされるサイコパスも同様の判断をするかもしれない。もし、被験者が成人であれば、「道徳的に正しい／間違っている」あるいは「べき／べきでない」という明示的な語彙を用いた報告によって、道徳固有の側面と社会的選好とを区別することができるかもしれないが、言語獲得前の乳児ではそれも難しい。実際、言語報告による明示的な道徳判断においては、行為者の意図を道徳判断に反映させる能力は、四歳から八歳にかけて次第に発達するという報告もある（Cushman et al. 2013）。

しかし、ブルームは、それでも乳児がまさに「道徳的な」感覚を持っていると言える肯定的証拠は、乳児が成人と同様の道徳に関連する性質に反応しているという点にあると論じる。乳児が反応しているのは、外見や、運動の速さなどといった、道徳と本質的には無関連とされる特性ではなく、まさに行為者の目標や知識といった、成人の道徳において重要な意味を持つ諸要素なのである。また、こうした実験では、乳児は第三者として他者の道徳的行為を観察しているだけであり、他者の行為の直接の対象にされているわけではない。したがって、直接の自己利益のために評価していると考えることもできないという。解釈の難しさは否めないものの、こうした乳幼児からの道徳関連行動のデータは道徳の生得性について考察する上で重要な足がかりとなることは間違いないだろう。

2　道徳の直観性と多様性

2・1　道徳基盤理論

道徳の生得性を主張する理論について検討する前に、そもそも成人が有する道徳がどのようなものかを把握しておく必要があるだろう。なぜなら、道徳の獲得に関する考察は、成人の道徳能力が示すさまざまな特性の正確な記述のもとに初めて可能となるものだからである。すなわち、乳幼児が到達する対象となる道徳能力をあらかじめ明確に定めておくことによって初めて、そこにどのようにして到達するのか、あるいは、どのような道徳能力が生得的に備わっているのか、という議論が実りあるものになるのである(3)。

まず、道徳判断における重要な性質として、その直観性が挙げられる。ハイトらの研究は、道徳判断における理性的な推論あるいは思考の役割について再考を迫る重要な発見をもたらした。ピアジェやコールバーグに代表される伝統的な道徳心理学においては、子供が道徳判断に与える正当化の能力を主要な証拠として、道徳の発達段階が考察されてきた。しかし、ハイトの知見によれば、完全に成熟した成人でさえ、強い道徳的直観に正当化を与えることができないのである。道徳判断は、しばしば、意識的な推論では捉えることのできない直観的な性質を持つ。こうした現象を彼は「道徳的まごつき」(moral dumbfounding)と名付けた(Haidt 2001)。たとえば、ハイトは次のようなシナリオを読んだ際の被験者の道徳判断を調査した(4)。

マークとジュリーは兄妹である。彼らは大学の夏休みにフランスへと一緒に旅行をしている。ある夜、彼らは浜辺の小屋で二人きりで過ごす。そして、彼らはセックスするのは楽しいのではないかと思いつく。少なくとも、お互いにとって新しい経験になるはずだ。ジュリーは避妊薬を既に飲んでいたし、マークは安全のためにコンドームを使う。そうして二人は楽しんだが、もう二度としないことを決心する。彼らはこの夜のことを特別な秘密にした。それによって、二人の絆はさらに強まった。さて、あなたはこれについてどう思いますか？　彼らがセックスしたことは正しいと思いますか？

その結果、被験者の多くは、ただちに、こうした行為を反道徳的であると判断したが、その理由を実験者に問われると、理由を探しはじめ、「誰かが傷ついた」、「妊娠する可能性がある」、「悪い評判が立つ」といった返答を行った。しかし、シナリオをよく読めば分かる通り、このシナリオにおいては、誰も傷ついていないし、妊娠のリスクもほぼ存在しない。そして、二人の行為は秘密にされている。被験者らは、誤った理由を後付けで創作しているのだ。さらに、実験者が彼らの理由が不適切であることを指摘すると、しまいには、「説明できないけれど、とにかく間違っているんだ」といった反応を返した。これが、道徳的まごつきと呼ばれる現象である。こうした結果が示すのは、彼らの道徳判断は、非常に強固で、修正されにくいものであるにも関わらず、その判断の理由を明示的に述べることができないような種類のものであるということだ。つまり、必ずしも意識的な推論によって道徳判断を導出しているわけではないのである。

こうした道徳判断の特性を説明するために、ハイトは「社会的直観主義モデル」(social intuitionist model)を提案した（図1 Haidt 2001）。彼のモデルにおいては、行為・イベントの知覚に後続して、無意識の情動的反応（彼はこれを直観と呼ぶ）が生じ、これがすぐに道徳判断を引き起こす。思考は、道徳判断の後に生じるものであり、直観的に産み出された反応に対して、後付けの合理化を行うにすぎないのだ。こうしたモデルは、「理性は感情の奴隷である」としたデイヴィッド・ヒュームの道徳観と一致するものであると論じ

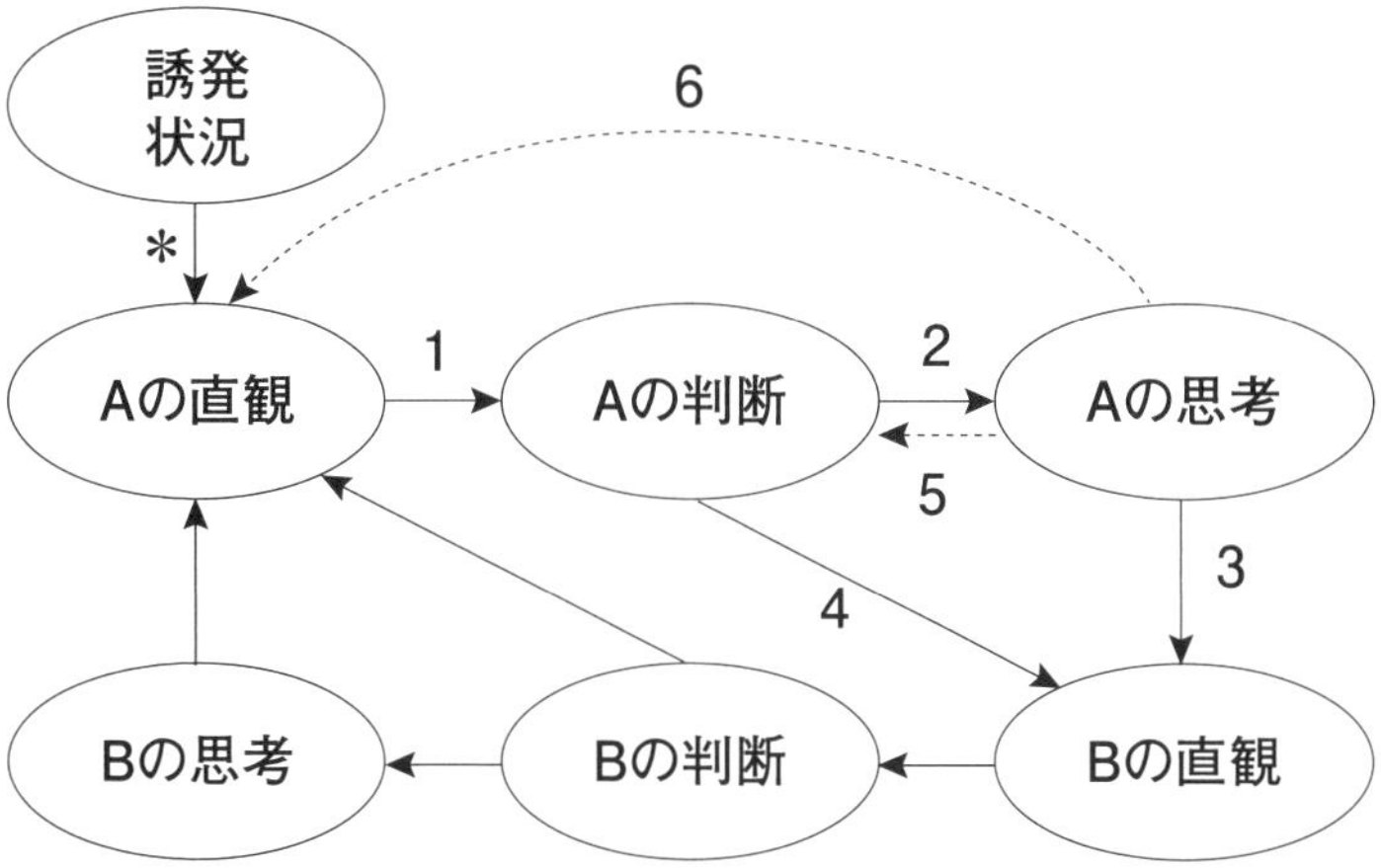

図１　社会的直観主義モデル　(1) 直感的な判断　(2) あとづけの思考　(3) 理由づけられた説得　(4) 社会的な説得　(5) 理由づけられた判断　(6) 自己省察。＊は道徳普遍文法において説明の対象となる計算過程。Haidt（2012）より一部改変して引用。

ている。すなわち、道徳判断は直観あるいは情動によって駆動されるのであり、意識的な思考が果たす役割は、直観を正当化する理由を探すことに向けられるに過ぎない（図１）。ただし、意識的な道徳推論は、説得に代表されるような個人間での相互作用においては因果的効力を持つとされる。したがって、道徳的直観は社会的な影響のもとに形成されるものであり、私的な認知ではない。これが、道徳的直観が「社会的直観」と呼ばれる所以である。

こうした道徳判断の直観性に加え、道徳判断の文化多様性も重要なテーマである。一九九〇年代の文化心理学的な研究によって、これまでの道徳心理学研究が無批判に依拠してきた西洋近代中心主義的な道徳観に疑念が突き付けられることとなった。先進国の都市圏の上流階級に属さないひとびとは、必ずしも従来の道徳心理学研究が前提としてきたような道徳と社会慣習との区別を行わないのである（Haidt et al. 1993; Shweder et al. 1997; Shweder 2012）。たとえば、ブラジルの地方の労働者階級のひとびとは、「家の前で家族の犬が交通事故に遭い、死んでしまった。彼らは犬の肉は美味であることを聞いていたので、犬を捌いて、料理し、夕食に食べた」というシナリオに描かれた行為に対して、道徳的に間違っているという応答を返した（Haidt et al. 1993）。対照的にフィラデルフィアの上流階級のひとびとは、こうした行為は不快ではあるが趣味の問題であり、道徳的に間違っているとは言えないといった反応を返す傾向が見られた。こうした結果は、他者への危害と不公正とを禁じることこそが道徳の中心的な役割であると考えてきた、従来の道徳心理学に再考を迫るものだった。すなわち世界の多くのひとびとは、これまで倫理学が想定していた、他者への危害や公正に関わる行為よりも広い範囲の行為に対して、道徳的な感受性を働かせているのである。忠誠、権威、神聖といったテーマに関わる道徳は、心理学者自身の道徳観によって見過ごされてきたのである。

こうした非西洋文化圏における道徳の多様性と、社会的直観モデルで説明されるような直観的な道徳判断とを同時に説明するための理論としてハイトらが提唱したのが道徳基盤理論である（Graham et al. 2013; Haidt 2012; Haidt and Joseph 2008）。彼らによれば、世界中のさまざまな文化における多様な道徳体系は、〈ケア／危害〉、〈公正／欺瞞〉、〈忠誠／背信〉、〈権威／転覆〉、〈神聖／堕落〉、〈自由／抑圧〉の六つの基盤から説明できるという(5)。そして、こうした基盤は生得的な基盤を持つと彼らは主張する。

ここで彼らが依拠する生得性の概念は、ゲアリー・マーカスによるものである（Marcus 2003）。生得性は、えてして変更が不可能であることを意味しがちであるが、マーカスによれば、生得性とは、「経験に先行して組織化されている」という程度の意味である。マーカスによれば、遺伝子は、例えれば、脳の形成を導く「初稿」のようなものであり、経験がその後、初稿を「編集」する。とはいえ、学習や成長による編集自体も、遺伝的プロセスによって支配されている。遺伝子は単にテンプレートであるのみならず、調整プロセス（外界からの刺激に応じて生じる様々な化学的信号に反応して、遺伝子をオン／オフするプロセス）も支えている。ピアジェやコールバーグに代表される、旧来の構成主義心理学は、本質的には「空白の石盤」理論であり、生得的な道徳的知識を認めず、一般的な学習メカニズムのみが生得的であると仮定してきたが、実際は、学習プロセス自体も遺伝子に依存していることを二〇世紀後半の生物学は明らかにしてきたのである。もちろん、ピアジェらの観察した発達の記述については、一部は正しいであろうが、発達とは、先験的に組織化された構造を基盤として修正・調整を重ねていく過程なのである。ハイトらによれば、「道徳的な心の初稿は先験的に特定された様々な道徳的内容を持っている。しかし、この内容を持った生得性は、発達の過程で、修正され、大きく拡張される。発達過程において、子供は、文化的文脈の中で、能動的に道徳的知識を構成する」という（Haidt and Joseph 2008, p.391）。ハイトらの想定では、六つの道徳基盤は、学習のためのモジュールであり、特定の環境からの情報によって刺激されると、文脈に対して調整されたより細かい二階のモジュールを生み出すようになる。この二階のモジュールが、社会的な環境から特定のパターンの入力を受け取ると、許す／許されないといった評価、あるいは、道徳的情動を生み出すと想定されている。こうして、元々、同一の六つの基盤を持って生まれてきた乳児が、それぞれの生育する文化の道徳に適応した直観を備えるようになる。たとえば、宗教的保守の両親の元に生まれた子供でも、養子先のリベラルな家庭で生育すると、〈ケア／危害〉、〈公正／欺瞞〉に関わる道徳的直観だけを優先的に発達させるというわけである。

2・2　精緻な道徳的直観

以上で見てきたような道徳判断の直観性は、ハイトが調べたような神聖性や忠誠への違反といったタブーに関わるような領域に限定されるわけではない。典型的に倫理学や道徳心理学の中心的なテーマとされてきた、危害をめぐる道徳判断においても、その直観性は変わらないことが分かってきた。さらに危害に関する道徳判断で興味深いのは、直観的な道徳判断を左右する様々な要因がかなり詳細に判明しつつあるということである。たとえば、ハウザーやミハイル、フィアリー・カッシュマン、リアン・ヤンらは、倫理学で議論されてきた、二重結果原理（Doctrine of Double Effect）が、一般のひとびとの直観的な道徳判断に広く反映されていることを見出している（Cushman et al. 2006; Hauser et al. 2007）。二重結果原理とは、許される危害の範囲について制約を与えるもので、その厳密な定式化には議論があるが、おおよそ「より良い結果を得るための避けられない副作用として、予見された危害をひとにもたらすことは許されるが、より良い結果を得るための手段として、危害をひとに与えることは許されない」というものである。たとえば、敵国が新兵器を利用して将来より多くの市民を殺すことを阻止するために、たとえ市民の巻き添えが予見されるとしても、敵の兵器工場に爆弾を落とすことは許されると判断される傾向にある。それに対し、敵国の戦意をくじく目的で、市民を意図的に爆弾で殺害することは許されないと判断される。ハリー・トルーマンがオックスフォード大学から名誉学位を授与される際に、エリザベス・アンスコムはそれに反対し、パンフレット「トルーマン氏の学位」を配布して、彼による日本への原爆投下を非難した。その際に彼女が依拠したのもこの原理である（Anscombe 1981）。こうした二重結果原理は、最初にトマス・アクィナスによって記述されて以降、カトリックの道徳体系に組み込まれてきた。そして、フィリッパ・フットが思考実験の中で取り上げたことをきっかけに、倫理学の議論の焦点となった（Foot 1967; Thomson 1985）。有名な「トロッコ問題」も、二重結果原理に従った判断をあぶりだすために工夫された多くの思考実験のバージョンのひとつである。そして、ジョシュア・グリーンによってトロッコ問題が認知神経科学の分野に導入されたことで、二重結果原理に関わる無数の経験的研究がなされてきた（Cushman 2014; Cushman and Young 2011; Greene et al. 2001,

2004, 2009; Hauser et al. 2007; Mikhail 2007b, 2011; Wiegmann and Waldmann 2014）。トロッコ問題には「スイッチ事例」、「歩道橋事例」など様々なバージョンが作成されてきたが、基本的にシナリオは次の形式に従う。「制御不能に陥ったトロッコが、五人の作業員のいる線路に向かって疾走してきている。トロッコがこのままの進路をとれば、五人は死んでしまうだろう」。そして、スイッチ事例においては、以下のような状況と問いが与えられる。

あなたは線路の上にかかる歩道橋の上におり、歩道橋は近づいてくるトロッコと五人の作業員のちょうど間に位置する。そして、歩道橋の上には、あなたの隣にとても体の大きな見知らぬひとがいる。五人の作業員の命を救う唯一の方法は、この見知らぬひとを歩道橋から線路の上へと突き落とすことのみだ。この大きな体ならトロッコを止めることができるだろう。あなたがそうすれば、その見知らぬひとは死ぬだろうが、五人の作業員は助かるだろう。
五人の作業員を救うために、見知らぬひとを線路に突き落とすことは適切だろうか？

他方で、歩道橋事例においては、以下のような状況と問いが与えられる。

トロッコは線路の分岐点にまたたく間に近づこうとしている。左へと延びる線路の上には、五人の鉄道作業員がいる。右へと延びる線路の上には、ひとりの鉄道作業員がいる。もしあなたが何もしなければ、トロッコは左へと進み、五人の作業員をひき殺してしまうだろう。五人の作業員の死を避けるための唯一の方法は、計器盤のスイッチを切り替え、トロッコを右へと向かわせることだ。しかし、そうすることで、ひとりの作業員が死ぬだろう。
五人の作業員の死を避けるために、スイッチを切り替えることは適切だろうか？

こうした二つの問いが与えられたとき、ほとんどの被験者はスイッチ事例に対して「許される」と答える一方で、歩道橋事例に対しては「許されない」と答えるのである（Greene et al. 2001, 2004; Hauser et al. 2007; Mikhail 2000, 2007b）。しかし、こうした傾向は道徳理論に難問をつきつける。両事例における行為は、五人を助け、ひとりを犠牲にするという意味では、等価のように思われるからだ。仮に被験者がある種の最大幸福原理に従う一貫した功利主義者であるならば、救うことの出来る人数を重視し、どちらの問いに対しても「許される」と答えるであろう。こうした一見、根拠の不明な、しかし、自明のようにも思われる道徳判断に説明を与えるために、二重結果原理という道徳原理が提唱されてきたのである。スイッチ事例においては、たしかに、トロッコの方向を切り替えた先にいるひとりは死んでしまうが、それは、あくまで、より多くのひとを助けるために避けられない副作用であって、手段ではない。一方で、歩道橋事例では、より多くのひとを助けるための手段として、ひとりが突き落されて死んでしまう。こうした原理は、非常にうまくひとびとの道徳判断を説明できる。ここで重要となってくるのは、やはり、こうした判断の直観性であり、ひとびとは、こうした判断の理由を示すことができないということだ。カッシュマン、ヤン、ハウザーによる実験では、トロッコ問題の四つの変種を用いて、被験者の道徳判断を検証した（Cushman et al. 2006）。その結果、被験者の道徳判断（行為が許されるかどうか）を説明する要素は、因果性（行為の負の結果は、不作為による負の結果よりも、道徳的に悪いと判断される）、接触性（物理的な接触による負の結果は、物理的な接触のない負の結果よりも、道徳的に悪いと判断される）、そして二重結果原理（目標の手段としての負の結果は、予見された副作用としての負の結果よりも、道徳的に悪いと判断される）の三つであった。そのうち、前者ふたつは六割以上の被験者が、判断の根拠にあげて説明を行うことができたが、二重結果原理について言及した被験者は、三割程度だった。このように、危害の領域に限定しても、明示化できない直観的な道徳判断を多くのひとびとは下しており、そうした判断を決定づける諸要素は、判断に先行して区別されていなければならないのである。この事実こそが、普遍道徳文法を動機づけるものである。もちろん、ここで挙げられた二重結果原理は、どちらかと言えば、ひとびとの危害に対する道徳判断に見られる傾向をある程度一般化したものであり、判断を生み出す心理学的なメカニズムにまで踏み込んだものではない。普遍道徳文法説では、どのようにしてイベントの知覚から、こうした原理を反映した道徳判断が産出されるのかという根源的な説明が、試みられている（第3・2項）。ともあれ、ここで重要なのは、成人の道徳判断が、直観的でありながらも、判断の対象となる行為やその状況に含まれる要素に対して詳細な分析を反映しているということである。そして、この道徳的直観の精緻さこそが、普遍道徳文法が説明を試みる重要なテーマなのである。

3　普遍道徳文法

ここで、道徳の生得的基盤の重要性を主張するもうひとつの理論として、ミハイル、ドゥワイア、ハウザーなどが提唱する普遍道徳文法説を検討してみよう（Dwyer 1999; Dwyer et al. 2010; Harman 2000; Hauser 2006; Mikhail 2000, 2007b, 2011; Roeder and Harman 2010）。彼らによれば、道徳判断を生み出す能力には、言語の文法と類似した側面があるという。そして、ノーム・チョムスキーに始まる生成言語学と類似した手法によって——おそらくは、普遍的で、生得的な——「道徳文法」を解明することができると彼らは主張する。こうした言語と道徳のアナロジーのアイディア自体は非常に古く（Mikhail 2011, p.8 の一覧表を参照）、たとえば、アダム・スミスは、「正義の規則は文法の規則になぞらえることができよう。……それは厳密で、正確で、必要不可欠なものである」（Smith 1759, p.175）と述べている。現代における、生成言語学と倫理学の認識論との間のアナロジーは、ジョン・ロールズによって定式化され（Rawls 1971）、チョムスキー自身も後にそうした方向性をたびたび示唆してきたが（Chomsky 1986, 1993）、普遍道徳文法説が経験的な研究プログラムとして具体的な成果を生み出し始めたのは二〇〇〇年代に入ってからである(6)。

ここで、まずは、生成言語学がどのような立場であるのかを簡単に説明しよう。生成言語学は、一九五〇年代に誕生して以来、何度か理論の枠組みを大きく変更してきたが、六〇年間にわたる探究において揺るぎない根幹となる言語観は、次の二つである（Chomsky 1965; Fukui and Narita 2014）。

1　人間言語の文法は有限の数の基礎的な操作を用いて「離散的無限」（discrete infinity）を生み出すシステムであるという意味で「生成的」である

2　さらに、人間言語は抽象的な表象を別の表象へとマッピングする性質を持っているという点で、「変形的」である。

普遍道徳文法説においても、この二点こそが言語学アナロジーを支える根幹であり、以下で検討する、言語学理論から導入された諸概念は、ここからの派生物と考えて良いだろう。言語学アナロジーの具体的な要点は、(a) 道徳における能力（competence）と運用（performance）の区別、(b) 計算論のレベルを分析の対象とすること、(c)「刺激の貧困」による生得的基盤の擁護、の三点にまとめられる(Dwyer et al. 2010)。それぞれについて、生成言語学における概念を簡略に説明しつつ、道徳との類比について概観してみよう。

3・1 能力と運用の区別

第一に、能力と運用の区別について説明しよう。生成言語学においては、その初期から、言語能力と言語運用との区別を重視してきた(Chomsky 1965)。言語能力とは、文の産出と理解を可能とする、意識にとってはアクセス不可能な原理を指す[7]。しかし、実際に、何を、誰に、どのように発話するかは、脳内/外における多くの要因、たとえば、注意や記憶の限界、社会制度や天気や聴者との距離によって影響される。こうしたさまざまな複雑な要素を反映した実際の発話は、言語運用に属するものであり、理論化のターゲットとしては相応しくない。したがって、言語学者が言語機構(language faculty)について語るときは、正常で成熟した個人の能力(母語を基礎づける原理)について語っているのである。そして、生成言語学が目指すのは、個々人の直観に基づいた文に対する判断を、整合的に、かつ、節約的に説明するような文法原理を確立することである(Fitzgerald 2010)。したがって、生成言語学の理論家は、そのようにして構築された文法原理が、外界に存在する実体として仮定されるような「日本語」や「英語」(これらは外在的(external)という意味をこめて、「E言語」と呼ばれる)を説明するものであるとは前提していない。言語学者が探求しているのは、あくまで、E言語を産出したり理解したりするための基盤となるような、内在的(internal)で個人的(individual)な言語機構であり、生成的な文法によって内包的(intentional)に特徴づけられる「I言語」である(Boeckx 2010; Chomsky 1986, ch. 2)。

同様に、記述的な道徳心理学においても、得られるのは内在的で個人的で内包的な「I道徳」であると想定されている（Dwyer 1999; Mikhail 2007b, 2011, ch. 3; Roeder and Harman 2010）。つまり、実際に産出された道徳判断（道徳的言明）や道徳行動そのもの（これらは「E道徳」と呼ぶことができる）を研究するのではなく、そうした判断や行動の基盤となる道徳機構（moral faculty）を研究対象に据えるのである。もちろん、こうして多様な個々人に対してそれぞれ帰属される「I道徳」の記述が、どの程度、文化内あるいは文化間で多様なものであるかは、経験的な問題である。

3・2 計算論

運用から区別された能力を研究の対象に据えるとは、具体的には何を意味するのだろうか。能力とは、端的に言えば、刺激を入力として直観的な判断を産出する計算過程であり、能力の研究とは、そうした過程を演繹的な導出の形によって記述可能とするような節約的な計算原理を与えるということだ。たとえば、生成言語学における、母語の文に対していだく文法性判断を記述する問題との比較が有用だろう。この場合、さまざまな文に対して母語話者が示す文法性判断と同様の区別を生み出す原理を定式化することによって、文法性を認識する能力を特徴づけることが言語学の目的となる（図２ａ）。道徳においても、同様にして、さまざまなイベントに対してひとびとが示す道徳判断と同様の区別を生み出す原理を定式化することによって、道徳能力を特徴づけることが目的となる（図２ｂ）。ロールズの言葉を借りれば、「正義の構想は、我々のなす日常的な判断がその〔構想の〕諸原理に合致している際、我々の道徳的感受性を特徴づける」（Rawls 1971, p.46）のである。

それでは、道徳理論における計算論とはどのようなものでありうるかについて考察しよう。計算論において重要なのは、道徳判断が、意識的な推論によるものなのか、あるいは、情動によるものなのかを区別する

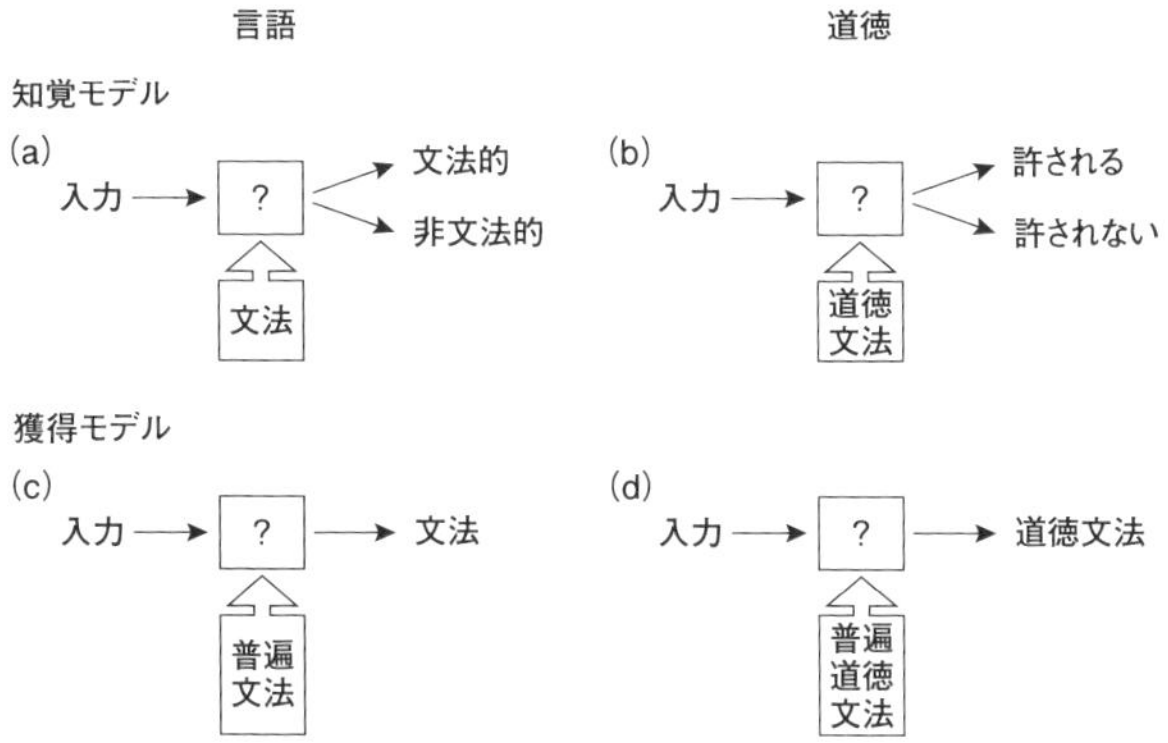

図２　道徳の言語学アナロジー　知覚モデルはどのようにして直観的な文法判断（a）および道徳判断（b）が生じるかを説明する。文法および道徳文法は、入力から判断に至るまで、心的表象を変換していく計算過程として記述される。また、獲得モデルはどのようにして文法（c）および道徳文法（d）が獲得されるかを説明する。普遍文法および普遍道徳文法は、生得的な初期状態として仮定される。Mikhail（2011）より一部改変して引用。

こと自体ではなく、その判断の基礎をなす計算過程を演繹的な導出の形で明示的に記述することである。この場合の計算とは、心的表象に操作を加えて変換していく過程として考えればよい。普遍道徳文法説の提唱者によれば、従来の道徳心理学において欠けているのは、まさにこの計算論のレベルの分析であるという。すなわち、我々が、行為を、その因果や意図の構造や帰結の観点からどのように知覚して、それを道徳判断に結び付けているかについての詳細な分析こそが、重要な課題であるというのだ。再度、普遍道徳文法説の着想源である、ロールズの言葉を借りよう。

我々の正義の感覚が、良く知られた共通感覚によって適切に特徴づけられる、あるいは、より明白な学習原理から導出されると仮定する理由はまったくないのだ。道徳能力に関する適切な説明は、おそらく、日常生活において持ち出される規範や基準といったものをはるかに超える、原理と理論的構成が関わってくるものになるだろう（Rawls

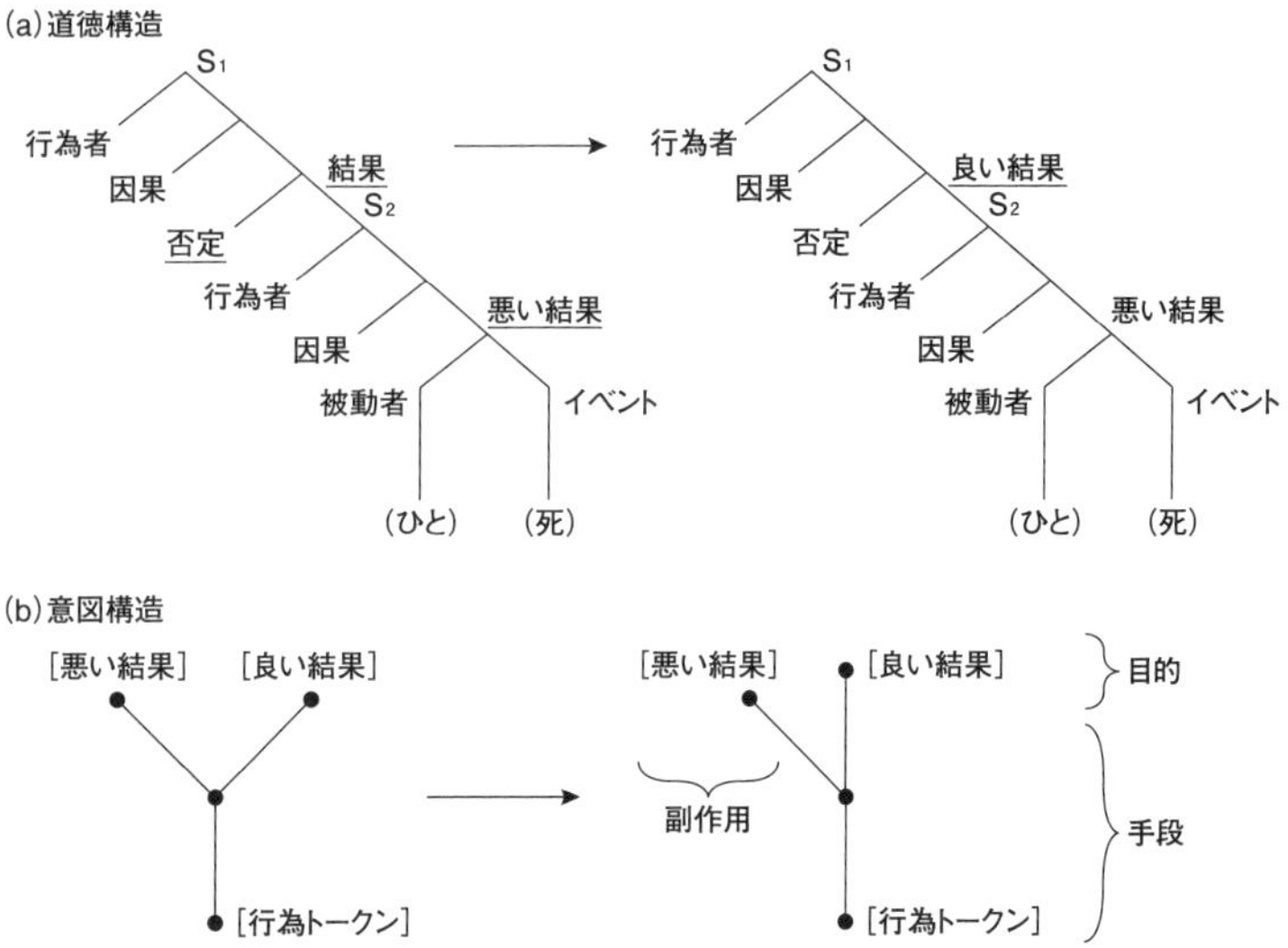

図3　道徳文法における構造変換の例　(a) 道徳構造の計算においては、行為の因果構造に基づいて、個々の行為の結果に対する道徳的評価の値が付与される。図の例は、「ハンクは電車がひとを殺すことを防げた」という複合的行為に対する道徳構造、(b) 意図構造においては、道徳構造からの出力を受けて、行為と（複数の）結果から成るイベントの目的・手段構造を計算する。この際、道徳構造において寄与された、行為の結果の評価に応じて、目的と副作用との区別が適用される。Mikhail (2011) より一部改変して引用。

1971, pp.46–47)

ミハイルや、ハウザー、あるいは言語学者レイ・ジャッケンドフが指摘するところでは、道徳判断の入力を構成する適切な単位は行為である（Hauser 2006; Jackendoff 2007; Mikhail 2007b, 2011）。そして、個別の行為に対しては、行為者、因果、状態といった要素が同定されなければならない（図3a）。また、彼らはアルヴィン・ゴールドマンによる行為の分析（Goldman 1970, 1971）を採用し、階層的な構造を備えたものとして複合的な行為を捉える。すなわち、個々の行為は、文を構成する語のように、離散的かつ互いに結合可能であり、変異を無限に生み出すことができるものと考えるのである（図3a）。また、再帰的な結合によって、有限の要素から無限の表現を生み出す計算は、基本的には生成言語学において想定されるもの（併合：第５・４項を参照）と類比的に理解することができる。こうした階層的構造が必要とされるのは、道徳判断は、無数の道徳関連状況に対して適応できなければならないからである。有限の要素から無限の表現を生み出すためには、こうした再帰的な併合に基づいた構造の生成が必要になるのである。こうした階層的構造を用いることで、たとえば、「Ａが人を殺すのをＢが教唆するのをＣが止めるのをＤが妨げるのは悪い」といった（無限に埋め込み可能な）複雑な構造を持ったイベントに対しても、道徳判断を産出することが出来ると考えられる。

道徳文法の計算原理については、その探究が端緒についたばかりであり、今後も修正が重ねられていくと想定されるが、ここでは、道徳文法を明示的に形式化することを試みた先駆者であるミハイルの分析を概観してみよう（より詳細な説明はMikhail 2011, ch.6 を参照のこと）。ミハイルは、トロッコ問題の変種を一二例作成し、それぞれのシナリオに描かれた行為に対する許容可能性判断のデータを分析対象として収集した。その結果、一人を犠牲にして五人を救う行為に対する被験者の反応は、許容できないというものから、義務的であるという反応まで、段階的に分布する形になった。ミハイルは、こうした反応パターンを説明するための、道徳文法の計算モデルを構築した。彼によれば、道徳文法（図２ｂ）の具体的な計算過程は、刺激入力から始まり、時間構造、因果構造、道徳構造、意図構造、義務構造の計算の連続として捉えることができる。この順序は、後続する構造の計算にとって、先行する構造の計算が概念的に必要とされる形で並べられている。以下、具体的な計算を追ってみよう。

まずは、シナリオから個々のイベントの時間的順序を計算し、過去から未来への時間軸に配列することで、時間構造が与えられる。そして、個々のイベントについて、行為者、因果、被動者、状態、原因、結果といった要素を構造化することで、因果構造が与えられる。たとえば、スイッチ事例において、「電車が五人を殺すのをスイッチを倒すことで妨げた」というイベントは、図３ａ左のような因果構造を持つものとして分析される。この事例は、電車がひとを殺すこと（S_2）と、そうした事態を妨げること（S_1）という二つの行為を組み合わせることから成立する。そして、それぞれの行為がもたらす帰結に対して、道徳的評価が割り振られ、統合されることで、道徳構造が産み出される。S_2は「悪い結果」をもたらす。一方で、S_1によって、悪い結果を否定する結果が生じることから、最終的には「良い結果」という評価が割り当てられた道徳構造が得られたこととなる（図３ａ右）。これが、「電車が五人を殺すのを妨げる」行為についての最終的な道徳構造である。

この道徳構造の出力を受けて、さらに意図構造の計算が行われる。スイッチ事例には、当初の行為トークン（「スイッチを倒す」）に端を発して、「電車を逸らす」行為が生じ、最終的には二つの結果（「一人が死ぬ」と「五人が助かる」）が生じる（図３ｂ左）。この二つの結果のうち、どちらが行為全体の目的であったかを計算することで、意図構造が生じるのである。ここで、ミハイルは「人間は良い結果を欲する」という原理を採用する。すなわち、良い結果こそが、複合的な行為全体の目的であったという想定を行うのである。最終的な意図構造においては、目的とされた結果は、当初の行為から直線的に表現され、副作用として生じた結果はそこから外れた位置に表現される。そして、目的とされた結果より以前の行為は手段として表現される。こうして、当初のシナリオの知覚から、「主人公は五人を救うために行為し、副作用として一人が犠牲になった」ことを表す意図構造が得られるのである。ここでは派生の詳細を省略するが、他方の歩道橋事例では、意図構造は「人を押す→電車がひとをはねる→電車が止まる→五人が助かる」という直線的な構造となる。したがって、「一人を手段として殺して五人を救った」ことを表す出力が得られる。

最後に、こうして得られた意図構造に対して、前述の二重結果原理に相当するものが適用されて、許容可能性判断が産出されることになる（義務構造）。ここで重要なのは、ミハイルは二重結果原理そのものの存在を前提としているのではなく、「意図的な殺人は禁止される」「悪い結果は、回避された悪い結果よりも道徳的に悪い」（これ自体、より単純な仮定から導出される）といった、より単純な要素から二重結果原理を説明しようとしている点である。ミハイルは、こうした計算過程を、一二例のシナリオすべてに適用し、最終的に産出される許容可能性判断が、実際の被験者の反応パターンの分布をうまく説明していると結論づけている。もちろん、ミハイルの分析には、多くの前提が仮定されており、そうした前提が妥当であるかについての検証は今後の研究の進展を待つしかない。しかし、ここで個々の分析の妥当性よりも重要なのは、実際に被験者の道徳判断が、シナリオの微細な情報に感受性を持っており、そうした情報がどのようにして最終的な道徳判断に反映されるのかについて、道徳心理学は明示的に説明を与える必要があるということである。

3・3 刺激の貧困、そして原理とパラメータのアプローチ

そして言語学アナロジーの三要素のうち、最後の「刺激の貧困」に関わる議論こそが、本章のテーマである生得性に関係する。あらゆる生物学的現象がそうであるように、言語発達も、遺伝子と環境との複雑な相互作用によって達成される。私たちが用いる言語のある部分（特に、語彙における、音と概念との恣意的な対応関係）が学習されなければならないのは確かである。しかし、言語（特に統辞）が領域一般的な学習メカニズムのみによって獲得できるという主張には、経験的な疑義が呈されている。たとえば、私たちはどのようにして日本語の動詞の活用を覚えたのだろうか。学校で教えられる活用の「規則」は複雑精緻で、そうした規則を意識的に適用するのでは日常の運用には耐えられないし、それどころか、そうした教育を受ける

はるか前に、子供は苦も無く動詞を活用させているのである。いったい子供はどのようにして、精緻な文法を獲得するのだろうか？「刺激の貧困」とは、こうした環境からの刺激と能力との間のギャップを指す言葉で、環境が与える証拠が、あまりに断片的であったり、曖昧であったり、質が悪かったりするために、子供が無意識に能力を獲得することを、一般的な学習によっては、説明できないという現象を指す。能力（知識）と経験（刺激）との隔たりが大きいことは、プラトンの時代から指摘されていたことだが、生成言語学は、生得的な言語知識の存在を自然科学の枠組みで取り組むべき対象として前面に押し出し、行動主義全盛の風潮を塗り替えたのである。

生成言語学が提唱する生得的な言語知識とは、つまるところ、言語機構が、生誕時にすでに言語獲得に適した初期状態にあることを意味している。その初期状態には「言語獲得装置」（Language Acquisition Device）とでも呼ぶべき、言語獲得に特化したメカニズムが備わっていると想定される。この初期状態のことを普遍文法と呼ぶ。そして、この初期状態は、人類すべてに共通であると想定されている。なぜなら、特定の障害や、虐待などによってあまりに限定された環境でない限り、どの子供も明示的な教示や意識的な努力を必要とせずに言語を獲得できるからだ。また、どの人種の子供も、世界中のどの地域に生まれようと、その環境で話されている言語を獲得できることからも、初期状態は普遍的なものであると考えられる。また、この生得的な初期状態は人間固有のものであるとも考えられている。石や犬やチンパンジーは同様の言語入力を受けても言語を発達させないからだ。こうした生得的で人間固有の言語機構は、外界からの言語刺激の入力に応じて成長し、最終的には成熟した安定状態に至る。これが成人の文法（I言語）である（図2c）。チョムスキーによれば、先述のI言語とは、「言語構造の認知システムの初期状態に対してオプションが指定されたもの」（Chomsky 1995, p.219）である。この獲得過程は、植物や器官の成長とのアナロジーで説明されることが多い。水や栄養は、植物や器官が成長するのに必要ではあるが、固有の発達経路を指定するのは生得的な基盤なのである。

さらに、一九八〇年以降の生成言語学においては、獲得の容易さと言語の多様性とを同時に説明するために、「原理とパラメータ」（Principles and Parameters）というアプローチを採用するようになった（Chomsky 1981）。このアプローチによれば、言語機構の初期状態は普遍的な原理の集合とそれらに付随する（おそらくは二値的な）パラメータによって特徴づけられる。そして、子供が言語獲得において行うのは、外界からの刺激入力に適合するようにパラメータの値を設定しておくことだけである。原理とパラメータによって、可能な言語の集合が制約されているために、言語獲得は非常に容易になると想定される。しかも、言語の普遍性と多様性は、原理とパラメータによって、それぞれ、説明が可能になる。世界の言語に普遍的に見られる側面は原理を反映しているものとして見なされ、世界の言語の多様性はパラメータの設定の違いによって説明される。

たとえば、日本語と英語の大きな違いのひとつは、主要部（句の中心となる要素）の位置を決定する主要部パラメータで説明される。英語は主要部前置型言語であり、日本語は主要部後置型言語である。たとえば、目的語と動詞は、動詞を主要部として動詞句を構成するが、日本語では動詞が後ろ（「本を読む」）、英語では動詞が前になる（「read a book」）。このパラメータは他の種類の句にも適用されるので、名詞と接置詞（前置詞と後置詞をまとめて指す語）からなる接置詞句においても、日本語では名詞と後置詞の組み合わせ（「公園で」）、英語では前置詞と名詞の組み合わせとなる（「in the park」）。こうしてひとつのパラメータのみによって、まるで鏡像のような、日本語と英語の語順の違いの大部分を説明できるのである。主要部パラメータ以外に、空主語パラメータ（主語を省略してよいかどうかを決定するパラメータ）など、多くのパラメータが提唱され、世界中の諸言語をパラメータの観点から整理する試みが提案されている（Baker 2001）。こうして、刺激の貧困という難問を解決し、同時に、言語の多様性をも説明できる革命的なアイディアとして、原理とパラメータのアプローチは急速に浸透した。このアプローチを基にして、言語獲得に関する実証的研究や計算論的研究も数多く行われ（Fodor and Sakas 2004; Niyogi 2006, Yang 2004）、数々の知見をもたらした。とりわけ重要なのは、従来の「言語の変異の仕方は文化によって規定されるものであり、無制限で予測不可能だ」という印象を刷新し、人間には可能な言語の空間が規定されており、その制約によって初めて言語獲得が可能になっている、という洞察が得られたことである。こうした、環境に応じて生得的な要素が調整されるというモチーフは、もともと、ジャック・モノーとフランソワ・ジャコブによる、同一の遺伝子の発現調節が大きな差異を生み出すことを示した研究に着想を得たものであり（Chomsky 1980）、言語能力を究極的には生物学の探求対象としようという、生成言語学の誕生時からの課題を大きく前進させたものであった。

こうした原理とパラメータのアプローチの強力さを考えれば、道徳の多様性を前にして、同様のアプローチを道徳にも適用することに惹きつけられるのにも無理はない。実際、道徳普遍文法の提唱者らは、道徳獲得の話題に触れる際に、原理とパラメータのアプローチに言及をしている（Dwyer et al. 2010; Harman 2000; Hauser 2006; Mikhail 2007a; Roeder and Harman 2010）。こうした論者によれば、刺激の貧困によって生得性を支持する議論は道徳領域にも同様に適用されるという。なぜなら、上記で説明したような複雑で精緻な計算能力は、外界からの道徳に関連した刺激からの単純な学習によって獲得することはできないと考えられるからである。

第一に、子供が触れる道徳に関連する刺激は、こうした計算能力を一般的な学習によって獲得するには、あまりに貧弱である。たとえば、特定の行為に対して、親や教師は良い／悪いの明示的な道徳判断を示すことがあるかもしれない。しかし、そうした判断を支える根拠が明示的に正確に述べられる機会が非常に稀であることは、道徳的まごつきの例からも明らかである。上で見てきたように、危害に関する最終的な道徳判断は、意図や手段／目的、行為／不作為といった様々な要因に依存しているが、それらは必ずしも外界から入力される刺激自体（イベントについての視覚的刺激など）には含まれていない。そうした要因は、むしろ、イベントの知覚者が、そこに割り当てるものなのである。したがって、仮に大人から、「そんなことしちゃだめ」といった明示的な道徳的な指示を受け取ったとしても、そうした教示のみからは、道徳判断を導出するための計算過程をどのようにして復元すべきなのかは全く明らかではない。実際、二重結果原理を明示的に子供に伝える親や教師は、ほとんどいないはずであるが、幅広い国・宗教・年齢の被験者が二重結果原理に従った道徳判断を示すのである（Hauser et al. 2007）。また、第二に、先に述べた能力と運用の区別に注意すべきである。なぜなら、外界から入力される道徳関連刺激は、道徳能力を運用することで得られる道徳行動を反映したものであると考えられるからだ。すなわち、動機づけや社会的なプレッシャーなど、さまざまな運用に関わる要因が最終的には道徳行動には関わっている。そうした外乱要素を反映した刺激入力から、成熟した道徳能力の獲得に至るためには、可能なI道徳の範囲を制約する必要がある。

こうした理由から、普遍的で生得的な原理の集合を備えた道徳機構をもって、乳児は生まれてくるという想定が要請されるのである。しかし、当然、生得的な原理は、文化間の道徳の多様性も同時に説明できなければならない。そこで、こうした原理は、環境からの入力に応じて設定されるパラメータを組み込んでいるとされる。そして、普遍的な原理と可変なパラメータを備えた道徳機構の初期状態を「普遍道徳文法」と呼ぶ。子供は、有限個のパラメータを、道徳に関連した入力に適合するように切り替えていくだけなので、道徳獲得はかなり容易なものになると想定される。そして、パラメータの設定が進むにつれて、個々人の道徳機構は成長し、最終的な道徳文法（I道徳）として安定状態に到達する（図2d）。こうして、生成言語学で採用されている原理とパラメータというアプローチを用いて、道徳判断の普遍性と多様性、そして道徳の獲得可能性とが説明されるのである。

こうした見取り図は、道徳獲得の経験的研究に対して、明瞭な指針を与えてくれる。たとえば、ギルバート・ハーマンは、危害を禁じる原理には、その適用対象を定めるパラメータが付随しており、「〔ある特定の〕クラスCのメンバーに危害を与えるな」といった形式になっているのではないか、という提案をしている（Harman 2000, ch.13）。しかし、子供の発達段階を観察しながら、道徳原理のパラメータの存在の可能性を検証した経験的な研究は、現段階では、存在しない。また、この提案に対しては、さまざまな文化の道徳において、クラスCという明瞭な形で記述できるような道徳規範は存在しないという経験的な反論がジェシー・プリンツによって提出されている（Prinz 2009）。しかし、おそらく、「危害の禁止」は、第3・2項で見たように、より複雑な構造の中に統合された後に、最終的な道徳判断が産出されるはずであり、個々のイベントをどのように形式化するかが定まらない限り、確かな結論を出すことは不可能だろう。パラメータは、原理の形式に依存するため、成人の道徳文法の解明を進めると同時に、子供の道徳獲得の経験的なデータを検証していく必要があると思われる。

4　道徳基盤理論の批判的検討

ここで再度、ハイトらの道徳基盤理論に立ち返り、それへの批判について見てみよう。まず、成人の道徳を記述する理論としては、普遍道徳文法説の提唱者らから、情動を過剰に強調する論調に批判が向けられている（Huebner et al. 2009）。確かに、道徳判断には、意識的な推論に従わない、迅速で、自動的な側面がある。そして、道徳的まごつきの現象に明らかなように、判断を覆すような証拠を突きつけられても、判断が動じないことが多々ある。しかし、「理性」によって正当化されることが難しいような自明な判断を生み出すメカニズムは情動だけであろうか。道徳判断の側面をすべて情動と結びつけるのは、拙速だろう。高速で、自動的な処理は、知覚や言語といった領域でも見られる。たとえば、ミュラー・リヤー錯視において、長さが異なるように見える二つの線分は、その実際の長さを教えられたり計測したりしても、それに対する視覚的な判断は覆らない。このことからも明らかなように、視覚は、「理性的な」判断に影響されない、直観的で自動的な知覚によってその大部分を担われている。大脳皮質の視覚回路で階層的に処理されていくと考えられている、線分の検知から物体認知に至るまでの視覚系の処理を、純粋に情動的な過程とみなすことには無理があるだろう。また、これまで無意識下においては比較的単純な情報処理しか行えないと考えられてきたが、近年では、視覚をはじめ多くの領域で、複数の情報を組み合わせ、統合するような処理が可能であることが明らかになりつつある（Mudrik et al. 2014）。そして、近年では言語理解においても、語を組み合わせて文を形成するような統辞処理が無意識下の脳において進行することが示されつつある（Axelrod et al. 2015; Batterink and Neville 2013; Iijima and Sakai 2014）。視覚も言語理解も、その処理の根幹は、外界から入ってきた情報を変換していく計算として捉えることができる。そうした処理を、意識的な思考に依拠していないという理由だけで、情動に分類することはできないだろう。実際、ハイトは近年の著作において「情動と認知を対比させて考えることは、雨を天気と、あるいは車を乗り物と比べるのと同じくらい無意味だ」と述べ、「あらゆる形態の判断と同様、『道徳的な判断は、認知的なプロセスである』。重要な区分は、本当は、直観と推論という、二つの異なるタイプの認知の間にある。さらに、道徳的な情動は道徳的な直観の一種だが、後者のほとんどは、情動のレベルにまで達することのない、もっと捉えにくいものである」と論じている（Haidt 2012, p.45）。すなわち、ハイトの社会直観モデルを、認知に対立する意味での情動の重要性を強調するものとして捉えるのは誤りなのである。ハイトが、道徳判断を生み出す道徳的直観に対比しているのは、彼が「思考」と呼ぶ、意識的な推論である。そして、そうした「思考」が担うと想定されているのは、道徳判断の根拠を探す正当化の過程であり、当の道徳判断の産出過程についてではない。したがって、認知と情動という、哲学において伝統的な二項対立のもとでハイトの理論を理解すること自体が、誤解の源なのである。また、ブルームも述べているように、「情動は賢くなければならない」（Bloom 2012, p.84）のであり、ハイトの言う道徳的な「情動」が、状況に即した形で駆動されるためには、誰が誰に何をして、誰かが傷ついたのかどうか、そして、その危害が意図的かどうかといった、行為やイベントに対する分析が前提とされるのだ。道徳判断における情動の役割を強調することで、道徳判断一般の、非合理性が過剰に喧伝される傾向には注意が必要であろう。

確かに、これまでの道徳心理学では、道徳判断と感情とがなんらかの重要な関係を持っていることは示されている。たとえば、被験者を二群に分けて、陽気なコメディ番組（「サタデー・ナイト・ライヴ」）を見た被験者と、情動的に中立的なスペインの村のドキュメンタリー番組を見た被験者との間で、番組を見た後に読んだトロッコ問題のシナリオに対して示した道徳判断の傾向を比較した実験がある（Valdesolo and DeSteno 2006）。その結果、コメディ番組条件では、ドキュメンタリー番組条件と比べ、ひとりを犠牲にして五人を救う行為について「許される」という判断を行った被験者が三倍に増えることが見出された。実験者らはこの結果を、道徳判断とは関係のない事前の状況により引き起こされたポジティヴな情動が、歩道橋事例で生じるネガティヴな情動を打ち消し功利主義的な判断を促進する効果を与えたと解釈している。しかし、こうした実験によって、情動が道徳判断において果たす因果的な役割が明らかになっているとは言い難い。こうした実験においては、情動を喚起する刺激が、被験者がシナリオを読む前に提示されているため、シナリオ、質問、判断、反応のどの側面に情動が作用しているかは定かではない。情動は道徳判断の入力となるシナリオや、イベントへの注意を高めたり、あるいは、道徳判断の出力に応じて生じ、道徳に関連した行為（懲罰・賞賛など）への動機づけを担ったりしていると解釈することも可能である（Huebner et al. 2009）。また、ｆＭＲＩ（functional magnetic resonance imaging 機能的核磁気共鳴画像法）を用いて、道徳判断を行っている際の脳活動を調べ、情動に関連するとされる内側前頭皮質や後帯状回、扁桃体などの情動に関連する部位の活動を報告した研究も多いが（Greene et al. 2001, 2004; Moll et al. 2002）、ｆＭＲＩは時間分解脳が数秒単位であるため、情動関連部位が判断の産出にどのような因果的な影響を及ぼしているのかは判定できない。したがって、情動と道徳判断との因果関係については、より時間分解能の高い計測手法と生理学的指標を用いた更なる検証が必要とされるだろう。

また、道徳基盤理論における六つの生得的基盤の主張については、その分類や選定の恣意性についての批判がある（Dungan and Young 2012; Suhler and Churchland 2011; Young and Waytz 2013）。たとえば、当初の道徳基盤理論では、生得的基盤は現在提唱されている六つの基盤のうち、〈ケア／危害〉、〈公正／欺瞞〉、〈権威／転覆〉、〈神聖／堕落〉に対応する四つの基盤が提唱されていた（Haidt and Joseph 2004）。その後、社会階層に基づく〈権威／転覆〉とは別に、集団への忠誠に関する規範を説明するために、〈忠誠／背信〉の基盤が加わり、基盤は五つになった（Haidt and Joseph 2008）。近年では、アメリカにおけるリバタリアンの道徳を説明するために、六つ目の道徳基盤として、〈自由／抑圧〉の基盤が追加された（Graham et al.

2013; Iyer et al. 2012）。さらに、他の研究者からの批判に応じる形で、追加を検討中の三つの基盤として、〈誠実〉、〈所有〉、〈浪費／非効率〉がある（Haidt 2012）。このように、文化ごとの道徳の多様性を包含することを目指せば、基盤は増えていかざるを得ない。しかし、基盤をアドホックに拡張していけばいくほど、道徳基盤理論の説明力は低下していく。極端なことを言えば、文化の数だけ基盤を認めれば、すべての変異を基盤から導出することは可能である。しかし、そうした理論が道徳の説明において有効性を持つとは言えないだろう。

最後に、道徳基盤の生得性の主張に対する批判もある。ハイトは生得的な道徳基盤について、認知心理学、発達心理学、神経科学などのレベルにおける詳細を与えておらず、単に、ある種の道徳規範を獲得する「準備ができている」と述べるに留まっているがために、生得性という本来論争を呼ぶ概念に訴えながらも、「行動データを言い直しただけに過ぎず、主張を経験的に評価するための基盤をほとんど与えていない」（Suhler and Churchland 2011, p.2105）という批判がなされている。こうした問題を考えると、ハイトの道徳基盤理論は、現状では、文化多様性の知見を巧みに整理した博物学的な類型論の段階に留まっているものと言えるかもしれない。以上の問題を整理し、生得性に関する問題について踏み込んだ検証を進めるためには、実際の道徳の獲得段階の詳細な観察や、成人の道徳判断に対する認知科学的、神経科学的な研究によって、道徳基盤のメカニズムの詳細を補う必要があると思われる。そして普遍道徳文法はそうした手がかりを与えてくれるひとつのアプローチである。とはいえ、普遍道徳文法も、まだ揺籃期にあり、数々の概念的・経験的な批判によって修正を加えていくことは不可欠である。以下では、情動の役割と階層的構造、道徳と心の理論との関係、道徳の領域、そして、原理とパラメータのアプローチの妥当性という四つの観点から、普遍道徳文法を批判的に発展させることを試みたい。

5　普遍道徳文法の批判的検討

5・1　情動の役割と階層的構造

まずは、道徳普遍文法と情動との関係について検討してみよう。道徳普遍文法説は、前節でも見たように、道徳に対する情動の貢献に対しては慎重な態度を示すことが多く、道徳判断から情動の働きを排除するものとして想定されがちであるが、これは誤解である。道徳普遍文法説は、あくまで、道徳判断の産出を担う計算過程、あるいは、そこに至るまでの表象の構造に焦点を当てるのみであり、そうした計算過程に情動が関与することを、ア・プリオリに排除するものではない。実際、たとえば、ミハイルによる道徳普遍文法の定式化を注意深く考察してみれば、むしろ、情動の関与を既に計算過程に組み込んでいると解釈することも可能である。たとえば、図３ａの道徳構造に注目してみよう。ここで道徳構造が担う計算は、因果構造に基づき、複合的行為の結果に対して道徳的な価値を割り当てることである。すなわち、「人が死ぬ」という効果は、「悪い結果」であり、それを妨げることは「悪い結果を妨げる」ことになるために、総体としては「良い結果」であるということになる（図３ａ）。こうした直観を定式化するために、ミハイルは、

［結果［否定［悪い結果］］］→［良い結果］

という書き換え規則を提案している（Mikhail 2011, p.138）。ミハイルによれば、これはシンプルな論理的推論の問題であり、特別な取扱いを必要としないという。むしろ、問題となるのは、この書き換え規則の左

辺における「悪い結果」が、どこから導出されているのかである。ここで、前提とされているのは「人が死ぬ」ことの悪さであり、以下のような書き換え規則をミハイルは前提としている（Mikhail 2011, p.137）。

［結果［(ひと、死)］］→［悪い結果］

そして、こうした前提自体は、「少なくとも間接的には……自己保存の本能に帰することができる。こうした全体の過程は、単に、共有された社会生物学的本能に訴えることで説明できる」と、ダーウィンやホッブズを引用しながら、ミハイルは述べている（Mikhail 2011, p.172）。こうした「本能」と情動との関係については、議論の別れるところではあろうが、一見純粋に抽象的な計算過程に見える道徳構造の計算過程に情動を組み込む余地は、十分に残されていると言えるだろう。

普遍道徳文法の理論全体において、重要なのは、最終的な出力である道徳判断以前に、こうした評価的な――情動と呼べるかもしれない――要素が計算の要素として含まれていることである。こうした観点からいえば、人間の道徳判断において固有な側面とは、シンプルで「本能的な」道徳的評価（一階の道徳的評価と呼ぶ）を、再帰的な構造に基づいて統合することで、構造依存的で精緻な道徳的評価（高階の道徳的評価と呼ぶ）を算出するところにあると言えるかもしれない。実際、近年では、グリーンを含め、多くの心理学者、神経科学者が、道徳において情動と認知を対立するものとして見なすのではなく、情動と認知が相互作用する在り方を重視すべきであると提案している（Cushman 2013; Cushman and Greene 2012; Helion and Pizarro 2014）。こうした方向性は、生得的な道徳機構と、生得的な情動的要素を重視する道徳基盤理論との接合を探るうえで重要な手がかりを与えてくれると考えられる。

5・2 道徳と心の理論

くわえて、道徳構造の計算が、意図構造の計算の前段階として想定されていることも重要な帰結を持つ。ミハイルの提案によれば、それぞれの単独の行為の結果に割り当てられた一階の道徳的評価によって、意図構造の形態が決定され、それが最終的に、高階の道徳的評価へと結びつく。こうした過程が意味するのは、行為の意図性を表象する意図構造は、本質的に道徳的評価によって構成されると言える可能性があるということである。普遍道徳文法について、典型的に持ち出される議論のひとつとして、道徳判断に「心の理論」や「行為の理論」が関わってくることは確かであるが、それらは道徳能力そのものとは言えず、領域一般的な能力にすぎないというものがある（Sripada 2007）。実際、ハウザーらも、心の理論や行為の理論は、道徳機構への入力を与えるに過ぎないという見解を示している（Hauser et al. 2008）。しかし、ミハイルの分析が正しいとすれば、道徳機構の内部には、一階の道徳的評価を入力とした意図構造の計算結果が必然的に含まれていることになる。すなわち、人間の意図性判断の一部分は本質的に道徳的な構成要素を含んでいる可能性がある。これは、独立の経験的知見に基づいた、実験哲学者ジョシュア・ノーブの主張とも整合的である[8]（Knobe 2010b）。

意図性認知と道徳認知の密接な関係は、ヤンらによる神経科学のデータからも強く支持されている。意図性認知には右頭頂側頭接合領域（right temporo-parietal junction: rTPJ）と呼ばれる領域が、重要な関与を示すことが知られているが（Saxe and Kanwisher 2003）、この領域は道徳判断時にも一貫して関与を示す（Yoder and Decety 2014; Young et al. 2007）。さらに、この領域を経頭蓋磁気刺激法（transcranial magnetic stimulation: TMS）という装置で刺激して機能を阻害すると、被験者は意図的な有害な行為に対してより許容的な道徳判断を示すようになる（Young et al. 2010）。また、この領域の脳活動から、被験者が下している道徳判断の対象が、過失による危害であるのか、あるいは、未遂の危害であるのかの情報を読み出すことができる（Koster-Hale et al. 2013）。こうした諸知見からも、道徳判断と意図性判断との分離しがたい関係が窺える。ヤンらは、心的状態の推論の主要な働きは道徳認知に尽くすことであると提案しているが（Dungan and Young 2012）、上記の推察が正しければ、（一階の）道徳認知は心的状態の推論に尽くしてもいることになる。心の理論と道徳認知の関係は、これまでの想定以上に密接なものなのかもしれない。

もちろん、こうした脳機能イメージングの知見をさらに深めて、道徳判断を支える計算過程を明らかにしていくためには、計算論の深化も欠かせない。近年、複数の論者が、道徳判断の基礎をなす複雑な計算を神経科学の枠組みに落とし込むことを目標として、道徳機構を、行動と報酬との関係を学習するための一般的な枠組みである強化学習のフレームワークにおいて説明しようとしている（Crockett 2013; Cushman 2013）。彼らは、強化学習理論のなかで重要な働きを持つモデル・フリー学習とモデル・ベース学習の区別に訴えて道徳機構を説明する。一般に、モデル・フリー学習では、過去の経験にもとづいて、単純に、ある状況における特定の行為に内在的な価値を割り当てる。一方で、モデル・ベース学習では内的に表象された世界の因果モデルに基づいて価値を計算する。そして、こうした学習メカニズムが互いに協調することで、適応的な行動を生み出すとされる（Daw and Shohamy 2008; Dolan and Dayan 2013）。道徳機構におけるモデル・フリー学習は、行為者の心的状態の推論に基づくことなく、ある状況における行為そのものに価値を割り当てるため、義務論的な判断を生み出すと考えられる。一方で、モデル・ベース学習は、行為者の心的状態や因果の階層的構造によって表象したモデルに基づいて、帰結に重みを置いた功利主義的な判断を生み出す。そして、これらが状況に応じて、重みづけされることで、多様な道徳判断を生み出すというのが彼らの主張である。また、これら二つの学習メカニズムは、どちらも状況の分析に関わるため認知的である一方で、動機づけを生み出すという点で情動的である。したがって、情動と認知の単純な対立は、このモデルにおいては不適切であると、カッシュマンは論じている（Cushman 2013）。また、カッシュマンは、この二つのメカニズムの相互作用によって、二重結果原理の説明も試みている（Cushman 2013, 2014）。

こうした提案は、道徳能力が実際に成熟していくメカニズムの理解、あるいは、道徳能力が脳にどのように実装されているかについての探究において、重要な手がかりを与えてくれるだろう。強化学習を用いたアプローチは、すでに神経科学において広い成功を収めているからだ。しかし、これらの提案は、一般的な学習のみによって、道徳能力が獲得可能であることを必ずしも意味しないことに注意する必要がある。問題となるのは、道徳機構におけるモデル・ベース学習で必要とされる世界のモデル、すなわち、行為の意図や知識、因果を階層的な構造に基づいて表象する能力がどこから来るのか、そして、それが道徳判断に結びつく理由を説明しなければならないのである。おそらく、この点にこそ、人間固有の精緻な道徳判断を説明する手がかりがあると思われる。この論点には、第5・4項で再び立ち返ることとする。

5・3 道徳の領域

従来の道徳心理学があまりに狭い範囲を道徳として扱ってきたことに対するハイトらの批判は、普遍道徳文法説にも適用されるだろう。第3・2項での分析例からも明らかなように、これまで普遍道徳文法説の提唱者が主に分析対象としてきたのは、基本的には、危害に関する道徳判断である(9)。もちろん、危害に関わる道徳判断を十分に説明できない道徳理論は、記述的妥当性を満たすことができないが、危害に関わる道徳判断を説明するだけでは、道徳の理論として不十分であるとも言えよう。この問題について、近年興味深い論争が交わされている。文化間で普遍的に観察される危害に関する道徳判断では、行為者の意図性や被動者の苦痛といった心的状態を帰属させる過程が重要な要素として関わっている。こうした知見に基づき、カート・グレイやヤンらは、道徳判断の本質とは、行為者と被動者の二つの項に関する「心の知覚」（mind perception）であり、そうした心的知覚モジュールの作動が適切であるとき、かつ、そのときにのみ、道徳判断は道徳能力を反映した適切なものであるという提案を行った（Gray and Wegner 2012; Gray et al. 2012）。

彼らによれば、こうした心的知覚は、道徳的認知におけるある種のテンプレートとして働き、ハイトが道徳の多様性の例としてあげるような〈忠誠／背信〉や〈神聖／堕落〉に関わるようなイベントに対しても行為者と被動者のペアが知覚されるのだと言う。彼らは、こうしたテンプレートの働きを、視覚テンプレートによって実際には存在しない線分が補われて知覚される「カニッツァの三角形」と呼ばれる錯視現象に例えている。たとえば、生前においてなされていた約束を死後に破る、あるいは、合意に基づく近親相姦といった事例においても、実際には誰にも危害が加えられていないとしても、テンプレートによって被動者が補完されているのではないかと彼らは論じる。実際、ハイトらの実験においても、実在しない犠牲者に言及して、道徳判断の理由づけをする被験者の回答が報告されており、これらは意識的な推論による正当化であるとして、これまで解釈されてきた（Haidt 2001）。しかし、グレイらによれば、こうした「補完」も、直観的で自動的な道徳認知の働きを反映しているのだという。ハイトは客観的な危害がシナリオに含まれないように工夫したかもしれないが、主観的な危害を被験者たちは知覚しており、それによって道徳的悪を判断した可能性があるのである。実際、こうした仮説を裏付けるように、ハイトらが用いた「客観的には危害の存在しない」シナリオを読んだ際にも、被験者が潜在的に犠牲者を知覚していることを示すデータをグレイらは提出している（Gray et al. 2014）。危害をいわばプロトタイプとして、広範な道徳認知を説明しようとする単純な図式が成功するかどうかについては、現在、この仮説の提唱者のグレイとヤンすら意見が分裂するほどに論争が過熱しているが（Gray et al. 2014; Rottman et al. 2014; Sinnott-Armstrong 2012）、多様な道徳の領域を統一的に説明するための手がかりとして、無視できない仮説であると言えよう。

少なくとも、現時点でのデータによっては、「客観的には危害の存在しない」シナリオにおいて、二項が知覚されたために道徳判断が生じたのか、あるいは、道徳判断が生じた後に、二項が付随的に知覚されたのかを区別することができない。もし後者の可能性が正しければ、危害以外の道徳の領域で心的知覚が道徳判断に本質的な役割を果たしているとは言えないだろう。また、カッシュマンらは、これまでにも検討したように、意図や作為／不作為、目的／手段といったさまざまな要素が道徳判断には関わっているため、二項のみによって道徳認知の本質を説明することは不可能であると論じている（Dillon and Cushman 2012）。こうした諸要素が統合されて道徳判断に反映されるためには、階層的構造に基づいた表象が必要である。したがって、道徳の領域は階層的構造に依存した下位領域（危害）と、構造への依存の弱い、それ以外の下位領域の二つに大きく分けることができる可能性がある。

こうした現象と類似した現象が言語においても観察される。基本的に文は階層的構造によって表象されるが、構造を持たずに、直接に音と意味をマップするような周縁的な言語表現も存在する。たとえば、「こんにちは」といった語は、元来、「今日／は／（いかがでしょうか？）」といった構造に基づく表現から派生したと思われるが、現在では、そうした構造とそれに対応する意味は失われており、もっぱら挨拶のためのシンプルな表現として用いられている。あるいは、「手を貸す」といった慣用句は、「手」と「貸す」という語の結合からは、単純に導出できない「手伝う・助ける」といった意味を持っており、全体で一つの単位として、意味が記憶されていると考えられている。それでいて「あなたが手をもっと貸していてくれれば」といったように、ある程度、構造に従った生産性を示すこともある。このように、言語には、構造的な表現をコアとして、構造への依存の弱い周縁的な表現が存在する。

同様にして、道徳領域においても、強い構造依存性を示すコアとなる下位領域と、構造依存性を持たない、あるいは、付随的にしか持たない、それ以外の下位領域とに類別することが可能かもしれない。後者の領域は、道徳における慣用句のようなものとして考えることができるというわけである。そして、文化によっては、プロトタイプとして、危害のテンプレートが特に強力に働き、こうした周縁的な事例に対しても、行為者と被動者の二項が付随的に知覚されるのかもしれない。こうした仮説については、今後、グレイらの仮説と合わせて、経験的な検証を進めていく必要があるだろう。

5・4　原理とパラメータのアプローチの妥当性

これまで見てきたように、普遍道徳文法説においては、生成言語学からの概念がふんだんに転用されている。これらの概念は一九九〇年代半ばまでの生成言語学において主流をなしていたものであると言える。しかし、その後の生成言語学の著しい進展を鑑みると、上記の議論は、修正を迫られる可能性がある。ここでは、一九九〇年代半ば以降の極小主義プログラム（Minimalist Program）によって、生成言語学の枠組みがどのように変化したかを考察し、それが言語学アナロジーにおける原理とパラメータのアプローチにどのような示唆をもたらすかを検証しよう。

たとえば、言語において、文法の原理が、仮に、生得的であるとすれば、それは何を意味するのだろうか。もちろん、遺伝子に原理がそのままコードされているという主張は、あまりに妥当性を欠いている。遺伝子がコードしているのは、アミノ酸の配列であり、そこから複雑な諸要因との相互作用を経て後に、表現型が実現するのである。原理が遺伝子にコードされているといった説明を採用することは、学習では説明できないように思われる複雑な現象に生得性のラベルを与えることで、説明を放棄することに過ぎないのではないだろうか？

実は、普遍道徳文法がその発想を得てきたところの生成言語学において、まさに、こうした生物学的な妥当性の観点から、原理とパラメータのアプローチについても再考が試みられつつある。近年の生成言語学において主流をなす極小主義プログラムにおいては、これまで複雑な原理とパラメータによって説明されていた統辞部門の構成要素を最小限に抑え、概念的に必然的とされる要素のみで、統辞を説明しようとする試みがなされているのである（Chomsky 1995; Boeckx 2006; Hornstein et al. 2005）。具体的には、統辞部門で行われるあらゆる計算を、併合（Merge）と呼ばれる、再帰的に語彙を結合する操作のみに還元しようとする努力が払われている。ここで言う再帰性とは、併合の結果、生み出される出力に対して、繰り返し同一の併合操作を適用することが可能であることを言う。この再帰性によって、階層的な統辞構造が生成される。そして、音の処理を担う感覚・運動システムと、思考を担う概念・志向システムとを繋げる最適な写像を計算するシステムとして統辞を捉えるのである。特に、極小主義を極限まで推し進めた「強い極小主義のテーゼ」によれば、言語とは、概念的に最小限必要とされる、音と意味とのインターフェイス、そして、再帰的併合のみによって、説明されることが望まれる。このように、人間に固有の能力である統辞部門を最小限まで切り詰める方向へと言語理論が向かったことで、言語を神経レベルに実装可能なシンプルな計算プロセスとして理解し、その進化の筋道を捉えられる可能性が見えてきた。また、それと同時に、併合以外の広義の言語能力の複雑さを認め、人間以外の動物との間に進化的な共通性を探す方向性が模索されている。近年興隆してきた、こうした言語に対する進化論的・生物学的なアプローチを生物言語学と呼ぶ（Berwick et al. 2013;

Chomsky 2007; Di Sciullo and Boeckx 2011)。

こうした極小主義のプログラムにおいては、原理とパラメータのアプローチも無傷ではいられない可能性がある。なぜなら、遺伝子によって規定されると想定されていた原理を解体し、最小限の生得的要素のみ(理想的には再帰的併合のみ)を普遍文法に残すことを認めるのならば、当然、原理に付随するパラメータによって、言語獲得や言語の多様性を説明することも認められない(Newmeyer 2005; Lorenzo and Longa 2009; Boeckx and Leivada 2014; Boeckx 2014)。こうした流れの中で、言語の多様性は、統辞部門におけるパラメータ変異ではなく、むしろ、統辞外の部門(形態音韻論)に帰着させる方向が模索されている。また、これまで統辞部門(普遍文法)に帰属されていた現象についても、遺伝要因でも環境要因でもなく、また、言語特異的でもない第三要因(third factor)によって説明する方向性が目指されている(Chomsky 2005, 2007; Lorenzo and Longa 2003, 2009)。第三要因とは、計算の効率性や一般的な物理法則といった要素である。第三要因を説明項に含めることで、極小主義は、生物学的に妥当性を欠いた複雑な生得的な原理を軽減しようとしているのである。こうした点で、豊かで複雑な生得的な言語機構を想定していた過去の生成言語学と、極小主義は決定的に異なっていると言えよう。特に近年は、進化発生生物学(evolutionary developmental biology: evo-devo)、あるいは、エピジェネティクスといった、遺伝子と発達、環境の相互作用を視野にいれた生物学的観点が有望視されている。

このような生物学的妥当性の問題に生成言語学が取り組めるようになったのは、六〇年の歴史の中で、成人の言語能力の明示化にある程度の成功をおさめ、また、原理とパラメータのアプローチによって、言語獲得と言語の多様性についても、解明の可能性が見えてきたという経緯によるものがある。もちろん、普遍道徳文法説は、それらのいずれについてもいまだ未成熟な状態にあるため、極小主義をすぐさま採用するわけにはいかないだろう。しかし、いずれは生物学的妥当性の問題にぶつかるであろうことを考えると、生得的な原理とパラメータの存在は、あくまで、理論を進展させるための道具として理解しておくべきかもしれない。いずれにせよ、普遍道徳文法説の根幹をなす精緻な道徳能力と、その獲得は、説明すべき問題として残るのである。

ここで少なくとも主張できるのは、仮に極小主義を道徳領域に適用した場合でも、階層的構造を形成するための併合の操作は、道徳機構の重要な一要素として要請されるであろうということだ。こうした操作は、第3節で見たようなさまざまな構造計算に最低限必要とされるものである。また、第5・2項で紹介したような道徳獲得の強化学習モデルを採用した場合においても、モデル・ベース学習において要請されるものである。さらに、第5・3項で提案したように、危害に関する道徳判断が道徳領域のコアであるとする仮説が正しいならば、そのコアを特徴づけるのはやはり階層的構造である。しかし、ここで、併合やそれが生み出す階層的構造自体は、言語領域においても要請されるものであり、道徳領域固有の操作ではないのではないか、という疑問が浮かぶだろう。実際、階層的構造は、音楽、数、運動といったさまざまな領域において、近年、その関与が議論されている(Jeon 2014; Knobe 2010a; Lerdahl and Jackendoff 1983; Leslie et al. 2008; Miller et al. 1960; Nakai and Sakai 2014; Pulvermüller 2014; Rohrmeier 2011)。こうした状況を受けて、ティカムサ・フィッチは、さまざまな認知領域において、刺激に対して階層的構造を割り当てる能力と性癖こそが人間を特徴づけると提案している(Fitch 2014)。彼によれば、人間は、他の生物種と比較して、樹形の構造を異常に好む「樹愛好者」(dendrophilia)なのである。このように、併合操作自体は、領域を横断して見られる、人間の認知に広く見られる特性なのかもしれない。しかし、何を併合操作の入力とし、その結果、どのような出力を生み出すかが、それぞれの領域の計算を特徴づけることになる。道徳領域における併合に特に特徴的なのは、とりわけ、第5・1項で考察したように、情動的要素を構造に統合する特性であると言えるだろう。

6 生得性――道徳は生得的か

道徳判断を生み出す心的機構に関するここまでの議論を土台にすることで、ようやく、道徳の生得性について議論する準備が整ったといえる。もちろん、これまでの知見のみによって、道徳の生得性について確定的な答えを出すことはできないが、この難問に対してなんらかの制約が与えられるはずである。

ここまでの議論から、階層的構造が、人間に固有と思われる道徳判断において重要な役割を果たしている可能性が示唆されてきた。こうした構造を生み出す能力としては、言語学で提唱されている再帰的併合という操作が最低限必要とされると言えるだろう。こうした帰結は、そもそも、言語学アナロジーを採用した時点で、ある程度、予測可能であったものかもしれない。さらに、ハイトらが提唱するような広範な道徳領域に対して、普遍道徳文法説との統合の見通しを与えることも可能となりつつあることを論じてきた。さて、こうした大きな見取り図のもとで、道徳の生得性という当初の問いに、どのような示唆が与えられるかを最後に検討したい。ここまで「生得的」とはどのような意味であるのかについて、明確にしないまま論考を進めてきたが、生得性概念は多義的であり、その用法や意義を巡っては、生物学、認知科学は言うまでもなく、生物学の哲学や心の哲学の分野を巻き込んで、論争は絶えることがなかった。

ここで、まず、生得性概念についての論争を整理してみよう。生得性という概念には、日常的な意味と専門的な意味の両方がある。自然科学における概念は注意深く定義されていることが望ましいが、それでも、研究の初期段階や探索的研究においては、素朴な日常的概念が方針や洞察を与えてくれることがある。また、専門的な概念も、日常的概念を科学実践の中で精緻化させていったものであると考えられる。そこで、まず、日常的な「生得性」概念がどのようなものであるかについて、近年の実験哲学の成果を交えつつ考察してみたい。ステファン・リンキストらは、これまでの生得性を巡る論争などを参照しながら、素朴な生得性概念には、大別して次の三つの意味があるとする仮説を立てた（Linquist et al. 2011）。

(1) **固定性（fixity）** 形質が変化させにくい、環境入力に対して発達が影響を受けにくい、発達が目標志向的であるように見える、介入に対して抵抗がある。

(2) **典型性（typicality）** その種の生物であるということの一部であるようなもの、すべての個体、あるいは奇形でない個体、あるいはある特定の年齢、性といった自然なカテゴリーの個体が有しているもの。

(3) **目的性（teleology）** 生体が発達するように向けられているもの、当該の形質を持たない個体は奇形とされる、形質の発達を妨げる環境は、それ自体で、異常なものとされる。

彼らは、それぞれ異なる八種の鳴鳥の歌について描写した八つのシナリオを被験者に提示した。鳥の歌についての特徴の描写は、以上の三つの次元で変化させた。たとえば、「成鳥のオスの歌は、幼いころ聴いた歌に依存しない」（固定的）、「種内でもオスごとに異なる歌を歌う」（非典型的）、「メスを呼び寄せ、縄張りを守る機能がある」（目的的）、といった描写が与えられた。そして、シナリオに描写された歌が生得的と言えるかどうかを被験者に尋ねた。その結果、三つの特徴は加算的に生得性の判断を強め、特に固定性と典型性の影響が大きいものだった。彼らは、三つの特徴がどれも日常的な生得性判断に影響しているため、どれか一つの特徴に頼って生得性の必要十分条件を規定する概念分析には、必ず、反例が提出されると論じている(10)(Griffiths and Machery 2008)。

こうした多様な日常的概念から、有意義な科学的実践を支える科学的生得性概念をどのようにして精緻化していけばよいだろうか。これまで科学的な生得性概念について、さまざまな定義が提案されてきた(Ariew 1996; Samuels 2002; Khalidi 2007; Weinberg and Mallon 2008)。しかし、ある特定の研究領域における生得性概念の使用をうまく捉えたように見える定義も、別の領域における使用に対しては、適用できないとする論争が何度となく繰り返されてきた。哲学的な同意を得られた統一的な生得性概念はいまだ存在しないのである。それでは、生得主義(nativism)とは一貫した概念に基づくことのない混乱した教義なのだろうか? このような状況を鑑み、エリック・マーゴリスとスティーヴン・ローレンスは、すべての場合に当てはまる生得性概念の定義を探すのではなく、生得主義(nativism)と経験主義(empiricism)の論争において、不一致として表れてくるものに目を向けるように促している(Margolis and Laurence 2012)。彼らによれば、現代の心理学における生得主義の眼目は、一般的な想定に反して、生得性(innateness)の概念そのものを明瞭に定義することなく定式化することが可能であるという。なぜなら、生得主義者は、第2節および第3節でも見てきたように、心的な形質の獲得における経験の役割や学習の必要性を、経験主義者同様、認めている。また、経験主義者も、そもそも何らかの学習が成立するためには学習に先行して何らかの学習メカニズムが備わっていなければならないことを、生得主義者同様、認めている。したがって、論争における不一致は、心に(なんらかの意味での)生得的な構造があるかどうかではなく、さらには、生得性概念が明確に定義可能であるかどうかでもない。論点は、むしろ、心的な形質の獲得を可能にする基盤の特徴づけを巡るものなのである。経験主義者は、心的形質の獲得に必要なものは、ほとんどが、領域一般的な学習メカニズムであると想定している。一方で、生得主義者は、心的形質の獲得には、領域固有の学習メカニズムが必要であると想定している。そして、こうした獲得基盤に対する想定が異なるのは、獲得の対象となるべき成熟した心的形質の複雑性に対する立場が異なっているからである。経験主義は、成熟した心的形質を、その獲得基盤のシンプルさに対応する形で、シンプルなものだと想定する。一方で、生得主義は、成熟した心的形質を、その獲得基盤の豊かさに対応する形で、豊かなものだと想定する。実際、二〇世紀以降の生得主義的な言語学、心理学が発見してきたのは、それまでの経験主義的な心理学が見落としてきた心的形質の豊かさであった。

こうした主張は、生物学分野における生得性概念を巡る論争の分析によっても支持される（Fitch 2012）。フィッチによれば、研究の方法論・目的に応じて、生得性には四つの異なる意味があるという[11]。そして、共時的かつ個体を対象とした分野、すなわち、成体の成熟した心的能力やそのメカニズムを探究する認知神経科学や理論言語学のような分野においては、生得性という概念はほとんどの場合に、種に典型的で複雑な心的形質を指して用いられてきたことを指摘している。そうした分野においては、形質が発達段階でどう形成されるかについては、実際のところ、研究の焦点ではなく、発達メカニズムに関してはブラック・ボックス化されてきた。すなわち、こうした分野における生得性という概念は、複雑な種固有の心的形質を探究するための、研究プログラムを支える有用なツールとして用いられてきたということになる。

こうした考察を総合すれば、主に成人の道徳判断の説明に携わってきた研究者らが、その複雑な心的形質の探求を支えるために、道徳の生得性を提唱してきたのはもっともなことである。複雑さが明らかになればなるほど、刺激の貧困の議論は強力に適用されることになるからである。しかし、そうした生得性の概念的な擁護を裏付けるには、領域固有の学習メカニズムについての経験的探求が必要不可欠である。成人の道徳能力に関する理論的進展が、子供の道徳獲得の研究へと有意義な形で接続できるような体制を打ち立てる必要があるだろう。第5・4項で検討したような、情動を階層的構造に統合するような併合操作の領域固有性は、こうした問題への手がかりのひとつとなるはずである。

おわりに――道徳獲得の経験的探求から倫理学は何を獲得できるか

これまでの検討から、確かに、道徳には、生得的な基盤が関与している可能性が十分に認められる。しかし、仮に生得性を擁護する動機が、そこから規範的な含意を引き出すことにあるのだとすれば、普遍道徳文法説の擁護する道徳の生得的基盤が、求めている役割を果たすものなのかどうかについては常に慎重になるべきであろう。ここでの問題は自然主義的誤謬に関する問題ではない。仮に、事実命題から規範命題への推論を可能とするなんらかの補助的な命題を導入したとしても、なお、余りあるギャップについて指摘したいのである。ギャップというのは、道徳普遍文法説が擁護する生得的な要素が、規範倫理学において意味を持つような内容を伴った命題を表すものとは程遠いということを指す。こうした原理は、なんらかの道徳判断を産出するための形式的な計算能力の基盤でしかなく、また、それは、生育環境によって可変である可能性を持っている。さらに、道徳領域においても、極小主義を採用し、生物学的妥当性を追求するのであれば、生得的要素は最小化され、規範倫理学における議論との接合可能性を失う見込みが非常に強い。たとえば、併合操作の生得性から、どのような規範的な命題へと到達できるだろうか。

しかし、別の意味で、道徳の生得性が規範的な議論に対する重要性を有していることは指摘したい。自然主義的な倫理学は、「『べし』は『できる』を含意する」という原則に基づいて、実際の人間の道徳行動に目を向け、道徳規範の順守可能性から、妥当な道徳規範の範囲を制約する議論を展開することがしばしばある(e.g., Doris 2005; Knobe and Leiter 2007)。そうした議論で多く扱われるのは、動機づけや意思の弱さ、行為の制御(不)可能性などから起因する問題であり、これらは、道徳「運用」の問題であると言えよう。しかし、こうした表層的な運用可能性の問題よりも深い層には、道徳「能力」に起因する獲得可能性の問題が存在する。すなわち、人間にとってそもそも獲得することが不可能な道徳体系というものが想定できるのだ。

もちろん、エスペラント語やプログラミング言語のような、生得的な原理に従わない人工言語を構築することが可能であるように、人工的な道徳体系、たとえば功利主義的道徳を構築することは可能である。しかし、子供がそうした人工的な言語体系あるいは道徳体系を獲得し、自然に運用できるようになるかどうかは別の問題である。言語においては、環境からの入力が乏しかったり、あるいは、自然な生得的な原理に従った入力が与えられなかった場合、子供は乏しい入力を基にして、自ら生得的な原理に従った言語を創造することが知られている。人工的な道徳を与えられた子供の場合も同様に、子供は、そうした制約に従った新しい道徳を創造すると考えられる。一例としては、厳格な功利主義者である父ジェームズ・ミルによって育てられたジョン・スチュアート・ミルの道徳があげられる。ジョン・スチュアート・ミルの功利主義体系は父によって教えられたものには適合しない様々な原理を組み込んでいる(Roeder and Harman 2010)。特に、ジョン・スチュアート・ミルは、ひとの創造性や自己発達、個人の自由の重要性を重視し、快における質の高低の区別を持ち込んだ。これはジェレミ・ベンサムやジェームズ・ミルによって採用されていた純粋に量的な快の概念とは衝突するものである。こうした例からも分かるように、規範的な議論を行ううえで、獲得可能性という観点は、これまで想定されてきた以上に重要だと思われる。

したがって、人間のもつ生得的基盤が道徳獲得に対してどのような制約を与えているのかについては、より根源的なレベルで、規範倫理学において考察されてしかるべきであろう。制約という語を、必ずしも否定的に捉える必要はない。そもそも生得的基盤が、仮説空間を制約するがゆえに、ひとは言語であれ道徳であれ、能力を育むことができるのである。我々の道徳を可能にしている生得的基盤を知ることは、我々の道徳として何が可能で、何が不可能であるかを知ることに繋がっているのである。もちろん、私たちは、遺伝的要因が不変であり、環境的要因が可変であるというナイーヴな遺伝観を捨てる必要がある。変化や学習も遺伝的要因が可能にしており、遺伝的要因も環境によって可変であるという柔軟な生物観に基づいた上での「変えることのできるものと変えることのできないものとを識別する知恵」こそが、倫理学が経験科学から獲得できるモラルなのだ。

註

（1）またイベントにおいて何もしない中立的なキャラクターDを加えたところ、乳児の手を伸ばす割合はB＞D＞Cの順となった。この結果は、乳児が、単にキャラクターの援助行動の動きそのものを好んでいるのではなく、行動が他者に与える影響に基づいて、評価を行っていることを確かなものにしている。また、ハムリンらは、その他の低次の物理的性質が乳児の反応を引き起こしている可能性を排除するため、無生物に見えるオブジェクトを用いて、それらの動き自体は先ほどの条件と同等にした「非社会的」統制条件も追加した。ここでは、先に見られたような選好は生じなかった。

（2）ライオンが花とアヒルのどちらを好むか、花とアヒルの位置、二匹の象を区別するためのTシャツの色、二匹の象がそれぞれ開けるドアの順番などは、乳児ごとに、入れ替えてあり、こうした要素で乳児の行動が説明できないようになっている。

（3）同様の指摘は、本章では扱うことのできなかった道徳能力の進化に関する議論に対しても可能である。道徳能力の進化に関する考察は、人間の道徳能力が示すさまざまな特性の正確な記述のもとに初めて可能となるものである。人間の道徳能力と人間以外の動物の認知能力との間に、進化的な連続性を性急に仮定することは、第一に追求すべき人間の道徳能力の正確な記述を歪める恐れがある。言語についての同様の考察として、成田・飯島・酒井（2014）を参照のこと。
（4）道徳的まごつきに関するハイトらの研究は、道徳心理学において非常に多く言及されるが、撮影されたビデオの分析が終了しておらず、いまだ出版されていない。そのため、現象の報告だけが、公開されている（Haidt et al. 2000）。
（5）道徳基盤の選定の基準、および、その個数については第4節の議論を参照。
（6）ロールズ自身は、「正義の原理」の正当化に関わる認識論的なレベルで、生成言語学における理論の構築手続きとの類比を行った（Rawls 1971）。しかし、近年の普遍道徳文法説は、認識論的なレベルを越えて、具体的な心理メカニズムや獲得の在り方においても言語との類比が成り立つとする点で、より強い主張を行っている。
（7）チョムスキー自身が、言語能力をしばしば「言語の知識」（knowledge of language）と呼ぶこともあり（Chomsky 1986）、言語における能力／運用の区別は、「知識」とその使用の区別として理解されてきた。しかし、これは哲学での典型的な特徴づけのもとにおける知識とは異なる地位のものである。ジョン・コリンズは、実際の生成言語学において用いられている能力概念は、認識論的な意味での「知識」に依存した言い回しを排して理解されるべきであることを論じている（Collins 2007）。彼によれば、多くのシステムからひとつのシステムを捨象したものが能力であり、それらの統合が運用を基礎づける。こうした能力の理解によって、志向的、規範的な含意を含まずに、自然主義的な方法で言語能力が探究できる（されてきた）ことを担保可能であるという。
（8）この問題に関連する現象として、ノーブによって近年発見された、副作用効果と呼ばれる興味深い現象がある（Knobe 2003, 2004, 2005）。副作用効果とは、行為者による行為が有害な（とりわけ道徳的に悪い）副作用を伴うとき、被験者はその行為者に対して、（その副作用に対する）意図性をより高い確率で帰属する傾向にあることを指す。すなわち、意図性帰属は道徳認知により因果的な影響を被るのである。この現象を巡っては様々な議論が展開されてきたが、その中でひとつの重要な論点となっているのは、副作用効果が、意図性概念の能力と運用の区別にどう対応するかというものである（Knobe 2010b, Iijima and Ota 2014）。すなわち、この副作用効果が意図性概念の能力を反映したものなのか、あるいは、運用のエラーにすぎないのか、という問題である。ここでは道徳性が行為の意図性判断において構成的な役割を果たしているかどうかが問われている。ノーブ自身は、副作用効果は意図性概念の能力であるという立場に基づき、ゴールドマン流の行為樹を用いて、道徳認知が行為樹の形態を変化させるという、ミハイルの分析と並行的な分析を行っているが（Knobe 2010a）、副作用効果がそもそも意図性概念の能力であるところの根拠は十分には与えられていなかった。もし、ミハイルの道徳機構の分析が正しいのならば、道徳構造は意図構造の計算に対して必要不可欠な入力を与えることになり、意図構造の計算において構成的な役割を果たしていると主張するための独立の根拠を与えることになるかもしれない。これまで道徳認知が意図性帰属の構成的要素であるかどうかについて紛糾が見られたのは、一階の道徳的評価と、高階の道徳的評価との区別に失敗していたからである。単独の行為に対する道徳的評価である一階の道徳的評価が、意図構造を決定し、そこから、複合的行為に対する高階の道徳評価が生成されると考えれば、この問題は解決する。すなわち、一階の道徳的評価は意図性帰属を構成する一方で、高階の道徳的評価は意図性帰属によって構成されると言えるのである。

（9）二〇一四年七月に開催された京都国際道徳心理学ワークショップにおける Tamler Sommers 氏による指摘に感謝する。

（10）たとえば、性行動時のラットの雄のペニス反射は、本能行動と呼ぶべきもので、生得的であるという合意が日常的にも生物学においても得られているようなものである。しかし、幼少時に母ラットからの十分な養育行動を得られなかった場合、こうした反射が発現しないことが明らかになっている。この場合、ペニス反射は、固定的とは言えないが、典型性と目的性が十分に高いものであるために、一般に生得的であるという判断に至るのだと彼らは論じる。

（11）フィッチの分析による生物学研究における四つの生得性概念は、ニコ・ティンバーゲンが提唱した「四つのなぜ」に対応しており、共時的／通時的による水準と、個体／集団による水準の組み合わせによって問いが構成される。ティンバーゲンによれば、生物学においては、ある動物が「なぜ」そのような行動をとるのかについて、上記の四種類の水準で問いを立てることが可能であり、それぞれ、相補的で両立可能な四種類の回答を与えることができるという。

参考文献

Anscombe, G. E. M. 1981. Truman's degree. In *Ethics, Religion and Politics: The Collected Philosophical Papers of G. E. M. Anscombe, Volume 3*. University of Minnesota Press, pp.62–71.

Ariew, A. 1996. Innateness and canalization. *Philosophy of Science* 63, S19–S27.

Axelrod, V., Bar, M., Rees, G. & Yovel, G. 2015. Neural correlates of subliminal language processing. *Cerebral Cortex* 25 (8): 2160–

2169.

Baillargeon, R., Spelke, E. S. & Wasserman, S. 1985. Object permanence in five-month-old infants. *Cognition* 20 (3): 191–208.

Baker, M. C. 2001. *The Atoms of Language: The Mind's Hidden Rules of Grammar*. Basic Books.（M・C・ベイカー『言語のレシピ——多様性にひそむ普遍性をもとめて』郡司隆男訳、岩波書店、二〇〇三／二〇一〇年）

Batterink, L. & Neville, H. J. 2013. The human brain processes syntax in the absence of conscious awareness. *The Journal of Neuroscience* 33 (19): 8528–8533.

Berwick, R. C., Friederici, A. D., Chomsky, N. & Bolhuis, J. J. 2013. Evolution, brain, and the nature of language. *Trends in Cognitive Sciences* 17 (2): 89–98.

Bloom, P. 2012. Moral nativism and moral psychology. In M. Mikulincer & P. R. Shaver (eds.), *The Social Psychology of Morality: Exploring the Causes of Good and Evil*. American Psychological Association, pp. 71–89.

Boeckx, C. 2006. *Linguistic Minimalism: Origins, Concepts, Methods, and Aims*. Oxford University Press.

——— 2010. *Language in Cognition: Uncovering Mental Structures and the Rules Behind Them*. Wiley-Blackwell.（C・ブックス『言語から認知を探る——ホモ・コンビナンスの心』水光雅則訳、岩波書店、二〇一二年）

——— 2014. What Principle and Parameters got wrong. In M. C. Picallo (ed.), *Linguistic Variation in a Minimalist Framework*. Oxford University Press, pp. 155–178.

Boeckx, C. & Leivada, E. 2014. On the particulars of Universal Grammar: Implications for acquisition. *Language Sciences* 46, Part B: 189–198.

Carey, S. 2009. *The Origin of Concepts*. Oxford University Press.

Carruthers, P., Laurence, S. & Stich, S. (eds.) 2005. *The Innate Mind, Volume 1, Structure and Contents*. Oxford University Press.

——— (eds.) 2007. *The Innate Mind, Volume 2, Culture and Cognition*. Oxford University Press.

——— (eds.) 2008. *The Innate Mind, Volume 3, Foundations and the Future*. Oxford University Press.

Chomsky, N. 1965. *Aspects of the Theory of Syntax*. MIT Press.（N・チョムスキー『文法理論の諸相』安井稔訳、研究社、一九七〇年）

——— 1980. *Rules and Representations*. Columbia University Press.（N・チョムスキー『ことばと認識——文法から見た人間知性』井上和子・神尾昭雄・西山佑司訳、大修館書店、一九八四年）

——— 1981. *Lectures on Government and Binding*. Foris.

——— 1986. *Knowledge of Language: Its Nature, Origins, and Use*. Praeger.

——— 1993. *Language and Thought*. Moyer Bell.

——— 1995. *The Minimalist Program*. MIT Press.（N・チョムスキー『ミニマリスト・プログラム』外池滋生・大石正幸監訳、翔泳社、一九九八年）

——— 2005. Three factors in language design. *Linguistic Inquiry* 36 (1): 1–22.

——— 2007. Biolinguistic explorations: Design, development, evolution. *International Journal of Philosophical Studies* 15 (1): 1–21.（N・チョムスキー『チョムスキー言語基礎論集』第６章、福井直樹編訳、岩波書店、二〇一二年）

Collins, J. 2007. Linguistic competence without knowledge of language. *Philosophy Compass* 2 (6): 880–895.

Crockett, M. J. 2013. Models of morality. *Trends in Cognitive Sciences* 17 (8): 363–366.

Cushman, F. 2013. Action, outcome, and value: A dual-system framework for morality. *Personality and Social Psychology Review* 17 (3): 273–292.

——— 2014. The psychological origins of the Doctrine of Double Effect. *Criminal Law and Philosophy*: 1–14.

Cushman, F. & Greene, J. 2012. The philosopher in the theater. In M. Mikulincer & P. R. Shaver (eds.), *The Social Psychology of Morality: Exploring the Causes of Good and Evil*. American Psychological Association, pp. 33–50.

Cushman, F., Sheketoff, R., Wharton, S. & Carey, S. 2013. The development of intent-based moral judgment. *Cognition* 127 (1): 6–21.

Cushman, F. & Young, L. 2011. Patterns of moral judgment derive from nonmoral psychological representations. *Cognitive Science* 35 (6): 1052–1075.

Cushman, F., Young, L. & Hauser, M. 2006. The role of conscious reasoning and intuition in moral judgment: Testing three principles of harm. *Psychological Science* 17 (12): 1082–1089.

Daw, N. D. & Shohamy, D. 2008. The cognitive neuroscience of motivation and learning. *Social Cognition* 26 (5): 593–620.

DePaul, M. 2013. Moral judgment. In H. LaFollette (ed.), *International Encyclopedia of Ethics*. Wiley-Blackwell, pp. 3359–3370.

Dillon, K. D. & Cushman, F. 2012. Agent, patient... ACTION! What the dyadic model misses. *Psychological Inquiry* 23 (2): 150–154.

Di Sciullo, A. M. & Boeckx, C. (eds.) 2011. *The Biolinguistic Enterprise: New Perspectives on the Evolution and Nature of the Human Language Faculty*. Oxford University Press.

Dolan, R. J. & Dayan, P. 2013. Goals and habits in the brain. *Neuron* 80 (2): 312–325.

Doris, J. M. 2005. *Lack of Character: Personality and Moral Behavior*. Cambridge University Press.

Dungan, J. & Young, L. 2012. Moral Psychology. In D. Fassin (ed.), *A Companion to Moral Anthropology*. Wiley-Blackwell. pp.578–594.

Dwyer, S. 1999. Moral competence. In K. Murasugi & R. Stainton (eds.), *Philosophy and Linguistics*. Westview Press. pp. 169–190.

Dwyer, S., Huebner, B. & Hauser, M. D. 2010. The linguistic analogy: Motivations, results, and speculations. *Topics in Cognitive Science* 2 (3): 486–510.

Fitch, W. T. 2012. Innateness and human language: A biological perspective. In M. Tallerman & K. R. Gibson (eds.), *The Oxford Handbook of Language Evolution* . Oxford University Press, pp. 143–156.

——— 2014. Toward a computational framework for cognitive biology: Unifying approaches from cognitive neuroscience and comparative cognition. *Physics of Life Reviews* 11 (3): 329–364.

Fitzgerald, G. 2010. Linguistic intuitions. *The British Journal for the Philosophy of Science* 61 (1): 123–160.

Fodor, J. D. & Sakas, W. G. 2004. Evaluating models of parameter setting. In A. Brugos, L. Micciulla & C. E. Smith (eds.), *BUCLD 28: Proceedings of the 28th Annual Boston University Conference on Language Development*, Cascadilla, pp. 1–27.

Foot, P. 1967. The problem of abortion and the Doctrine of Double Effect. *Oxford Review* 5: 5–15.

Fukui, N. & Narita, H. 2014. Merge, labeling, and projection. In A. Carnie, D. Siddiqi & Y. Sato (eds.), *The Routledge Handbook of Syntax*. Routledge.

Goldman, A. I. 1970. *Theory of Human Action*. Prentice Hall.

——— 1971. The individuation of action. *The Journal of Philosophy* 68 (21):761.

Graham, J., Haidt, J., Koleva, S., Motyl, M., Iyer, R., Wojcik, S. P. & Ditto, P. H. 2013. Moral Foundations Theory: The pragmatic validity of moral pluralism. In P. Devine & A. Plant (eds.), *Advances in Experimental Social Psychology* ,Vol. 47, Academic Press. pp. 55–130.

Gray, K., Schein, C. & Ward, A. F. 2014. The myth of harmless wrongs in moral cognition: Automatic dyadic completion from sin to suffering. *Journal of Experimental Psychology: General* 143 (4): 1600–1615.

Gray, K. & Wegner, D. M. 2012. Morality takes two: Dyadic morality and mind perception. In M. Mikulincer & P. R. Shaver (eds.), *The Social Psychology of Morality: Exploring the Causes of Good and Evil*. American Psychological Association, pp. 109–127.

Gray, K., Young, L. & Waytz, A. 2012. Mind perception is the essence of morality. *Psychological Inquiry* 23 (2): 101–124.

Greene, J. D., Cushman, F. A., Stewart, L. E., Lowenberg, K., Nystrom, L. E. & Cohen, J. D. 2009. Pushing moral buttons: The interaction between personal force and intention in moral judgment. *Cognition* 111 (3): 364–371.

Greene, J. D., Nystrom, L. E., Engell, A. D., Darley, J. M. & Cohen, J. D. 2004. The neural bases of cognitive conflict and control in moral judgment. *Neuron* 44 (2): 389–400.

Greene, J. D., Sommerville, R. B., Nystrom, L. E., Darley, J. M. & Cohen, J. D. 2001. An fMRI investigation of emotional engagement in moral judgment. *Science* 293 (5537): 2105–2108.

Griffiths, P. E. & Machery, E. 2008. Innateness, canalization, and "biologicizing the mind." *Philosophical Psychology* 21 (3): 397–414.

Haidt, J. 2001. The emotional dog and its rational tail: A social intuitionist approach to moral judgment. *Psychological Review* 108 (4): 814–834.

——— 2012. *The Righteous Mind: Why Good People Are Divided by Politics and Religion*. Pantheon.（J・ハイト『社会はなぜ左と右にわかれるのか——対立を超えるための道徳心理学』高橋洋訳、紀伊国屋書店、二〇一四年）

Haidt, J., Bjorklund, F. & Murphy, S. 2000. Moral dumbfounding: When intuition finds no reason. Unpublished Manuscript,

University of Virginia.

Haidt, J. & Joseph, C. 2004. Intuitive ethics: How innately prepared intuitions generate culturally variable virtues. *Daedalus* 133 (4): 55–66.

Haidt, J. & Joseph, C. 2008. The moral mind: How five sets of innate intuitions guide the development of many culture-specific virtues, and perhaps even modules. In P. Carruthers, S. Laurence & S. Stich (eds.), *The Innate Mind, Volume 3, Foundations and the Future*. Oxford University Press, pp. 367–391

Haidt, J., Koller, S. H. & Dias, M. G. 1993. Affect, culture, and morality, or is it wrong to eat your dog? *Journal of Personality and Social Psychology* 65 (4): 613–628.

Hamlin, J. K., Ullman, T., Tenenbaum, J., Goodman, N. & Baker, C. 2013. The mentalistic basis of core social cognition: Experiments in preverbal infants and a computational model. *Developmental Science* 16 (2): 209–226.

Hamlin, J. K., Wynn, K. & Bloom, P. 2007. Social evaluation by preverbal infants. *Nature* 450 (7169): 557–559.

Hamlin, J. K., Wynn, K., Bloom, P. & Mahajan, N. 2011. How infants and toddlers react to antisocial others. *Proceedings of the National Academy of Sciences* 108 (50): 19931–19936.

Harman, G. 2000. *Explaining Value: and Other Essays in Moral Philosophy*. Oxford University Press.

Hauser, M. 2006. *Moral Minds: How Nature Designed Our Universal Sense of Right and Wrong*. Ecco.

Hauser, M., Cushman, F. & Young, L. 2008. Reviving Rawls's linguistic analogy: Operative principles and the causal structure of moral actions. In W. Sinnott-Armstrong (ed.), *Moral Psychology, volume 2, The Cognitive Science of Morality: Intuition and Diversity*. MIT Press, pp. 107–143.

Hauser, M., Cushman, F., Young, L., Jin, R. K.-X. & Mikhail, J. 2007. A dissociation between moral judgments and justifications. *Mind & Language* 22 (1): 1–21.

Helion, C. & Pizarro, D. A. 2014. Beyond dual-processes: The interplay of reason and emotion in moral judgment. In J. Clausen & N. Levy (eds.), *Handbook of Neuroethics*. Springer Netherlands, pp. 109–125.

Hornstein, N., Nunes, J. & Grohmann, K. K. 2005. *Understanding Minimalism*. Cambridge University Press.

Huebner, B., Dwyer, S. & Hauser, M. 2009. The role of emotion in moral psychology. *Trends in Cognitive Sciences* 13 (1): 1–6.

Iijima, K. & Ota, K. 2014. How (not) to draw philosophical implications from the cognitive nature of concepts: The case of intentionality. *Frontiers in Psychology* 5: 799.

Iijima, K. & Sakai, K. L. 2014. Subliminal enhancement of predictive effects during syntactic processing in the left inferior frontal gyrus: An MEG study. *Frontiers in Systems Neuroscience* 8: 217.

Iyer, R., Koleva, S., Graham, J., Ditto, P. & Haidt, J. 2012. Understanding libertarian morality: The psychological dispositions of self-identified libertarians. *PLoS ONE* 7 (8): e42366.

Jackendoff, R. 2007. *Language, Consciousness, Culture: Essays on Mental Structure*. MIT Press.

Jeon, H.-A. 2014. Hierarchical processing in the prefrontal cortex in a variety of cognitive domains. *Frontiers in Systems Neuroscience* 8: 223.

Khalidi, M. A. 2007. Innate cognitive capacities. *Mind & Language* 22 (1): 92–115.

Knobe, J. 2003. Intentional action and side effects in ordinary language. *Analysis* 63 (279): 190–194.

——— 2004. Intention, intentional action and moral considerations. *Analysis* 64 (282): 181–187.

——— 2005. Theory of mind and moral cognition: Exploring the connections. *Trends in Cognitive Sciences* 9 (8): 357–359.

——— 2010a. Action trees and moral judgment. *Topics in Cognitive Science* 2 (3): 555–578.

——— 2010b. Person as scientist, person as moralist. *Behavioral and Brain Sciences* 33 (04): 315–329.

Knobe, J. & Leiter, B. 2007. The case for Nietzschean moral psychology. In B. Leiter & N. Sinhababu (eds.), *Nietzsche and Morality*. Oxford University Press, pp. 83–109.

Kohlberg, L. 1981. *The Philosophy of Moral Development: Moral Stages and the Idea of Justice*. Harper & Row.

Koster-Hale, J., Saxe, R., Dungan, J. & Young, L. L. 2013. Decoding moral judgments from neural representations of intentions. *Proceedings of the National Academy of Sciences* 110 (14): 5648–5653.

Kuhlmeier, V., Wynn, K. & Bloom, P. 2003. Attribution of dispositional states by 12-month-olds. *Psychological Science* 14 (5): 402–408.

Lerdahl, F. & Jackendoff, R. S. 1983. *A Generative Theory of Tonal Music*. MIT Press.

Leslie, A. M., Gelman, R. & Gallistel, C. R. 2008. The generative basis of natural number concepts. *Trends in Cognitive Sciences* 12 (6), 213–218.

Leslie, A. M. & Keeble, S. 1987. Do six-month-old infants perceive causality? *Cognition* 25 (3): 265–288.

Linquist, S., Machery, E., Griffiths, P. E. & Stotz, K. 2011. Exploring the folkbiological conception of human nature. *Philosophical Transactions of the Royal Society B: Biological Sciences* 366 (1563): 444–453.

Lipton, J. S. & Spelke, E. S. 2003. Origins of number sense: Large-number discrimination in human infants. *Psychological Science* 14 (5): 396–401.

Lorenzo, G. & Longa, V. M. 2003. Minimizing the genes for grammar. The minimalist program as a biological framework for the study of language. *Lingua* 113 (7): 643–657.

Lorenzo, G. & Longa, V. M. 2009. Beyond generative geneticism: Rethinking language acquisition from a developmentalist point of view. *Lingua* 119 (9): 1300–1315.

Marcus, G. 2003. *The Birth of The Mind: How A Tiny Number of Genes Creates The Complexities of Human Thought*. Basic Books.（G・マーカス『こころを生みだす遺伝子』大隅典子訳、岩波書店、二〇〇五／二〇一〇年）

Margolis, E. & Laurence, S. 2012. In defense of nativism. *Philosophical Studies* 165 (2): 693–718.

Mikhail, J. 2000. Rawls' Linguistic Analogy: A Study of the "Generative Grammar" Model of Moral Theory Described by John Rawls in "A Theory of Justice."（PhD Dissertation, Cornell University, 2000）

——— 2007a. The poverty of the moral stimulus. In W. Sinnott-Armstrong (ed.), *Moral Psychology, Volume 1, The Evolution of Morality: Adaptations and Innateness*. MIT Press, pp. 353–359.

——— 2007b. Universal moral grammar: Theory, evidence and the future. *Trends in Cognitive Sciences* 11 (4): 143–152.

——— 2011. *Elements of Moral Cognition: Rawls' Linguistic Analogy and the Cognitive Science of Moral and Legal Judgment*. Cambridge University Press.

Miller, G. A., Galanter, E. & Pribram, K.H. 1960. *Plans and the Structure of Behavior*. Holt.（G・A・ミラー『プランと行動の構

造──心理サイバネティクス序説』十島雍蔵・佐久間章・黒田輝彦・江頭幸晴訳、誠信書房、一九八〇年）
Moll, J., de Oliveira-Souza, R. Eslinger, P. J., Bramati, I. E., Mourao-Miranda, J., Andreiuolo, P. A. & Pessoa, L. 2002. The neural correlates of moral sensitivity: A functional magnetic resonance imaging investigation of basic and moral emotions. *The Journal of Neuroscience* 22 (7): 2730–2736.
Mudrik, L., Faivre, N. & Koch, C. 2014. Information integration without awareness. *Trends in Cognitive Sciences* 18 (9): 488–496.
Nado, J., Kelly, D. & Stich, S. 2009. Moral judgment. In J. Symons & P. Calvo (eds.), *The Routledge Companion to Philosophy of Psychology*. Routledge, pp. 621–633.
Nakai, T. & Sakai, K. L. 2014. Neural mechanisms underlying the computation of hierarchical tree structures in mathematics. *PLOS ONE* 9 (11): e111439.
Newmeyer, F. J. 2005. *Possible and Probable Languages: A Generative Perspective on Linguistic Typology*. Oxford University Press.
Niyogi, P. 2006. *The Computational Nature of Language Learning and Evolution*. MIT Press.
Piaget, J. 1965. *Moral Judgment of the Child*. The Free Press.（J・ピアジェ『児童道徳判断の発達　臨床児童心理学Ⅲ』大伴茂訳、同文書院、一九五七年）
Premack, D. & Premack, A. J. 1997. Infants attribute value ± to the goal-directed actions of self-propelled objects. *Journal of Cognitive Neuroscience* 9 (6): 848–856.
Prinz, J. J. 2009. Against moral nativism. In D. Murphy & M. Bishop (eds.), *Stich and His Critics*. Wiley-Blackwell, pp. 167–189.
Pulvermüller, F. 2014. The syntax of action. *Trends in Cognitive Sciences* 18 (5): 219–220.
Rawls, J. 1971. *A Theory of Justice* (Original Edition). Harvard University Press.（J・ロールズ『正義論』川本隆史・福間聡・神島裕子訳、紀伊国屋書店、二〇一〇年）
Roedder, E. & Harman, G. 2010. Linguistics and moral theory. In J. M. Doris & the Moral Psychology Research Group (eds.), *The Moral Psychology Handbook*. Oxford University Press, pp. 273–296.
Rohrmeier, M. 2011. Towards a generative syntax of tonal harmony. *Journal of Mathematics and Music* 5 (1): 35–53.
Rottman, J., Kelemen, D. & Young, L. 2014. Tainting the soul: Purity concerns predict moral judgments of suicide. *Cognition* 130

(2): 217–226.
Samuels, R. 2002. Nativism in cognitive science. *Mind & Language* 17 (3): 233–265.
Saxe, R. & Kanwisher, N. 2003. People thinking about thinking people: The role of the temporo-parietal junction in "theory of mind." *NeuroImage* 19 (4): 1835–1842.
Shweder, R. A. 2012. Relativism and universalism. In D. Fassin (ed.), *A Companion to Moral Anthropology*. Wiley-Blackwell.
Shweder, R. A., Much, N. C., Mahapatra, M. & Park, L. 1997. The "Big Three" of morality (autonomy, community, divinity) and the "Big Three" explanations of suffering. In A. M. Brandt & P. Rozin (eds.), *Morality and Health*. Routledge, pp. 119–169.
Sinnott-Armstrong, W. 2012. Does morality have an essence? *Psychological Inquiry* 23 (2): 194–197.
Smith, A. 1759. *The Theory of Moral Sentiments*. Liberty Fund.（A・スミス『道徳感情論』高哲男訳、講談社、二〇一三年）
Sripada, C. S. 2007. Nativism and moral psychology: Three models of the innate structure that shapes the contents of moral norms. In W. Sinnott-Armstrong (ed.), *Moral Psychology, Volume 1, The Evolution of Morality: Adaptations and Innateness*, MIT Press, pp. 312–343.
Suhler, C. L. & Churchland, P. 2011. Can innate, modular "foundations" explain morality? Challenges for Haidt's Moral Foundations Theory. *Journal of Cognitive Neuroscience* 23 (9): 2103–2116.
Thomson, J. J. 1985. The trolley problem. *The Yale Law Journal* 94 (6): 1395–1415.
Turiel, E. 1983. *The Development of Social Knowledge: Morality and Convention*. Cambridge University Press.
Valdesolo, P. & DeSteno, D. 2006. Manipulations of emotional context shape moral judgment. *Psychological Science* 17 (6): 476–477.
Wallace, G. & Walker, A. D. M. 1970. *Definition of Morality*. Methuen.
Weinberg, J. M. & Mallon, R. 2008. Living with innateness (and environmental dependence too). *Philosophical Psychology* 21 (3): 415–424.
Wiegmann, A. & Waldmann, M. R. 2014. Transfer effects between moral dilemmas: A causal model theory. *Cognition* 131 (1): 28–43.

Wynn, K. 1992. Addition and subtraction by human infants. *Nature* 358 (6389): 749–750.

Xu, F. & Spelke, E. S. 2000. Large number discrimination in 6-month-old infants. *Cognition* 74 (1): B1–B11.

Yang, C. D. 2004. Universal Grammar, statistics or both? *Trends in Cognitive Sciences* 8 (10): 451–456.

Yoder, K. J. & Decety, J. 2014. The good, the bad, and the just: Justice sensitivity predicts neural response during moral evaluation of actions performed by others. *The Journal of Neuroscience* 34 (12): 4161–4166.

Young, L., Camprodon, J. A., Hauser, M., Pascual-Leone, A. & Saxe, R. 2010. Disruption of the right temporoparietal junction with transcranial magnetic stimulation reduces the role of beliefs in moral judgments. *Proceedings of the National Academy of Sciences* 107 (15): 6753–6758.

Young, L., Cushman, F., Hauser, M. & Saxe, R. 2007. The neural basis of the interaction between theory of mind and moral judgment. *Proceedings of the National Academy of Sciences* 104 (20): 8235–8240.

Young, L. & Waytz, A. 2013. Mind attribution is for morality. In S. Baron-Cohen, H. Tager-Flusberg & M. Lombardo (eds.), *Understanding Other Minds* (3rd edtion). Oxford University Press.

飯島和樹（2014）「思考について考えるときに言語が語ること」、信原幸弘・太田紘史（編）『シリーズ新・心の哲学I 認知篇』勁草書房、七一–一〇八頁。

児玉聡（2010）『功利と直観——英米倫理思想史入門』勁草書房。

鈴木真（2013）「哲学・倫理学における道徳判断研究の現状：道徳判断の本性と情理」『社会と倫理』二八、一一九–一四八頁。

成田広樹・飯島和樹・酒井邦嘉（2014）「人間言語の基礎は複雑なのか?」『BRAIN and NERVE：神経研究の進歩』六六（三）、二七六–二七九頁。

Ⅱ　人間心理から探る倫理学

第4章

感情主義と理性主義

永守伸年

序

道徳心理学において感情主義（sentimentalism）と呼ばれる立場が注目をあつめている。おおまかに言えば、感情主義とは道徳的判断を下しているときに感情が決定的な役割を果たしていることを主張する立場である。このような主張は哲学においてホッブズからヒュームを経由する伝統を持っており、二十世紀以降は、主にメタ倫理学において活発に検討されてきた。具体的には、感情主義は道徳的判断が信念であることを否定する非認知主義、あるいは非認知主義の一様態としての情動主義として検討されてきたのである。

感情主義は哲学的探求によってのみ主張されてきたわけではない。近年の認知心理学や脳神経科学の飛躍的な発展にともない、道徳的判断における感情の役割はいっそう強調されている。とりわけｆＭＲＩ（磁気共鳴機能画像法）を用いた脳機能イメージング研究の蓄積によって、感情は「倫理学の自然化」ともいうべきプロジェクトの中心的なトピックであり続けてきた。シャウン・ニコルスによれば、このプロジェクトを通じて感情主義は哲学において重視されてきた概念分析や意味論ではなく、自然科学に大きく依拠したアプローチをとることになる（Nichols 2008a）。このような感情主義の登場は道徳心理学においてきわめてセンセーショナルなものになった。それは新しいタイプの感情主義が自然科学の最新の知見を援用するだけでなく、そこから従来の理性主義（rationalism）に対する強力な批判を試みているからである。たとえばジェシー・プリンツは、理性主義ではなく感情主義こそが「わたしたちの道徳的な言葉が意味していることがらについてのよき説明」を与えることができると主張する（Prinz 2007）。ジョシュア・グリーンの批判はさらに徹底している。「理性主義者は感情研究の提示する事実を前にして、自分たちが誤った見解にもとづいて理論を構築してきたことを認めなければならない」（Greene 2008a）。

このように感情主義の突きつける批判を、さらに批判的に検討することが本章の目的である。さしあたり感情主義の挑戦が見かけほど新奇でも、単純でもないことに注意しておこう。それは科学者から哲学者への、あるいは実験哲学者からアームチェア・スカラーへの挑戦としてのみ理解されるものではない。というのも、感情主義と理性主義の対立はむしろ古典的なものであり、この問題は伝統的な道徳認識論や道徳形而上学の領域において繰り返し論じられてきたからである。さまざまな感情研究の成果が理性主義ではなく「倫理学におけるヒュームの感情主義的（emotivist）アプローチ」を裏づけるものとみなすとき、ジョナサン・ハイトは自身の問題設定が少なくとも十八世紀のイギリス道徳哲学の論争状況にまでさかのぼることを自覚しているように思われる（Haidt 2001）。

もちろん、問題設定が古典的だからといって近年の感情主義の挑戦そのものが古めかしい、つまらないものになるわけではない。むしろ感情主義の突きつける批判はヒューム主義とカント主義、非認知主義と認知主義、主観主義と客観主義といった論争に新たな角度から光をあて、再考を促すだけのインパクトを持っている。本章はこのインパクトを見定めるため、従来の感情研究の成果を整理することから始めたい（第1節）。続いて、この成果にもとづく感情主義と理性主義のあいだにある種の「すれ違い」があることを指摘した上で（第2節）、両者の「接点」を見出そうとする研究としてグリーンの理性主義批判を検討する（第3節）。本章の目的は以上の議論によっておおかた達成されるが、最後に感情主義の今後の展望も示したい（第4節）。この展望において、感情をめぐる自然科学と哲学のアプローチが対立ではなく、協同の構図において捉えなおされるはずである。

1　感情研究の成果

感情は道徳的判断において一定の役割を果たす。感情主義の主張がこれだけのものならば、それを否定する人はほとんどいない。わたしたちは「よい」とか「悪い」といった道徳的概念を用いて判断を下すとき、たいてい自分が感情的になっていることを知っている。肯定的な道徳的判断を下すときには感謝や尊敬の念を感じ、否定的な道徳的判断を下すときには罪悪感や嫌悪感を抱く。罪悪感をまるで抱くことなく「自分が悪かった」と言う人がいれば、かれははるか昔のことを思い出しているか、まじめに道徳的判断を下そうとしていないか、「悪い」という言葉の意味を理解していないかのいずれかとみなされるだろう。

感情主義はこの素朴な直観を共有しつつ、心的状態としての道徳的判断と感情のあいだにより強固な、より本質的な結びつきを主張する。すでに述べたように、そのために近年の感情主義が注目するのが感情をめぐる自然科学の豊かな研究成果である。社会的意思決定における感情の役割は一九八〇年代から強調されてきたが（Damasio 1994）、損傷研究と脳機能イメージング研究の蓄積、そしてその応用技術の発展は感情主義の主張を文字どおり「可視化する」可能性をひらいた。とりわけ二〇〇〇年代からおこなわれているｆＭＲＩ研究は実験参加者の脳内の血流変化を計測することで、感情と連合する脳の部位が道徳的判断を下しているときに活性化することを明らかにする。それは感情主義に、いわば脳神経科学の基盤を与えるものである。

ただし、道徳的判断と感情の「結びつき」にはさまざまな可能性が考えられる。それは判断と感情の通時的な影響関係を含むのか。それとも両者が同時に生起しているということなのか。同時に生起していることが確認されたならば両者に因果関係はあるのか。因果関係があるならば一方の生起は他方の生起にとって必要なのか。それとも必要十分なのか。これらの問いに答えなければ理性主義に与える感情主義のインパクトを見定めることができない。なぜなら、仮に理性主義の主張が「道徳的判断にとって理性は必要である」ことにとどまるならば、感情と判断の同時生起という事実は理性主義を反駁するものにも、感情主義を支持するものにもならないからである。このような問題背景のもと、本節では従来の感情研究の成果を以下の三段階に区別する。

(1) 道徳的判断と感情は同時生起している。
(2) 道徳的判断と感情は因果関係にある。
(3) 道徳的判断にとって感情は必要である。

これらを支える自然科学の研究を概観したのち、次節ではそれぞれの主張が理性主義にいかなる影響を与えるのか、あるいは与えないのかを検討することにしたい。

1・1 道徳的判断と感情は同時生起している

第一に検討される研究成果は道徳的判断と感情が同時に生起していることを示すものである。このことは感情主義にとって比較的弱い証拠を与えるに過ぎないが、近年の脳機能イメージング研究の貢献が期待できる事実でもある。まずはもっとも単純な研究の一つとしてモルらの実験を挙げておこう。モルらは被験者に事実的言明（たとえば「石は水から成り立っている」）と道徳的言明（たとえば「必要に迫られれば決まりを破るべきである」）を評価する課題を与え、その際の被験者の脳状態をfMRIを用いて測定した。結果、二種類の言明の評価にあたって、異なる脳の部位が活性化したのみならず、道徳的言明に際しては、感情と連合している部位（両半球の前頭極皮質、内側前頭回、上側頭溝後部など）が活性化した（Moll et al. 2001）。

続いて、モルらは被験者に道徳に関与する不快な画像（たとえば危害を加えられた身体）、道徳に関与しない不快な画像（たとえばおそろしい動物）、そのいずれでもないニュートラルな画像などを提示し、その際の被験者の脳状態をfMRIを用いて測定した。結果、道徳に関与するものであれ、関与しないものであれ、不快な画像の提示によって扁桃体、島、視床、中脳などの活性化が確認された（Moll et al. 2002）。ただし、これらの脳領域に加えて、道徳に関与する不快な画像に際しては前述の実験（Moll et al. 2001）と同様に内側前頭回、上側頭溝後部などが活性化した。

以上の実験から、道徳的判断や、道徳的判断の根拠となる状況によって被験者の感情が喚起されていることが示される。そして道徳に関与する不快な画像を提示する実験は、感情の喚起が無意識的・自動的・直観的な性格を持っていることを示唆するものでもある。[1] このような知見をさらにおしすすめたのがグリーンの一連の研究だろう。よく知られているように、グリーンは「トロッコのジレンマ」、「歩道橋のジレンマ」、「泣く赤ちゃんのジレンマ」、「赤ちゃん殺しのジレンマ」といったさまざまなジレンマを提示し、その際の被験者の脳状態をｆＭＲＩを用いて測定した。グリーンの研究の検討は本章の第３節でなされるが、結論を先取りするならば、これらの実験に際しても道徳的判断を下している被験者の脳状態において感情に関与する部位が一定の条件下で活性化したのである。

とはいえ、繰り返しになるが、このような事実だけでは理性主義におよぼす影響は希薄である。この点についてプリンツの述べるように、「脳のスキャン画像は［道徳的判断と感情の同時生起という］前理論的なわたしたちの直観を経験的に裏づけるに過ぎない」(Prinz 2006)。感情主義は両者のあいだにそれ以上の結びつきを主張するのである。

1・2　道徳的判断と感情は因果関係にある

第二に、道徳的判断と感情がたんに同時に生起しているだけでなく、後者が前者に影響を与えていることを示唆する研究もある。

ホィートリとハイトのおこなった実験では、被験者は take と often という特定の言葉を読んだときに嫌悪の感情を抱くよう催眠暗示をかけられた。その上で被験者は何らかの道徳的違反について記述したエピソード（たとえば性的関係にあるいとこ同士の話とか、死んだ愛犬を食べてしまう飼い主の話とか）をいくつか与えられ、それらがどれほど道徳的に不当かを評価するよう求められた。ただし、それぞれのエピソードには嫌悪の感情を抱くよう催眠暗示をかけられた言葉が含まれているものと、含まれていないものの二つのバージョンが用意された。結果、被験者はそのような言葉を含むエピソードのほうを、そうでないエピソードよりも「道徳的に不当である」と評価した（Wheatley & Haidt 2005）。

同様の研究をもう一つ挙げよう。シュナルらのおこなった実験では、被験者はやはり何らかの道徳的違反について記述したエピソード（たとえば飛行機事故の生存者による食人とか、貧しい人による遺失物の横領とか）をいくつか与えられ、それらがどれほど道徳的に不当であるかを評価するよう求められた。ただし、被験者は二つのグループに区別され、一方のグループは嫌悪の感情を抱かせるような環境（汚れ放題のべとつく机）においてそれらのエピソードを読み、他方はそうではない環境（きれいな机）において読む。結果、前者のグループは後者のグループよりも与えられたエピソードを「道徳的に不当である」と評価した（Schnall et al. 2008）。これらの実験は道徳的判断の理由にはならないように思われる要素（take や often という言葉、汚れた机という環境）によって被験者の嫌悪の感情を増加させることで、否定的な感情が否定的な道徳的判断に一定の影響を及ぼすことを示している。

さらに、別種の否定的な感情が別種の否定的な道徳的判断に影響を及ぼすことを示唆する研究もある。ロジンらによる一九九〇年代の研究は、怒りの感情と「自律の侵犯」（たとえば暴力、窃盗、権利の侵害）についての道徳的判断の相関関係、そして嫌悪の感情と「純粋性の侵犯」（たとえば獣姦、近親相姦、食肉）についての道徳的判断の相関関係を明らかにした（Rozin, Lowery, Imada & Haidt 1999）。このような知見を発展させるために、近年、サイデルとプリンツは怒りの感情をノイズミュージックによって、嫌悪の感情を嘔吐の音によって増加させ、その上で道徳的違反を記述したいくつかのエピソードを被験者に読ませた。結果、ノイズミュージックを聴いたグループは「自律の侵犯」を記述したエピソードにより否定的な道徳的判断を、嘔吐の音を聴いたグループは「純粋性の侵犯」を記述したエピソードにより否定的な道徳的判断を下した（Seidel & Prinz 2013）。

このように近年の道徳心理学の実験は、特定のタイプの否定的な感情と特定のタイプの否定的な道徳的判断に、相関関係だけでなく因果関係もあることを示している。われわれが怒りの、あるいは嫌悪の感情を抱くだけでより否定的な道徳的判断を下しているのならば、道徳的判断にとって感情の生起が十分条件である可能性を指摘できるだろう。

1・3 道徳的判断にとって感情は必要である

だが、これらの研究成果から直接に帰結する感情主義はそれほど強力な立場ではない。なぜなら、たとえ道徳的判断にとって特定の感情の生起が十分条件であったとしても、感情以外の要素、たとえば高度に認知的な要素が道徳的判断の必要条件である可能性はなお排除されていないからである。

では、道徳的判断にとって感情の生起が必要条件であることを示唆する研究成果はあるだろうか。一つの手がかりとなるのは道徳性の発達をめぐる研究である。ホフマンによれば、親は道徳的規則を子供に教えるにあたって、(a) 脅しによって子供に恐怖の感情を喚起させ(「今度やったらお仕置きだからね」)、(b) 子供が他人に加えた危害に注意を促すことによって苦痛の感情を喚起させ(「見なさい、あなたが弟を泣かせたんだよ」)、(c) 愛情の撤回によって悲しみの感情を喚起させる(「そんなことをしたら、もう遊んであげないから」)、という技術を用いている(Hoffman 1983)。また、発達心理学では否定的な感情だけでなく、「自分よりも他人の置かれた状況に適合した感情的反応」としての共感が道徳性の発達に決定的な役割を果たすことを示す研究が蓄積されている(Hoffman 2000)。

ただし、これらの研究が発達過程にある子供の道徳的「判断」に焦点を絞っているわけではないことには注意したい。検討されているのは感情と道徳的判断の直接的(共時的)な関係ではなく間接的(通時的)な関係、あるいは感情と道徳的判断を下すための能力（キャパシティ）の関係である。

この点、道徳的「判断」をめぐる感情主義をより強力に支持するのがサイコパスの事例だろう。サイコパスとは他人の感情や権利に対する無感覚、無関心によって特徴づけられる精神疾患をもつ人たちである。「そうした人たち」は恐れや悲しみといった否定的感情を欠いており、これらの感情を他人から読みとることにも困難を抱えている（Blair et al. 2001, 2002）。なるほどサイコパスは他方では十分な認知能力を備えており、一見すると道徳性を理解して道徳的判断を下しているように思われるかもしれない。しかしブレアらの研究によれば、サイコパスは道徳的な問題と規約的な問題を区別することができず、たとえ「悪い」「不当である」といった言葉を使用していたとしても、その内実を理解しているわけではない（Blair 1995）。つまりサイコパスには、「守るつもりのない約束をするのは道徳的に不当である」という道徳的判断と、「守るつもりのない約束をするのは世間一般では「道徳的に不当である」と決められている」という規約的判断の区別がつかないのである。

したがって、道徳／規約の区別（moral/conventional distinction）を重視するならば、サイコパスは十分な認知能力を備えながら、感情に関与する能力に障害を抱えるために道徳的判断を下せないことになる。そしてニコルスやプリンツといった感情主義者は、このようなサイコパスの事例から「道徳的判断にとって感情は必要である」という主張を取りだすことができると考える（Nichols 2008a; Prinz 2011）。以上の議論をまとめよう。感情主義は従来の自然科学の知見から少なくとも、(1) 道徳的判断と感情は同時生起している、(2) 道徳的判断と感情は因果関係にある、(3) 道徳的判断にとって感情は必要であるという三つの事実を主張することができ、(3)がもっとも強力な証拠とみなされる。

2　理性主義の応答

続いて、感情主義の提示するこれらの事実が理性主義の主張にどれほどの影響を与えるかを考えたい。

おそらく、少なからぬ理性主義者はいかなる影響も認めようとしないだろう。というのも「理性」は、道徳的判断の因果的な起点として経験的に探求されうるものとは限らないからである。理性主義の代表としてカント、あるいはその影響下にある現代の哲学者（たとえばクリスティーン・コースガード、オノラ・オニール、トマス・ネーゲルなど）を考えよう。彼らにとって理性はみずから規範を与え、それに従って行為することのできる能力に過ぎない。それは判断や行為の因果的な起点というよりも、それらの規範性の源泉である。このような能力の可能性さえ承認することができれば、感情が道徳的判断に因果的な影響を与えるという事実は理性主義を揺さぶるものにはならない。むしろ理性主義は、だからこそ、理性の規範性が実践的な要求としてわたしたちに課せられると考える。

もちろん理性主義と呼ばれる立場はこのように強固な主張に限定されるわけではない。理性を判断や行為の因果的な起点とみなす主張は古代ギリシアにさかのぼる哲学的伝統を持っており、道徳心理学においても主に一九五〇年代から六〇年代にかけて活発に論じられていた。本章には心理学の歴史に立ちいるだけの余裕はないが、さしあたってジャン・ピアジェに代表される発達心理学の諸理論、たとえば道徳性における認知能力の役割を強調するローレンス・コールバーグの「役割取得能力」の理論を念頭におこう（Kohlberg 1969）。感情主義は理性ではなく感情こそが道徳的判断に影響を与えているという事実を提示することで、これらの理論の妥当性や信頼性を問うことができる。ハイトやプリンツのような感情主義者がヒュームの後継を自称するとき、彼らの懐疑はこのタイプの理性主義に向けられていた。[2] ここに感情主義と理性主義の一つの接点が認められるだろう。

このように、感情研究のインパクトを見定めるためには理性なるものの概念分析が欠かせない。議論の焦点を実践理性と道徳的判断の関係にしぼったとしても、そこにはさまざまなタイプの理性主義が見出されるのである。そのすべてのタイプを分類し検討することは容易ではないが、幸い、この論点については近年の哲学的メタ倫理学に研究が蓄積されている。とりわけ有用なのはジョナサン・ダンシー、マイケル・スミスらによって論じられてきた「規範的あるいは正当化理由（normative or justifying reasons）」と「動機づけあるいは説明的理由（motivating or explaining reasons）」の区別だろう。本章はこれらの区別のほか、メタ倫理学の立場から理性主義を「正当化理性主義（justificatory rationalism）」と「心理的理性主義（psychological rationalism）」に分類するリチャード・ジョイスの議論を手がかりに理性主義の検討をすすめていきたい（Joyce 2008）。

2・1 正当化理性主義

まず、カントのように理性を道徳の規範性の源泉とみなす立場を正当化理性主義と呼ぶことにしよう。この立場によれば、特定の道徳的諸原則が規範的に要求されており、これらの諸原則にしたがった道徳的判断や行為が正当化される。[3] この正当化のために実践理性が想定されていると言ってもよい。注意したいのは、道徳的判断をもたらす心理メカニズムに関する主張を正当化理性主義が必ずしも含まないことである（Joyce 2008）。たとえば、募金をおこなうことが道徳的に要求されている状況にあなたがおかれていると仮定しよう。あなたは募金をおこなうべきだとする道徳的判断を下し、実際にそのように行為した。このとき正当化理性主義が主張できるのは、仮に募金をおこなっていなかったならばあなたは実践理性の要求に反していた、すなわち不合理であったということにとどまる。道徳的判断を下したときのわたしの脳状態、行為に動機づけられたわたしの心理メカニズムについて正当化理性主義は何も語らないし、語る必要もない。したがって、すでに述べたように、道徳的判断と感情が同時生起しているとか、両者は因果関係にあるといった事実は実践理性の規範性を脅かすものではない。それどころか、実は正当化理性主義の多くが意思決定のレベルにおいて感情の影響を強く見積もる傾向にある（たとえば「非社交性」をめぐるカントの、「怠惰」をめぐるフィヒテの分析をみよ）。この意味において正当化理性主義は感情研究のいかなる成果とも両立すると考えられる。

なるほど正当化理性主義は、道徳的諸原則を認知しそれらにしたがって行為できるだけの実践理性をわたしたちがそなえていることを前提とする。感情主義者は、自分たちの懐疑がこの「現実ばなれした」、あるいは「理想化された」前提にこそ向けられていると主張するかもしれない。だが、正当化理性主義者はそうした理想化の疑念を否定するだろう。たとえばオニールは、実践理性の要求が「他人も受入れられうるような原則に従って行為せよ」（自分以外の人は受入れられえないような原則に従って行為してはならない）ということに尽きており、何らかの認知能力の基準をわたしたちに押しつけるものではないことに注意を促している。こうした要求は「あらゆる理性的思考の根本的要求」であり、それに反せばただちに不合理に陥るとみなされるような「最低限の」制約であるに過ぎない（O'Neill 2002）。この要求から導かれるのは現実ばなれした諸原則ではなく、虚偽や暴力の禁止、平等性に対する配慮といった抽象的かつ根本的な道徳的諸原則なのである。

このように、感情主義と正当化理性主義の関心は大きくすれ違っている。近年の感情主義が経験的事実にそくしながら「わたしたちの道徳的な言葉が意味していることがらについてのよき説明」を与えようとするのに対し（Prinz 2007）、正当化理性主義は実践理性の想定に訴えつつ、判断や行為を正当化するための規範理論を構築しようとする。一見すると感情主義の突きつける経験的事実はこのタイプの理性主義と無関係であるが、それでもなお、両者のあいだに接点を見出そうとする試みもある。この試みの詳細は次節にゆだね、さしあたってはもう一つのタイプの理性主義を検討しておきたい。

2・2 心理的理性主義

次に、理性を道徳的判断や行為の因果的な起点とみなす立場を心理的理性主義と呼ぶことにしよう。この立場は道徳的判断をもたらす心理メカニズムに関する主張を含む限り、感情についての経験的事実と突きあわせることができる。前節で整理された三つの事実をそれぞれ検討してみたい。まず、⑴道徳的判断と感情は同時発生しているという事実は、道徳的判断が理性的能力から因果的にもたされるという主張と両立する。道徳的判断を下しているときに感情と連合する脳の部位が活性化するという事実は、心理的理性主義を揺るがすものではない。同様に、⑵道徳的判断と感情が因果的な関係にあるという事実も心理的理性主義と両立する。繰り返し述べるならば、感情が道徳的判断を下すために因果的役割を果たすことを認めたとしても、何らかの理性的能力がなお判断の生起にとって必要である可能性は排除されていない。したがって、心理的理性主義は⑴と⑵を承認することができる。

ならば、⑶道徳的判断にとって感情は必要であるという事実はどうか。ここではプリンツやニコルスのように、サイコパスが理性的能力を備えているにもかかわらず道徳的判断を適切に下せないと仮定しよう。この場合、たしかに心理的理性主義の強い立場、すなわち理性的能力の活動は道徳的判断にとって必要十分と主張する立場は退けられる。だが、それでもより弱い、より穏当な立場は揺るがない。理性的能力の活動は道徳的判断にとって必要とする立場である。そして実際、ほとんどの心理的理性主義は後者の立場をとっている。感情主義がこの立場を論駁するためには、理性的能力をまったく有していないにもかかわらず道徳的判断を下すことができる人の事例が求められることになる。

しかしジョイスが指摘するように、このような事例を提示することはきわめて困難だろう。そもそも、どのような基準を満たせば「理性的能力をまったく有していない」状態とみなされるのかが不明瞭である。また、たとえこの点を明確にすることができたとしても、そうした状態にある人を実験に参加させることは容易ではない。さらに、たとえ実験がおこなわれ結果としてその人が道徳的判断を下すことができたとしても、なお通時的な心理的理性主義は保持される（Joyce 2008）。たとえば「道徳的判断を下すためには、少なくとも過去のある時点において理性的能力の活動が必要とされる」といった立場である。したがって、従来の感情研究だけでなく将来的に見込まれる成果を考慮したとしても、感情主義が心理的理性主義の主張を完全に否定することは難しいと思われる。

以上の議論をまとめよう。近年の感情研究は感情の生起が道徳的判断にとって大きな因果的役割を果たしていることを示している。だが理性主義に対するその影響は限定的である。第一に、正当化理性主義は道徳的判断と理性的能力の因果的関係についての主張ではない。第二に、心理的理性主義もまた道徳的判断における感情の因果的役割を認めない立場ではない。現状、最大のインパクトになりうるのはサイコパスの事例であり、この事実は心理的理性主義の強いバージョンを退けるだけの可能性を持っている。

3　理性主義に対する挑戦

これまで感情研究の成果と理性主義の主張をそれぞれ分類し、感情主義がいかなるインパクトを与えうるかを検討してきた。結果として示されたのは、感情主義が二つのタイプの理性主義のいずれも完全に退けることができないという（挑戦的な感情主義者にとっては残念な）見通しである。すでに述べたように、このような見通しは感情主義に対する理性主義の単純な優位ではなく、両者の関心と方法の根本的な「すれ違い」に由来する。

しかし現在の道徳心理学にはこのすれ違いを認めた上で、なお両者の接点を見出そうとする研究もある。ここではそのなかでも野心的な研究としてジョシュア・グリーンの理性主義的義務論批判を検討しよう。グリーンの批判は感情主義と理性主義の関係に新たな光をあてるだけでなく、「二重過程理論（dual process theory）」を援用する点で注目される。

二重過程理論は人間の思考パタンを二つに区別する。(1) 自動的、直観的、感情的であり、進化初期を反映する過程と、(2) 熟慮、抽象思考、認知コントロールに関与する過程である（Kahneman 2003）。このような区別の基礎となる考えは二十世紀後半より心理学のさまざまな領域で発展してきたが（西堤 2014）、二〇〇〇年代以降はｆＭＲＩを用いた脳神経科学の知見にも接続されている。まずはグリーンによる二重過程理論の検証を概観しよう。よく知られているように、グリーンは「トロッコのジレンマ」と「歩道橋のジレンマ」と呼ばれる二つのジレンマ課題を被験者に提示した。いずれのジレンマも一人を犠牲にして五人を救うことが適切かどうかを問うものだが、シナリオに以下のような違いがある。前者のジレンマではスイッチを操作することで暴走トロッコの方向を五人のいる線路から一人のいる線路に転換させるのに対し、後者のジレンマでは歩道橋から一人を突き落とすことで五人に向かう暴走トロッコを止めることになる。後者のように、(a)特定の人や集団に対して、(b)深刻な危害が加えられることが予想され、(c)しかもその危害が既存の脅威をただ回避したことの結果ではないようなジレンマは「パーソナルなジレンマ」と呼ばれる。二つのジレンマ課題に際して道徳的判断を下している被験者の脳状態をｆＭＲＩを用いて測定すると、「歩道橋のジレンマ」のようなパーソナルなジレンマにおいて感情に関与する部位（後帯状回や内側前頭回など）の活性化が顕著に認められた（Greene et al. 2001）。

また、グリーンはいわゆる「泣く赤ちゃんのジレンマ」と「赤ちゃん殺しのジレンマ」を提示する実験もおこなった。二つのジレンマはある状況において赤ちゃんを死に至らしめることが適切かどうかを問うものであり、いずれもパーソナルなジレンマに分類されるが、その道徳的な是非をめぐる「難しさ」に違いがある。すなわち、前者のジレンマでは敵兵から隠れている仲間を救うために泣き叫ぶ赤ちゃんを窒息死させるのに対し（難しいジレンマ）、後者のジレンマでは親の自分勝手な理由で赤ちゃんを遺棄する状況が設定されている（容易なジレンマ）。二つのジレンマ課題に際して道徳的判断を下している被験者の脳状態をｆＭＲＩを用いて測定すると、「赤ちゃん殺しのジレンマ」では「トロッコのジレンマ」と同様に感情に関与する部位の活性化が認められたが、「泣く赤ちゃんのジレンマ」では感情に関与する部位だけでなく認知に関与する部位（前帯状回や背外側前頭前皮質など）の活性化が顕著に認められた。しかも「泣く赤ちゃんのジレンマ」に際しては、「赤ちゃん殺しのジレンマ」に比較すると被験者が道徳的判断を下すまでに時間がかかることも示された。この時間差は「泣く赤ちゃんのジレンマ」において、(1)直観的・感情的な過程に競合する仕方で、(2)意識的・認知的な過程が動員されたことに由来すると解釈される（Greene et al. 2004）。

グリーンはこれらの実験にもとづき、道徳的判断をもたらす二つの心的過程が「義務論」と「帰結主義」という規範倫理学の二つの立場に対応していると考える[4]。一つは「赤ちゃんを殺してはならない」といった義務論的判断をもたらす感情的過程であり、もう一つは「仲間を救うために赤ちゃんを窒息死させることは許容される」といった帰結主義的判断を下すとき、感情的過程に干渉する認知的過程である。グリーンによれば、義務論的判断が「感情に負った（emotion-laden）」判断と考えられる一方、「帰結主義者として特徴づけられるような判断を下すときに活性化する脳の部位は［……］より高次の機能と結びついている」(Greene 2008a)。こうして義務論的判断が直観的かつ感情的な過程と結びついていることは進化的適応の観点からも説明可能だろう。わたしたちは義務論的判断を直観的かつ自動的に、それゆえ迅速に下すことによって、社会生活の要求する規範や協調に対して効果的に即応することができると考えられるのである。

3・1　理性主義的義務論批判

一連の実験を解釈したのち、グリーンは理性主義的義務論者（rationalist deontologists）の批判に向かう。それはつまり、二重過程理論に関する脳神経科学の知見を用いて正当化理性主義の立場の一つに挑戦するということである。グリーンの批判の内容は多岐にわたっているが、ここでは二つの論点にしぼって検討しよう（Greene 2008a）。まず、グリーンは義務論からの次のような反論を予期する。たしかに義務論的判断は直観的かつ感情的な心的過程の産物かもしれない。だが、この事実は義務論の規範的主張を揺るがすものではない。というのも、義務論は「人間性」のような客観的価値を想定することによって判断や行為を正当化しているに過ぎず（あるいは「人間性」を尊重しない判断や行為を非難しているに過ぎず）、この想定そのものは経験的に観察される義務論「的」判断のパタンとは無関係だからである。

このような反論に対して、第一に、グリーンは義務論のアイデンティティをあらためて問いただす。グリーンによれば、義務論が依拠する「人間性」に対する尊重は帰結主義もまた依拠することができるものであり（たとえば功利主義が個人の幸福を同じ尺度から、同じように重みづけすることにおいて）、義務論を他の規範倫理学の立場から区別するだけの「本質」にはなりえない。この点について義務論は自身の本質を根本的に誤解しており、帰結主義との実質的な違いを示すことができるとすれば、それは異なる心的過程からもたされる「非帰結主義的な反応パタン」をおいてほかに見当たらない。そしてすでに述べたように、この反応パタンは「感情に負った」ものである。したがってこの指摘を受け入れるならば、義務論は（その理性主義的な装いに反して）感情主義的に捉えなおされるべきものになる。

第二に、グリーンは理性主義を自称する義務論の主張を次のように整理してみせる。すなわち、(a) 道徳的判断は信念であって感情ではなく、(b) 道徳的信念の真理メーカーとして機能するような、独立した道徳的真理の領域が存在するという主張である。ところで、グリーンによると、「トロッコのジレンマ」をはじめとする諸実験は義務論的判断が「感情に負って」いることを示しており、この事実を説明するための進化論的な知見も存在する。そうすると、あえてこの説明に代えて(a)と(b)を主張するならば、義務論は感情的反応と道徳的真理の領域のあいだにどうして「合致」が認められるのかを説明しなければならないように思われる。しかし、義務論からの説得力のある説明は望めそうにないとグリーンは考える。「進化の副産物としてもたらされるような［道徳的判断の］傾向が、理性的に発見可能な独立した道徳的真理に対応しているということはありそうもない」（Greene 2008a）。

これらの批判の内容は複雑だが、その論旨ははっきりしている。それは理性主義的な義務論のある種の「ごまかし」を暴露しようとするものである。グリーンによれば、義務論の主張は直観的かつ感情的な過程によって駆動されているはずなのに、理性主義者はそれを認めようとせず、「人間性」、「理性の事実」といった想定に訴えることで「あとづけ」の理論を組み立てようとする。それに対して、グリーンは他の規範倫理学の立場との異同が明らかになる具体的な局面、たとえば「泣く赤ちゃんのジレンマ」のような局面に義務論を引き戻し、この理論を感情主義的に捉えなおすことを提案している。

3・2　理性主義と直観

もちろん、義務論者はグリーンの診断を正当化理性主義に対する誤診とみなし、再反論をくわえることができるだろう。まず義務論的判断が感情的過程の産物であるという指摘に対しては、マーク・ティモンズが次のように応答している。たとえそうした指摘を受け入れるとしても、義務論は正当化にあたって「直観的な道徳的反応という生の素材」をそのまま用いるわけではない。むしろ、義務論は直観的かつ感情的な反応に「反省」をくわえることによって道徳的諸原則の内容を明らかにし、これらの諸原則にもとづいて判断や行為の正当化をはかる（Timmons 2008）。たとえば、いわゆる定言命法は「自分の判断や行為は他人も受け入れられうるか」を自分自身に問いかけるような反省の手続きとして理解されうる。このような反省の可能性はグリーンの提示する実験によって損なわれていない。

また、「人間性」に対する尊重は義務論を帰結主義から区別するだけの「本質」にはならないという主張に応答することもできる。

なるほどグリーンの主張するように、功利主義は「一人を一人として数え、一人以上には数えない」（ベンサム）ことによって個々人の「人間性」を尊重しているようにも見える。しかし、少なくとも義務論者自身はそれを否定するだろう。「事実」、義務論の多くが依拠している人間性とはわたしたちにアプリオリにそなわる理性的性格そのものを意味しており、それはいかなる選好、欲求からも独立して存在する客観的価値である。そのような「目的それ自体」（カント）としての人間性は帰結主義的判断の対象となるような「帰結」からも、最大化されうるような「事態」からも区別されなければならない。

しかし、これらの再反論は理性主義的義務論者以外にはそれほどの説得力を持たないかもしれない。まず、グリーンはティモンズのコメントに「ゴミを入れてもゴミしか出てこない」と応じる。この（とりつく島もない）応答は直観の事後的な合理化というハイトの論点を、義務論そのものの成り立ちに適用するものと言ってよい。つまり、義務論がいかなる反省の手続きに訴えたとしても、それは直観的反応に対する「あとづけ」の合理化でしかないという指摘である（Greene 2008b）。そして、感情主義はこのように義務論における直観の所在を指摘することによって、「人間性」の客観的価値をめぐる論点にも応答することができる。この点についてニコルスは、理性主義がその規範的主張の究極的前提を直観的に正当化している可能性を強調する（Nichols 2008b）。そもそも、どうして理性的性格と呼ばれるものに客観的価値があると主張することができるのか。この主張が理性主義者の直観的判断に依拠しており、そして直観的判断が感情的反応に過ぎないならば、そうした判断は理性主義者にとってさえ信頼に足るものにはならないのではないか。(5)

以上の議論から、わたしたちは正当化理性主義に対する感情研究のインパクトを見定めることができるだろう。(1) サイコパスの事例をはじめ、感情研究は感情がわたしたちの道徳的判断に大きな因果的役割を果たしていることを明らかにしている（そのために心理的理性主義の強いバージョンは退けられる）。(2) また、二重過程理論をめぐる認知心理学や脳神経科学の知見から、直観的と形容されるわたしたちの道徳的判断が感情的過程の結果である可能性も示される。(3) ところで、正当化理性主義にとって判断や行為に正当性を与えてくれるのは理性であって感情ではない。(4) したがって(2)の可能性を認めるならば、正当化理性主義は直観に依拠してその規範理論を構築することができない。このように、一見すると無関係に思われた感情研究と正当化理性主義は「直観」を結節点として交わることになる。こうも言い換えられるだろう。感情研究の成果を前にして、正当化理性主義は少なくとも直観的自明性に訴えることに慎重にならざるをえず、自身の規範的主張がどれほど直観依存的であるかを再考するよう迫られている。

4　感情主義の展望

　本章は感情主義を理性主義に対する挑戦の構図において検討してきた。この構図において感情研究のおよぼす影響力が示されたものの、他方では、その挑戦の性急さのために感情と理性、直観と理性、義務論と帰結主義といった対比がいささか乱暴に持ちこまれている可能性も指摘される。実際グリーンの二重過程理論にはさまざまに異論が寄せられている。グリーンは義務論的判断のパタンはもっぱら感情的過程によってもたらされると考えているが（Greene 2008a）、判断において義務論的諸原則を適用するには認知的過程の動因も必要と考える研究もある（Cushman et al. 2010）。また、グリーンはハイトの研究を参照しつつ「感情的な（emotional）」過程を「直観的な（intuitive）」ものとして特徴づけているが、近年、ハイト自身は直観的過程と感情的過程を必ずしも同一視していない（Haidt 2012）。さらに、感情と認知の競合仮説を支持しない研究もある。モルらによれば、「共感的配慮（empathic concern）」のような複雑な感情はそのメカニズムを二重過程の対立や競合ではなく、それらの統合から考えたほうがよい（Moll & Oliveira-Souza 2007）。

　実験デザインの根本を問いなおす声もある。おおまかに述べるならば、それは現状の脳機能イメージング研究において問われている心的状態を「道徳的判断」と呼ぶべきかどうか、そこに道徳的判断の主体としての「行為者性（agency）」が認められるかを再考するものである。

たとえばケネットとゲランスは、道徳的判断の主体とみなされるのは過去の自分を回顧しつつ、将来の自分のありようを配慮できる主体に限られると主張する（だからこそ幼児や健忘症患者は通常そうした主体とみなされていない）。この意味で、道徳的判断をめぐる道徳心理学は行為者性に関する通時的理論を持たなければならない。しかし、グリーンに代表される「脳神経科学的感情主義」は道徳的判断をことさら「意識的な認知的過程か、それとも無意識的な感情的過程か」という二重過程から説明することで共時的な理論にとどまっている。ケネットとゲランスによれば、通時的な行為者性の理論のために必要とされるのは損傷研究や脳機能イメージング研究に加え、「過去のエピソードを回復させ、未来のエピソードを想像し、それらを他の知識に結びつける能力」としての「心の時間旅行（mental time travel）」に関する研究の蓄積である（Gerrans & Kennett 2010）。

これらの指摘から感情主義の課題が浮かびあがる。本章冒頭で述べたように、近年の感情主義は理性主義を批判するだけでなく、ヒュームをはじめとする従来の感情主義の立場を部分的に継承しようと試みる。もちろんこのプロジェクトは実証研究によってのみ進められるものではない。その進展のためにはまずもって「理由」、「直観」、「道徳的判断」、「行為者性」といった道徳心理学の基本概念をめぐる学際的な共同研究が不可欠となる。カレン・ジョーンズが強調するように、自然科学と哲学的メタ倫理学の双方向の交流がこれら基本概念の意味論を構築するために求められているのである（Jones 2006）。本章はその一例としてプリンツの感情主義に焦点をしぼりたい。それは「双方向の交流」を押しすすめる豊かなアイデアを含んでおり、感情主義の今後の展望を示すはずのものである。

4・1 感受性理論

はじめにプリンツのアイデアの大枠を提示しておこう。それは、(a)道徳的判断における感情の決定的な役割を示唆する自然科学の知見を重視し、(b)それらの経験的事実をもっともうまく説明できる理論としてメタ倫理学における「感受性理論（sensibility theory）」を採用するものである。さしあたりこの枠組みにおいて、わたしたちの感情的状態は情動（emotion）と感情（sentiment）に区別される。ソマティック説にもとづき情動が身体的変化の知覚とみなされる一方、感情は情動の傾向性としてひとまず理解される。そしてプリンツは、感情が「よいもの」とか「悪いもの」といった道徳的性質を表象すると想定することで、道徳的性質の因果性や実在性をめぐるメタ倫理学上の主張にもコミットする。結論を先取りするならば、プリンツが『道徳の情動的構成』において主張するのは感受性理論にもとづく道徳的主観主義であり、この立場から客観主義的な規範理論が退けられることになる（Prinz 2007）。

すでに本章は第1節において(a)の論点整理をおこなった。以下では『道徳の情動的構成』の記述にそくして(b)を検討したい。

まず、プリンツは感情と道徳的性質のあいだの結びつきについて反応依存性テーゼを支持する。つまり、「よいもの」とか「悪いもの」はわたしたちの感情的反応から独立に理解することはできないという主張である。ただし、このテーゼを受け入れたとしても、「よいもの」とか「悪いもの」に関する道徳的判断が真偽可能（truth-apt）であるか否かという点において感情主義は認知主義と非認知主義という二つの可能性にひらかれている（Jones 2006）。プリンツは前者を選ぶ。すなわち感受性理論と呼ばれる認知主義の立場を採用し、表出主義に代表される非認知主義の立場と手を切るのである。[6] プリンツによれば、「表出主義が言語化された道徳的判断［たとえば「スリは悪い」］を感情のたんなる表出として捉える」のに対し、わたしは

「スリ」の悪さが二次性質として指示されていると考える」。ここでは道徳的判断によって指示される道徳的性質がわたしたちの心ではなく、世界の側に位置づけられることに注意しよう。感受性理論を採用することによって、感情的反応をわたしたちに引き起こし行為を動機づける力を持っているのは特定の状況であり、この状況はあくまで心の外部に存在しているという説明が可能になる。

だが、どうしてこのように複雑な説明をしなければならないのだろうか。それはプリンツの感情主義が、道徳的性質を実在的なものとみなすかのようなわたしたちの言葉づかいや、日常的な感覚をすくいとり、それらと適合することを目指しているからである。感受性理論において道徳的性質は色彩のような二次性質と類比的に捉えなおされるとプリンツは考える。たとえばスリの「悪さ」は空の「青さ」と同様に、適切な状況下においてある種の実在性をもって語られるような対象とみなされるのである。

4・2 感情と情動

とはいえ反応依存性テーゼを支持する限り、たとえ道徳的性質を二次性質と類比的に捉えるとしても、それがわたしたちの感情的反応に依存しているという事実に変わりはない。ここから「道徳的判断の誤謬可能性」の問題が帰結する。道徳的性質が各判断主体の各時点における感情によって表象されるならば、そもそも誤った道徳的判断の余地がなくなるように思われるのである。

プリンツは感情と情動を区別することによってこの問題を解決しようとする。感情と情動は複数の観点から区別されているが、ここでは感情の「スペクトル」と「記憶表象」に注目したい。まず、おおまかには感情は「情動的傾向性（emotional disposition）」として理解される。プリンツによれば、「正当」あるいは「不当」といった道徳的概念は「是認」あるいは「否認」といった道徳的感情から構成されているが、道徳的感情そのものはさまざまな情動の傾向性として捉えられる。たとえば誰かに暴力をふるわれたとき、わたしの心のなかには質的に異なるさまざまな否定的情動が喚起され、また暴力の程度に応じてさまざまな強度の否定的情動が認められる。ただし否定的な情動であればすぐさま道徳的感情に結びつくわけではない。この点についてプリンツは否認（あるいは是認）の感情に包括されるような情動の範囲を「否認（あるいは是認）のスペクトル」として示しており、たとえば否認の感情のスペクトルには「罪悪感」、「恥」、「怒り」、「嫌悪」といった情動が含まれる。

また、感情と情動は時間軸にしたがった区別が引かれることもある。その基本的なアイデアは、道徳的価値が個々の情動ではなく、特定のタイプの行為に対する長期的な記憶と結びついた感情から成り立っているというものである。たとえば、わたしがある状況において「スリは不当だ」という道徳的判断を下す場合を考えてみよう。感情の「スペクトル」に関する前述の説明と考えあわせるならば、わたしはそのような判断を下すとき、仮に自分がスリをしたならば「罪悪感」や「恥」を感じるような、仮に誰かがスリをしたならば「怒り」や「嫌悪」を感じるような、そのような傾向性をもつ記憶表象を抱いていることになる。そしてあなたが実際にスリをしているのを見てわたしが「それは不当だ」と発話するとき、「不当」という言葉はわたしのその時点での怒りの状態を表出しており、それは長期の記憶表象を含むわたしの情動的傾向性の表明ともなるのである。

以上の議論から道徳的判断の誤謬可能性に応答することができる。たとえば、わたしはこれまで「裏切り」という行為のタイプに対して否定的な感情の指針（sentimental policy）を抱いてきたとしよう。しかし、ときにはある具体的な行為が誤って「裏切り」のタイプの事例とみなされ、結果として否定的な情動が喚起されてしまうかもしれない。この誤謬可能性は、特定の行為のタイプに対する情動の傾向性が長期的かつ安定的に記憶され、一つの「指針」として安定しているから確保されている。わたしたちはここに、感情主義における道徳的判断と通時的理論の関係を読みとることもできるだろう。

4・3　感情主義と相対主義

もちろん、「傾向性」や「長期的記憶」に訴えたところで感情が行為者相対的な性格を持つことは否定できない。プリンツの感情主義に含まれる奇妙さは、たとえばわたしとあなたが同一のタイプの行為に対して異なる感情を長期的に抱いている状況を想定すれば明らかだろう。それはわたしたちが日常的に経験しうるような状況だが、そこでは同じ行為に異なる道徳的性質が貼りつけられており、しかも、それらがある種の実在性を持っていると想定されているのである。そしてこの奇妙さは、プリンツがしばしば言及する「道徳的進歩（moral progress）」によって払拭されるわけではない。プリンツによれば、わたしたちは道徳的価値体系の衝突を道徳性の内部において解消することはできないが、それぞれの体系を整合性のような道徳外の価値によって「改定」することはできる。

ただしプリンツ自身が述べているように、感情主義は道徳外の領域においても非相対的な価値を想定することはなく、「道徳的進歩はあくまで相対主義者の枠組みのなかで理解可能である」。つまるところ、プリンツの感情主義は終始相対主義に徹しているのである。

しかし、だからといって、この相対性が感情主義にとって致命傷になるとは思われない。なぜなら、感情主義は道徳的相対主義の枠内にとどまりながら（それゆえ客観的な「正当性」を手放しながら）、なお道徳の「安定性」の向上を主張することができるからである。安定性の向上要因は前述したような判断主体個人の記憶メカニズムだけではない。そこには複数の判断主体同士の社会的関係の強化、文化的表象の成熟といったものも含まれるだろう。実際、プリンツは情動的傾向性としての道徳的感情が社会的圧力にさらされながら歴史的に形成されると考えており、この仮説は人類学や社会学を含むさまざまな学問領域の知見に裏づけられる（Prinz 2012）。この意味において感情主義はその基礎研究のみならず、今後の展望においても広く学際的な研究と接続されるのである。

こうして、わたしたちは感情主義をその広い射程において捉えなおすことができる。それは道徳的判断と感情の因果関係に関する主張に尽きるものでも、この主張によって理性に懐疑を突きつけようとするものでもない。それだけの立場ならば感情主義は相対主義や主観主義といった批判の枠にとどめおかれるだろう。グリーンに対する批判的検討、あるいはプリンツの感情主義が示唆するのは道徳的感情をめぐる通時的かつ社会的な観点の意義であり、道徳性を安定させる対話や教育の必要性である。そして実のところ、この展望はシャフツベリやヒュームといった古典的な感情主義者に共有されていた。もとよりヒュームは『人間本性論』において道徳的感情を社会的に分け持たれたものとして考察しており、このように社会関係において発揮されるものとして広義の理性を解釈していたのである。[7] ここに至って、わたしたちは近年の感情主義がヒュームの後継であることの意味を、その懐疑論的なインパクトとは別の観点から理解できるだろう。

結

本章の目的は近年の感情主義の内実を理性主義との対比の構図において明らかにすることにあった。最後にこれまでの検討をふりかえろう。本章は感情主義の援用する感情研究の成果を整理したのち（第１節）、それらが二つのタイプの理性主義、すなわち心理的理性主義と正当化理性主義にいかなる影響をおよぼすかを論じた（第2節）。具体的には、二重過程理論をはじめとする感情研究は強い心理的理性主義を退け、直観主義的な正当化理性主義の信頼性を低下させる可能性がある（第3節）。ただし、プリンツに代表される現在の感情主義は感情を社会的、文化的、歴史的な観点から統合的に理解しようと試みており、そこでは理性主義との単純化された対比は背景に退く（第4節）。感情主義は「道徳的判断における認知と感情の複雑な相互作用」の探求において（Cushman et al. 2010）、あるいは「道徳心理学の基本概念をめぐる意味論」の構築において（Jones 2006）、心理的理性主義ならびに正当化理性主義との協同の可能性にもひらかれているのである。(8)

註

（1）モルらの実験の詳細とその解釈については（蟹池 2008）がゆきとどいた検討をおこなっており、本章も多くを教えられた。

（2）第3節で検討されるように、グリーンやニコルスは発達心理学やメタ倫理学の立場としての理性主義だけでなく、規範倫理学の立場としての理性主義にも批判を試みている（Greene 2008a; Nichols 2008b）。

（3）正確に述べるならば、本章第2節の感情研究において問われている「道徳的判断」と第3節の正当化理性主義において主張されている「道徳的判断」の内容は異なる。前者が感情的状態と因果関係を結ぶような心的状態であるのに対し、後者は他の命題と正当化関係を結ぶような命題的態度とみなされる（Wallace 1990）。

（4）グリーンは認知的過程によってもたされる道徳的判断のパタンをしばしば「功利主義的」と形容しているが、グリーンの実験解釈では功利主義を特徴づける「最大化（maximizing）」の要素が十分に考慮されていないため、本章では一貫して「帰結主義的」という形容を採用する。

（5）もちろんカントをはじめ、理性主義のほとんどはその基礎原理が直観的自明性によってのみ支えられていることを否定するだろう。しかし他方、少なからぬ理性主義は基礎原理から派生する実質的原則の把握や、具体的な局面におけるその修正において直観に訴えることをいとわない。そして感情研究の成果は、このレベルの「教義的直観」（シジウィック）、あるいは「反省的均衡」（ロールズ）の妥当性や信頼性の問題にも影響をおよぼすはずである。

（6）ただし、感受性理論は「ある感情が規範的に妥当である」という「メタ認知的な認証」の余地を認めるかどうかによって「新感情主義」と「シンプルな感情主義」に区別される（Prinz 2006）。前者を退け、後者を支持するプリンツの議論の分析については（永守 2010）を参照。また本章では、感受性理論をはじめとする現在のメタ倫理学の状況に関して蝶名林亮氏から多くの有益な助言、コメントをいただいた。

（7）『人間本性論』の情念論に関する本章の解釈は、アネット・バイアーのヒューム研究に多くを負っている（Baier 1991）。

（8）このような協同の可能性は理性主義と感情研究の新たな関係にも光をあてることになるだろう。（永守 2012）ではカント主義の立場から、感情と信頼をめぐる経験的事実が正当化理性主義の規範的主張を支えることを論じた。

参考文献

Baier, A. 1991. *A Progress of Sentiments: Reflections on Hume's Treatise*, Harvard University Press.

Blair, R. J. R. 1995. A cognitive developmental approach to morality: Investigating the psychopath. *Cognition* 57: 1–29.

Blair, R. J. R., Colledge, E., Murray, L. and Mitchell, D. G. 2001. A selective impairment in the processing of sad and fearful expressions in children with psychopathic tendencies. *Journal of Abnormal Child Psychology* 29: 491–498.

Blair, R. J. R., Mitchell, D. G., Richell, R. A., Kelly, S., Leonard, A., Newman, C. and Scott, S. K. 2002. Turning a deaf ear to fear: Impaired recognition of vocal affect in psychopathic individuals, *Journal of Abnormal Psychology* 111: 682–686.

Cushman, F., Young, L. and Greene, J. D. 2010. Multi-system Moral Psychology. In John M. Doris and the Moral Psychology Research Group, *The Moral Psychology Handbook*. Oxford University Press, pp. 47–71.

Damasio, A. 1994. *Descartes' Error: Emotion, Reason, and the Human Brain*. Putnam.

Gerrans, P. and Kennett, J. 2010. Neurosentimentalism and Moral Agency. *Mind* 119: 585–614.

Greene, J. D. 2008a. The secret joke of Kant's soul. In W. Sinnott-Armstrong（ed.）, *Moral Psychology. Vol. 3: The Neuroscience of Morality*. MIT Press, pp. 35–79.

——— 2008b. Reply to Mikhail and Timmons. In W. Sinnott-Armstrong (ed.), *Moral Psychology. Vol. 3: The Neuroscience of Morality*. MIT Press, pp.105–117.

Greene, J. D., Sommerville, R. B., Nystrom, L. E. et al. 2001. An fMRI investigation of emotional engagement in moral judgment. *Science* 293: 2105–2108.

Greene, J. D., Nystrom, L. E., Engell, A. D. et al. 2004. The neural bases of cognitive conflict and control in moral judgment. *Neuron* 44: 389–400.

Haidt, J. 2001. The emotional dog and its rational tail: a social intuitionist approach to moral judgment. *Psychological Review* 108: 814–834.

——— 2012. *The righteous mind: Why good people are divided by politics and religion*. Pantheon Books.

Hoffman, M. L. 1983. Affective and cognitive processes in moral internalization. In E. T. Higgins, D. N. Ruble and W. W. Hartup (eds.), *Social cognition and social development: A sociocultural perspective*. Cambridge University Press, pp. 236–274.

——— 2000. *Empathy and moral development: Implications for caring and justice*. Cambridge University Press.（M・L・ホフマン『共感と道徳性の発達心理学——思いやりと正義とのかかわりで』菊池章夫・二宮克美訳、川島書店、二〇〇一年）

Jones, K. 2006. Metaethics and Emotions Research: A Response to Prinz. *Philosophical Explorations: An International Journal for the Philosophy of Mind and Action* 9: 45–53.

Joyce, R. 2008. What Neuroscience Can (and Cannot) Contribute to Metaethics. In W. Sinnott-Armstrong (ed.), *Moral Psychology. Vol. 3: The Neuroscience of Morality: Emotion, Brain Disorders, and Development*. MIT Press, pp. 371–394.

——— 2009. Moral relativists gone wild: Review of Jesse Prinz's *The Emotional Construction of Morals*. *Mind* 118: 508–518.

Kahneman, D. 2003. A Perspective on Judgment and Choice. Mapping Bounded Rationality. *American Psychologist* 58: 697–720.

Kohlberg, L. 1969. Stage and sequence: The cognitive developmental approach to socialization. In D. A. Goslin (ed.), *Handbook of socialization theory and research*. Rand McNally, pp. 347–380.

Korsgaard, C. 2002. Internalism and the Sources of Normativity. In H. Pauer-Studer, *Constructions of Practical Reason: Interviews on Moral and Political Philosophy*. Stanford University Press, pp. 49–69.

Moll, J., Eslinger, P. J. and de Oliveira-Souza, R. 2001. Frontopolar and anterior temporal cortex activation in a moral judgment task: preliminary functional MRI results in normal subjects. *Arquivos de Neuro-psiquiatria* 59: 657–664.

Moll, J., de Oliveira-Souza, R., Eslinger, P. J., Bramati, I. E., Mourao-Miranda, J., Andreiuolo, P. A. and Pessoa, L. 2002. The neural correlates of moral sensitivity: a functional magnetic resonance imaging investigation of basic and moral emotions. *Journal of Neuroscience* 22: 2730–2736.

Moll J. and de Oliveira Souza R. 2007. Moral judgments, emotions and utilitarian brain. *Trends in Cognitive Sciences* 8: 319–321.

Nichols, S. 2008a. Sentimentalism Naturalized. In W. Sinnott-Armstrong (ed.), *Moral Psychology. Vol. 2: The Cognitive Science of Morality: Intuition and Diversity*. MIT Press, pp.255–274.

——— 2008b. Moral Rationalism and Empirical Immunity. In W. Sinnott-Armstrong (ed.), *Moral Psychology. Vol. 3: The Neuroscience of Morality: Emotion, Brain Disorders, and Development*. MIT Press, pp. 395–407.

O'Neill, O. 2002. *Autonomy and Trust in Bioethics*. Cambridge University Press.

Prinz, J. J. 2004, *Gut Reactions: A Perceptual Theory of Emotion*. Oxford University Press.

——— 2006. The Emotional Basis of Moral Judgments. *Philosophical Explorations* 9: 29–43.

——— 2007. *The Emotional Construction of Morals*. Oxford University Press.

Prinz, J. J. and Nichols S. 2010. Moral Emotions, In J. Doris and the Moral Psychology Research Group, *The Moral Psychology Handbook*. Oxford University Press .

Prinz, J. J. 2011. Is Empathy Necessary for Morality? In A. Coplan and P. Goldie (eds.), *Empathy: Philosophical and Psychological Perspectives*. Oxford University Press, pp.211–229.

——— 2012. *Beyond Human Nature: How Culture and Experience Shape the Human Mind*. Norton.

Rozin, P., Lowery, L., Imada, S. and Haidt, J. 1999. The CAD triadhypothesis: A mapping between three moral emotions (contempt, anger, disgust) and three moral codes (community, autonomy, divinity). *Journal of Personality and Social Psychology* 76: 574–586.

Schnall, S., Haidt, J., Clore, G. and Jordan, A. 2008. Disgust as embodied moral judgment. *Personality and Social Psychology*

Bulletin 34: 1096–1109.
Seidel, A. & Prinz, J. 2013. Sound morality: Irritating and icky noises amplify judgments in divergent moral domains. *Cognition* 127: 1–5.
Timmons, M. 2008. Towards a Sentimentalist Deontology. In W. Sinnott-Armstrong (ed.), *Moral Psychology. Vol. 3: The Neuroscience of Morality*. MIT Press, pp. 93–104.
Wallace, R. J. 1990. How to Argue about Practical Reason. *Mind* 99: 355–385.
Wheatley, T. and Haidt, J. 2005 Hypnotic disgust makes moral judgments more severe. *Psychological Science* 16: 780–784.
Wood, A. 1999. *Kant's Ethical Thought*. Cambridge University Press.

蟹池陽一（2008）「道徳的判断と感情との関係――ｆＭＲＩ実験研究の知見より」、信原幸弘・原塑編著『脳神経倫理学の展望』勁草書房、二八三–三一四頁。

立花幸司（2010）「道徳――理性主義と感情主義」、信原幸弘・原塑・山本愛実編著『脳神経科学リテラシー』勁草書房、一〇一–一二四頁。

永守伸年（2010）「客観性なき実在論――近年の道徳心理学における感情主義の検討」『実践哲学研究』京都倫理学会、第三三号、九九–一二五頁。

――――（2012）「信頼概念の射程――自律概念の再検討を通じて」『倫理学年報』日本倫理学会、第六二号、一九五–二〇八頁。

西堤優（2014）「自己制御と誘惑」、信原幸弘・太田紘史編『シリーズ新・心の哲学Ⅲ 情動篇』勁草書房、六七–一一二頁。

第5章

道徳直観は信頼不可能なのか

太田紘史

1 道徳認識論における直観主義

我々は、世間の様々な事件や出来事について知るたびに、それについて道徳的な評価を下している。子供が激しい虐待を受けて死亡したというニュースを聞けば、そのようなひどいことをする親は許せないと思ったりするし、災害地で人びとのために働く人のニュースを聞けば、素晴らしい人がいるものだと考えたりもする。また自分自身に関わることでも、同様である。自分にばかりたくさんの仕事を押しつけられたら不当だと思うし、それを見かねて仕事を手伝ってくれる人がいたら感謝の気持ちを表明するだろう。

しかし、我々は、このように考えるとき、その理由や根拠についてまで考えようとするだろうか。なぜ子供を虐待することは悪いことで、貧しい人のために働くことは素晴らしいことなのか。なぜ仕事を押しつけるのは不当なことで、それを助けてくれる人は称賛に値するのか。もちろん、どれについても何らかの理由を与えることができるだろう。その理由づけは適切なものかもしれないし、また的外れなことがあるかもしれない。いずれにせよ興味深いのは、我々はしばしば、理由を明確に与えることなしに、評価や判断を下しているという事実である。

一般に、理由や根拠を与えながら評価や判断を下すことを、「理由づけ（reasoning）」や「推論（inference）」という。証拠や論拠に基づいて理由づけをしながら（すなわち推論しながら）下された判断は、推論的な判断と呼ばれる。これに対して、理由づけをしないままに（すなわち推論を介さないで）下された判断は、非推論的な判断と呼ばれる。非推論的な判断が下されるのは、その判断の正しさが、その判断者にとって（少なくとも一見）自明だと思われるような場面である。子供を虐待することの悪さや、災害地で人びとのために働くことの素晴らしさは、その理由や根拠を明確にしてから初めて気づく、というわけではない。むしろ、そういった行為が善い（悪い）ことは、理由や根拠を明確にする前から気づかれている。もちろん、その判断は実は間違った判断であるかもしれないし、あるいは間違った判断だったと後から撤回されるかもしれない。いずれにせよ、そのようにして我々は、推論を介さずに判断を下すことができ、しばしば下しているのである。

では、推論を介さないのだとしたら、我々は一体どのような心理的な基盤に基づいてそうした判断を下しているのだろうか。この心理は、その正体はさておき、一般に「直観」と呼ばれる。直観はもちろん、道徳や倫理の関わらない場面、例えば数学的な問題の解決や言語の産出など様々な場面で働いているだろうが、とくに善悪や正不正に関わるところで働く直観は、「道徳直観」と呼ばれる。(1) 直観に基づいて下される判断は「直観的判断」と呼ばれ、とくに善悪や正不正に関する判断は「直観的な道徳判断」と呼ばれる。我々は、道徳直観によって、自明に正しいと思われるような判断を、日々下しているのである。

直観的な道徳判断は、日々の意思決定ではもちろんのこと、倫理学においても重要な役割を果たしている。実際、倫理学の著作や論文をひもとけば、様々な思考実験が展開され、それへの直観的判断が吟味されている。

一例として、すでに有名な「トロッコ問題」の事例は、五人と一人の命を天秤にかける思考実験である。ある線路上を電車が暴走しており、その先は二股に分岐している。分岐の一方には五人がおり、他方には一人がいる。そのままでは五人がいるほうに電車が入り込み、その五人は死んでしまう。あなたは、分岐点にあるスイッチ機器を使い、電車の進行方向を一人がいるほうへと切り替えることができる。そうすれば一人が犠牲になるが、五人のほうが救われるだろう。そのようにスイッチすることは、道徳的に許されるだろうか（「スイッチ事例」）。他方で、次のケースはどうだろうか。やはり線路上の五人に向かって電車が暴走しているときに、あなたは線路をまたぐ歩道橋の上にいて、そこから別の一人を突き落として電車にぶつけることができる。そうすれば電車は停止して、一人が犠牲になるが、五人は救われるだろう。そのように突き落とすことは、道徳的に許されるだろうか（「プッシュ事例」[2]）。

単純に行為の結果の善し悪しだけを考慮に入れて評価や指令を行うような原理に基づく限り、スイッチ事例でもプッシュ事例でも、一人を犠牲にして五人を救うような選択をすべきであろう。だが、我々の多くは、このようなパターンで回答することはない。スイッチを切り替えて一人を犠牲にすることが許されるとしても、一人を突き落として犠牲にすることは許されないと、我々の多くは直観的に判断する。我々は、直観的な判断において、何かの差異を二つの事例の間に見いだすのである。その差異は例えば、行為の結果として危害が予見されているのに過ぎないこと（スイッチ）と、行為によって危害が意図されていること（突き落とす）の違いに存するのかもしれない。もしこれが道徳的に重要な差異なのであれば、単純に行為の結果によって行為を評価したり指令したりするような倫理学理論ではなく、むしろ行為の意図性／予見可能性という要因を考慮に入れるような倫理学理論が支持されるだろう。

事実、哲学者らはこのような思考実験をめぐらせながら直観的判断をある種の「データ」として扱い、倫理学的な考察を行ってきた。トロッコ問題に関する限り、この「データ」は大規模に再現されている。ある研究では、約五〇〇〇人の人びとを被験者とした調査を行い、スイッチすることや突き落とすことが「道徳的に許されるか」と問うた（Hauser et al. 2007）。結果、スイッチ事例では大半の被験者（八九％）が許されると答えたのに対して、プッシュ事例では少数の被験者（一一％）だけが許されると答えた（cf. Mikhail 2011）。そしてこのようなスイッチ事例への反応とプッシュ事例への反応の大きな差異は、国籍、民族、宗教、教育、年齢、性別の分布によっては説明されなかった。人びとの直観的な道徳判断のパターンは有意な仕方で共有されていると推測できる。

行為を道徳的に評価し指令するような理論（すなわち規範理論）をつくるとき、我々は制約を課すかもしれない。それは他でもなく、我々が抱く直観的な道徳判断と整合すべきである、という制約である。我々は、例えば、金のために人を殺してはいけないという判断を直観的に抱くが、規範理論はこうした判断を「保存」するものでなければならないのだ。しかし、なぜ直観的判断を保存しなければならないのだろうか。たしかに我々は、金のために人を殺してもよいと結論づけるような規範理論を受け容れられないだろうが、それは単なる心理的な問題に過ぎないかもしれない。直観的判断には〈信じられやすい〉という心理的傾向があると指摘するのでは不十分である。むしろ、直観的判断には〈信じるに値する〉という認識的身分があると指摘しなければならないのだ。

直観的な道徳判断に有意な認識的身分を認める立場は、「直観主義」と呼ぶことができる。[3] それによれば、直観的な道徳判断は、それ自体で有意な認識的身分を持つ。この見解は、我々が自身の道徳判断の理由を遡って考えていくときの態度にも合致するものである。例えば、嘘をついてはいけないという判断や、人に危害を加えてはいけないという判断は、逐一何らかの理由を与えられなくとも信じるに値するだろうし、実際我々（のうち少なくとも大半の人）は、いかなる理由づけも試みないままにそれらを信じ、そして日々の推論や説得の基礎としてそれらを利用している。なぜ嘘をついてはいけないのかとか、あるいはなぜ他者に危害を加えてはいけないのかとか問われても、我々はむしろ答えに行き詰まってしまうが、それでも我々は、そうした考えを撤回したりはしない。我々はむしろ、そうした考えの正しさは自明であり、それ自体で信じるに値すると言うだろう。このような態度を一般化して言えば、自明に正しいと思われる判断（すなわち直観的判断）は、それ自体で信じる理由を与える、あるいは（より強く言えば）それ自体で信じることを正当化されている。

これに対しては、次のような懸念が挙げられるかもしれない。直観的な判断は、間違いとして撤回されることもあるのではないか。例えば、嘘をついてはいけないと最初判断していたとしても、人命を守るために嘘をつくほかないような場面について考慮すれば、少なくともそうした場面では嘘をついてもよいと考え、当初の判断を撤回するかもしれない。このように、直観的判断は、当初は自明に正しいと思われる判断であったとしても、撤回されることもある。そうだとすれば、〈それ自体で信じる理由を与える〉という認識的身分や〈それ自体で信じることを正当化されている〉という認識的身分を直観的判断に認めるのは、性急ではないだろうか。

この懸念に対しては、歴史上の代表的な直観主義者の一人であるロスの語を借りて、次のように応答することができる——直観的判断は、それを信じることに対して、一応の理由（*prima facie* reason）ないし正当化を与える（Ross 1930）[4]。我々が自明だと見なす判断はしばしば撤回されるとしても、それは撤回を支持する別の要因を考慮したからであり、そうした要因が見当たらない限りは、その判断は信じるに値するのである。直観的判断は信じるに値すると主張するからといって、直観的判断が撤回不可能であるとか、ましてや不可謬であるとかいったことを主張しなくてもよいのである。

しかし直観的判断が撤回可能なものだとしたら、それはいかにして規範理論をつくるうえでの手がかりになるのだろうか。

倫理学において、直観的判断を規範理論に取り込むための代表的な方法論となっているのは、「反照的均衡」（reflective equilibrium）である（Rawls 1971; cf. Daniels 1979）。直観的判断と規範一般原理とを相互に付き合わせながら、直観的判断の集合と規範的な一般原理の集合が全体として整合的になるように、調整を行っていく。その調整は、直観的判断を保存するように一般原理を修正していくという作業や、一般原理を優先して当初の直観的判断から一部を撤回するという作業を含むだろう。そうすることによって、我々の直観的判断を（全てではないが）最大限に保存するような一般原理の集合が手に入るのである。

もちろん、直観的判断に対してこのように認識的身分を認めることについては、異議を表明する者も多くいる。例えば哲学者のシンガーは、反照的均衡の方法論に異議を訴えながら、規範理論を直観的判断に整合化することに対して否定的に述べている。

> 私には、反照的均衡のモデルは疑わしいと常々思われる。……規範倫理学理論は、我々の共通した道徳直観を説明しようとするものではない。規範倫理学理論が道徳直観すべてを拒否することがあるかもしれないし、またそれは我々の道徳判断に比較的よく合致する規範理論よりも勝っているかもしれない。

なぜなら、規範的な道徳理論は、「我々が道徳的な問いについてある仕方で考える際、なぜそのような仕方で我々は考えるのか？」という問いに答えようとするものではないからである。（Singer 2005: 345）

他方で、直観的判断の心理学的な本性に焦点を合わせた反論もなされてきた。とりわけ直観主義はしばしば、推論を介さずに道徳的真理を追跡する心理能力を措定せざるを得ず、そしてそのような心理能力は非常に奇妙であると批判されてきた。例えば哲学者のエイヤー（Ayer 1952）は、直観主義を「奇妙な知的直観」に基づく立場だと評している（ibid: 106）[5]。さらに、直観主義はその歴史において、しばしば形而上学的主張（この世界には他に還元不可能な道徳的性質が実在する）と組み合わされる形で主張されてきており、これは当の心理能力をさらに奇妙なものに見せることになる。というのも、この形而上学的主張を組み合わせると、我々の道徳直観は、物理的性質を含めたこの世界のいかなる特徴とも独立な性質を追跡できるものでなければならないからである（本章註（1）も参照）。

これに対する消極的な応答としては、次のように論じられることがある。直観的なものとそうでないものの差異は非推論的かどうかであって、道徳直観を特徴づけるために特殊な心理能力を措定する必要はない（e.g. Kaspar 2012; Hooker 2002; 本章註（1）も参照）。あるいは、歴史上の代表的な直観主義者がほとんど「直観」という語を用いていなかったことを指摘したうえで、直観主義から何であれ心理的学的なコミットメントを差し引いておこうとする者もいる（e.g. McNaugton and Rawling 2013）。しかしこうした類の応答では、我々が直観的判断によって（すなわち推論を介さずに）道徳的真理を追跡できるのはいかにしてか、説明はおろか何の理論的見通しも得られないままとなってしまうだろう。

そこで積極的な応答としては、道徳直観の心理学的本性を提案し、その奇妙さをできるだけ緩和するという方略が考えられる。その方略は、(1)理性に訴えるもの、(2)知覚に訴えるもの、そして、(3)感情に訴えるものという三種類に分類できる。

第一は、道徳直観の本性を理性と見なし、そのために道徳直観を数学で用いられる直観と類比的に語るものである。推論によらず自明に正しいと思われる数学的公理が理性により認識されるのと同じように、推論によらず自明に正しいと思われる道徳的言明もまた理性により認識される。例えばロスの考えでは、約束を守るべきだといった「一応の義務」を認識するうえで働いているのは理性であり、彼はそれを指摘するために、道徳的認識と数学的認識を類比的に語っている。「〔道徳的〕言明において表現されている道徳的秩序は、幾何学や算術で表現される空間的構造や数的構造と同じように、この世界の……根本的本性の一部である。それらの言明が真であるという確信においては、数学における確信に伴う理性への信頼と同じものが関与しているのである」(Ross 1930: 29-30)[6]。この見解のもとでは、道徳直観による認識は数学的な認識と同様に、ある種のアプリオリな認識となる。

第二は、道徳直観の本性を知覚と見なし、そのために道徳直観を(他の)知覚的認識と類比的に語るものである。ある物体が丸いという判断が、それが丸く見えるという知覚経験によって正当化されるのと同じように、ある行為が悪いという判断が、それが悪く見えるという知覚経験によって正当化される。ここで、その行為の悪さは、他の何か別の情報や言明から推論されているのではなく、端的に知覚されているものである。例えば、「道の角を曲がってみたら、不良少年のグループがネコにガソリンをかけて火をつけている場面に出くわしたとする。そのとき彼らがやっているのは間違ったことだと結論を下すには及ばない。あなたは何かを解き明かすまでもなく、ただそれが間違っているということを見てとれるのである」(Harman 1977: 4)[7]。このような見方のもとでは道徳的認識は他の(例えば形の)知覚的な認識と同様にアポステリオリな認識の一種となる。

第三は、道徳直観の本性を感情的反応と見なすものである。ある行為が悪いということが理由づけなしに判断されるのは、それが他でもなく感情の表れだからである。「例えば、殺すことについての道徳直観と死ぬにまかせることについての道徳直観を比べてみよう。我々は、殺すことのほうがより悪いと考えるだろう。だがこれはなぜだろうか。一つの答えは、殺すことのほうが、より強い負の感情を引き起こすからだというものである」（Prinz 2007: 23）。このような見方を代表する歴史的見解は、ヒュームに求められるだろう。彼が言うには、「行為、心情、性格は、有徳であったり悪徳であったりする。それは、それを見ることで特定の種類の快や不快が引き起こされるからである」（Hume 1739–40: 3. 1. 2. 3）。

しかしながら、ここには二つの点で、経験的探求の領域が開かれている。第一に、我々の直観的判断がどのような心理機能に基づいているのかという問題は、経験科学が本質的な貢献をなすべき問題である。というのも、我々が直観的判断においてどのような心理機能を行使しているのかという問題はもっぱらメカニズムに関わる問題であり、そしてメカニズムに関わる問題は（よく知られた通り）内観によって明らかになる類の問題ではないからである。実際に近年、脳科学的研究や社会心理学的研究によって、道徳直観の心理的本性が探求されている。第二に、我々の直観的判断が道徳的真理を追跡しているかどうかもまた、経験科学が関与しうる問題である。以下で紹介するように、経験科学の知見からは、我々の直観的判断が様々な要因によって影響を受けて変化することが明らかにされている。一部論者の議論によれば、この事実は、直観的判断を生産するプロセスが信頼不可能であることを示しており、それゆえ直観主義は棄却されるという。

以下では、これら二つの問題にまたがった理論的検討を行う。とりわけ、経験科学の知見を踏まえて、道徳直観の心理学的本性について検討するとともに、それが直観主義の妥当性にどう関わるかについて検討したい。

2　直観的判断に影響する様々な要因

2・1　言語表現および呈示順序による効果

我々の直観的判断は、刺激や課題がどのように表現されているか（「ワーディング」）によって影響される。ある研究（Petrinovich and O'Neill 1996）では、トロッコ問題のスイッチ行為への同意の度合い（六段階）を被験者に問うた。このとき、一方の条件では、「スイッチを切り替えれば一人が死ぬ」「何もしなければ五人が死ぬ」という二つの選択肢が被験者に与えられた。他方の条件では、「スイッチを切り替えれば五人が救われる」「何もしなければ一人が救われる」という二つの選択肢が被験者に与えられた。結果、被験者の反応は条件間で異なっていた。前者の条件のように「死ぬ」という語で行為の結果を表現した場合のほうが、被験者はスイッチを切り替えないと答える傾向が強かったのである。

この結果は、いわゆる「フレーミング効果」の基本的な実験を思い起こさせる。例えば、有名な「アジア病問題」では、次のように問いが呈示される（Tversky and Kahneman 1981）。ある病気の流行は六〇〇人が死ぬだろうが、その対策は二つある。「対策Aでは二〇〇人が助かる。対策Bでは三分の一の確率で六〇〇人が救われ、三分の二の確率で誰も救われない。」このように呈示して対策を選択させると、被験者の多くは対策Aを選ぶ（七二％対二八％）。しかし、次のように呈示する場合、判断は著しく異なる。「対策Cでは四〇〇人が死ぬ。対策Dでは三分の一の確率で誰も死なず、三分の二の確率で六〇〇人が死ぬ。」対策の結果としては、対策Cは対策Aと同様であり、対策Dは対策Bと同じである。しかし、被験者の多くは対策D

を選ぶ（二二％対七八％）。このように、人命を救出する手段について、その結果を「救われる」という語で表現するか「死ぬ」という語で表現するかによって、選択は大きく変わる。トロッコ問題における上記のような判断のあり方も、これと同じように、問題の与えられ方によって影響を受けるというフレーミング効果の一種と言えるだろう(8)。

問題の言語表現だけでなく、問題の呈示順序も影響力を持っている。上記の研究（Petrinovich and O'Neil 1996）では、トロッコ問題のバリエーションとして、スイッチ事例に似た事例（「ボタン事例」）が用いられた（電車が五人に向かっており、ボタンを押せば、跳ね台が現れて電車がジャンプして別の線路に向かうが、そうするとその先にいる別の一人が犠牲になる）。スイッチ事例の後にボタン事例を呈示した場合と、プッシュ事例の後にボタン事例を呈示した場合とを比較した結果、ボタン行為への同意の度合いは後者で有意に低かった（Expreiment 2）。また、より単純に、プッシュ事例とスイッチ事例だけを使った別の研究でも、同様の傾向が再現されている。すなわち、スイッチ行為をすべきだという判断の度合いや、スイッチ行為をしてもよいという判断の度合いは、その直前にプッシュ事例を呈示することで有意に低下する（Wiegmann and Waldmann 2014［Experiment 1］; 同様にWiegmann, et al. 2012; Lombrozo 2009）。このように、否定的な判断を招くような行為を先に呈示しておくと、その後に呈示された行為についても、判断が否定的な方向へと影響されるようである。

呈示順序による効果としては、上記のような否定的な方向への影響だけでなく、肯定的な方向への影響も見いだされている。トロッコ問題の新たなバージョンとして、次のような事例が用意された——線路上の数名を救うために、彼らを突き飛ばすことができるのだが、その結果として線路の先にある一人が犠牲になる。この事例を呈示した後にプッシュ事例を呈示すると、後者のプッシュ行為を「すべき」と回答する傾向が強まった（Wiegmann and Waldmann 2014, Expreiment 2）。

他方で、問題を単独に見るのではなく組み合わせて問題を見ること自体による効果は、あるのだろうか。ある研究（Lombrozo 2009）では、スイッチ事例とプッシュ事例の両方を見てから各行為の許容度について判断すると、それらを単独で見た場合に比べて、スイッチ行為の許容度とプッシュ行為の許容度が有意に「近づく」傾向になった。すなわち、スイッチ行為はより許されなくなり、プッシュ行為はより許されるようになった。（この課題においては、スイッチ事例とプッシュ事例の順序のカウンターバランスがとられているので、この傾向は呈示順序以外の効果だと言える。）ただし、この効果は一部の者に限られていた。この研究では、他のいくつかの道徳判断課題での反応に基づいて、被験者が義務論的判断と功利主義的判断のあいだでどちらを答える傾向にあるかも調べられている。それに基づけば、上記のような効果は、功利主義的傾向のある被験者にのみ見られるものであり、義務論的傾向のある被験者には見いだされなかった。

2・2 抽象性／具体性による効果(9)

直観的判断は、与えられる情報が抽象的か具体的かによって、可変的である。これを示すいくつかの実験研究は、仮想的な状況での行為（者）に対する道徳的責任の帰属を調べたものである。

ニコルスとノーブは、決定論的世界（すなわち、人間のあらゆる行動が自然法則によりすべて決められている世界）において道徳的責任が成立しうるかどうかに関して、人々がどのような直観的判断を下すかを調査した（Nichols and Knobe 2007）。呈示される問いは二つある。一方は、決定論的世界において秘書の女性と一緒になるために妻と息子を殺した男性について描写したうえで、この男性が完全な道徳的責任を負うことが可能かを問うものである（具体条件）。他方の問いは端的に、決定論的世界で人が完全な道徳的責任を負うことは可能かを問うものである（抽象条件）。結果として、具体条件では大半の人（七二％）が道徳的責任を帰属したものの、抽象条件では大半の人（八六％）が道徳的責任を帰属しなかった。すなわち、決定論的世界における道徳的責任の帰属可能性は、抽象的な表現よりも具体的な状況の認識によって高まるように見える。

ナーミアスらも、決定論的世界での道徳的責任について人々がなす直観的判断を調査した（Nahmias, Coates and Kravan 2007）。ある問いは次のようなものである――架空の決定論的世界があるとして、その世界の人間が悪いことをすれば、その行為に関してその行為者は非難に値するか（抽象条件）。別の問いは次のようなものである――決定論的世界で愛人と結婚できるように妻を殺した男は、妻を殺すというその意思決定に関して道徳的責任を持つか（具体条件）。これらの問いに対して被験者は、非難に値することに同意するかどうかを答えた。結果として、やはり抽象条件よりも具体条件において当の同意が有意に多く得られた。この結果からも、決定論的世界における道徳的責任の帰属は、具体的な状況の認識によって惹起されやすいように見える。

以上は、決定論的な状況での行為に対する判断を調査したものであるが、他方で特定の脳状態において不可避となる行為に対する判断を調査したものもある。デ・ブリガードらは、脳の状態が引き起こす行動について、その道徳的責任がどのように判断されるかを調査した（De Brigard, Mandelbaum and Ripley 2008）。一方の条件では、被験者は次のような人物のシナリオを与えられる。デニスという男はある脳状態にあり、医師にこう告げられる――その脳状態が彼の行動を特定の仕方で引き起こしており、そして同じ脳状態の人ならば同じように行動するだろう、と。このシナリオに関して、被験者は判断を求められる――デニスは、自身の脳状態によって引き起こされる行動に対して道徳的責任を持つだろうか（抽象条件）。他方の条件では、被験者は次のようなシナリオを与えられる。デニスはある脳状態にあり、医師にこう告げられる——その脳状態が女性達をレイプするという彼のかつての行動を引き起こしたのであり、同じ脳状態の人ならば同じように行動するだろう、と。被験者は次を問われる——デニスは、自身の脳状態によって引き起こされたレイプに対して道徳的責任を持つだろうか（具体条件）。二つの条件の差異は、行為を具体的に描写するか否かの差異だけである。結果として、道徳的責任があるとする判断が、具体条件のほうで有意に高い傾向で得られた。

2・3 感情あるいは気分による効果

直観的判断は、判断を下す状況においてどのような感情や気分の状態にあるかに可感的である。そのような感情あるいは気分の一つは、嫌悪感である。

ある研究（Schnall, Haid, Clore and Jordan 2008）は、被験者に様々な行為について道徳判断をさせた。その際、被験者に嫌な匂いをかがせたり（Experiment 1）、汚れた部屋で答えさせることによって（Expreiment 2）、道徳判断がより厳しくなることを見いだした。また、嫌悪感を及ぼす映画の一場面を被験者に見せた後でも、道徳判断はより厳しくなることが見いだされた（これに対して、悲しみを覚えるような映画の一場面を見せた後では、そのような効果は得られなかった）（Expreiment 4）。さらに、この映画で嫌悪感を引き起こされた被験者と、その映画を見た直後に石けんで手を洗った被験者とを比較したところ、後者において道徳判断の厳しさが減じていた（Schnall, Benton, and Harvey 2008, Experiment 2; cf. Horberg et al. 2009; cf. Zhong and Liljenquist 2006）[10]。なお、嫌悪感は一種の否定的感情であるが、これに対して肯定的感情を誘導した場合は、逆の効果が得られる。ある研究では、五分間のコメディ動画を見せた場合、トロッコ問題のプッシュ行為を「適切」と見なす傾向が強まった（Valdesolo and DeSteno 2006）。

感情の種類によって、それから影響される道徳判断の種類が異なるかどうかは、係争点である（c.f. Pizarro et al. 2011）。上記研究では、嫌悪感に関わりそうな行為（例えば、事故死した自分の飼い犬の肉を調理して食べる）についての道徳判断も、そうでない行為（例えば、トロッコ問題のスイッチ行為）についての道徳判断も、人為的に誘導された嫌悪感によって影響を受けることが見いだされた（cf. Wheatley and Haidt 2005; cf. Chapman and Anderson 2014）。しかしながら、嫌悪感は特定種類の行為、とりわけ性的な行為についての判断に対して、より強い影響を持つという報告もなされている。ある研究（Helzer and Pizarro 2011）は、被験者をパソコンの前に座らせ、そのキーボードを介して道徳判断課題に答えさせた。道徳判断の対象としては、性的な「純潔性」の関わる行為（例、女性がお気に入りのテディベアを抱きしめながら自慰行為をする）、非性的な「純潔性」の関わる行為（例、男が冗談のつもりで、同僚のランチを開封してそれを消毒済みの簡易便器に入れる）、「純潔性」の関わらない行為（例、女子学生が就職のために推薦書サインを偽造する）、これら三種類が含まれている。このとき、被験者がキーボードを触るときに、ハンドワイプ（消毒シート）で手を拭くように協力を求めた。すると、性的純潔性の関わる行為についての判断だけが、有意に厳しくなった（Study 2）（cf. Inbar, Pizarro, Knobe and Bloom. 2009）。

嫌悪感は政治的態度にも影響する可能性がある。同じ論文で報告されたところによれば、街中の人びとの政治的態度を調査するとき、「あちらの壁のほうで」と言いながらアンケート記入するように頼む場合と、「あちらの消毒液のあるところで」と言いながら頼む場合では、平均して後者のほうで、比較的保守的な傾向の回答が得られた（ibid Study 1）。同様の傾向は、上記のハンドワイプを用いた実験でも再現されている（ibid Study 2）（cf. Inbar, Pizarro and Bloom 2009）。

3 直観主義を棄却しようとする論証

シノット-アームストロング（Sinnott-Armstrong 2008a, 2008b, 2011）は、上記のような様々な経験的事実に訴えることで、直観主義を棄却しようとしている。その論証によれば、まず経験的研究から、直観的判断には多くの偽なるものが含まれていると信じる理由が与えられる。というのも、直観的判断には真なるものも多く含まれているかもしれないが、上記のように様々な要因によって直観的判断は影響を受けて変化するので、少なくともそのなかの一部の判断は偽であるだろうからだ。この点を認めると、論証は次のように進んでいく。（A1）直観的判断には偽なるものが多数あると信じる理由がある。（A2）それゆえ判断者は、他に特殊な理由がない場合、自身の特定の直観的判断に対して高い〈偽なる確率〉を帰属する理由があり、[11] それゆえその直観的判断を信じることは正当化されていない。（A3）ただし、他に特殊な事情がある場合（とりわけ、その特定の直観的判断に対して低い〈偽なる確率〉を帰属する理由がある場合）、その特定の直観的判断を信じることは正当化されうる――ただしその場合、その正当化は直観的判断それ自体による正当化ではなく、他の判断や信念により与えられる（すなわち推論的な）正当化である。以上より、直観的判断はそれ自体で信じることを正当化されているとするバージョンの直観主義は、偽である。（なお、正当化についての直観主義でなく、理由に関する直観主義に対しても、同様の論証を構成できるだろう。[12]）

この論証は、一種の懐疑論的な論証だと言える。それは、まず一部の判断が偽である可能性が高いことを指摘し、それに基づいて、全ての判断も同様に偽である可能性が高いことを指摘する。あとは、偽である可能性が高いということに基づいて、それらの判断の認識的身分（対応する信念の正当化）を奪うだけである。[13]

ただしこの論証は、直観主義に狙いを定めている点で、大規模な懐疑論とは異なっている（実際、推論的な正当化は否定されていない）。

この論証と経験的知見の関わりは、（A１）に集約されている。そこでまずは、経験的研究が本当に（A１）を支持するのかどうかを疑うことにしよう。

直観的判断の集合に偽なるものが多く含まれることは、どのようにして経験的知見から導かれるのか。一つの推論は次のようなものであろう（これはシノット-アームストロング自身が提案する推論ではないが[14]、これをあらかじめ検討しておくことは有益である）。一般に、判断の集合のなかに、相互に矛盾するものが含まれていれば、それらのうち一部は偽であると言える。例えば、「スイッチ行為は道徳的に許される」という判断と、その否定である「スイッチ行為は道徳的に許されない」という判断のうち、少なくともどちらか一方は偽である。それゆえ、実験条件の間で相互に矛盾する直観的判断を見いだすような研究がなければならない。ただし、これだけでは（A１）を支持するためには不十分である。（A１）は、直観的判断の集合に偽なる判断が「多く」含まれていることを述べているので、そうした研究が多数存在していなければならない。シノット-アームストロング自身、「論証にとって数は重要であり、というのもわずかなエラー率でも深刻な認識的問題をもたらすのに十分だとまでは想定していないからだ」と述べている（Sinnott-Armstrong 2011: 17; c.f. Sinnott-Armstrong 2008b: 105）[15]。

では、実情はどうだろうか。上記研究のほとんど全ては、道徳判断を定量的に測定している。そこでは、呈示された行為が「許容される」と考える度合いや、「道徳的に悪い」と見なす度合いを答えさせている。上記の一群の研究は、その度合いが様々な要因によって、統計的に有為な仕方で変化することは示されているものの、それらが互いに矛盾することまでは、ほとんどの場合示せていない。すなわち、理論的中立点を超えた変化（例えば、何らかの程度で「許容される」という判断から、何らかの程度で「許容されない」という判断への変化）は、ほとんど確認されていないのである。言い換えれば、直観的判断の方向性を変えるほどの影響力は大変の研究で示されていないのである[16]。それゆえ、直観的判断の集合のうちに相互に矛盾するものが含まれていることは示されていない（cf. May 2014）。例えば、よくある手法だが、ある行為についての判断を六点スケールで測定するとしよう（「絶対に許される」を一点とし、「絶対に許されない」を六点とし、中間的な判断はその間の点数とする）。結果、道徳無関連要因の影響によって判断の平均値が四点から五点に変化したとして、それは四点の判断と五点の判断との間で真理値が異なること（とりわけ、少なくともどちらか一方が偽であること）まで含意するのだろうか。この点はかなり微妙である。当の要因によって影響されるときの判断と、そうでないときの判断とで、真理値が異なるとまで言えるかどうかは分からない。それゆえ、直観的判断の集合に偽なるものが多く含まれることは、示されていない。

シノット＝アームストロングはむしろ、（Ａ１）を支持するために、次のように「信頼不可能性」に訴えているように見える。

> ワーディングや信念〔形成〕の文脈は、何が道徳的に間違っているかに対して影響しないので、もしワーディングや信念〔形成〕の文脈が、何が道徳的に間違っているかについての道徳的信念に影響するならば、それらの道徳的信念はしばしば不正確である。ワーディングや信念〔形成〕文脈のような、真理に影響しない要因に応じて変化するような道徳的信念は、信頼可能な仕方で真理を追跡していない。信頼不可能性の度合いは様々でありうるが、論点は変わらない。道徳的信念は、フレーミング効果を受ける程度には信頼不可能なのである（Sinnott-Armstrong 2008a: 54; 同様にibid: 60, 62, 67）。

（ここで彼は「信念」という語を使っているが、彼の議論文脈から言っても、それを信念そのものでなく、「信念形成」（すなわち判断）として、とりわけ直観的判断として理解すべきだろう。）

ここで訴えられているのは、（先ほど検討したような）様々な経験的研究の条件間で直観的判断が相互に矛盾する（それゆえその一部は偽である）といったことではない。むしろここでは、直観的判断が道徳的真理に関連しない要因（すなわち道徳無関連要因）に影響されるということが訴えられている。例えば、トロッコ問題のスイッチ行為とプッシュ行為について言えば、それらの呈示の順番は各行為の許容度の判断に影響するとしても、それらの行為が道徳的に正しいかどうかといったことに影響しないはずである。なぜなら、そうしたことは、それらの行為について判断する判断者の状況や性質に関する事実であって、判断対象である行為の状況や性質に関する事実ではないからである。同様に、ある問題を抽象的に表現するか具体的に表現するかとか、また判断者がどのような感情状態にあるかとかいったことも、判断者に関する状況や状態に関することであって、判断対象となる行為の性質に関することではない。それゆえ、直観的判断は道徳無関連要因に影響されていると結論づけるのは、たしかに一見もっともらしい。

ただし、それから（A1）が支持されるかどうかは不明である。というのも、直観的判断が道徳無関連要因によって影響されるとしても、先述の通り多くの研究において、その影響力は判断の方向性を変えるほどのものではないからである。

むしろ、（A1）にこだわらずとも、別の仕方で直観主義を棄却する論証を構成できそうである。それは、右記の引用文でも言及されている、信頼（不）可能性に焦点を合わせる論証である。

私が主張すべき（そして実際に主張している）ことは次の点だけである。フレーミング効果のゆえに、我々が自身の直観形成プロセスを信頼不可能だと信じるのは理にかなっている（その逆を示す特殊な証拠がないかぎり）。（Sinnott-Armstrong 2008b: 103）

信頼可能性は認識論一般における基本概念であり、通常それは、信念形成プロセスが真理追跡的なものであることとして理解される。これに焦点を合わせた論証は次のように進む。（B１）直観的判断はしばしば道徳無関連要因によって影響され、それゆえ直観的判断を生むプロセスはしばしば道徳的真理を追跡していない。（B２）それゆえ判断者は、他に特殊な理由がない場合、自身の特定の直観的判断が信頼不可能なプロセスから生産されていると信じる理由があり、それゆえその直観的判断を信じることは正当化されない。（B３）ただし、他に特殊な理由がある場合（とりわけ、その特定の直観的判断が道徳無関連要因によって影響されていないと信じる理由がある場合）、その特定の直観的判断を信じることは正当化されうる——ただしその場合、その正当化は直観的判断それ自体による正当化ではなく、他の判断や信念により与えられる（すなわち推論的な）正当化である。以上より、直観的判断はそれ自体で信じることを正当化されているとするバージョンの直観主義は、偽である。

この論証はまず、直観的判断生産プロセスが真理追跡的ではないことを、経験的知見に基づいて主張する。それは、生産された直観的判断の集合に偽なるものが含まれている割合や、生産された直観的判断が偽である確率といったものに焦点を合わせるのではなく、直観的判断を生産するプロセスのほうに認識的欠陥を見いだそうとする点で、先ほど紹介した論証とは異なっている。そしてそのうえで、やはり懐疑論的な仕方で論証は進んでいく。この論証は、我々の直観的判断の一部についての経験的知見から、それを生むプロセスが信頼不可能であることを述べ、それに基づいて、全ての直観的判断についてもそれを生むプロセスが信頼不可能であることを引き出す。

ここで、直観主義者は次のようにして異論を唱えるかもしれない。一部の直観的判断については、それを生むプロセスが信頼不可能であるとしても、それに基づいて全ての直観的判断についても同様のことを指摘するには至らないのではないか、と。我々の直観的判断はたしかに、真理追跡的とは思われない仕方で、様々な要因によって影響を受けるが、ときにはそうでないケースもしばしばある。例えば、子供を拷問にかけて楽しむという行為については、その事例の呈示の仕方などに関わらず、道徳的に間違った行為だと我々は判断するだろう（Shafer-Landau 2008）。経験的知見においても、例えばトロッコ問題のスイッチ行為は言語表現や呈示順序による影響を受けるが、プッシュ行為についての判断についてはそのような効果は見られていない（Petrinovich and O'Neil 1996; Lombrozo 2009; Wiegmann and Waldmann 2014）[17]。

だが、このような異論への対処は、当の論証に織り込み済みである。なぜなら、一部の直観的判断に限って、その生産プロセスの信頼可能性を確保することは、その判断を推論的に正当化してしまうことになるからだ（とシノット-アームストロングは述べる）（Sinnott-Armstrong 2008b: 104）。すなわち、当の論証の（B3）において、その異論への対処がすでに述べられているのである[18]。すなわち当の論証は、直観的判断はそれ自体によって正当化されることはないと結論づけるだけであって、直観的判断が他の何かによって正当化される余地は認めているのである。

以上、私の見る限りにおいて、シノット-アームストロングの論証を最大限に強力なものとして理解することに努めた。以下では、この論証がどのような点で健全でないのか、指摘することにしよう。まず第4節でワーディング・呈示順序・抽象性／具体性の効果に焦点を合わせた検討を行い、続く第5節で感情と直観の関わりに焦点を合わせた検討を行う。

4　直観的判断を生産するプロセスは信頼不可能か

4・1　直観的判断を生産するプロセス

まず指摘すべきこととして、我々の直観的判断は、判断対象となる行為の諸性質に可感的である。ある行為が許されるかどうかは、例えば、その行為が作為か不作為か、意図的か予見可能にすぎないか、身体的接触があるかどうかといったことに可感的である。一般に、不作為よりも作為であるほうが、また予見可能にすぎない非意図的な行為よりも意図的な行為のほうが、そして身体的接触がない行為よりもある行為のほうが、道徳的に厳しく評価される（Cushman et al. 2006; Cushman and Young 2011）。トロッコ問題のプッシュ行為は、作為かつ意図的かつ接触のある行為の例であり、対してスイッチ行為は、作為かつ非意図的かつ接触のない行為の例であり、この差異に対応して前者のほうが厳しく評価される。別の言い方をすれば、我々の心は、まず行為の諸性質を分析し、そしてそれに道徳的評価を対応づけるような仕方で直観的判断を下しているのである。

行為の諸性質は、道徳哲学においても、道徳的評価を左右してしかるべき要因としてしばしば位置づけられてきた。「二重結果原則」（Doctrine of Double Effect）は、こうした道徳的評価の一般原理として代表的なものであり、トロッコ問題のプッシュ事例とスイッチ事例の道徳的な差異は（差異があるとして）、しばしばその観点から分析されてきた。二重結果原則によれば（概して言えば）、ある行為が善い結果と悪い結果を生むとき、次の条件を満たすかぎりでその行為は許される――(1) 悪い結果が意図されておらず（せいぜい予見可能にすぎず)、(2)善い結果が悪い結果から生じているのではなく(すなわち悪い結果は手段ではなく副作用に過ぎず)、(3)悪い結果が善い結果に釣りあうものである。スイッチ行為は、(1)、(2)、(3)、全てを満たしている。しかしプッシュ行為は(3)だけを満たす。それゆえ、二重結果原則に照らすかぎりでは、スイッチ行為は許されるがプッシュ行為は許されない。このような二重結果原則は、道徳的ジレンマにおける意思決定指針やその理論的基礎としてしばしば援用されており、その範囲は医療倫理から戦争倫理にいたるまで様々な場面に及ぶ。例えば、積極的安楽死は許されないが消極的安楽死は許されると論じるときや、交戦時の市民への攻撃を市民への副次的被害から倫理的に区別するときなどに、二重結果原則が訴えかけられることがある。

この二重結果原則は、同時に、人間心理に埋め込まれた判断原理でもある。実際、トロッコ問題をより精密化した研究で、(2)の条件においてのみ異なる二つのシナリオへの反応を比較することで、二重結果原則に合致する結果が得られている(Hauser et al. 2007)。一方の条件で呈示される問題はこうだ。暴走した電車を五人のいる線路(本線)とは別の方向(副線)へ向かわせるようにスイッチすることができるが、副線は再び本線の五人の手前で接続している。ただ副線上には別の一人がおり、電車はその一人にぶつかることで停止するだろう(「ループ事例」)。他方の条件では、問題は先ほどと一点を除いて同じである。今度は、副線の一人の背後に大きな岩があり、電車が副線に入れば、一人を轢いた後、その岩にぶつかることで停止するだろう(「ループ+事例」とさしずめ呼んでおく)。ループ事例では、一人の死は手段として用いられているが、ループ+事例では、一人の死は手段ではなく副作用であるのに過ぎない。この差異を追跡するように、スイッチする行為が有されると答えた人は、ループ事例のほうで有意に少なかった(五六%対七二%)。ただ、(2)に対応する手段/副作用の要因は、(1)に対応する意図性/予見可能性の要因を介して、直観的判断に影響していることを示唆する研究もあることから（Cushman and Young 2011）、我々の心がどのようなメカニズムによって二重結果原則に従っているのかについては、不明点は多い。だがそれでも、目下重要な一般的教訓は変わらない。すなわち、直観的判断を生産するプロセスは、まず判断対象となる行為の諸性質（例、意図性／予見可能性）に関する情報（すなわち行為表象）を入力として、それに道徳的評価を対応づけ、直観的判断を出力するのである。

4・2　なぜ直観的判断は左右されるのか

もしもある行為が〈死なせる〉というだけの行為であれば、我々はそれをしてはならないと判断するだろう。これは、〈死なせる〉として表象された行為については否定的評価を下すようなプロセスを我々が有するからである。他方でもちろん、ある行為が〈救う〉というだけの行為であれば、我々はそれをすべきだと判断するだろう。これは、〈救う〉として表象された行為については肯定的評価を下すようなプロセスを我々が有するからである。そして、スイッチ行為のような、〈死なせる〉かつ〈救う〉という行為については、多くの人々は、それが許されると判断する。それは、〈死なせる〉の否定的評価への重みづけよりも、〈救う〉の肯定的評価への重みづけが上回るからである。なぜそのように「上回る」のかは、単に結果の釣り合いによって説明されはしない（なぜならプッシュ行為では否定的評価が上回るからである）。一つの提案は、他でもなく二重結果原則に我々の心理が従っているという説明であろう。すなわち、スイッチ行為の諸性質の知覚に基づいて、その行為への否定的評価への重みづけが切り下げられるのである。

　ワーディングの効果は、このような心理的背景によって説明可能である。先ほど紹介した研究（Petrinovich and O'Neill 1996）では、一方の条件では「スイッチを切り替えれば一人が死ぬ」「何もしなければ五人が死ぬ」という二択が被験者に与えられ、他方の条件では、「スイッチを切り替えれば五人が救われる」「何もしなければ一人が救われる」という二択が被験者に与えられた。結果、前者の条件のように「死ぬ」という語で行為の結果を表現した場合のほうが、被験者はスイッチを切り替えないと応える傾向が強かった（Petrinovich and O'Neil 1996）。この差異について次のように考えるのが自然である――その差異は、スイッチ行為が被験者の心のなかでどのように表象されているかという差異によって媒介されている。

これをまず単純に説明してみれば、一方で、スイッチ行為で「一人が死ぬ」と述べられた場合は、その一人の死はその行為遂行にとって本質的なものとして表象されるだろう。他方で、スイッチ行為で「五人が救われる」と述べられた場合は、それとともに生起する一人の死はその行為遂行にとって付随的なものとして表象されるだろう。スイッチ行為に対する道徳的評価の差異は、このような行為表象の差異から結果する。この説明をより正確化すれば、二重結果原則への従属という点に訴えかけることになる。一方で「救う」条件では、その行為からの結果（一人の死）は副作用に過ぎないものとして表象される。他方で「死なせる」条件では、その行為は、結果（一人の死）を手段とするものとして表象される。それゆえ被験者は、二重結果原則に従って評価の重みづけを行い、「救う」条件よりも「死なせる」条件において「許されない」と判断する傾向を示す。いずれにせよ、問題呈示においてどのような言語表現を用いるかは、行為表象への影響を介して道徳的評価の重みづけのバランスに影響し、最終的に直観的判断を左右する。このように、ワーディングによって直接的に左右されているのは行為表象であって、それを入力として道徳的評価を与えるプロセスそのものではない。

同様の説明は、呈示順序の効果（ibid）についても適用できる。スイッチ行為は通常、その結果（一人の死）を副作用とする行為として表象される。それゆえ、それは二重結果原則に従った心理によって許されると判断される。だが、プッシュ行為が呈示された後にスイッチ行為が呈示されると、スイッチ行為の理解の仕方は変容する。まずプッシュ行為が一人の死を手段とするものとして表象されるため、その直後に呈示されたスイッチ行為もそれと同じように表象される。それゆえ、二重結果原則に従った心理によって、それは許されないと判断される傾向が強まる。こうして、どのような呈示順序で行為を呈示するかが、行為表象への影響を介して、直観的判断を左右する。ここでも、呈示順序によって直接的に左右されているのは行為表象であって、それを入力として道徳的評価を与えるプロセスそのものではない。

呈示順序の効果を調べたヴィグマンとヴァルドマン（Wiegmann and Waldmann 2014）は、「因果構造」という観点からの説明を与えている。被験者は、トロッコ問題のような道徳的ジレンマを呈示されるとき、その行為にまつわる因果構造を認識する（図1）。例えば、プッシュ事例では、一人が危機にさらされてはじめて五人の危機が回避される。それゆえ、行為の開始（「介入」）から一人を〈殺す〉という因果経路を介して五人を〈救う〉ことが結果するという因果構造が認識される。これに対してスイッチ事例では、一人が危機にさらされることと同時に五人の危機が回避されることとの間には直接的な因果関係がないが、共通の原因（〈介入〉）がある。それゆえ、〈介入〉から〈救う〉という因果経路と、〈介入〉から〈殺す〉という因果経路、これら二つからなる分岐的な因果構造が認識される。それゆえ、プッシュ事例のあとにスイッチ事例を呈示されると、プッシュ事例の因果構造にも含まれる〈介入→殺す〉という経路が、スイッチ事例での因果構造認識でも「ハイライト」され、結果としてスイッチ行為に対して否定的な評価が下される傾向が強まる。（このモデルからは他にも様々な呈示順序効果が予測でき、第2節で紹介したような肯定的方向への影響はその一例である。）

この説明は、私の呈示順序の説明と、ある根本的なところで一致している。それは、我々の直観的判断は

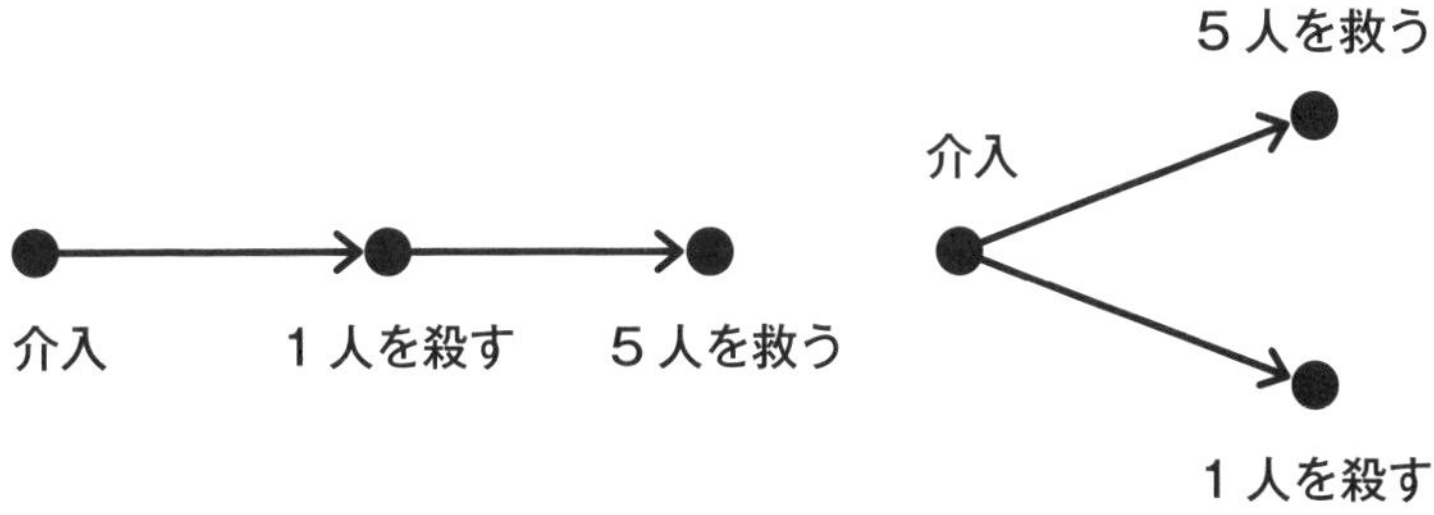

図１　プッシュ事例（左）とスイッチ事例（右）の因果構造（Wiegmann & Waldmann 2014より。一部改変）。

行為をどのようなものとして表象するかに依存しており、呈示順序の効果はそれへの影響を介したものである。すなわち、呈示された行為をどのように表象するかが、直前に呈示された事例で形成された行為表象によって影響されており、行為表象から直観的判断を下すプロセスそのものは頑健に作動しているのである。

　行為表象による説明はさらに、抽象性／具体性による効果についても適用できる。先述の諸研究での抽象条件と具体条件の差異は、行為の表現における差異である。ニコルスとノーブの抽象条件では、行為がどのようなものかについて触れられておらず、具体条件では行為が殺人として具体化されている（Nichols and Knobe 2007）。またナーミアスらの抽象条件では、行為は「悪いこと（something bad）」として描写されているのに対して、具体条件では行為はやはり殺人として具体化されている（Nahmias et al. 2007）。そしてデ・ブリガードらの抽象条件では「特定の行動」と表現されているのに対して、具体条件では「レイプ」と表現されている（De Brigard et al. 2008）。いずれにおいても条件間で行為の表現に差異が存在する。それゆえ、これらの条件間で生じた責任帰属の非対称性の背後に措定すべきは、行為表象に関連した心理的プロセスである。我々は、悪い行為をする行為者に（負の）道徳的責任を帰属する。ただしこれが可感的となる行為表象は、〈殺す〉や〈レイプする〉といった特定種類ないし特定性質のものであって、単に〈何かをする〉とか〈悪いこと〉のような特定種類や特定性質を欠いたものではない。また我々は、〈回避不可能な〉行為に対しては責任を免除する。これら両方の責任の帰属／免除パターンが共起するような場面では、重みづけが行われる。それゆえ、シナリオが「殺す」等の具体的表現を含み、それが〈殺す〉という行為として心のなかで表象された場合には、責任帰属の重みづけが働く。これに対して、シナリオが行為の種類を特徴づけない場合には、責任帰属の重みづけが働かない。このようにして、具体条件と抽象条件の間で、責任帰属上の差異が結果する。ここでも、抽象性／具体性によって直接的に左右されているのは、行為の諸性質の表象であって、行為への責任帰属そのものではない[19]。

4・3　直観的判断生産プロセスは道徳無関連要因によって左右されているのか

ある心理機能について興味深い振る舞いが観察されるとき、それがその心理機能の能力（competence）を表わしたものなのか、それとも運用（performance）上における効果を含んだものなのかを、注意深く区別せねばならない。この点をまずは一般的な推論を題材として説明しよう。

ヒューリスティクスとバイアスに関する長年の研究が示してきた通り、人間は推論をなすときに基本的な論理学や確率論からしばしば逸脱し、それゆえ（その意味で）合理的な推論による問題解決ができないことがある。一例として、有名な「リンダ問題」を考えてみよう。

リンダは三一歳の独身女性で、率直で、とても聡明な人である。彼女は学生時代には哲学を専攻していて、差別と社会正義の問題に強い関心を持っていて、反核運動にも参加していた。以下のうち、どちらのほうが「ありそう」な話だろうか。

a　リンダは銀行の現金出納係である。

b　リンダは銀行の現金出納係であり、フェミニスト運動の熱心なメンバーである。

一般に、二つの事象AとBについて、Aの確率もBの確率も、「AかつB」の確率を下回らない。それゆえ、選択肢bのほうが「ありそう」なはずがないが、被験者の多くはbを選ぶ（連言錯誤。Tversky and Kahneman 1983では八五％の被験者がbを選んだ）。だが、このような事実だけからは、確率にまつわる人間の推論機能が不合理だとまでは結論づけられない。なぜなら、被験者は「ありそう」という語を、そもそも数学的確率として理解していないかもしれないからだ。むしろ被験者は、それを「典型的な」ことなどの別の概念のもとで理解しているのかもしれない。（実際、Hertwig and Gigerenzer 1999の調査では、「ありそう」という語を数学的確率として理解している被験者は少数に過ぎなかった。）

一般的に言えば、人間が合理的推論を（一見）できていないからといって、その事実からは、人間の推論能力が不合理だとまでは結論づけられない。そうした合理的な推論をできないことは、推論能力を運用するさいの周辺的な要因（言語理解、記憶容量、注意制御など）の問題によって生じているだけなのかもしれないからだ。人間の確率的な推論能力が不合理だと言うためには、人間の推論が従う原理そのものが確率論から逸脱したものだと言わなければならない（cf. 太田・小口 2014）。

同じ事は、直観的な道徳判断についても言える。直観的判断がワーディングや呈示順序により左右されるとしても、それは直観的判断を生産するプロセスの能力を反映した現象なのか、それともその能力を運用する際の周辺的要因による現象にすぎないのか、区別されなければならない。今回私が直観的判断について試みた提案は、後者の可能性に他ならない。

直観的判断を生産するプロセスが信頼不可能だと言うためには、そのプロセスの能力が道徳無関連要因に可感的であると言わねばならない。だが、私の提案した見方のもとでは、そうした要因に可感的であるのは、そのプロセスそのものではなく、そのプロセスの入力（行為表象）を形成するメカニズムのほうである。行為表象を形成するメカニズムが、ワーディングや呈示順序によって影響されるとき、それが合理的かどうかはまた別の問題として生じるだろう。（例えば、「死なせる」という語を呈示されるか「救う」という語を呈示されるかによって異なる行為表象を形成するのは、むしろ合理的であるとすら言えるかもしれない。他方で、呈示順序によって行為表象の形成の仕方が影響されるのは、合理的とは言えないように思われる。）だがいずれにせよ、ワーディングや呈示順序によって行為表象形成メカニズムが影響され、その下流にある直観的判断生産プロセスが間接的に影響を受けたとしても、それ自体は後者が信頼不可能であることを意味しないのである。それゆえ（B1）は偽である。

現在位置を確認しておこう。（B1）を構成する論点は、二点ある。それは、（B1-a）直観的判断が道徳無関連要因によって影響されているという点、および（B1-b）その影響は直観的判断生産プロセス自体の働きによるものであって周辺システムの働きによるものではないという点である。今しがた私が指摘したのは、（B1-b）が偽であるということである。次は、（B1-a）が偽であることを指摘しよう。すなわち、当該の要因は、道徳無関連要因ではない。

我々の直観的判断を左右するワーディングや呈示順序が他でもなく道徳無関連だとされたのは、なぜだろうか。それは、判断対象となる行為の性質ではなく判断者の状況に関するものに過ぎないからだという。だがこれは性急な議論である。なぜなら、我々の直観的判断を左右しているのは他でもなく、行為の諸性質として判断者の心において表象されているものだからである。すなわち、行為が具体的にどのような種類のものであり、とりわけそれが〈死なせる〉というものかそれとも〈救う〉というものか、行為の結果が手段か副作用かといったことは、まさに道徳的真理に関わる要因としてしばしば（とくに非帰結主義者によって）論じられるものである。

　ワーディングや呈示順序は道徳無関連要因であるという想定は、自明に正しいことのようにすら思われる。だがこの「想定」は、注意して取り扱わねばならない。たしかにワーディング自体は道徳的真理に無関連だが、ワーディングで特定される行為の種類や諸性質（例えば、意図性／予見可能性）は道徳的真理に関連しているからである。それゆえ（B1-a）は偽である。

　ここで、次のように異論を唱える者がいるに違いない。そういった行為の種類や諸性質が道徳的真理に関わると言えるのは、あくまでも特定の規範倫理学的立場からだけではないか。意図性／予見可能性を道徳関連要因と見なすような見解（とりわけ非帰結主義）からすれば、たしかに（B1-a）は偽だと言えるかもしれないが、そのように見なさない見解も存在する。そうだとすれば、（B1-a）が偽であると言うためには、特定の規範倫理学的見解を前提しなければならないのではないか、と。

　この異論を受け容れるためには、今回の提案を修正して穏当なものにしておけば十分である。（B1-a）の真偽は、何を道徳関連要因と見なすかに依存する。例えば、手段／副作用に限って言えば、それを道徳関連要因と見なせば（B1-a）は偽であるし、それを道徳無関連要因と見なせば（B1-a）は真である。つまりシノット-アームストロングの論証は、実は、規範倫理学的見解に依存した前提を抱えている。当の論証の目論みは、直観的判断を生産するプロセスが信頼不可能であることを、ひいては直観主義が妥当でないことを、経験的知見に基づいて結論づけることであった。しかし実際には、極めて強い主張をなす規範倫理学的見解――手段／副作用は行為の道徳的評価に関係がない――が、前提としての役割を果たさなければならないのである。そして、そのような規範倫理学的見解が正しいと示されない限り、当の論証を健全なものとして受け容れる必要性はない。

以上の議論は、ワーディング、呈示順序、抽象性／具体性による効果に焦点を合わせたものである。他方で、感情による効果については、別の仕方で対応することが必要になる。というのも、感情的反応は直観的判断を生産するプロセスそのものであるという提案が、近年大きな勢いを持つようになっているからである。実際、いくつかの脳科学的研究に基づいて、感情と直観の間の緊密な関係性が――さらに論者によっては同一性や構成関係までもが――提案されている。もしそうであれば、先ほどと同じような議論は当てはまらないだろう。そこで次節において、感情と直観を緊密に結びつける提案の正否を検討することにしよう。

5　感情による効果は道徳直観の信頼不可能性を示すのか

直観的判断は、なぜ感情によって左右されるのか。それに対する最も直接的な答え方は、直観的判断を生産するプロセスが感情的反応に他ならないからだ、というものである。近年の様々な論者が、この見方を支持しており、そしてそのために神経科学的な知見がしばしば援用されている。とりわけ、ジョシュア・グリーンの「二重過程モデル」はその筆頭であろう。

5・1　二重過程モデルにおける理性と感情

二重過程モデルによれば、理性と感情がそれぞれ特有の役割を持ち、それらは本質的に対立するような働き方をする。一方で我々は、スイッチ行為が許されるという功利主義的な判断を下すとき、理性を働かせ、一人の命よりも五人の命を救うほうが望ましいという推論を行い、それに基づいて判断を下しているのだという。他方で我々がプッシュ行為は許されないという義務論的な判断を下すときには、感情が働いており、それによって一人を殺してはならないという直観が支えられているのだという。ここでは、理性は推論を介して功利主義的な判断を促進し、感情は直観を介して義務論的な判断を促進している。このように、二つの競合するプロセスの作動の結果として、我々の最終的な判断が結果するのだとされる。

このモデルは、グリーンらが行った一連の実験研究に基づいている（Greene et al. 2001; Greene et al. 2004）。彼らは、義務論的判断を誘発しやすい「人身的ジレンマ」（例、プッシュ事例）と、功利主義的判断を誘発しやすい「非-人身的ジレンマ」（例、スイッチ事例）を被験者に呈示し、[20] 各状況下の脳活動をｆＭＲＩで調べた。すると、人身的ジレンマでは内側前頭前皮質（mPFC）や扁桃体（amygdala）といった感情関連部位と、後帯状皮質（PCC）や側頭頭頂接合部（TPJ）／上側頭溝（STS）といった部位が賦活されていたのに対して、非-人身的ジレンマでは背外側前頭前皮質（dlPFC）をはじめとする認知的部位が賦活されていた。このような知見に基づいてグリーンらは次のように考えた――義務論的判断は感情的な直観によって生産されており、また功利主義的判断はその感情的な直観を克服する認知的制御を介して生産されている。さらに、人身的ジレンマのうち「難しい」ものと「易しい」ものを区別した調査も行われた（Greene et al. 2004）。「難しい」人身的ジレンマとは、例えば次のようなものである。戦時下の市街地で、あなたは自分の子供を連れて、他の人びとともに地下室に隠れている。だが、あなたの子供は泣き叫び始めてしまった。あなたの子供が泣き叫ぶのを防ぐためにその口を塞がなければ、あなた達全員が敵兵に見つかって殺されてしまうだろう。だが、子供の口を塞ぎ続ければ、その子供は窒息死してしまうだろう。さて、子供の口を塞ぎ続けるのは、適切だろうか。上記のモデルからの予測では、ここでは自分の子供を窒息死させてはならないという感情的直観と、行為の結果（救われる人命の数）を比較考量する認知的制御の間で、衝突が起こるはずである。それゆえ、このようなジレンマのもとでは、認知的制御に関わる部位である背外側前頭前皮質（dlPFC）に加え、葛藤の処理に関わる前帯状皮質（ACC）において、より強い賦活が観察されるはずであり、実際にその予測は確証された。

このモデルでは、感情的反応は直観的判断を生産するプロセスに干渉するのではなく、そのプロセスを構成している。それゆえこのモデルのもとでは、先述の感情による様々な効果は、直観的判断を生産するプロセスの能力を反映したものとして説明され、単なる運用上の問題としては説明されない。そうであれば、（B1-b）が支持されるだろう。[21] さらに、（B1-a）も一見もっともらしい。なぜなら、直観的判断を左右する感情的反応は、判断者のあり方にまつわる事実であり、判断対象である行為のあり方にまつわる事実ではないからだ。以下では、これら両方の点について批判的検討を加えたい。

5・2 感情的反応は道徳無関連要因なのか

結論から言えば、ある種の判断が感情的反応に基づいているということから、それが道徳無関連要因であるということが直接含意されるわけではない。なぜなら、感情は他でもなく道徳関連要因であるという倫理学的見解も存在するからである。例えば、プリンツ（Prinz 2006, 2007）は、直観的判断が感情的反応によって生産されていることを主張したうえで、そうした判断は「反応依存的性質」を指示すると提案する。反応依存的性質とは、判断者の反応（とりわけ感情的反応）を引き起こす性質である。例えば、ある対象が面白いという判断は、判断者を面白がらせる対象についての判断であるが、その対象の面白さという性質は、判断者がそれによって面白がることに依存して成立する性質である。プリンツは、道徳的な諸性質もまた反応依存的性質であり、加えて反応依存的性質についての判断はそれ自体を正当化するものであることから、道徳認識論としての直観主義が支持されることになると言う。

何かが面白いという判断は、我々が面白がるということによって正当化される。なぜなら、面白がることを引き起こすということが、他でもなく面白いことを構成しているからである。〔同様に〕もし道徳判断が情緒的なものであれば、かつそれが反応依存的な性質を指示しているのであれば、殺人は悪いという判断はそれ自体を正当化している。なぜなら、殺人は、その判断が表出している否定的情緒を引き出しており、そしてそうした否定的情緒を引き出す力を持つことが、悪いということを構成しているからである。(Prinz 2006: 37)

別の言い方をすれば、感情的反応は他でもなく道徳関連要因であり、直観的判断は感情的反応を引き起こすものにまつわる事実(すなわち道徳的真理)を追跡しているのである。このような理論の正否は検討されてしかるべきだが、少なくとも、直観的判断が感情的反応に基づいて生産されるというのが真実だったとしても、それから(B1-a)が直接含意されることはない。

5・3　直観的判断を生産するプロセスは感情的反応で構成されているのか

今度は、経験的な問題点について記しておこう。それは、直観的反応が本当に感情的反応に基づいて生産されているのかという点である。

グリーンらが上記の一連の実験で刺激として用いたシナリオは、実は偏っている。例えば、プッシュ事例では義務論的判断（プッシュは許されない）が直観的となり功利主義的判断（プッシュは許される）が反直観的となる。これらを対比して、何らかの脳活動が観察されたとしても、それは義務論的判断と功利主義的判断の差異（「内容」次元の差異）を反映しているのか、それとも直観的判断と反直観的判断の差異（「直観性」次元の差異）を反映しているのか、明らかではない。これを峻別するためには、両次元を考慮に入れたシナリオが必要になる。

カヘインら（Kahane et al. 2012）は、ある判断が義務論的か功利主義的かという要因と、ある判断が直観的か反直観的かという要因が独立になるように、シナリオをこしらえた。具体的には、義務論的判断が反直観的となり功利主義的判断が直観的となるシナリオと（例えばプッシュ事例）、義務論的判断が直観的となり功利主義的判断が反直観的となるシナリオ、これら両種類を刺激として用いたのである。後者の例はホワイト・ライ事例であり、それは人の命を守るために嘘をつかざるをえないようなジレンマである(22)。このような刺激を使えば、「内容」の次元と「直観性」の次元とを直交させることができる（c.f. Kahane and Shackel 2010; Kahene 2012）。

カヘインらがこのような刺激を被験者に呈示してｆＭＲＩによってその脳活動を調べたところ、義務論的判断においてＰＣＣやＴＰＪの賦活が観察されるとともに、直観的判断において視覚皮質、前運動皮質、内側側頭皮質、外側眼窩前頭皮質の賦活が観察された。いずれにおいても、先述のようなｍＰＦＣや扁桃体といった感情関連部位の賦活は見られなかった。彼らは、直観的判断において関与する部位のうち、視覚皮質については視覚イメージの形成が関わっていると推測し、また前運動皮質については共感という形の感情的プロセスが関わっていると推測したうえで（c.f. Nummenmaa et al. 2008; Lamm et al. 2007）、次のように述べている。

これらの部位はこれまで道徳認知において中心的なものとして言及されていなかったので、今回観察された神経活動については、直観的判断の直接的な基底となるプロセスを反映しているのではなく、道徳的状況の諸側面をより明瞭にすることでそのプロセスをトリガーしている、というのが妥当に思われる。それゆえ我々の発見は、感情的プロセスの一つのありうる役割を示唆するものの、直観的な道徳判断が一般に感情に基づいているという見解を支持してはいない。(Kahane, et al. 2012: 400)

視覚イメージが直観的判断に関わっていることは、道徳判断レベルの研究からも示唆されている。ある研究(Amit and Greene 2012)では、被験者は道徳的ジレンマについて考えながら、同時に視覚的処理に負荷がかかるようなタスクを与えられた。結果、被験者の判断は平均して、より功利主義的なものになった。別の研究(Caruso and Gino 2011)では、被験者に眼を閉じさせると、道徳判断が極性化することが示された。すなわち、善い行為への判断はより肯定的になり、悪い行為への判断はより否定的なものになった。さらに、呈示された行為の状況について「シミュレート」するように教示された場合でも同様であり、眼を閉じることによる効果はこのように状況をシミュレートすること、およびそれと共起する感情的反応により媒介されているものであった[23]。これらの知見は、上記のカヘインの推測にも合致するものである。(なお興味深いことに、グリーンは後に、人身的ジレンマにおいて見いだされた脳活動を感情的反応としてではなく、むしろ想像に関連したものとして理解し直している(Greene 2014)。)

そうであれば、直観的判断を生むプロセスにおいて感情的反応はたしかに何らかの役割を果たしているものの、それは行為や行為状況を知覚するさいの処理に関わっているのであって、その行為に対して道徳的評価を下すという処理に直接関わっているわけではない。そうであれば、感情的反応は道徳直観の能力を構成しているのではなく、その運用における干渉要因となっているだけである（c.f. Huebner et al. 2009）。このような理解が正しければ、（B1-b）は偽である。

5・4　理性は直観的判断を生産するプロセスにどう関わっているのか

最後に、直観と対比されている認知的制御の理解について、批判的な検討を与えておこう。二重過程モデルは、認知的制御を推論（とくに功利主義的推論）と結びつける。だが、認知的制御は本当に推論という形で機能しているのだろうか。この点はしばしば自明視されており、批判的検討を与えられることは少ない。しかし、これは極めて実質的な問題である。

トロッコ問題のプッシュ事例では、直観的判断は「プッシュしない」というものであり、反直観的判断は「プッシュする」というものである。ここで後者の判断を下す人を想定しよう。彼は、認知的制御に成功した判断者である。その制御とは、おそらく次のようなものだろう。我々には判断を下すうえで、〈人を殺してはならない〉という直観もあるが、同時に〈できるだけ多くの人を救うべきである〉という直観もある。認知的制御は二つの直観の間で重みづけをして、後者の直観を採用して判断へと結びつける。

そうだとすれば、ここで彼が行っていることは、相互に対立する複数の直観のなかから、一つの直観を選んでいるだけである。そしてそのような選択において、特定の直観を選ぶうえで理由づけを行っているのでもないかぎり、それは推論と呼ぶには値しない（推論とは理由づけであることを思い出されたい）。それはむしろ、複数の直観のなかから一つを選び出すために直観を用いるという、いわば「メタな直観」である。

これは他でもなく、直観主義者のロス（Ross 1930）が描いた道徳認識のあり方である。対立する複数の〈一応の義務（*prima facie* duty）〉のなかからどれを選ぶべきかについて、我々は「論理的な結論」（ibid, p.31）を導くような推論を行いはしない（c.f. Kahne 2012）[24]。そうであれば、ある種の道徳判断における背外側前頭前皮質の賦活が認知的制御を示している（そしてその意味で理性の表れである）としても、それは推論ではなくある種の直観という形での認知的制御として理解されるべきである。

もちろん、例えばプッシュ行為を支持するような判断において、何らかの理由づけがなされているという経験的可能性はある。例えば、〈ジレンマにおいては最大多数の最大幸福に合致する直観が優先される〉という原理のようなものが理由として適用されているのであれば、その場合はまぎれもなく、認知的制御は推論（とりわけ功利主義的推論）を介して判断を生み出しているのだろう。だが脳科学的研究の対象となる一般被験者が、このように高度に哲学的な原理を理由として持ち出しながら判断しているというのは、きわめてありそうにないことである。いずれにせよ、認知的制御において推論が行われているとする経験的証拠は、そもそも一連の脳科学的研究において探索すらされておらず、認知的制御と推論の結びつきは、脳科学的研究のデータを理論化するうえで想定されたものでしかない。それどころか、認知的制御をある種の直観と結びつけて理解したほうがはるかに自然である。そして、認知的制御は理性の働きであるという自明なテーゼを追加すれば、我々は理性に基づいた直観の働き方を見いだしたことになる。

本節の議論を要約しよう。第一に、仮に直観的判断生産プロセスが感情的反応で構成されているとしても、その事実だけでそのプロセスが信頼不可能という含意が直接得られるわけではなく、（B1-b）が自動的に支持されるわけではない。第二に、そもそも直観的判断生産プロセスが感情的反応で構成されているという経験的知見は確かなものではなく、（B1-a）はいまだ確立されていない。第三に、感情的反応と対比される理性的な認知的制御は、まさにある種の直観的判断の基盤になっている。これは、直観的判断生産プロセスの一部が理性的な心で構成されているという主張であって、その全てが理性的な心で構成されているという主張ではない。だがそれでも、このような見方を考慮に入れれば、直観的判断を生産するプロセスが複雑かつ精妙なものであり、その信頼（不）可能性を道徳判断の可変性といった表面的な事実から単純に結論づけることができないと分かるだろう。

結論——直観的判断の信頼不可能性はいまだ示されていない

私は今回、倫理学における直観主義をある種の認識論的なテーゼとして位置づけた。それは、直観的判断はそれ自体を信じる理由を与えるというテーゼ、あるいは直観的判断がそれ自体を信じることを正当化するというテーゼである。これに対して最近の心理学的研究からは、言語表現や問題呈示順序、抽象性や具体性、そして判断者がおかれている感情や気分といった様々な要因によって、直観的判断が左右されることが示されている。一部論者はこうした事実に基づいて、直観的判断を生産するプロセスは信頼不可能であり、それゆえ直観主義は妥当ではないと論じている。しかし私は、そうした事実は直ちに当のプロセスの信頼不可能性を含意するわけではないと論じた。そこでの第一の論点は、規範的問題をめぐるものである。すなわち、直観的判断を左右する要因が道徳的真理に関わるかどうかをめぐる論点である。第二の論点は、経験的問題をめぐるものである。すなわち、そもそものような諸要因の影響力は、直観的判断を生産するプロセス自体の働きを反映しているのか、それとも周辺的なプロセスの働きを含めた運用上の問題に過ぎないのかをめぐる論点である。私はいずれにおいても、直観主義を擁護することにつながる議論を展開した。

第1節で述べた通り、倫理学における道徳直観の理解は、理性の行使によるものとしての理解、知覚的なものとしての理解、感情的反応に基づくものとしての理解、これらのいずれかに分類できる。だが、我々の道徳直観を支えている心理機能は、どれか一種類に限られはしないかもしれない。それには、グリーンらが見いだすような感情的反応が関わっているかもしれないし、カヘインらが見いだすような視覚的処理が関わっているかもしれない。また本章で提案したように、ある種の直観を支えているような理性の働きがあるかもしれない。それは、最終的には、心理学的研究によって解決される経験的問題である。そしてそうした経験的問題を解明していくことは、倫理学の問題に新たな光を当てるに違いない。ただし、経験的問題に対する見方もまた一枚岩でないということを、念頭においておくべきであろう。そして何より、そうした経験的知見から倫理学的含意が論じられるときには、そこで暗黙の倫理学的主張が前提されていないかを、注意深く検討しておく必要があるに違いない。

註

（1）例えばフッカーによる特徴づけは、次のとおり明快である。「現在、「道徳直観」に言及する大半の哲学者は、道徳的信念の部分集合を指示しているのであり、ただしこの部分集合は何らかの特殊な能力によって到達されるような道徳的信念として定義されるのではない。むしろ、他の道徳的信念からの推論によって到達される道徳的信念と、非推論的に到達される道徳的信念の間で、区別がなされているのである」（Hooker 2002: 162）。

（2）トロッコ問題においてどのように問いを設定するかは、本来は重要かつ微妙な問題である。例えば、単に「あなたならどのようにするか」という問い方は、道徳とは関係のない理由の考慮をも許すものになってしまっており、道徳判断の研究においては不適切かもしれない。また本文で述べているように「スイッチを切り替えて**も**よいか」という問いと、

「スイッチを切り替えるべきか」という問いは、全く異なるものである（前者は許容可能性を問うているのに対して、後者は義務を問うている）（Kahane and Shackel 2010）。ただし、この点は以降の議論に影響を与えないので、単純化を図ってこれらの点について深く検討しないことにする。

（3）道徳哲学においては、直観主義と呼ばれる立場は、様々な見解のクラスターとなってしまっており、そしてそのクラスターの内実についても論者によって異なっている。私の見る限り、それはときに、(1) 還元不可能な道徳的性質が実在するという、形而上学的見解を含むものとして理解される。またそれはときに、(2) 道徳原理は複数あって相互に還元されないという、規範理論の構造に関する多元論的見解としても理解される。またそれはときに、(3) 常識道徳を重視する道徳哲学的見解として理解されることもある。しかし今回焦点を当てるのは、(4) 直観的判断に認識的身分を認めるという認識論的な見解である。児玉（2010）は、直観主義者と称される立場の最大公約数は常識道徳の重視だとしているが、直観主義者の一人であるヒューマーは、直観主義を常識道徳の重視から切り離し、それどころか常識道徳に反する結論へいたる余地があるとしている（Huemer 2005, 2008）。また長年かけて直観主義を擁護してきたアウディは、一連の著作で、もっぱら認識論的見解を擁護するための方略に焦点を合わせている（Audi 1996, 2004）。私としては、認識論的見解が他の見解と違って直観概念そのものによって定義できる見解でもあるから、それが「直観主義」という名を与えるのに最も値する立場だと考えている。いずれにせよ今回問題となるのは、認識論的見解が妥当かどうかという一点である。

（4）ケーガン（Kagan 1989）は、一応の理由ではなく、相応の理由（pro tanto reason）という語をロスは用いるべきだったと指摘している。

（5）エイヤーは、直観的判断の不一致からその検証不可能性を導くことによって、直観主義を棄却しようとする。「〔直観主義は〕価値言明を検証不可能にする。というのも、よく知られた通り、ある人にとって直観的に確かだと思われるものが別の人にとっては疑わしいと思われることや、それどころか偽だと思われることがあるからである。それゆえ、衝突しあう直観の間で決定するような何らかの基準を与えることなしには、単に直観に訴えたところで、それは命題の妥当性のテストに値しない。だが道徳判断の場合では、そうした基準は与えられないのだ。」（Ayer 1952, 106）

（6）この点の指摘は繰り返しなされてきた。「ロスは、道徳原理が何らかの特殊で神秘的な能力によって知られると主張しているのではない。関連する唯一の能力は、理性そのものである。ロスは、直接的な理性的洞察によって知りうるような実質的主張が存在するという、哲学的伝統の一主流のうちに、自身を位置づけているのである」(McNaughton 2000: 271; c.f. Gaut 2002)。この点は、シジウィックやムーアという直観主義者においても同様であろう。

(7) ただし、この有名な例をこしらえたハーマン自身は、道徳的知覚が道徳的認識に貢献することに対して否定的である。その理由はもっぱら、科学的認識における知覚(観察)と実在の間の関係と、道徳的認識における知覚(観察)と実在の間の関係とが、類比的に理解できないというものである(ibid)。

(8) シノット-アームストロング(Sinnott-Armstrong 2006)は、アジア病問題での選択もまた、どちらの対策が道徳的に正しいか(あるいは誤っているか)という点で、道徳判断の一種であると示唆している。

(9) 本小節は太田(2013)の一部記述に基づいている。

(10) この研究はもう一つの実験(Experiment 1)で、「純粋な(pure)」や「清潔な(clean)」といった語をプライムすることで、被験者の道徳判断の厳しさを低減させることに成功した。すなわち、清潔さに関わる概念の認知的な活性化だけで、道徳判断への効果が得られた(同時に測定された情動報告には有意な効果は見られなかった)。Experiment 2では、被験者に手を洗わせるための教示においてこの種の語を含むので、手を洗う行動だけが道徳判断に影響したかどうかは不明であるが、少なくともその効果の度合いはExperiment 1よりも大きいと指摘している(ibid: 1221–2)。

(11) シノット-アームストロングによれば、〈偽なる確率〉が「高い(低い)」ということは、それが五〇%以上であるとか、ましてや九〇%以上であることを意味していない。では、正確にはどのくらいのパーセンテージを意味するのだろうか。この点については、まず彼は、それが正確に測ることができないと認める。ただそれでも、直観的判断の〈偽なる確率〉は、「あらゆる道徳直観主義者(およびその他の道徳理論家)が認める(べき)基準に即せば」(Sinnott-Armstrong 2012: 16–7)、かなり高いものだという。「経験的研究の範囲と数、およびそれらの研究における効果量から支持される結論としては、道徳的信念のエラー率は道徳直観主義の核心に大問題をもたらすくらいに十分大きい」(ibid p.17)という。

(12) シノット-アームストロングは、一連の論文において、直観主義を次のようにまず定義する――一部の道徳的信念は非推論的に正当化されている。この直観主義で言われるような、非推論的に正当化されている道徳的信念とは、直観的判断に基づいて形成されかつ正当化されている信念である。

(13)「〔誰もが受け容れるような異論の余地ない〕道徳的信念も、高いパーセンテージで偽であるような信念のクラスに含まれるので、信念者が〈そうした異論の余地ない道徳的信念が平均よりも信頼可能である〉と信じる理由を持たない限り、それに同じ〈偽なる確率〉を帰属しておくのが理にかなっている」(Sinnott-Armstrong 2008b: 104)。

(14)シノット-アームストロングは、この種の推論を全面的に用いてはいないが、一部の論述は示唆的である。ある人の身長が高いか低いかについての知覚的判断が呈示順序に影響されるとき(これは仮想的な影響である)、その人の身長が「低くかつ高いことはありえない」(Sinnott-Armstrong 2008a: 53)ので、その判断は信頼不可能だと述べている。

(15)「〔推論的な〕確証の必要性をもたらすのは、単に間違いの可能性があるという事ではない。それはむしろ、あなたも含めて人びとの道徳直観がしばしば間違っているということである。だからこそ、私は経験的証拠を引用しているのだ。」(Sinnott-Armstrong 2008b: 105)。

(16)メイ(May 2014)は、嫌悪感による影響を示唆する経験的研究に焦点を当て、同種の批判をしている。彼は、それらの研究で示唆されている影響は、一部被験者に限られていること、また呈示された行為のうち一部についての判断に限られていること、さらにその判断の変化の度合いが非常に小さいこと(たとえ統計的に有為であっても)を指摘している。それゆえ多くの感情主義者の主張はしばしば過剰なものとなっており、例えば「何かが道徳的に悪いという信念を形成できるのは、端的にそれに対して否定的感情を有することによる」(Prinz 2006: 31)といった主張は経験的研究から結論づけられることはないという。

(17)Lombrozo(2009)の実験では、帰結主義者においては問題呈示の組み合わせの効果として、スイッチ事例とプッシュ事例の許容度が有意に近づくことが示されている(すなわち、スイッチ行為の許容度が下がり、プッシュ行為の許容度が上がる)。しかし、プッシュ行為の許容度の上昇だけに限れば、その変化の有意性は言及されていない。

(18)しかしこの点で直観主義を擁護する道が、Ballantyne and Thurow(2013)によって指摘されている。概して言えば、ある判断の正当化に対する阻却因(例えばその判断の生産プロセスが信頼不可能であること)が、別の要因(例えばその判断がその文脈に限っては信頼不可能ではないということ)によって阻却されるとき、その判断は、推論的に正当化されるわけではなく、非推論的な正当化を「回復」するだけである。

（19）抽象性／具体性による効果の他の説明は、太田（2013）で検討されている。

（20）「人身的」な危害行為（あるいはそれを含んだジレンマ）は、(a) 重度の身体的危害を、(b) 特定の人物に対して、(c) 行為者自身の意志で引き起こす行為（あるいはそれを含んだジレンマ）として定義される（Greene et al. 2001; Greene and Haidt 2002）。ただし、その定義は後にGreene et al.（2009）において修正されている。

（21）グリーン自身は、二重過程モデルを始めとする様々な知見に基づいて、もっぱら理性主義と義務論の組み合わせを批判している（Greene 2008）。スイッチ行為とは違ってプッシュ行為は、一人の死を五人の命を救うための手段として用いている。我々はこの差異を（自覚できるかどうかは別として）識別し、プッシュ行為だけを（あるいはそちらのほうをより強く）許されないと判断する。義務論的な倫理学理論はこれを、〈人を目的としてのみ扱い手段として扱ってはならない〉という一般原理によって説明し正当化するだろう。だが、トロッコ問題におけるそうした判断は、感情的反応に基づいた直観的判断でしかない。それゆえ義務論的な倫理学理論とは、実は、感情的反応に基づいて生じた直観的判断を、後づけの推論で合理化したものに過ぎない。カントに代表される義務論者は、普通は理性主義を同時に採用し、義務論的な道徳的真理は理性によって到達されると提案するが、ここには矛盾が内在している。

　ここでは、直観主義が主要な批判対象であるわけではないが、しかし義務論に合致するような直観的判断の信頼不可能性が折にふれ論じられている。そこで彼が推測するのは、義務論的な直観的判断を生み出している感情的反応は、過去の進化環境において獲得された心理機能に過ぎないということである。

> 我々は、「すぐ近くのことで、かつ人身的な」道徳的違反に対してはより感情的に反応する、なぜならそれは我々が進化した環境に存在していた類の道徳的違反だからである。そう私は論じている。換言すれば、我々が歩道橋ジレンマ［プッシュ事例］において特有の義務論的直観を抱くのは、我々の進化史における偶然的な非道徳的特徴のためであると、私は論じているのである。（Greene 2008: 70）

同様にシンガー（Singer 2005）もまた、直観的判断全般の信頼不可能性を論じるために、それと感情及び進化的背景のつながりを指摘している。

これらは「進化的暴露論証」と総称されるものであり、その検討については第2章およびKahane（2012）を参照されたい。

（22）義務論（とりわけカント版のもの）のもとでは、どのような場合でも絶対に嘘をついてはならないとされるので、このような場面でももちろん嘘をついてはならない。しかしおそらく我々は、人の命を守るためであれば嘘をついても許される（あるいはそれどころか、嘘をつくべきだ）と直観的に判断するだろう

（23）興味深いことに、この感情的反応として測られたものは、自分の仮想的な意思決定（結果的に不利益を被った人がいるような行動）のシナリオを読んだうえで、自分の罪悪感や落ち度をどれくらい感じるかを報告させたものである。

（24）カヘイン（Kahane 2012）はこれと同じ論点を、複数の直観の間の選択という形ではなく、複数の一般的理由（危害を減じる理由と、意図的に危害を加えてはいけないという理由）の間の選択という形で述べている。「制御された処理が、互いに競合する相応の理由（あるいは「一応の義務」）のあいだで意思決定するのを支えうるのは、何をなすべきかについて「全てを考慮に入れた（all-things-considered）」判断を生むことによってである。そしてこの意思決定プロセスは、推論が関わることのないままに、意識的でエフォートフルなものでありうる。というのも結局、ある特定文脈において、ある義務が他の義務を上回るという判断は、まず間違いなく直観に基づいたものでもあるからだ」（pp. 532–3）。今回の私の議論は、カヘインの議論から着想を得ていることを記しておきたい。

参考文献

Amit, E. and Greene, J. 2012. You see, the ends don't justify the means: visual imagery and moral judgment. *Psychological Science* 23 (8): 861–868.

Audi, R. 1996. Intuitionism, pluralism, and the foundations of ethics. In Walter Sinnott-Armstrong and Mark Timmons (eds.) *Moral Knowledge*. Oxford University Press, pp. 101–136.

——— 2004. *The Good in the Right*. Princeton University Press.

Ayer, A. J. 1952. *Language, Truth and Logic*. Dover Publications.（A・エイヤー『言語・真理・論理』吉田夏彦訳、岩波書店、一九五五年）

Ballantyne, N. and Thurow, J. C. 2013. Moral intuitionism defeated? *American Philosophical Quarterly* 50 (4): 411–421.

Caruso, E. M. and Gino, F. 2011. Blind ethics: Closing one's eyes polarizes moral judgments and discourages dishonest behavior. *Cognition* 118: 280–285.

Chapman, H. and Anderson, A. 2014. Trait physical disgust is related to moral judgments outside of the purity domain. *Emotion* 14 (2): 341–348.

Cushman, F. and Young, L. 2011. Patterns of moral judgment derive from nonmoral psychological representations. *Cognitive Science* 35: 1052–1075.

Cushman, F. A., Young, L. and Hauser, M. D. 2006. The role of conscious reasoning and intuitions in moral judgment: Testing three principles of harm. *Psychological Science* 17 (12): 1082–1089.

Daniels, M. 1979. Wide reflective equilibrium and theory acceptance in ethics. *Journal of Philosophy* 76: 256–282.

De Brigard, F., Mandelbaum, E., and Ripley, D. 2008. Responsibility and the brain sciences. *Ethical Theory and Moral Practice* 12 (5): 511–524.

Gaut, B. 2002. Justifying moral pluralism. In P. Stratton-Lake (ed.) *Ethical Intuitionism: Re-evaluations*. Oxford University Press, pp. 137–160.

Greene, J. D. 2008. The secret joke of Kant's soul, In W. Sinnott-Armstrong (ed.) *Moral Psychology Volume 2, The Cognitive Science of Morality: Intuition and Diversity*. MIT Press, pp. 35–79.

——— 2014. The cognitive neuroscience of moral judgment and decision making. In M. Gazzaniga and G. Mangun (eds.) *The Cognitive Neurosciences*, 5th Edition. MIT Press, pp.1013–1023.

Greene, J. D., Cushman, F. A., Stewart, L. E., Lowenberg, K., Nystrom, L. E. and Cohen, J. D. 2009. Pushing moral buttons: The interaction between personal force and intention in moral judgment. *Cognition* 111 (3): 364–371.

Greene, J. D. and Haidt, J. 2002. How (and where) does moral judgment work? *Trends in Cognitive Sciences* 6: 517–523.

Greene, J. D., Morelli, S. A., Lowenberg, K., Nystrom, L. E. and Cohen, J. D. 2008. Cognitive load selectively interferes with utilitarian moral judgment. *Cognition* 107 (3): 1144–1154.

Greene, J. D., Nystrom, L. E., Engell, A. D., Darley, J. M. and Cohen, J. D. 2004. The neural bases of cognitive conflict and control in moral judgment. *Neuron* 44 (2): 389–400.

Greene, J. D., Sommerville, R. B., Nystrom, L. E., Darley, J. M. and Cohen, J. D. 2001. An fMRI investigation of emotional engagement in moral judgment. *Science* 293: 2105–2108.

Harman, G. 1977. *The Nature of Morality: An Introduction to Ethics.* Oxford Univesity Press.（G・ハーマン『哲学的倫理学叙説』大庭健・宇佐見公正訳、産業図書、一九八八年）

Hauser, M., Cushman, F., Young, L., Jin, R. K. X. and Mikhail, J. 2007. A dissociation between moral judgments and justications. *Mind and Language* 22 (1): 1–21.

Helzer, E. and Pizarro, D. A. 2011. Dirty Liberals!: Reminders of cleanliness promote conservative political and moral attitudes. *Psychological Science* 22: 517.

Hertwig, R. and Gigerenzer, G. 1999. The 'conjunction fallacy' revisited: How intelligent inferences look like reasoning errors. *Journal of Behavioral Decision Making* 12: 275–305.

Hooker, B. 2002. Intuitions and moral theorizing. In P. Stratton-Lake (ed.) *Ethical Intuitionism: Re-evaluations.* Oxford University Press, pp. 161–183.

Horberg, E. J., Oveis, C., Keltner, D. and Cohen, A. B. 2009. Disgust and the moralization of purity. *Journal of Personality and Social Psychology* 97: 963–976.

Huebner, B., Dwyer, S. and Hauser. M. 2009. The role of emotion in moral psychology. *Trends in Cognitive Sciences* 13 (1): 1–6.

Huemer, M. 2005. *Ethical Intuitionism.* Palgrave MacMillan.

——— 2008. Revisionary intuitionism. *Social Philosophy and Policy* 25 (1): 368–392.

Hume, D. 1739–1740. *A Treatise of Human Nature.* edited by D.J. Norton & M.J. Norton, Oxford University Press (2000).（D・ヒューム『人間本性論　第3巻　道徳について』伊勢俊彦・石川徹・中釜浩一訳、法政大学出版局、二〇一一年）

Inbar, Y., Pizarro, D. A. and Bloom, P. 2009. Conservatives are more easily disgusted than liberals. *Cognition and Emotion* 23: 714–725.

Inbar, Y., Pizarro, D. A., Knobe, J. and Bloom, P. 2009. Disgust sensitivity predicts intuitive disapproval of gays. *Emotion* 9: 435–439.

Kagan, S. 1989. *The Limits of Morality*. Clarendon Press.

Kahane, G. 2012. On the wrong track: process and content in moral psychology. *Mind and Language* 25 (5): 519–545.

Kahane, G. and Shackel, N. 2010. Methodological issues in the neuroscience of moral judgment. *Mind and Language* 25: 561–582.

Kahane, G., Wiech, K., Shackel, N., Farias, M., Savalescu, J. and Tracey, I. 2012. The neural basis of intuitive and counter-intuitive moral judgement. *Social Cognitive and Affective Neuroscience* 7: 393–402.

Kaspar, D. 2012. *Intuitionism*. Bloomsbury.

Lamm, C., Batson, C. D. and Decety, J. 2007. The neural substrate of human empathy: Effects of perspective-taking and cognitive appraisal. *Journal of Cognitive Neuroscience* 19 (1): 42–58.

Lombrozo, T. 2009. The role of moral commitments in moral judgment. *Cognitive Science* 33: 273–286.

McNaughton, D. 2000. Intuitionism. In H. LaFollette (ed.) *Blackwell Guide to Ethical Theory*. Blackwell Publishers, pp.268–287.

McNaughton, D. and Rawling, P. 2013. Intuitionism. In H. LaFollette and I. Persson (eds.) *The Blackwell Guide To Ethical Theory* , Second edition. Blackwell, pp.287–310.

May, J. 2014. Moral judgment and deontology: empirical developments. *Philosophy Compass* 9 (11): 745–755.

Mikhail, J. 2011. *Elements of Moral Cognition*. Cambridge University Press.

Nahmias, E., Coates, D. and Kvaran, T. 2007. Free will, moral responsibility, and mechanism: Experiments on folk intuitions, *Midwest Studies in Philosophy* 31: 214–242.

Nichols, S. and Knobe, J. 2007. Moral responsibility and determinism: The cognitive science of folk intuitions. *Noûs* 41: 663–685.

Nummenmaa, L., Hirvonen, J., Parkkola, R. and Hietanen, J. K. 2008. Is emotional contagion special? An fMRI study on neural systems for affective and cognitive empathy. *NeuroImage* 43 (3): 571–580.

Petrinovich, L. and O'Neill, P. 1996. Influence of wording and framing effects on moral intuitions. *Ethology and Sociobiology* 17: 145–171.

Pizarro, D. A., Inbar, Y. and Helion, C. 2011. On disgust and moral judgment. *Emotion Review* 3: 267–268.

Prinz, J. 2006. The emotional basis of moral judgments. *Philosophical Explorations* 9: 29–44.

——— 2007. *The Emotional Construction of Morals*. Oxford University Press.

Rawls, J. 1971. *A Theory of Justice*. Harvard University Press.

Ross, W. D. 1930. *The Right and the Good*. Oxford University Press.

Schnall, S., Benton, J. and Harvey, S. 2008. With a clean conscience: Cleanliness reduces the severity of moral judgments. *Psychological Science* 19: 1219–1222.

Schnall, S., Haidt, J., Clore, G. L. and Jordan, A. H. 2008. Disgust as embodied moral judgment. *Personality and Social Psychology Bulletin* 34: 1096–1109.

Shafer-Landau, R. 2008. Defending ethical intuitionism. In W. Sinnott-Armstrong (ed.) *Moral Psychology Volume 2, The Cognitive Science of Morality: Intuition and Diversity*. MIT Press, pp. 83–95.

Singer, P. 2005. Ethics and intuitions. *Journal of Ethics* 9: 331–352.

Sinnott-Armstrong, W. 2006. Moral intuitionism meets empirical psychology. In T. Horgan and M. Timmons (eds.) *Metaethics After Moore*. Oxford University Press, pp. 339–366.

——— 2008a. Framing moral intuitions. In W. Sinnott-Armstrong (ed.) *Moral Psychology Volume 2, The Cognitive Science of Morality: Intuition and Diversity*. MIT Press, pp. 47–76.

——— 2008b. Reply to Tolhurst and Shafer-Landau. In W. Sinnott-Armstrong (ed.) *Moral Psychology Volume 2, The Cognitive Science of Morality: Intuition and Diversity*. MIT press, pp. 97–105.

——— 2011. An empirical challenge to moral intuitionism. In J. G. Hernandez (ed.) *The New Intuitionism*. Continuum, pp.11–28.

Tolhurst, W. 2008. Moral intuitions framed. In W. Sinnott-Armstrong (ed.) *Moral Psychology Volume 2, The Cognitive Science of Morality: Intuition and Diversity*. MIT Press, pp. 77–82.

Tversky, A. and Kahneman, D. 1981. The framing of decisions and the psychology of choice. *Science* 211: 453–458.

Tversky, A. and Kahneman, D. 1983. Extensional versus intuitive reasoning: The conjunction fallacy in probability judgment. *Psychological Review* 90: 293–315.

Valdesolo, P. and DeSteno, D. A. 2006. Manipulations of emotional context shape moral judgment. *Psychological Science* 17: 476–477.

Wheatley, T. and Haidt, J. 2005. Hypnotically induced disgust makes moral judgments more severe. *Psychological Science* 16: 780–784.

Wiegmann, A., Okan, Y. and Nagel, J. 2012. Order effects in moral judgment. *Philosophical Psychology* 25（6）: 813–836.

Wiegmann, A. and Waldmann, M. R. 2014. Transfer effects between moral dilemmas: A causal model theory. *Cognition* 131: 28-43.

Young, L., Cushman, F. A., Hauser, M. D. and Saxe, R. 2007. The neural basis of the interaction between theory of mind and moral judgment. *Proceedings of the National Academy of Sciences of the United States of America* 104（20）: 8235–8240.

Zhong, C. B. and Liljenquist, K. A. 2006. Washing away your sins: Threatened morality and physical cleansing. *Science* 313: 1451–1452.

太田紘史（2013）「直観的な道徳判断における抽象性と具体性の問題」『哲学論叢』四〇、一二九–一四〇頁。

太田紘史・小口峰樹（2014）「思考の認知科学と合理性」、信原幸弘・太田紘史編『シリーズ新・心の哲学Ⅰ　認知篇』勁草書房、一一一–一六四頁。

児玉聡（2010）『功利と直観——英米倫理思想史入門』勁草書房。

＊本研究は科研費（26770004）の助成を受けたものである。

＊本研究はサントリー文化財団「人文科学、社会科学に関する学際的グループ研究助成」を受けたものである。

第6章 道徳判断と動機

信原幸弘

はじめに

道端に苦しそうにうずくまっている人がいる。わたしはこの人を助けるべきだ。そう判断したなら、わたしはその人を助けようという動機をもつだろう。そしてじっさいに助けようとするだろう。助けるべきだと思いながら、助けようという動機をまったくもたないとしたら、それはまことに奇妙なことだ。

たしかに助けるべきだと思っても、必ずしもじっさいに助けるという行動をとらないかもしれない。いまから大学で大事な講義を行わなければならない。わたしにとってそれはとても重要な仕事だ。うずくまっている人を助けていたら、講義に間に合わない。そう考えてその人を見捨てるかもしれない。しかし、たとえそうであったとしても、わたしがあくまでもその人を助けるべきだと思っているなら、わたしはその人を助けようという動機をいかほどかはもつだろう。その動機は講義に遅れないようにしようという動機ほど強くはない。それゆえ、結局は、その人を見捨ててしまう。しかし、それでもわたしは助けようという動機を少しはもつだろう。

もちろん、大学の講義のほうが大事だと考えることで、もはやその人を助けるべきだと思わなくなれば、その人を助けようという動機もなくなるだろう。わたしには大事な講義がある。この人は苦しそうにしているが、たぶん大丈夫だろう。わたしが助けなくても、他の人が助けるにちがいない。こうして助けるべきだという思いが消えれば、助けようという動機も消えるだろう。しかし、たとえその人を見捨てるとしても、あくまでもその人を助けるべきだという思いを保持したままそうする場合は、助けようという動機が消えることはないだろう。助けるべきだとは思うが、わたしにはもっと大事なことがある。申し訳ないが、先を急がせてもらう。このように思う場合は、講義に遅れないようにしようという動機ほど強くないとはいえ、助けようという動機がたしかにあるだろう。だからこそ、後ろ髪を引かれる思いで立ち去ることになる。

しかし、苦しんでいる人を助けるべきだと思うなら、その人を助けようという動機を必ずもつのだろうか。たしかにふつうはそのような動機をもつ。だからこそ、そうでなければ、奇妙に感じられる。しかし、必ずもたなければならないのだろうか。助けるべきだと思いつつ、助けようという動機をもたないことはありえないのだろうか。まれなことかもしれないが、あるいは現実には皆無かもしれないが、助けるべきだと思いつつ、そうしようという動機をもたないことも可能ではないだろうか。

苦しんでいる人を助けるべきだといった道徳判断とその人を助けようといった動機との関係については、内在主義と外在主義という相対立する立場のあいだで活発な論争が繰り広げられてきた（Björklund et al. 2012 がこの論争の簡明な概観を与えてくれる）。内在主義によれば、道徳判断には動機が内在しており、道徳判断を行えば、必ずそれに対応する動機が存在する。苦しんでいる人を助けるべきだと判断するなら、そうしようという動機が必ずそこにある。それにたいして、外在主義によれば、動機は道徳判断にたいして外在的であり、道徳判断がなされても、対応する動機があるとはかぎらない。苦しんでいる人を助けるべきだと判断しても、そうしようという動機がないことがありうる。たしかにふつうそのような動機はあるだろうが、なければならないということはない。道徳判断と動機は偶然的に結びついているだけで、必然的に結合しているわけではない。

内在主義と外在主義の論争は、一見すると、容易に解決できそうにみえるかもしれない。道徳判断を行いながら、対応する動機をもたない人は、無道徳者（amoralist）とよばれるが、そのような人が現実にいるかどうか、あるいは現実にはいなくても、存在することが可能かどうかを調べれば、この論争に決着が付くだろう。無道徳者が現実にいれば、あるいは少なくともその存在が可能であれば、道徳判断と動機は必然的には結びついていないから、外在主義が正しいということになり、そうでなければ、内在主義が正しいということになろう。

しかし、そう簡単には問屋が卸さない。内在主義と外在主義の両陣営はじっさい無道徳者の存在をめぐって争いを繰り広げてきたが、この争いがそもそも容易な決着を許さないのだ。外在主義者は無道徳者が存在すると主張し、内在主義者は外在主義者の言う無道徳者が一見、無道徳者であるようにみえるが、じつはそうではないと主張する。そしてこの論争は、結局のところ、道徳判断とは何か、道徳的な動機とは何か、道徳という領域にはどんな特殊性があるのか、といった道徳の根源に関わる問題へと突き進んでいく。そこにこの論争の面白みがある。本章では、内在主義と外在主義の戦いを追いながら、そしてできるだけ内在主義の擁護を試みながら、道徳の根源の一端に迫っていきたい。

1　無道徳者

道徳判断には必ず動機が伴うという内在主義者の主張にたいして、一部の外在主義者は無道徳者が現に存在することに訴えてそれを攻撃する。(1) 無道徳者は、道徳判断を行いながら、それに対応する動機をまったくもたない人として定義される。苦しむ人を助けるべきだとたしかに思うのだが、助けようという動機が少しも湧いてこない。助けるべきだという思いが助けようという動機にまったく繋がらない。このような人がじっさいに存在するなら、たしかに内在主義者は窮地に立たされよう。しかし、はたして本当に無道徳者は現実に存在するのだろうか。

1・1　サイコパス

無道徳者の現実の例にもっとも近いのではないかとしばしば考えられるのがサイコパスである（Kennett & Fine 2008: 173）。サイコパスは、情動の欠如、著しい自己愛、強い衝動性の三つの因子によって特徴づけられるような病的な人たちである（Blair et al. 2005: 8, 邦訳一二頁）。かれらは他人の苦痛にたいする共感が乏しく、他人を害しても罪悪感をもたない。また、自分を誇大視して、言葉巧みに他人を操り、欺く。さらに、長期的な目標をもたず、衝動的で無責任な振る舞いをする。このような特徴を有するため、サイコパスは他人に暴力をふるったり危害を加えたりするなど、反道徳的な行動をとることが多く、じっさい法を犯して刑務所に入れられることも多い。

サイコパスはどのような原因によってこのような特徴を有するのだろうか。これについては、扁桃体の機能不全という仮説が有力なようである（Blair et al. 2005: chap.8）。扁桃体は恐怖などの情動に関与する脳部位であるが、サイコパスでは扁桃体に異常があり、そのため情動にかんする機能がうまく働かない。健常者では、たとえば、ストレスがたまっていたために、ちょっとしたことでつい他人を殴ってしまったりしたとき、他人が示す苦痛の表情を見て、嫌悪感を覚えたり、悪いことをしたという罪悪感を覚えたりする。そしてそれゆえ、他人を殴ったりしないようにしようという気になる。しかし、サイコパスでは、他人を殴って、その苦痛の表情を見ても、扁桃体の機能不全のゆえに、嫌悪感や罪悪感を覚えない。そのため、他人を殴ったりしないようにしようという気にあまりならない。こうしてサイコパスは扁桃体の機能不全による情動障害のために、反道徳的な行動をとりやすくなると考えられるのである。

しかし、道徳に反する行動をしがちだとしても、サイコパスは道徳的な善悪をわきまえていないわけではない。かれらも、人を殴ることは悪いことであり、人を殴ってはいけないことを知っている。かれらはけっして、人を殴ることは悪いことではなく、人を殴ってもよいと思っているわけではない。ただ、そうであるにもかかわらず、道徳的な振る舞いがあまりよくできないのだ。そうだとすれば、結局、サイコパスは健常者と同じような道徳判断をしながらも、対応する動機を欠いており、そのせいで反道徳的な振る舞いをしてしまうのではなかろうか。かれらは、人を殴ってはいけないと思っていても、殴らないようにしようという動機が湧いてこないために、ちょっとしたことで人を殴ってしまうのではないか。もしそうだとすれば、サイコパスはまさに無道徳者の現実の例ということになろう。

サイコパスを無道徳者の現実例と見ることにたいしては、もちろん内在主義者から厳しい反論がある。ケネットとファインは、サイコパスが本当の意味で道徳判断を行っているのかどうかにかんして、いくつもの疑問を呈している（Kennett & Fine 2008: 173–8）。たとえば、彼女らはサイコパスが慣習と道徳の違いを把握できていないことを疑問点のひとつとして挙げる。健常者は食事の作法のような社会的な慣習と他人への危害を禁じるような道徳との違いを理解している。かれらは、社会的な慣習なら、それを破ることを許可されると、破ってもよいと思うようになるかもしれないが、道徳はそれを犯すことを許可されても、やはり犯してはならないと思い続ける。しかし、サイコパスは興味深いことに、社会的な慣習でも、道徳と同じように、破ることを許されても、破ってはならないと思い続ける（Blair 1995）。ケネットらは、このような研究成果にもとづいて、サイコパスが慣習と道徳の違いをきちんと把握できていないということから、サイコパスが本当に真正の道徳判断を行っているのかどうかに疑問を投げかけるのである。

また、サイコパスは自分の言ったことをただちに引っ繰り返すことが多いという事実も見られる（Eichler 1966）。たとえば、「ジョンは実直な奴だ。もちろん、いかがわしいことをやっているがね」などと言う。ケネットらは、サイコパスがこのような一貫性のない発言をするのは、かれらが道徳の言葉をきちんと理解していないからだと見て、やはりかれらの道徳判断の真正さに疑問を投げかける。

ケネットらの疑問からすると、サイコパスが真正の道徳判断を行っているというのはたしかに疑わしい。もちろん、彼女らの疑問が決定的だというわけではない。サイコパスの道徳判断が真正である可能性もまだ残されていよう。しかし、それでも、十分な疑いがあると言える。サイコパスにかんする現時点での研究成果では、サイコパスが無道徳者の現実の例であるとは断言できず、むしろそうでない可能性がかなり大きいと言えよう。

1・2　VM患者

無道徳者の現実の例としてもうひとつ有力なのが脳の前頭前野腹内側部（ventromedial prefrontal cortex 略

してＶＭＰＦＣ）を損傷した患者である。このＶＭ患者については、ダマシオとそのグループによる研究が有名である。ダマシオらは、ＶＭ患者の歴史的な事例であるフィニアス・ゲージ（一九世紀半ばの米国人で建設会社に勤めていたが、建築現場の爆破事故によりＶＭＰＦＣを損傷）や、現在の事例であるエリオットという人物（脳腫瘍の手術のためＶＭＰＦＣを切除）について、詳細な研究を行った（この研究成果はダマシオ 2000 に興味深くまとめられている）。

ＶＭＰＦＣは情動と意思決定に関係する部位であるが、この部位を損傷したＶＭ患者には、情動の低下、衝動性の高まり、意思決定の困難といった特徴が見られる。ＶＭ患者は自分の不幸な人生にもまるで他人事のように淡々としており、先の計画を立ててもそれをちゃんと実行できず、つぎの受診日を決めるといった簡単なことでも、あれこれ些事にこだわっていっこうに決めることができない。しかし、このような実践的な能力に大きな問題があるにもかかわらず、興味深いことに、知的な能力にはほとんど問題がない。

こうした特徴を示すＶＭ患者は、道徳的なことがらについても同様の特徴を示す。かれらは道徳判断にとくに問題はないが、道徳の実践となると、大きな問題を生じる。たとえば、道徳テストを受けさせると、健常者に負けないくらい高い点をとるが（Saver & Damasio 1991）、日常生活はと言えば、約束を守らなかったり、やることがころころ変わって他人に迷惑をかけたりする。

ＶＭ患者は、一見すると、道徳判断をきちんと行いながらも、対応する動機を欠いており、そのため道徳的な振る舞いができないようにみえる。ロスキースはまさにそうだと考える。そしてＶＭ患者の存在に訴えて、内在主義を攻撃し、外在主義を擁護しようとする（Roskies 2003, 2006a）。

内在主義者はもちろん、ＶＭ患者を無道徳者の現実例と見ることにたいしても強く反対する。サイコパスの道徳判断の真正さに疑問を投げかけたケネットとファインは、ＶＭ患者については、その道徳判断の真正さだけではなく、動機の欠如の点にも疑問を投げかける（Kennett & Fine 2008: 184–5）。ＶＭ患者が健常者ほど道徳的な振る舞いをすることができないのは、道徳判断に対応する動機を欠くからではなく、意思決定に問題があるからだと言うのである。ＶＭ患者は約束を守るべきだと思うとき、約束を守ろうという動機をたしかにもつのだが、それでも何かほかのこと、たとえば食事や買い物などをしたほうがよいのではないかと考えてしまって、なかなかどうするか決断をくだすことができない。そして結局は、衝動的な振る舞いをして、約束を破ってしまう。ＶＭ患者は、約束を守ろうという動機を欠くのではなく、そのような動機を他の動機と調停してうまく意思決定を行うことができないのだ。道徳的な振る舞いを阻害しているのは、この意思決定の不全であって、道徳判断に対応する動機の欠如ではない。

　このようなケネットらの反論にたいして、ロスキースは、動機が意思決定を左右するから、動機の欠如が意思決定を困難にするのだと反論する（Roskies 2008: 199）。約束を守ること、食事をすること、買い物をすることと、それぞれにそれなりの動機があり、ふつうその強さによって何をするかが決まってくる。約束を守ろうという動機がもっとも強ければ、約束を守ろうという意思決定になるだろうし、食事をしようという動機がもっとも強ければ、食事をしようという意思決定になる。しかし、どの選択肢にも動機が欠如していれば、どれにするか決めるのは非常に難しくなる。というのも、それぞれの選択肢の価値をいちいち多様な観点から知的に見積もってそれらを知的に比較考量しなければならなくなるからである。これはなかなか難しい作業だ。ＶＭ患者は道徳判断に対応する動機だけではなく、たいていの動機を欠くために、意思決定に障害が生じるのである。

　このロスキースの反論はそれなりに説得力があると思われる。動機は定義上、行為を引き起こす力であり、行為を遂行する場面で働くものであるが、それだけではなく行為の選択の場面でもすでに働いていると考えられる。もっとも強い動機をもつ行為を選ぶからこそ、その行為をじっさいに遂行することが可能になる。弱い動機しかもたない行為を選んでしまえば、じっさいに遂行するさいには、その行為ではなく、それより強い動機をもつ行為を遂行してしまうだろう。たしかにこのような場合でも、意志の力で何とかなることもあるが、そうでないことも多い。したがって、行為を選ぶさいに、その動機の強さに応じた選択をすることが重要である。こうして意思決定の場面で動機がすでに働いていると考えることは十分理に適っていると思われる。そうだとすれば、動機の一般的な欠如のゆえに、意思決定の不全が起こるというのも、十分考えられることである。

VM患者はおそらく道徳判断に対応する動機も含めて、多くの動機を欠くと考えられよう。したがって、この点では、ロスキースが主張するように、無道徳者の要件を満たしていると言えよう。しかし、そうだとしても、真正の道徳判断を行っているという要件を満たしているかどうかについては、疑問が残る。ケネットらは、VM患者が仮想的な場面では適切な道徳判断を難なく行っても、現実の場面ではそのような判断をなかなか行えないことを問題視する（Kennett & Fine 2008: 183）。急ぎの用事があるときに道端で苦しんでいる人を見かけたとしたら、どうすべきだろうかと尋ねられると、VM患者は容易に、助けるべきだと判断するのに、じっさいにそのような場面に遭遇すると、どうすべきかわからなくなったり、突拍子もない判断をしたりする。(2) 仮想的な道徳判断に問題がなくても、現実的な判断に大きな問題があるとすると、VM患者の道徳判断の真正さにやはり疑問が残ろう。かれらは結局、道徳的な知識をもっているだけなのではなかろうか。道徳テストでは、その知識を用いて正しく答えることができるが、現実の状況では、知識だけではなく状況の的確な把握も必要であり、それができないために適切な道徳判断を行うことができないのではないだろうか。

もちろん、現段階では、ＶＭ患者が真正の道徳判断を行っていないと断定することはできない。(3) しかし、サイコパスほどではないとしても、かれらについてもその疑いを投げかけることができよう。現状ではやはり、ＶＭ患者が無道徳者の現実の例であるとは言えず、むしろそうでない可能性が大きいと言うべきだろう。

2　合理的内在主義

無道徳者が現実に存在するかどうかは、少なくとも現時点ではあまりはっきりしない。しかし、たとえ現実には存在しないとしても、そのような人が存在することが可能でありさえすれば、内在主義を打ち砕くには十分ではなかろうか。内在主義は道徳判断と動機のあいだに必然的な結合があると主張する。しかし、道徳判断に動機が伴わないことが可能だということになれば、この必然的な結合は成立しなくなる。それゆえ、無道徳者の存在が可能でありさえすれば、内在主義は成り立たないことになる。

無道徳者は、現に存在しないとしても、存在することは十分可能であるようにみえる。サイコパスやＶＭ患者の場合には、かれらが真正の道徳判断を行っているかどうかに疑問が残るが、そのような疑問がいっさい生じないような仕方で道徳判断を行いながら、それでも動機は欠いているということは、けっして想像できないことではないだろう。判断と行為は別であり、動機は行為やその選択に関わる。したがって、動機がなくても、判断が真正になされることは可能なはずである。苦しむ人を助けるべきだという判断とその人を助けるという行為は別のことがらであり、行為とは独立に判断は成立しうる。そうだとすれば、行為への動機とも独立に判断は成立しうるはずであり、それゆえ苦しむ人を助けるべきだと判断しながら、そうしようという動機をもたないことは、十分可能なはずである。たとえ現実にはつねにそのような動機をもつとしても、それをもたないことも原理的には可能なはずである。

無道徳者の可能性を認めれば、内在主義は少なくともそのままの形では維持できない。したがって、無道徳者の可能性を認めたうえで内在主義を維持しようとすれば、内在主義の主張を何らかの仕方で弱める必要がある。こうして登場してくるのが合理的内在主義である。つぎにそれを検討しよう。

2・1 合理的内在主義

ある人が合理的ならば、その人の道徳判断には必ず動機が伴う。ある人が道端で苦しむ人を助けるべきだと判断するとき、その人が合理的であれば、その人は必ず助けようという動機をもつ。道徳判断と動機の必然的な結合は、無条件ではなく、合理性という条件付きで成り立つ。こう主張するのが合理的内在主義である (Smith 1994, Korsgaard 1996, Wallace 2006, Wedgwood 2007: 23–34, van Roojen 2010)。

合理性という条件を付ければ、無道徳者に訴える反論から内在主義を守ることがたしかに可能になる。なぜなら、無道徳者は合理性の条件を満たしていないからである。苦しむ人を助けるべきだと無道徳者が判断しながら、その人を助けようという動機をもたないのは、無道徳者が合理的でないからである。合理的でありさえすれば、かれらも動機をもつだろう。したがって、無道徳者は合理的内在主義にたいする反例とはならないのである。

ここで注目に値するのは、合理的内在主義によれば、無道徳者も真正の道徳判断を行っているという点である。無道徳者は、苦しむ人を助けるべきだと判断しても、助けようという動機をもたないが、それでも助けるべきだという判断は真正に行っている。この判断が真正でないためではなく、合理性に欠けるために動機をもたないのである。

しかし、ここでひとつ疑問が生じる。助けるべきだと判断しながら、助けようという動機をまったくもたないような不合理な人が、本当に真正な道徳判断を行えるのだろうか。助けるべきだという道徳判断に応じて助けようという動機を必然的にもつには合理性が必要だとすれば、そもそも助けるべきだという真正な道徳判断を行うのにも合理性が必要ではないだろうか。道徳判断にかぎらず、一般に真正な判断には合理性が必要であるように思われる。そうだとすれば、不合理な人は真正な判断を行うことができないのではなかろうか。

道徳判断にそもそも合理性が必要だとすると、合理的内在主義はもとの無条件の内在主義に戻ってしまうことになる。合理的内在主義は、「ある人が合理的であれば、その人が道徳判断を行うとき、その人は必然的に対応する動機をもつ」と主張するが、「合理的であれば」という条件をわざわざ付けなくても、「道徳判断を行う」ということのうちにすでにその条件が含まれている。したがって、たんに「ある人が道徳判断を行うとき、その人は必然的に対応する動機をもつ」とすればよい。しかし、これはもともとの無条件の内在主義にほかならない。

合理的内在主義が結局、もとの無条件の内在主義に戻るとすると、それはやはり無道徳者の問題にうまく対処できないように思われる。道徳判断を行えば、必ず動機をもつと主張する以上、道徳判断を行いながら、動機をもたない人の可能性を認めるわけにはいかない。しかし、合理的内在主義は、あくまでも無道徳者の可能性を認めたうえで、条件付きの内在主義を提唱しようとする立場であった。したがって、無道徳者の可能性を否定することはできない。では、どうすれば、その可能性を認めつつ、道徳判断と動機の必然的結合を確保することができるだろうか。ここでおのずと思い浮かぶのが、道徳判断を行うさいの合理性と、その判断に応じて動機をもつさいの合理性を区別することであろう。この区別を設ければ、道徳判断を行っても、動機をもたないことがありうることになる。合理的内在主義者は必ずしもこの区別を明示的に立てているわけではないが、実質的にこの区別を立てていると見ることができる。つぎにこの区別を設けた合理的内在主義を検討してみることにしよう。

2・2　理論的合理性と実践的合理性

合理性とひと口に言っても、それは事実や価値の判断に関わる理論的合理性と行為の選択および実行に関わる実践的合理性に分けることができる。道端でうずくまって苦しそうにしている人を見たとき、その人がじっさいに苦しいのであり、誰かの助けを必要としていると判断したり、その人を助けることはよいことであり、放置するのは悪いことだと判断したりする。このような事実や価値の判断には、しかるべき証拠を集めたり、証拠にもとづいて推論したりすることが必要である。このような適切な証拠の収集や、証拠にもとづく適切な推論を可能にするのが理論的合理性である。それにたいして、事実や価値にかんする判断にもとづいて、どの行為を選択するかを適切に決定し、その決定した行為をじっさいに実行することを可能にするのが実践的合理性である。

苦しそうにしている人を見て、その人を助けるべきだと判断するのは、まだ判断であって、意思決定（つまり行為の選択）ではない。それはその人を助けることはよいことだという道徳的な価値判断にほかならない。そのような判断を踏まえて、そしてそのほかの意思決定に関係する諸判断も踏まえて、最終的にどうするかを決めるのが意思決定である。講義の開始時刻が迫っており、間に合うようにするには、急ぐ必要がある。このような判断も踏まえて、最終的にその人を放置して講義に急ぐことに決定する（あるいは逆に、講義を犠牲にしてその人を助けることに決定する）。これはもはや判断ではなく、意思決定であり、意図の形成である。

道徳判断はあくまでも判断であり、それに関わるのは理論的合理性である。それにたいして、動機は意思決定や行為の実行に関係するから、動機に関わるのは実践的合理性である。苦しむ人を助けるべきだと判断するとともに、講義に遅れないようにすべきだと判断するとき、最終的にその人を助けるか、あるいは講義に遅れないようにするか、どちらを選択するかは、助けようという動機と講義に遅れないようにしようという動機の強弱がおもに関係する。したがって、判断にもとづいて適切な意思決定を行うためには、判断に対応するしかるべき動機をもつ必要がある。苦しむ人を助けるべきだと判断しながら、助けようという動機をもたなければ、その判断に相応しい意思決定を行うことはできないだろう。また、たとえ助けるべきだという意思決定を行っても、助けようという動機をもたなければ、意思決定どおりの行為を行うことができないであろう。道徳判断に動機が伴うことは、適切な意思決定と行為を行うために不可欠である。したがって、道徳判断に動機が伴わなければ、実践的に合理的ではなくなるだろう。

このように考えられるとすると、道徳判断に関わるのは理論的合理性であり、動機に関わるのは実践的合理性だということになる。つまり、道徳判断と動機のいずれにも合理性が関わるとしても、その合理性は異なるのである。そうだとすれば、道徳判断に合理性が関わるとしても、それは理論的合理性にほかならないから、道徳判断を行っても、実践的合理性が成立しているとはかぎらない。したがって、道徳判断に動機が必ず伴うとは言えない。動機が必然的に伴うためには、実践的合理性の条件を付け加える必要がある。こうして合理的内在主義は、「ある人が実践的に合理的であれば、その人が道徳判断を行うとき、その人は必然的に対応する動機をもつ」という条件付きの内在主義となる。

このような合理的内在主義によれば、無道徳者の問題にも容易に対処できる。無道徳者は理論的合理性を備えているために、真正の道徳判断を行うことができるが、そのような判断を行っても、実践的合理性を欠いているために、対応する動機をもたないのである。

さて、合理的内在主義を唱えるスミスは、合理性を理論的なものと実践的なものに分けるだけではなく、それらを密接に関係づけてもいる（Smith 1994: chap.5）。かれは道徳判断を行為にかんする価値判断の一種（善悪という道徳的価値にかんする判断）とみなし、価値判断一般について、判断に関わる合理性と動機に関わる合理性を区別しつつ、それらを密接に関係づける。かれによれば、ある行為が望ましいということは、その行為をなすべき規範理由（行為を動機づける理由ではなく、行為を規範的に要求する理由）があるということである。そしてある行為をなすべき規範理由があるということは、その行為をなしたいという欲求があるということではないが、それでも、実践的に合理的であれば、その行為をなすことを欲するということである。貯金すべき規範理由があるのに、貯金したいと思わないなら、それは実践的な合理性に欠ける。実践的に合理的であれば、貯金したいと思うはずである。貯金すべき規範理由があるということは、ように、実践的に合理的であれば、貯金することを欲するということである。そうだとすると、貯金するのは望ましいということは、結局のところ、実践的に合理的であれば、貯金することを欲するということである。

ある行為が望ましいということが、実践的に合理的であれば、その行為をなすことを欲するということだとすると、ある行為を望ましいと判断することは、実践的に合理的であれば、その行為をなすことを欲すると判断することだということになる。こうしてある行為が望ましいという判断には、その判断の内容のうちにすでに、実践的に合理的であれば、その行為をしようという動機をもつことが含まれているのである。この判断を行うには理論的な合理性だけで十分であるが、その内容には実践的合理性のもとでの動機の存在がすでに含まれており、だからこそじっさいに実践的に合理的であれば、必ず動機をもつのである。

スミスによれば、理論的合理性と実践的合理性のあいだには、このような密接な関係があり、それゆえそれらは組み合わさってひとつの合理性をなしていると言える。しかし、スミスはその一方で、あくまでも理論的合理性と実践的合理性を区別し、実践的合理性がなくても、理論的合理性が損なわれるわけではないと考えている。だからこそ、動機をいっさい伴わずに、真正な価値判断を行うことが可能だと考えるのである。しかし、本当に動機を伴わなくても、真正な価値判断を行うことはできるのだろうか。

この疑問をまさにスミスに突きつけるのがヘルムである（Helm 2002, 2010）。かれは価値判断、情動、欲求の三者間には相互に合理的な結びつきがあると主張する。たとえば、家をきれいにしておくことをとても大事にしているお母さんは、子供が外から帰ってきて汚れたまま家に上がったら、子供を叱るべきだと判断するだろうが、それだけではなく、子供に怒りを覚えるだろうし、また罰を与えたいと思うだろう。しかも、これらの価値判断と情動と欲求は、互いに合理的に要求し合っている。子供を叱るべきだと判断する以上、当然、子供に怒りを覚えるべきであり、特別な事情がないのに、怒りを覚えないとすれば、それはおかしなことであり、合理性に欠ける。逆に、子供に怒りを覚える以上、当然、子供を叱るべきだと判断すべきであり、特別な事情がないのに、そう判断しないとすれば、それはやはりおかしなことであり、合理性に欠ける。価値判断と欲求のあいだにも、さらに情動と欲求のあいだにも、同様のことが言える。価値判断と情動と欲求がこのような合理的な相互結合によって関係づけられているとすれば、情動と欲求がそれ自体のうちに動機を含んでいるから、価値判断も動機を伴うべきである。そうでなければ、その価値判断には欠陥がある。子供を叱るべきだと判断するなら、当然、それに相応しい怒りや欲求をもつべきであり、そうである以上、子供を叱ろうという動機をもつべきである。そうでなければ、その価値判断には欠陥があるのである。

スミスの場合も、価値判断と動機のあいだに密接な繋がりがあるが、かれの場合、価値判断と動機をいったん切り離したうえで、あらためてそれらを実践的合理性によって繫ぎとめたにすぎない。だからこそ、動機を伴わなくても、真正な価値判断が可能なのである。それにたいして、ヘルムの場合は、価値判断と動機を最初から分けることなく、合理的な相互結合によって関係づけられた不可分なものとしている。それゆえ、動機を伴わなければ、価値判断には欠陥があるのである。

スミスとヘルムの対立点は、結局のところ、動機を伴わない価値判断を真正な判断とみなすかどうかという点にある。価値判断と情動と欲求を合理的な相互結合によって関係づけられたものと見て、価値判断と動機を不可分とするヘルムの見方は、たいへん魅力的であり、重要な真理を含んでいると思われる。しかし、そうとはいえ、動機を伴わない価値判断が真正でないことを疑問の余地なく決定的に示したとは言い難い。価値判断と情動と欲求のあいだに合理的な相互結合があるとしても、価値判断と動機を不可分とするほどの強い結合なのかどうかは判然としない。動機を伴わずに真正な価値判断を行うことは、依然として可能であるようにみえる。

話を価値判断一般からその一種である道徳判断に戻せば、動機が伴わない道徳判断は真正ではありえないのだろうか。それとも、そのような判断も真正でありうるのだろうか。道徳判断と動機は、一方では、ヘルムが言うように、密接不可分であるようにみえるが、他方では、スミスが認めるように、切り離せるようにもみえる。そうだとすれば、じつは道徳判断にはふたつの種類があって、一方は動機と不可分だが、他方は動機から切り離せるということにならないのだろうか。次節では、この可能性を探ってみることにしたい。

3 道徳判断とは何か

3・1 理論的判断と実践的判断

道徳判断は現に成立している道徳的な事態を認識するものである。[4] 道端でうずくまっている人を見て、この人を助けるべきだと判断するとき、まず、その判断に先立って、この人を助けることはよいことであり、そうすべきだという道徳的な事態が成立しており、その成立している事態を認識するのが道徳判断である。

道徳判断が現に成立している道徳的事態の認識だとすれば、それはもちろん誤りうる。この苦しんでいる人を助けるべきだと判断したが、じっさいはその人を助けることはよくないことかもしれない。その人はたしかに苦しんでいるが、他人の助けがどうしても必要だというほどではない。その人を助けることは、むしろお節介かもしれない。そうだとすれば、むしろ助けずにそのままにしておいたほうがよいだろう。それにもかかわらず、その人を助けるべきだと判断するとすれば、それは誤った判断だということになる。

道徳判断は、道徳的な価値に関わるとはいえ、現に成立している事態についての判断である。この点では、事実判断と違わない。[5] 戸棚にコップがあるという事実判断は、戸棚にコップがあるという現に成立している事態についての判断である。道徳判断は価値に関わり、事実判断はそうではないという点で、それらは異なるが、それでも現に成立している事態についての判断だという点では同じである。そうだとすれば、事実判断が必ずしも動機を伴わないように、道徳判断も必ずしも動機を伴わないのではなかろうか。あるいは、言い換えれば、事実判断が動機を伴うとしても、それはたまたまそうであるにすぎないように、道徳判断が動機を伴うとしても、やはりたまたまそうであるにすぎないのではないだろうか。

道徳判断にせよ、事実判断にせよ、それらは現に成立している事態を認識するだけのことである。認識は世界のあり方を受け止めるだけであり、それ自体としては、行為を生み出す力をもたないように思われる。戸棚にコップがあることを認識したとしても、それだけでコップを取りだそうという動機が生じるわけではない。水を飲みたいといった欲求があってはじめて、コップを取りだそうという動機が生まれる。道徳判断もそれと同様ではないだろうか。道徳判断は道徳的な価値をもつ事態に関わるが、そうであっても、たんなる認識にすぎない。この苦しんでいる人を助けるべきだという判断は、この苦しんでいる人を助けることはよいことであり、そうすべきだという現に成立している事態をたんに認識したにすぎない。そうだとすれば、それだけで助けようという動機が生じるのではなく、道徳的に正しいことをしたいという一般的な欲求があってはじめてそのような動機が生じるのではないだろうか。一部の外在主義者はまさにそう考える（Brink 1986: 31, Svavarsdóttir 1999: 170）[6]。

信念（判断、認識）はそれだけでは動機を生まず、欲求と組み合わさってはじめて動機を生むという見解はヒューム主義とよばれる（ヒューム主義とその詳細な検討については、Smith 1994: chaps.4–5 を参照）。外在主義者はもちろん、道徳判断にかんしてヒューム主義をとる。つまり、道徳判断はそれ自体では動機をもたらさず、何らかの欲求（たとえば道徳的でありたいという欲求）と組み合わさってはじめて動機をもたらすと考えるのである。

たしかに動機を必ずしも伴わない道徳判断も存在するように思われる。しかし、その一方で、動機を必ず伴うような道徳判断も存在するように思われる。道端で苦しんでいる人を見て、その人を助けるべきだと判断するとき、わたしはそこで成立している道徳的事態をただ認識しようとして認識しているわけではない。そのような認識のための認識を行っているのではなく、何をするかという実践的な観点から認識を行っている。したがって、その人を助けるべきだと判断すれば、その人を助けようという動機をもつ。講義に急ぐべきだといった他の判断との兼ね合いから、じっさいには助けないかもしれないが、そうだとしても、少なくとも助けようという動機をいかほどかはもつ。

行為から切り離された道徳判断も、たしかに不可能ではない。この苦しんでいる人を助けることはよいことだという道徳的事態をただ認識するだけで、それを実践的なことがらといっさい関係させないようにすることも不可能ではない。道徳的事態は実践的観点からだけではなく、理論的観点からも認識可能である。しかし、同じ事態にかんする認識でも、実践的観点からの認識と理論的観点からの認識では、認識の種類が本質的に異なるように思われる。実践的認識（実践的観点からの認識）は何をするかという実践的なことがらと本質的に結びついているのにたいし、理論的認識（理論的観点からの認識）はそうではない。

道徳判断は理論的判断であることも不可能ではないが、通常は実践的判断である。この点で、道徳判断は事実判断と根本的に異なる。事実判断はつねに理論的判断である。たしかに事実判断も実践的観点から行われるようにみえる場合もある。水を飲みたいが、コップがない。どこかにコップがないか。探してみると、戸棚にあった。このとき、戸棚にコップがあるという判断は、まさに水を飲むという実践的な文脈でなされている。しかし、この場合、その判断は水を飲みたいという欲求と独立に、それ自体で実践的なことがらに関わっているわけではなく、その欲求と組み合わさってはじめて実践に関わっている。それにたいして、道徳判断が実践的観点からなされるとき、それは何かある欲求と組み合わさってはじめて実践と関わっているわけではなく、まさに道徳的な価値にかんする判断であるがゆえに、それ自体で実践と関わっている。この意味で、道徳判断がふつう実践的判断であるのにたいし、事実判断はそうではなく、理論的判断なのである。

さて、理論的な道徳判断が動機を必然的に伴うわけではないことは明らかだが、実践的な道徳判断はどうであろうか。それは必然的に動機を伴うだろうか。この苦しんでいる人を助けるべきだという実践的な道徳判断は、何をするかという実践的観点からなされた判断である。それは講義に急ぐべきだといった他の実践的判断と並んで、何をするかを決定する意思決定の過程において考慮され、意思決定を方向づける。そして最終的に、たとえばその人を助けようという意思決定がなされたとすれば、その意思は助けるという行為を動機づける力をもっており、その行為を実現させる。たしかに決定したのとは別の行為がなされるケース（意志の弱さ）もありうるが、ふつうは決定した行為が実行される。しかも、意志の弱さの場合でさえ、助けようという意思は助けるという行為を動機づける力をもっている。ただ、他の行為への動機（たとえば講義に急ごうという動機）より弱かったというにすぎない。

助けようという意思が助けようという動機を含むとすれば、その動機は何に由来するのだろうか。それは意思決定の過程で考慮されていた実践的な道徳判断に由来すると考えられる。この苦しんでいる人を助けるべきだという判断は講義に遅れないようにすべきだという判断と並んで意思決定の過程で考慮されており、それらの比較考量を通じて助けようという意思決定に至ったのだが、この意思が動機を孕むのは、そもそも比較考量されていた判断が動機を伴うからであろう。助けるべきだという判断は助けようという動機を伴い、講義に急ぐべきだという判断は急ごうという動機を伴う。そのような動機を伴う判断が比較考量され、しかもそれぞれの動機の強さも含めて比較考量され、その結果として助けようという意思決定に至ったからこそ、意思は動機を孕むのである。そうだとすれば、たとえ助けるのではなく講義に急ごうという意思決定がなされたとしても、事情は変わらない。その場合でも、助けるべきだという判断は動機を伴っており、その動機も含めて意思決定の過程で考慮されたのである。

理論的な道徳判断は動機を必然的には伴わないが、実践的な道徳判断は動機を必然的に伴うように思われる。何をなすかという実践的な観点から道徳判断を行えば、われわれは必然的に、なすべきだと判断したことをなそうという動機をもつ。たとえそれより強い動機があって、なすべきだと判断したことをなさなかったとしても、それをなそうという動機だけは必ずもつのである。

そうだとすると、実践的な道徳判断に限定すれば、内在主義を擁護することは可能であろう。道徳判断一般ではなく、実践的な道徳判断は必然的に動機を伴う。このような主張として内在主義を理解すれば、それはおそらく正しいだろう。しかし、内在主義をそのように限定することに問題はないのだろうか。それは内在主義を救うためだけの場当たり的な限定ではないだろうか。

この懸念を払拭することは容易にできるように思われる。実践的な道徳判断と理論的な道徳判断は、同じ道徳判断といっても、種類の異なる判断である。実践的な道徳判断は実践的な観点からなされ、実践的なことがらと本質的に結びついているのにたいし、理論的な道徳判断は理論的な観点からなされ、認識のための認識にすぎない。また、われわれがふつう行うのは実践的な道徳判断であり、理論的な道徳判断を行うのはまれである。道端でうずくまっている人を見たとき、その人を助けるのがよいかどうかをただ認識するためだけに認識するというようなことはまずない。どうするかという実践的な観点から認識するのがふつうである。したがって、われわれが道徳判断というとき、まず念頭に浮かべるのは実践的な道徳判断であろう。そうだとすれば、道徳判断を実践的なものに限定して、実践的な道徳判断について内在主義を唱えることは、けっして場当たり的ではなく、十分理由のあることだと考えられる。

こうして実践的な道徳判断に限定した内在主義が擁護可能なように思われる。しかし、まだなお考察すべきいくつかの問題が残されている。つぎにそれらを検討しよう。

3・2　仮想的判断と現実的判断

　ここまでは、道徳判断は現実の道徳的な事態を認識するものだとして議論を行ってきたが、じつは道徳判断には、このような現実の状況での判断だけではなく、仮想的な状況での判断もある。道端で苦しそうにうずくまっている人を見かけたとしたら、あなたはどうすべきだと思いますか。こう問われて、助けるべきだと答える。これは現実の状況ではなく、仮想的な状況での判断である。苦しんでいる人をじっさいに見るのではなく、かりに見たとしたらという仮想的な状況のもとで、助けるべきだと判断したにすぎない。

　道徳判断はまた、個別の具体的な行為についてなされるのではなく、あるタイプの行為一般についてなされることもある。この苦しんでいる人を助けるべきだと判断するのではなく、一般にどんな人でも、苦しんでいる人は助けるべきだと判断するのである。この一般的な道徳判断も、仮想的判断と同じく、現実の具体的な道徳的事態を認識するものではない。それは実質的には、仮想的な道徳判断と同種のものとみなすことができる。苦しんでいる人を助けるべきだという一般的な判断は、どんな人であれ、ともかく苦しんでいる人がいたとしたらという仮想的な状況を想定して、そのもとでその人を助けるべきだと判断することである。

仮想的な状況はどれほど詳細に設定しても、現実と同じ詳細さを備えておらず、いかほどかは抽象化され、それゆえタイプ化されている。「苦しんでいる人がいたとしたら」という状況ではなく、「道端でうずくまって苦しんでいる人がいたとしたら」という状況にしたとしても、あるいはさらに詳細にして、「講義の開始時刻に間に合うように急いでいるときに、そのような人がいたとしたら」という状況にしたとしても、現実の詳細さにはとうてい追いつかない。現実の状況では、言葉で描き尽くせないような多くのさまざまなことがらが成立している。たとえば、苦しんでいる人はまだ子供だとか、まわりにはほかに誰もいないとか、自分は携帯をもっていないとか、無数といっていいほど多くのことがらが成立している。そのようなことがらをほとんど捨象してはじめて、一定のタイプ的な状況として仮想的な状況が設定されるのである。したがって、仮想的な状況での行為というのも、個別的で具体的な行為というより、あるタイプの一般的で抽象的な行為であり、仮想的判断はそのような一般的な行為についての一般的な判断なのである。

このように仮想的判断と一般的判断は実質的に同種の判断だとみなすことができる。それゆえ、以下では、仮想的判断だけを取り上げることにする。そのうえで問題にしたいのは、仮想的な道徳判断が必然的に動機を伴うだろうかということである。現実の状況での実践的な道徳判断は動機を必然的に伴う。しかし、仮想的な道徳判断はどうだろうか[7]。そして、もし仮想的な道徳判断が必然的に動機を伴うのでなければ、それは内在主義にとって深刻な困難となるだろうか。

この問題の鍵を握るのは、仮想的な状況で実践的な観点をとることができるかどうかということであろう。もし実践的な観点をとることができなければ、仮想的な道徳判断はすべて理論的な判断ということになろう。したがって、それは必然的に動機を伴うわけではないということになるが、そうだとしても、そのことは実践的な道徳判断に限定した内在主義にたいしては、反例にならないだろう。

行為は現実の状況のなかで現実に遂行されるものである。仮想的な状況でも、そのなかで遂行される行為を考えることはできるが、それはあくまでも行為の思考であって、じっさいの行為ではない。たとえその行為を具体的にありありと思い浮かべてみても、それは行為の想像にすぎないし、さらにじっさいに手足を動かしてその行為を演じてみても、それは行為の演技にすぎず、じっさいの行為ではない。道端でうずくまっている人を見かけたとしたら、どうするかを考えるとき、たんに考えるだけではなく、じっさいに誰かにうずくまってもらって、その人を助ける動作をしたとしても、その動作は演技であり、じっさいの行為ではない。仮想的な状況のなかで、じっさいの行為を遂行することは「仮想的」という言葉の定義上、不可能である。

　そうだとすれば、仮想的な状況のなかでじっさいの行為に関わる観点から判断を行うことは不可能である。道端でうずくまっている人を見かけたとしたら、その人を助けるべきだと判断したとしても、その判断は何をするかという観点からなされているわけではない。たしかに仮想的な行為に関わる観点から、助けるべきだという判断はなされていると言えるかもしれないが、それは実践的観点からの判断ではない。実践的観点はあくまでも現実の行為に関わる観点である。

　ただし、ひとつ注意すべき微妙な点がある。仮想的判断は仮想的な状況のなかで仮想的なわたしが行う判断ではない。道端でうずくまっている人を見かけたとしたら、その人を助けるべきだとわたしが判断するということは、道端でうずくまっている人がいるという仮想的な状況のなかで、仮想的なわたしが仮想的に助けるべきだと判断するということではない。このような仮想的状況のなかで仮想的なわたしが行う判断を経るかもしれないが、最終的には、現実のわたしが現実に判断を行っているのである。仮想的判断は仮想的な状況についての判断であるが、その判断自体が仮想的なわけではない。それは現実になされる判断である。現実的判断が現実の状況についての現実の判断であるのにたいし、仮想的判断は仮想的状況についての現実の判断なのである。

　しかし、仮想的判断が仮想的ではなく現実になされる判断だとしても、それは実践的観点からなされる判断ではない。仮想的判断は仮想的状況についての判断であり、仮想的状況での実践に関わるかもしれないが、現実の実践には関わらない(8)。したがって、それは実践的判断ではありえない。そうだとすれば、仮想的な道徳判断も実践的な判断ではなく、理論的な判断でしかありえない。したがって、それが必然的に動機を伴うということはないのである。

仮想的な道徳判断は実践的判断ではなく、理論的判断である。したがって、それが必然的に動機を伴うわけではないとしても、そのことは実践的な道徳判断に限定した内在主義への反例とはならない。限定的な内在主義を擁護することは、依然として可能である。しかし、この内在主義を脅かすかもしれないような種類の道徳判断がまださらにある。

3・3 動機の不純な道徳判断

一見、実践的な道徳判断に動機が伴うようにみえながら、その動機の不純さゆえに、じつはそうではないように思われるケースがある。親しい友人がかっとなって人を殺してしまったとしよう。わたしはその友人をかくまっていたが、そこに刑事がやってきて、友人はいないかと尋ねる。わたしは嘘をついて友人を守ることもできたが、友人は何と言っても人を殺すという大罪を犯してしまったのだ。友情がどれほど大切なものであっても、やはりここは、正直に答えるべきである。わたしはそう判断して、「ここにいる」と答える。しかし、じつは、わたしが正直に答えたのは、そうすべきだと判断したからではない。わたしはたしかにそう判断したが、それと同時に、嘘をついて、それがばれたときに、罰を受けることを強く恐れてもいた。それゆえ、罰せられたくないという強い動機をもっていた。わたしが正直に答えたのはこの動機のゆえであって、正直に答えるべきだという判断のゆえではない。この判断はそれ自体としては正直に答えようという動機をいっさい伴っていなかった。一見、その判断にそのような動機が伴っているように思われるのだが、じっさいにはその動機は罰せられたくないという動機に由来するものであった。

ここでひとつ注意してほしいのは、わたしが正直に答えるべきだと判断したのは、あくまでもそうすべきかどうかを道徳的に考慮したことによってであって、罰を受けないようにするためには、正直に答えたほうがよいと考えたからではない、という点である。もし後者なら、わたしの判断は明らかに道徳的ではなく、たんに自分の利害に関わる利己的なものにすぎない。しかし、そうではなく、わたしの判断はあくまでも道徳的な考慮からなされた判断であり、したがって道徳的な判断なのである。ところが、そうであるにもかかわらず、その判断はそれ自体としては正直に答えようという動機をいっさい伴わないのである。一見、そのような動機を伴うようにみえるが、じつはこの動機は罰を受けたくないという動機に由来するものなのである。

もしこのような不純な動機をもつ道徳判断がありうるとすれば、この判断はそれ自体として動機を伴うわけではないから、道徳判断が必然的に動機を伴うとは言えなくなるように思われる。つまり、不純な動機をもつ道徳判断は内在主義への重大な反例になるように思われる。しかも、この道徳判断は実践的な道徳判断であるようにみえるから、それは限定的な内在主義にとっても重大な反例であるように思われる。限定的な内在主義はこのような道徳判断をうまく処理することができるだろうか。

ここで鍵を握るのは、そのような不純な動機をもつ道徳判断が本当に実践的な判断なのかどうかという点である。道徳判断がそれ自体としては動機を伴わず、それに伴うようにみえる動機が道徳判断とは別のものに由来するとき、この道徳判断はじつは実践的ではなく、たんなる理論的な判断だとみなすことができないだろうか。もしそうできれば、それが動機を伴わないことは限定的な内在主義への反例とはならない。

しかし、不純な動機をもつ道徳判断を理論的判断とみなすことには、いったいどれほどの正当性があるのだろうか。それは限定的な内在主義を救うためだけの強弁にすぎないのではないだろうか。わたしが正直に答えるべきかどうかを考慮するとき、わたしはそれを実践から切り離して考慮しているのではなく、まさしくじっさいにどう答えるのかという実践的な観点から考慮している。たとえその結果として得られた判断が動機をまったく伴わないとしても、正直に答えるかどうかという実践的な観点から考慮を行ったことは明らかだ。そうでなければ、その考慮はいったい何のために行われたのだろうか。この場面で、実践から離れてたんなる理論的な判断をわざわざ行う必要などまったくないように思われる。

しかし、本当にそうであろうか。実践的判断に見せかけて、じつは理論的判断を行う必要があったのではなかろうか。わたしは道徳的な判断を行って、道徳的に行為したいと思っている。わたしはけっして道徳を無視して、自分の利害だけにもとづく利己的な行為をしたいとは思っていない。しかし、わたしはじっさいには、罰を受けたくないという利己的な動機から、正直に答えるという行為をしてしまう。そうだとすれば、わたしは自己欺瞞的に、道徳的な考慮を行って道徳的な判断をくだし、あたかもその判断に従って行為したかのように自分を偽装する必要がある。この自己欺瞞的な偽装における道徳判断は、一見、実践的観点からなされているようにみえるが、じっさいはそうではなく、罰を受けたくないという動機から出てきた結論(つまり正直に答えようという結論)を道徳的な観点から事後的に正当化するためだけになされているにすぎない。したがって、この道徳判断はじっさいには実践的判断ではなく、結論を正当化するためだけの理論的判断なのである(9)。

こうして不純な動機をもつ道徳判断も限定的な内在主義への反例とはならないように思われる。そのような道徳判断は実践的判断に偽装した理論的判断であり、それゆえ動機を伴わないとしても、限定的な内在主義への反例とはならないのである。

以上、道徳判断のいくつかの重要なあり方を考察しながら、内在主義の妥当性を検討してきた。その結果、内在主義は実践的な道徳判断に限定した立場として理解されるべきであり、そのように限定すれば、内在主義を擁護することが十分可能であることが明らかになった。しかし、このような結論を得ても、なお検討すべき問題が残されている。それは、道徳判断に動機が必然的に伴うとしても、その動機は道徳判断それ自身のうちに含まれているのだろうか、それとも道徳判断とはあくまでも別個の心的状態なのだろうか、という問題である。つぎにこの問題に移ろう。

4　動機は道徳判断にとって構成的か

これまで内在主義の中心的な主張として、道徳判断に動機が内在するという言い方と、道徳判断に動機が必然的に伴うという言い方をとくに区別せずに用いてきた。しかし、厳密に言うと、このふたつの言い方で表わされる内容にはじつは重要な違いがある。道徳判断に動機が内在するという言い方は、文字通り理解すれば、道徳判断それ自体に動機が含まれることを意味する。つまり、動機は道徳判断を構成するひとつの要素だということである。それにたいして、道徳判断に必然的に動機が伴うという言い方は、必ずしも道徳判断それ自体に動機が含まれることを意味するわけではなく、道徳判断と動機が別個の心的状態であり、その別個のふたつの状態のあいだに必然的な繋がりがあるということをも意味しうる。動機が道徳判断の構成要素であるという見方を構成的内在主義とよび、道徳判断と動機が別個の状態でありながらなお必然的結合があるという見方を非構成的内在主義とよぶことにしよう（これらの名称は Björklund et al. 2012: 130 による）。

4・1　非構成的内在主義

トレサンは非構成的内在主義をつぎのようなケースにたとえる（Tresan 2006: 145）。ある天体が惑星ならば、その天体は必ずある恒星のまわりを公転する。天体でありながら、いかなる恒星のまわりも公転しないことはありえない。たとえば、地球は惑星なので、必ず太陽（または何か別の恒星）のまわりを公転する。そうでなければ、地球は惑星ではなくなる。しかし、ある天体が惑星であるとしても、それはたまたまそうであるにすぎず、惑星でなくなっても、その天体でなくなることはない。そうだとすれば、惑星であるような天体は、惑星であるかぎりは、必ずある恒星のまわりを公転するが、その天体であるかぎり、そうでなければならないということはない。地球は、惑星であるかぎり、必ず太陽（または別の恒星）のまわりを公転するが、地球であるかぎり、そうでなければならないわけではない。地球は、たとえいかなる恒星のまわりも公転せず、宇宙でひとり旅をするようになっても、なお地球であることに変わりはない。

同様に、道徳判断であるような判断も、道徳判断であるかぎりは、必ず動機を伴うが、道徳判断でなくなることも可能であり、したがってその判断であるかぎり、必ず動機を伴わなければならないということはない。苦しむ人を助けるべきだという判断は、道徳判断であるかぎりでは、必ず動機を伴うが、そうではなくたんに道徳的な善悪を認識しただけの判断でもありうる。そのようなたんなる認識だけの判断になっても、その判断がその判断でなくなることはない。ただ道徳判断でなくなるというだけである。道徳判断であるということは、道徳的な内容の判断にたまたま動機が伴ったものをわれわれがそうよんでいるだけのことである。したがって、道徳判断が動機を失ってたんなる認識となることもありうるし、そうなっても、その判断が判断としての同一性を失うことはない。それゆえ、苦しむ人を助けるべきだという判断は、道徳判断であるかぎり、必ず動機を伴うが、その判断であるかぎり、動機を伴わなければならないということはないのである。

トレサンの言う非構成的内在主義によれば、道徳判断と動機は別個であり、道徳判断はその判断それ自体として必然的に動機を伴うのではなく、たまたま道徳判断であるかぎりにおいて、必然的に動機を伴うにすぎない。道徳判断はそれ自身の同一性を失うことなく道徳判断でなくなることも可能であり、それゆえそれ自体として必然的に動機を伴うわけではない。しかし、このような非構成的内在主義は実質的にはもはや内在主義ではなく、外在主義とよぶべきであるように思われる。というのも、内在主義は、その根本的な精神においては、道徳判断が特別な判断であり、それゆえ判断それ自体に必然的に動機が伴うとみなすような立場だと考えられるからである。

しかし、このような弱い非構成的内在主義ではなく、もっと強い非構成的内在主義を考えることも可能であろう。道徳判断と動機を別個の心的状態だと考えても、道徳判断がその判断それ自体として必然的に動機を伴うと考えることはけっして不可能ではない。苦しむ人を助けるべきだという道徳判断は、それ自体のうちに助けようという動機を含むわけではない。それはそれ自体としては、苦しむ人を助けることはよいことだという道徳的な善悪に関わる判断にすぎない。しかし、それは道徳的善悪という特別な内容をもった判断であるがゆえに、必然的に動機を伴う。ただし、道徳的内容をもった判断といっても、たんなる理論的な判断であれば、必ずしも動機を伴わないから、その判断は何をするかという実践的観点からなされる実践的判断でなければならない。そのような実践的な道徳判断であれば、必然的に動機を伴う。もし伴わなければ、その判断は道徳判断でなくなるだけではなく、その判断ですらなくなる（つまり判断としての同一性を失う）。こうして、道徳判断と動機が別個でありながら、道徳判断がその判断それ自体として必然的に動機を伴うということが可能となる。

この強い非構成的内在主義に従えば、道徳判断と動機を別個の状態だと考えても、それらのあいだにたんなる名目的な必然的結合ではなく、実質的な必然的結合を確保することが可能となる。しかし、そのような結合を確保するためには、そもそも道徳判断と動機を別個の状態ではなく、道徳判断に動機が含まれると考えることも可能である。動機が道徳判断の構成要素であれば、明らかに道徳判断はその判断それ自体として必然的に動機を伴う。つぎに、このような構成的内在主義がいかにして可能なのかを考察してみよう。

4・2 構成的内在主義

道徳判断がそれ自身のうちに動機を含むとすると、道徳判断はひとつの心的状態でありながら、道徳的なことがらの認識と行為の動機づけというふたつの働きを担うことになる。この人を助けるべきだという判断は、この人を助けることはよいことだという認識を行うとともに、この人を助けるという行為を動機づけもする。しかし、いったいいかにしてひとつの心的状態がふたつの異なる働きを担うことができるのだろうか。もし道徳判断が認識と動機づけのふたつの働きを担うとすれば、じつは道徳判断はひとつの心的状態ではなく、認識を担う状態と動機づけを担う状態のたんなる複合にすぎないのではないだろうか。もしそうだとすれば、認識を担う状態が本来、判断とよばれるべきであるから、道徳判断（道徳的な認識を担う状態）と動機は結局、別個の状態ということになる。したがって、構成的内在主義はじつは実質的には非構成的内在主義にほかならないということになる。

構成的内在主義が非構成的内在主義とは別の説でありうるためには、ひとつの非複合的な心的状態が認識と動機づけのふたつの役割を担うことが可能でなければならない。そのようなことがはたして可能だろうか。ヒューム主義によれば、そのようなことは不可能である。なぜなら、認識の働きを担うのは信念であるが、信念はそれ自体ではけっして動機づけの働きをもたないからである。テーブルのうえにコップがあるという信念は、それ自体としては、コップをとるといった行為を動機づけたりはしない。水を飲みたいという欲求があれば、それと組み合わさってコップをとるという行為を動機づけるかもしれないが、信念単独では、いかなる行為も動機づけないのである。

このようなヒューム主義的な見方にたいして、ひとつの非複合的な心的状態が認識と動機づけの両方の働きを担いうるとする見方も提唱されてきた。この反ヒューム主義的な見方からすれば、ある種の心的状態は信念（belief）と欲求（desire）の両方の働きを兼備しており、それゆえ信求（besire）とよびうるような状態である（Altham 1986: 284）。信求はひとつの非複合的な状態でありながら、信念と同じく認識の働きを担うと同時に、欲求と同じく動機づけの働きをも担う。

しかし、たんに信求という概念を導入しただけでは、信求であるような状態がじっさいに存在するとは必ずしも言えない。信求はじっさいに存在するような状態だろうか。ここで、ギブソンのアフォーダンスの考えが非常に参考になる（Gibson 1979: chap.8）。ギブソンによれば、たとえば椅子を知覚するとき、その知覚は眼前の対象が椅子であるということの知覚ではなく、その対象に座ることができるということの知覚である。つまり、事物の知覚は、その事物が何であるかの知覚ではなく、それが提供する可能的な行為（アフォーダンス）の知覚なのである。この考えを少し敷衍すれば、椅子の知覚はその椅子に座ることを誘うような知覚であると言うこともできよう。われわれは椅子を見るとき、その椅子に座るように多少なりとも誘われるのである。そうだとすれば、椅子の知覚は椅子に座るという行為を動機づけると言うことができよう。

ギブソンのアフォーダンス論を敷衍すれば、知覚は動機を含むと言える。しかし、逆に、通常の考えとちがって、知覚は事物を認識する働きを含むものではなくなる。椅子の知覚は眼前の対象が椅子であることを認識するものではなく、それに座ることを動機づけるものにすぎない。しかし、椅子の知覚はやはり動機を含むだけではなく、椅子の認識も含むのではなかろうか。椅子の知覚は、椅子から受ける刺激によって引き起こされ、座るという行為を引き起こそうとする。このことは、椅子の知覚が椅子であることの認識と座ることの動機づけの両面を兼ね備えていることを示しているように思われる。

じっさい、ミリカンはそう解釈する（Millikan 2004: chap.13）。彼女によれば、事物の表象のなかには、事物がじっさいにどのようであるかを表すだけではなく、その事物と関連する一定の事態を引き起こそうとするものがある。たとえば、ハエが飛んでくるのをカエルが見るとき、カエルの脳に一定の神経状態が形成されるが、この神経状態はハエの飛来を表すだけではなく、素早く舌を伸ばしてハエを捕まえるという行動を引き起こす。カエルによるハエの知覚は、ハエであることの認識と、ハエを捕らえることの指令というふたつの働きを兼ね備えたものである。ミリカンはこのような認識と指令の両方の働きをする表象を「オシツオサレツ表象」と名づける。

オシツオサレツ表象はひとつの非複合的な状態でありながら、認識と動機づけの両方の働きを担う。したがって、それは信求である。そうだとすると、オシツオサレツ表象が存在する以上、信求がじっさいに存在することになる。信求がじっさいに存在するなら、道徳判断を信求とみなすことも可能になってくる。こうして道徳判断を信求（オシツオサレツ表象）とみなすことで、道徳判断がひとつの非複合的な状態でありながら、認識と動機づけの両方の働きを担うと考えることが可能になってくる。

しかし、ここでひとつ問題がもちあがる。オシツオサレツ表象は、飛んでくるハエを見たときのカエルの神経状態のように、ふつう原初的なものである。ミツバチのダンスも、蜜のありかを表すとともに、蜜のありかに飛んでいくように指令するので、オシツオサレツ表象に数えられるが、やはりきわめて原初的な表象である。それは推論を経て形成されたり、推論に参加して別の表象を生み出したりすることはない。しかし、道徳判断は推論を経て形成されたり、推論に参加して別の表象を生み出したりしうる。苦しむ人を助けるべきだという道徳判断は、助けないとひどいことになるとか、助けるとかえってその人のためにならないとかいったことから推論的に形成されるかもしれないし、またその判断を形成したあと、さらに最終的な意思決定を行うために、講義に急ぐ必要があるといったことがらとともに考慮されて、意思決定へと向かう推論に活用されるかもしれない。道徳判断はこのような推論連鎖のなかに入りうる点で、原初的なオシツオサレッ表象とは異なる。そうだとすれば、道徳判断をオシツオサレツ表象とみなすことは本当に可能なのだろうか。

ここで、鍵となるのは、オシツオサレツ表象が原初的でしかありえないのかどうかという点である。オシツオサレツ表象は認識と動機づけの両機能を備えた状態であるが、そこには推論を経て形成されることを阻むものも、また推論に参加することを阻むものもないように思われる。原初的なオシツオサレツ表象は推論を経ずに形成され、推論を経ずに行動を引き起こすような表象であるが、それがもっと洗練された表象になること、すなわち推論を経て形成されうるし、推論に参加して行動を引き起こしうるような表象になることも十分可能であるように思われる。そうだとすれば、道徳判断はまさにそのような洗練されたオシツオサレツ表象だと考えられるのである。

こうして道徳判断を洗練されたオシツオサレツ表象とみなすことで、構成的内在主義がひとつの見方として成立しうるように思われる。しかし、強い非構成的内在主義もひとつの見方として可能であった。そうだとすると、構成的内在主義と強い非構成的内在主義のどちらが正しいのだろうか。どちらが現実の人間の現実の道徳判断を的確に捉えているのだろうか。この問題に決着を付けるには、もはや思弁的な考察だけでは足りないように思われる。人間の道徳判断について脳科学的な研究も含めた実証科学的な研究が必要であるように思われる。しかし、そもそも内在主義と外在主義の論争にたいして、科学的な知見(つまり経験的に見いだされる事実)はどう関係するのだろうか。最後に、この問題について節をあらためて考察することにしよう。

5　アポステリオリな内在主義

道徳判断に動機が必然的に伴うのかどうかが、内在主義と外在主義の根本的な争点であった。しかし、必然性には、じつは厳密に言えば、概念的必然性と事物的必然性の区別がある。ここまでは、とくにこの区別を問題にしてこなかったが、科学的な知見が内在主義と外在主義の論争にどう関係するのかを理解するためには、この区別を導入する必要がある。

5・1　概念的必然性と事物的必然性

概念的必然性は事物の概念にもとづく必然性であり、事物的必然性は事物それ自体の本性にもとづく必然性である[10]。たとえば、水は、日常的な概念においては、透明で、さらさらしていて、飲むとのどの渇きが癒え、冷たくなると凍り、熱くなると沸騰するというような物質である。この日常的概念からすると、水が透明であることは概念的に必然的である。なぜなら、水の概念には透明性の概念が含まれており、それゆえ水である以上、透明でなければならないからである。また、水の概念が透明性の概念を含むことから、水の概念を分析するだけで、水が透明であることがわかる。水が透明であることを知るために、わざわざ水を調べてみる必要はないのである。

これにたいして、水の日常的な概念からすると、水が水素と酸素から成ることは概念的に必然的ではない。水の日常的概念には、水素と酸素から成るという内容は含まれておらず、したがって水が水素と酸素から成らないことも概念的には可能である。しかし、じっさいには、水は水素と酸素から成り、しかもこのことは水にとって本質的である。ある物質が水であるためには、それは水素と酸素から成らなければならない。そうでなければ、その物質は、水の日常的な概念からは水だと思われても、じつは水ではなく、たんに水によく似た物質にすぎない。水が水素と酸素から成ることは水という事物の本性にもとづいて必然的であるから、事物的に必然的である。それは概念的には必然的ではないが、事物的には必然的なのである。

もっとも、水の概念として日常的な概念ではなく、科学的な概念をとれば、水が水素と酸素から成ることは概念的に必然的である。というのも、水は科学的には、その分子が水素原子二個と酸素原子一個から成る物質として定義されるからである。このように同じ事物でも、その概念は変わりうるから、概念的必然性を問題にするときは、どの概念を問題にしているのかに注意する必要がある。

必然性が概念的必然性と事物的必然性に分けられるとすると、道徳判断が必然的に動機を伴うという主張はふた通りに解釈できることになる。ひとつは、道徳判断が動機を伴うことは概念的に必然的だという解釈である。この解釈によれば、道徳判断の概念（われわれの現在の概念）からすると、道徳判断が動機を伴うことは必然的だということになる。もうひとつは、道徳判断が動機を伴うことは事物的に必然的だという解釈である。この解釈によれば、道徳判断の本性からすると、道徳判断が動機を伴うことは必然的だということになる。

内在主義者と外在主義者は、これまでふつう、道徳判断が動機を伴うことが概念的に必然的かどうかをめぐって争ってきたが、かれらが問題にしているのはけっして道徳判断の概念ではなく、あくまでも道徳判断それ自体である。そうであるにもかかわらず、かれらが概念的必然性を問題にしてきたのは、概念的に必然的であれば、事物的にも必然的だし、そうでなければ、そうでないと暗黙のうちに仮定してきたからである。しかし、その仮定が成り立つという保証はない。つまり、道徳判断が動機を伴うことが概念的に必然的だとしても、それは事物的には必然的でないかもしれないし、逆に概念的に必然的でないとしても、事物的には必然的であるかもしれないのである。

概念的必然性と事物的必然性が一致するのは、水の科学的概念のように、事物の概念が事物の本性を正しく捉えている場合である。道徳判断のわれわれの現在の概念は道徳判断の本性を正しく捉えているだろうか。道徳判断にかんする科学的探究が進めば、道徳判断の隠れた本性が明らかになり、これまでの概念が完全には正しくなかったということになる可能性もあるのではなかろうか。たしかに自然の事物とちがって、道徳とはわれわれがわれわれの道徳概念にもとづいて行う実践であり、それゆえ道徳判断もわれわれがわれわれの道徳判断の概念にもとづいて行う判断だという見方をとれば、道徳判断にかんする科学的探究が道徳判断の隠れた本性を明らかにすることはありえず、たかだか隠れた付随的特性を明らかにしうるだけだということになろう。しかし、道徳や道徳判断は人間によっておのずと行われる実践であり、われわれはそれらについて必ずしも正しい概念をもっているとはかぎらないように思われる。それゆえ、科学的探究が道徳や道徳判断の隠れた本性を明らかにし、それらの正しい概念にわれわれを近づけてくれるということは十分ありうるように思われる。そうだとすれば、道徳判断に動機が伴うことが事物的に必然的かどうかを明らかにするためには、道徳判断の現在の概念を分析するだけではなく、道徳判断そのものを科学的に探究することも必要なのである。

5・2 科学的探究の役割

本章のこれまでの考察では、まず第一節で、サイコパスやVM患者にかんする科学的な探究の成果を参照しながら、内在主義への反例となる無道徳者がじっさいに存在するかどうかを検討した。そして現時点での科学的な成果では、無道徳者がじっさいに存在するとは言い難いという結論を得た。そこでつぎに、第二節では、無道徳者がじっさいに存在しなくても、存在することが可能だとすれば、それだけで内在主義は否定されるのではないかという問題の考察に移った。そしてその結果、この問題に決着を付けるには、そもそも道徳判断とは何かを明らかにする必要があるという結論に至った。これを受けて第三節では、道徳判断を理論的な判断と実践的な判断に区別し、無道徳者の道徳判断は理論的判断であり、実践的な道徳判断に限れば、内在主義が擁護できることを示した。しかし、この第二節と第三節の考察はほとんど概念的な考察であり、したがって、実践的な道徳判断が必然的に動機を伴うという結論は、たんに概念的な必然性を示しただけで、事物的必然性を示したことにはなっていない。それゆえ、道徳判断にかんする科学的な探究がさらに進展すれば、その結論はくつがえされる可能性がある。実践的な道徳判断が動機を伴うことが事物的に必然的かどうかを確定するためには、概念の分析だけではなく、道徳判断にかんするさらなる科学的探究が必要である。

また、第四節では、実践的な道徳判断にかんして内在主義が正しいとしても、そこにはなお構成的内在主義と非構成的内在主義のふたつの可能性があり、どちらが正しいかはもはや思弁的な概念分析によっては解決できないと結論づけた。この問題を解決するためにも、やはり道徳判断にかんするさらなる科学的探究が必要である。

道徳判断が脳のどんな神経活動によって担われるかを明らかにしようとする脳科学は、内在主義と外在主義の対立や、構成的内在主義と非構成的内在主義の対立に最終的な決着を付ける有力な科学的成果を提供する可能性がある。道徳判断および動機が脳のどのような神経活動によって担われているかが明らかになれば、道徳判断を担う神経活動は動機を担う神経活動を含むことが明らかになるかもしれない。そうなれば、構成的内在主義が正しいということになろう。また、道徳判断を担う神経活動とは別だが、それらのあいだには緊密な連繋があり、その連繋が断ち切られれば、道徳判断を担う神経活動は元のそれとは別の活動になってしまうことが明らかになるかもしれない。そうなれば、道徳判断を担う神経活動には必ず動機を担う神経活動が伴うということになり、それゆえ非構成的内在主義が正しいということになろう。さらに、道徳判断を担う神経活動が動機を担う神経活動を含まないし、それと緊密に連繫してもいないということが明らかになるかもしれない。そうなれば、外在主義が正しいということになろう。ただし、そのような神経活動とは別に、道徳判断を担う神経活動であって、しかも動機を担う神経活動を含む（あるいはそれと緊密に連繫している）神経活動もあるということになれば、理論的な道徳判断と実践的な道徳判断の両方がありうるということになろう。したがって、実践的な道徳判断に限定すれば、内在主義が正しいということになるだろう(11)。

もちろん、脳の活動を調べても、以上のようなことがいずれも明らかにならない可能性もある。そもそも道徳判断を担う神経活動や動機を担う神経活動を特定することができないかもしれない。しかも、原理的にできないかもしれない。というのも、道徳判断や動機はそもそも何らかの特定の神経活動によって担われるようなものではなく、いずれも他の諸々の心的状態や過程とともに、脳全体の活動によって、いやそれどころか、脳も含めた身体全体の活動や、さらには環境の諸要素まで含めた全体的な活動によって担われるかもしれないからである。しかし、道徳判断と動機が脳の特定の神経活動によって担われる可能性もあるし、その特定の神経活動がじっさいに見いだされる可能性もある。そのようなことが見いだされれば、外在主義と内在主義の対立、および構成的内在主義と非構成的内在主義の対立に決着を付けることができよう。脳科学による経験的な知見は、これらの対立に決着を付ける可能性を孕んでいる。

本章では、実践的な道徳判断に限定すれば、内在主義が正しいことを論じてきたが、内在主義が正しいかどうか、正しいとしても、構成的と非構成的のいずれが正しいかは、最終的には脳科学の経験的知見を待って確定されるべきである。脳科学の成果はこの問題にあまり役立たないことが明らかになる可能性もあるが、それに決着を付ける可能性もある。したがって、いずれにせよ、道徳判断と動機の関係は脳科学的な探究の結果を待ってはじめて確定される。概念的必然性ではなく、事物的必然性が問題である以上、事物の正しい概念がすでに得られているという保証がなければ、概念分析は一応有用ではあっても、最終的な審判者ではない。事物の本性を明らかにする経験的な探究こそが最終的な審判者なのである。

註

（1）無道徳者の道徳判断に動機が伴うのを妨げる心理的要因として、外在主義者は論者によって異なるさまざまな要因を挙げている。すなわち、「無関心（indifference）」（Stocker 1979）、「無道徳（amoralism）」（Brink 1986）、「無気力（listlessness）」（Mele 1996）、「冷笑（cynicism）」（Svavarsdóttir 1999）などである。また、ザングウィルは無道徳者のような極端なケース（それゆえ信憑性が怪しいケース）に訴えなくても、もっと平凡な事実、すなわち道徳的信念の強さが同じでも動機の強さが同じとはかぎらないという事実に訴えれば、内在主義を攻撃できると主張する（Zangwill 2008）。

（2）知識はあるのに、それをうまく活用できないために、日常生活に大きな支障のある前頭葉損傷の患者について、つぎのような興味深い事実が見いだされている。この患者は、自分が医師の立場に立って患者としての自分の問題点を指摘するというロールプレイングにおいては、的確に問題点を指摘できるのに、現実において自分の問題点を指摘するということになると、まったく指摘できず、病前のように仕事や生活ができると言う（Stuss 1991: 272）。

（3）VM患者が道徳的信念をもつ証拠としてかれらの申し分ない道徳的な推論能力と言語能力を挙げるロスキースの議論（Roskies 2003）にたいして、チョルビはそのような能力だけでは不十分だという反論（Cholbi 2006）を行い、それにたいしてロスキースがさらに再反論（Roskies 2006b）を行っている。

（4）道徳判断は是認や否認の態度を表出するものだという表出主義ないし情動主義の見方もあるが、ここでは主流の認識説、すなわち道徳判断を道徳的事態の認識だとする見方をとっておくことにする。表出主義に立てば、道徳判断に動機が必然的に伴うことが比較的容易に説明できるが、認識説では、そうではない。内在主義と外在主義の論争は、ふつう認識説に立って行われる。

（5）価値について現に成立している事態を価値的な「事実」とよぶこともあるが、ここでは、価値と事実を区別し、そのような事態を「事実」とはよばないことにする。

（6）スミスは道徳的に正しいことをしたいというような一般的な欲求を病的偏愛（fetish）だとして批判するが（Smith 1994: 75, 邦訳九九頁）、それにたいして外在主義者からの応答も試みられている（Lillehammer 1997, Dreier 2000）。なお、道徳的でありたいというような一般的な道徳的欲求すら認めず、道徳的な動機がじつはすべて自己利益にもとづく（たとえば、道徳的であるように見せることが自分の利益にかなう）とみなす冷笑的な説を唱える論者もいる（Bjornsson and Olinder 2013）。

（7）内在主義は仮想的な道徳判断まで必然的に動機を伴うと主張する必要はないとケネットらは考えるが（Kennett and Fine 2008: 182）、それにたいしてロスキースとスミスは反論を行っている（Roskies 2008: 194–5, Smith 2008: 208–10）。この問題に決着を付けるには仮想的判断の性格をより明らかにする必要がある。

（8）仮想的判断が現実の実践に影響を与えることがあるが、それは理論的判断が現実の実践に影響を与えることがあるのと同様である。この影響のあり方は、実践的判断が実践に関わるあり方とは根本的に異なる。

（9）ハイトは道徳判断が事後的な正当化にすぎないことを力説する（Haidt 2001）。また、ヨハンソンらが行った選択盲の実験は、意識的判断が無意識的決定の事後的正当化であることのひとつの証拠と考えられる（Johansson et al. 2005）。

（10）概念的必然性と事物的必然性の詳細な説明と検討については、信原 2002 の第2章を参照。なお、概念的必然性と事物的必然性の区別はクリプキの認識論的必然性と形而上学的必然性の区別（Kripke 1980）にほぼ相当する。

（11）ここで検討する余裕はないが、道徳的動機にかんする従来の哲学的な諸説を神経生理学の成果に照らして吟味する試みもすでに行われている。たとえば、シュレーダーらは、神経生理学的には動機を認知状態や情動とは別の状態だと理解するほうがよさそうだということから、内在主義を含意する「認知主義」や「情動主義」の動機説より外在主義を含意する「道具主義」や「人格主義」の動機説のほうが有利そうだと論じている（Schroeder et al. 2010）。これは内在主義にとって悪い知らせだが、神経生理学的な成果もまだまだ未熟であり、決定的なことが言えるようになるのはまだかなり先のことになりそうである。

参考文献

Altham, J. E. J. 1986. The legacy of emotivism. In G. Macdonald and C. Wright（eds.）, *Fact, Science and Morality: Essays on A. J. Ayer's Lnaguage, Truth and Logic*. Blackwell.

Björklund, F., Björnsson, G., Eriksson, J., Olinder, R. F. and Strandberg, C. 2012. Recent work on motivational internalism. *Analysis Reviews* 72（1）: 124–137.

Björnsson, G. and Olinder, R. F. 2013. Internalists beware — We might all be amoralists! *Australasian Journal of Philosophy* 91（1）: 1–14.

Blair, James 1995. A cognitive developmental approach to morality: investigating the psychopath. *Cognition* 57: 1–29.

Blair, J., Mitchell, D. and Blair, K. 2005. *The Psychopath: Emotion and the Brain*. Blackwell.（邦訳、J・ブレア、D・ミッチェル、K・ブレア『サイコパス――冷淡な脳』星和書店、二〇〇九年）

Brink, David O. 1986. Externalist moral realism. *The Southern Journal of Philosophy* 24, Supplement: 23–41.

Cholbi, Michael 2006. Belief attribution and the falsification of motive internalism. *Philosophical Psychology* 19（5）: 607–616.

Dreier, James 2000. Dispositions and fetishes: Externalist models of moral motivation. *Philosophy and Phenomenological Research* 61（3）: 619–638.

Eichler, Mylon 1966. The application of verbal behavior analysis to the study of psychological defense mechanisms: Speech patterns associated with sociopathic behavior. *Journal of Nervous and Mental Disease* 7: 812–819.

Gibson, James J. 1979. *The Ecological Approach to Visual Perception*. Houghton Mufflin Company.（邦訳、J・J・ギブソン『生態学的視覚論』古崎敬ほか訳、サイエンス社、一九八五年）

Haidt, Jonathan 2001. The emotional dog and its rational tail: A social intuitionist approach to moral judgment. *Psychological*

Review 108: 814–834.

Helm, Bennett W. 2002. Emotions and practical reason: Rethinking evaluation and motivation. *Noûs* 35: 190–213.

——— 2010. Emotion and motivation: Reconsidering neo-Jamesian accounts. In Peter Goldie (ed.), *Oxford Handbook of Philosophy of Emotion*. Oxford University Press.

Johansson, P., Hall, L., Sikstrom, S. and Olson, A. 2005. Failure to detect mismatches between intention and outcome in a simple decision task. *Science* 310: 116–119.

Kennett, Jeanette and Fine, Cordelia 2008. Internalism and the evidence from psychopaths and "acquired sociopaths." In Walter Sinnott-Armstrong (ed.), *Moral Psychology Volume 3, The Neuroscience of Morality: Emotion, Brain, and Development*, MIT Press.

Korsgaard, Christine M. 1996. Skepticism about practical reason. In her *Creating the Kingdom of Ends*. Cambridge University Press.

Kripke, Saul A. 1980. *Naming and Necessity*. Harvard University Press.（邦訳、S・クリプキ『名指しと必然性』八木沢敬・野家啓一訳、産業図書、一九八五年）

Lillehammer, Hallvard 1997. Smith on moral fetishism. *Analysis* 57 (3): 187–195.

Mele, Alfred R. 1996. Internalist moral cognitivism and listlessness. *Ethics* 106 (4): 727–753.

Millikan, Ruth G. 2004. *The Varieties of Meaning: The 2002 Jean Nicod Lectures*. MIT Press.（邦訳、R・G・ミリカン『意味と目的の世界——生物学の世界から』勁草書房、二〇〇七年）

Roskies, Adina 2003. Are ethical judgments intrinsically motivational? Lessons from "acquired sociopathy." *Philosophical Psychology* 16: 51–66.

——— 2006a. A case study in neuroethics: The nature of moral judgment. In J. Illes (ed.), *Neuroethics: Defining the Issues in Research, Practice, and Policy*. Oxford University Press.

——— 2006b. Patients with ventromedial frontal damage have moral beliefs. *Philosophical Psychology* 19 (5): 617–627.

——— 2008. Internalism and the evidence from pathology. In W. Sinnott-Armstrong (ed.) *Moral Psychology Volume 3, The Neuroscience of Morality: Emotion, Brain, and Development*, MIT Press.

Saver, J. L. and Damasio, A. R. 1991. Preserved access and processing of social knowledge in a patient with acquired sociopathy due to ventromedial frontal damage. *Neuropsychologia* 29 (12): 1241–1249.

Schroeder, T., Roskies, A. and Nichols, S. 2010. Moral motivation. In J. M. Doris and the Moral Psychology Group, *The Moral Psychology Handbook*. Oxford University Press.

Smith, Michael 1994. *The Moral Problem*. Blackwell.（M・スミス『道徳の中心問題』樫則章ほか訳、ナカニシヤ出版、二〇〇六年）

——— 2008. The truth about internalism. In W. Sinnott-Armstrong (ed.) *Moral Psychology Volume 3, The Neuroscience of Morality: Emotion, Brain, and Development*, MIT Press.

Stocker, Michael 1979. Desiring the bad. *The Journal of Philosophy* 76 (12): 738–753.

Stuss, Donald T. 1991. Self, awareness, and the frontal lobes: A neuropsychological perspective. In Jaine Strauss and George R. Goethals (eds.), *The Self: Interdisciplinary Approaches*, Springer-Verlag.

Svavarsdóttir, Sigrún 1999. Moral cognitivism and motivation. *The Philosophical Review* 108 (2): 161–219.

Tresan, Jon 2006. De dicto internalist cognitivism. *Noûs* 40 (1): 143–165.

van Roojen, Mark 2010. Moral rationalism and rationalist amoralism. *Ethics* 120: 495–525.

Wallace, R. Jay 2006. Moral motivation. In J. Dreier (ed.), *Contemporary Debates in Moral Theory*. Blackwell.

Wedgwood, Ralph 2007. *The Nature of Normativity*. Oxford University Press.

Zangwill, Nick 2008. The indifference argument. *Philosophical Studies* 138: 91–124.

ダマシオ、アントニオ（2000）『生存する脳——心と脳と身体の神秘』田中三彦訳、講談社（原著一九九四年刊行）。

信原幸弘（2002）『意識の哲学——クオリア序説』岩波書店。

＊本研究は科研費（26284001）による助成を受けている。

Ⅲ　人間行動から探る倫理学

第7章
利己主義と利他主義

片岡雅知

1 利己主義

恵まれない人々に寄付したり、電車で席を譲ったりしたとき、次のような考えが頭をよぎる。いま自分は他人のためを思って行為したようにみえるが、それは結局のところ自己満足のためにやったのではないか。「良い」行いをするたびについてまわるこの種の疑念は、私たちにとってもっとも身近な哲学的問題でさえあるかもしれない。

結局人間は自己利益のためにしか行為しない。だから一見利他的にみえる行為も、実は利己的な行為に他ならない。このような見解、いわゆる「利己主義」が真理だと信じる人は多い。歴史上の高名な哲学者のなかにもこのような見解を唱えた者がいたとされる。よくあげられるのはトマス・ホッブズの次のような発言だ。(1)

人は、自分自身にとって良いことがあると思っていなければ他人になにかを与えたりしない。なぜなら、与えるというのは意図的におこなわれることだが、どんな人がおこなうにせよ意図的な行為の目標はその人の快楽だからだ。(Hobbes 1651/2012, Ch. XV)

また、科学者の中にもおなじような見解を抱く者がいる。たとえば、社会生物学者E・O・ウィルソンは、最も利他的に見える者でさえ罰から逃れることを求めているにすぎないと語っている。

文化は人間の行動を完全に利他的なものにまで近づけることができるのだろうか。〔……〕答えは否である。冷静に問題を考えるためにマルコの福音書にあるイエスの言葉を想起してほしい。「世界のあらゆる場所におもむいて、すべての被造物に福音を宣べ伝えなさい。信じて洗礼を受ける者は救われる。しかし信じない者は罰を受けるであろう」。〔……〕マザーテレサはたしかに途方もなく高潔な人である。しかし、キリストにつかえ、教会の不滅を信じることで、彼女が心の安らぎを得ていることも忘れてはなるまい。(Wilson 1978, 邦訳二四三–二四四頁)

このような主張はたしかに一見もっともらしい。しかしよく考えてみるとこの見解は、純粋に利他的な思いからおこなわれた行為など一つたりともないという、人間の心のありかたにかんする極めて広範で強力な主張をおこなっていることに気づく。これほど広範な主張を正当化するのに十分な根拠が本当にあるのだろうか。もしかすると利己主義者は、悪意に満ちた人の心の解釈、いわゆる下衆の勘ぐりをしているだけなのではないか。こうした疑念も現れてこないわけではない。そこで利己主義の真偽を見極めるためには、人間の一見利他的にみえる行為を支える心のメカニズムは実際のところどうなっているのかという、科学的な問題に踏み込まなくてはならない。しかしそれだけではない。そもそも「利己」や「利他」、「自己利益」などの概念がなにを意味するのか、これを明確化し整理するという課題にも取りくまねばならない。そうすると利己主義の真偽という問題はまさしく、「哲学と経験科学の交点」にかかわるものとしての「道徳心理学」(Nadelhoffer et al. 2011: 1) にとって格好の主題であるといえるだろう。

一見したところ利他的な行為は本当に利他的なのか、それとも本当は利己的なものに過ぎないのか。本章はこの問題に取り組んだ近年の哲学および主に心理学の試みを概観する。(2) まず、利己主義や利他主義をどのように定義したらいいだろうか。ありがちな誤解を避けると、利己主義の定義の核は、行為をもたらす「究極的な欲求」が利己的だという点にあることがわかる。したがって利他主義の真偽という問題に取り組むさいに調べなければならないのは、人間の究極欲求のありかたである (第2節)。

だが人間の欲求のありかたについての一般的な原理として、「利他的な欲求はすべて、利己的な欲求に基づいた学習を通じて獲得されたにすぎない」と主張されることがある。もしそうなら、利己主義は真理だということになるだろう。しかし近年の研究は、学習によって獲得されたのではない生得的な利他的欲求の存在を示している。したがって、上の原理にはどこかまずいところがある (第3節)。

仮に利己主義が正しく、私たちは本当はたとえば自分の評判を気にして人を助けるだけなのだとしよう。その場合、自分が助けたかどうか誰にもわからないような状況におかれたなら、わざわざ他人を助けようとは思わなくなるはずだ。この種の状況に実際におかれたとき、それでもなお私たちが他人を助けるかどうか、心理学者ダニエル・バトソンは繰り返し実験してきた。その結果、人間は相手への共感がある場合には真に利他的な行為をすることができることがわかってきている（第4節）。

では共感と利他的な行為は、どのような心のメカニズムによって繋がっているのだろうか。これについて、バトソンと哲学者のショーン・ニコルスは微妙に異なるモデルを提案している。しかし子供から大人への発達という観点から、二人の見解を統合することができるだろう（第5節）。

このように、心理学によれば利己主義よりも利他主義のほうに根拠がありそうだ。これに加え一部の哲学者は、進化論的な考察も利他主義に根拠をあたえると論じている。つまり、利他的な欲求を持つ生物は、利己的な欲求しか持っていない生物よりも子孫を残す上で有利だというのだ。この議論はさまざまな点で未だ十分説得的ではないが、論争に新たな視点をあたえてくれる（第6節）。

以上から、目下のところやはり利己主義にはあまり根拠がなさそうだと言える。しかも、利己主義を信じることで人生における幸福感が減ったり、他人を助けなくなったりする可能性がある。幸福や助け合いが人生の中でたいせつなものだとするならば、利己主義をわざわざ信じたり他人に喧伝したりするのは、道徳的にいって悪いことですらあるのかもしれない（第7節）。

2 心理的利己主義

この節では、ここまで漠然と使われてきた「利己主義」や「利他主義」、および関連する概念をより明確にすることで、科学的研究を見ていくための準備を整えたい。ここまで言われてきた「利己主義」とは、大雑把に言えば、「人間のすべての行為は自己利益を求める欲求から生じる」とするものであった。このような説は伝統的に「心理的」利己主義と呼ばれ、「倫理的」利己主義と区別されてきた。倫理的利己主義は、自己利益を求めて行為するのが道徳的にいって「良い」とか、そのように「すべき」なのだとする説である。一方で今問題の心理的利己主義は、そういった評価抜きに、ただ事実問題として、人間は自己利益を求めてしか行為しないと主張するものだ。本章では、最後の第7節までは「良い」とか「べき」といった評価にかかわる主張には触れないことにする。また同じように、事実として人間は他人の利益を求めて行為することもできるという説は「心理的」利他主義と呼ばれ、他人の利益を求める行為が「良い」のだという「倫理的」利他主義とは区別される[3]。

この「心理的利己主義」をより精緻に定義するにあたって、避けるべき概念上の混乱がいくつかある。そして、心理的利己主義が一見もっともらしく思えるのは、私たちがこの種の混乱に陥っているからである部分も大きい。こうした混乱を避けるさいの導き手として、ここでは哲学者ジョエル・ファインバーグ（Joel Feinberg）の古典的論文「心理的利己主義」を参照しよう（Feinberg 1958）。この論文は、心理的利己主義がもっともらしく思える理由を四つとりあげ、それぞれに対し批判を加えたものだ。本章もおいおいすべての論点に触れることになる。

2・1　欲求の所有者

ファインバーグがあげた一つ目の論点は、欲求の「対象」と「所有者」の混同だ（Feinberg 1958: 4a, 5–7)。心理的利己主義の真偽をめぐる論争で争われているのは、人間はすべて自己利益を求める欲求から行為しているのか、それとも他人の利益を求める欲求から行為することもできるのか、という点だった。つまりここで問題となっているのは欲求の「対象」がなんなのかということのはずだ。この欲求の対象をめぐる問題を、欲求の「所有者」にかんする問題と取り違えたとき、次のような思考があらわれてしまう。「結局、私の行為はどれをとっても「私の持つ」欲求を満たすためにおこなわれるのだ。だから、すべての行為は自己利益を求める欲求にしたがっておこなわれている。心理的利己主義は正しい」。たしかに、「私の行為は「私の持つ」欲求を満たすためのものだ」というのは自明な主張である。人がおこなう行為は、その人の持つ一定の欲求を満たすためにおこなわれる。もちろん、たとえば誰かがコーヒーを飲みたがっているのでコーヒーを淹れてあげることはできる。しかしこのコーヒーを淹れるという行為は、「相手の欲求を満たしてあげたい」という自分の欲求を満たすためにおこなわれるのだ。だから上の思考でみられたように、「所有者」が自分である欲求は自己利益を求める欲求なのだと定義してしまえば、たしかにその定義によって、すべての行為が利己的だということになるだろう。

ここで仮にこの主張を認め、「自分の持つ」欲求を十把一絡げに利己的欲求だと定義したとしよう。だがこの定義は心理的利己主義の真偽という問題を一切解決しない。というのは、たとえば自分の持つ「自分の名誉を求める欲求」と自分の持つ「他人の幸福を求める欲求」を両方とも「利己的欲求」と呼ぶと決めたからといって、この二つの欲求の対象の違いがなくなるわけは全くないからだ。そしてこの対象という観点から見れば、前者の欲求にはなんらかの意味で利己的なところがあり、一方後者の欲求にはなんらかの意味で利他的なところがあることは否定できないだろう。すると結局、欲求の対象というレベルで再び、すべての欲求が「利己的」なのかどうかという争いが生じてきてしまう。以上の考察を踏まえて本章では、あくまで欲求の対象に着目して欲求の利他性・利己性を論じることにしよう。

2・2　心理的利己主義の誤りは自明か？（1）——「バトラーの石」

では、どのような対象を持つ欲求が利己的欲求で、どのような対象を持つ欲求が利他的欲求なのだろうか。

これに対してはひとまずは広く、利己的欲求の対象は「自己利益」であり、利他的欲求の対象は「他人の利益」なのだと答えることができる。しかし、「自己利益」・「他人の利益」とは精確にはなんなのだろうか。たとえば、「他人が幸福をえるのを見ることで自分の心の安定をえること」は一種の「自己利益」に含まれるだろう。だが、「他人が幸福をえること」それ自体はどうだろうか。これすらも「自己利益」に含まれるように「自己利益」を広く定義すれば、確かにすべての行為は利己的行為だということになるだろう。だが先ほどと同じ理由で、このような定義は役にも立たない。どちらの対象も「自己利益」と呼ぶのだと決めたとしても、この二つの対象の間にある実質的な違いはなくならないからだ（Blackburn 2001, 邦訳四四-四五頁; Rosas 2002: 104-105)。ここでも、「自己利益」をこのように無際限に広く定義することは避けるようにしよう。しかし逆に「自己利益」を狭く定義しすぎると、心理的利己主義は今度は明らかにまちがった説になってしまう。たとえば、「お金を手に入れること」だけが「自己利益」なのだと定義してしまえば、自己利益を求めない行為があることはあまりに明らかだろう。そこで以下では、なにが「自己利益」、「他人の利益」なのかは、ひろく常識に任せておくことにしよう(4)。

「自己利益」と「他人の利益」を常識にしたがって特徴づけたとしても、やはり心理的利己主義の誤りは明らかだと思われるだろう。常識的に考えて、人が自己利益以外のものを欲求していることはあまりに明らかではないか。だがここで心理的利己主義者は、次の事実に注意を促す。欲求しているものごとが実際に生じた（あるいは生じる見込みが高まった）のを認識したとき、人はふつう快を経験するだろう。このことは、他人の利益を求める欲求の場合でも変わらない。幸せになってほしい誰かが幸せになったとわかったら私も嬉しい。するとここで次のような思考が生じるかもしれない。「他人の利益を求める欲求が満たされたときにはかならず快が経験される。ということは、私が欲していたものは本当は自分の快だったのだ。したがって、心理的利己主義は正しい。」

欲求が満たされると「かならず」快が経験されるというのは疑問の余地のある主張だが、ここでは認めておこう。それよりもこの思考の重大な誤りは、欲求がなにによって満たされるのかという「対象」の問題と、欲求が満たされたあとになにが起こるかという「副産物」の問題とを混同している点にある。これがファインバーグの二つ目の論点だ（Feinberg 1958: 4b, 8）。そもそも快が生じるのは、「他人の利益」を求める欲求が満たされたからだ。つまり副産物として快が生じるという事実は、私たちの心の中には他人の利益を対象とする欲求がたしかに存在していたことをかえって示しているのである。

以上の議論は、ホッブズのような心理的利己主義者を強烈に攻撃したことで有名な一八世紀の聖職者ジョセフ・バトラー（Joseph Butler）に原型を見出すことができる（Butler 1726, Sermon XI）。そこでこの議論は今日では「バトラーの石」と呼ばれる（Sober 1992）。ファインバーグもバトラーも議論の相手としているのは快楽主義だが、「快」を「名声をえること」や「罰を避けること」などに入れ替えることによって、快楽主義のみならずさまざまな形態の心理的利己主義を同じように批判することができる。

ではこの「バトラーの石」なる議論は心理的利己主義の論駁に成功しているだろうか。残念ながらしていない（Sober 1992）。この議論は、私たちの心の中には「他人の利益を求める欲求」が存在することをたしかに示している。しかし心理的利己主義は、その欲求の「背後に」、「実は」、利己的欲求が隠れているのだと言うことができる。たとえば「人を助けたい」という欲求はたしかに存在しているのだが、これはより根本的な「名声をえたい」という利己的欲求を満たすための派生的な欲求にすぎないとしよう。このような根本的な欲求は「究極欲求」、そこから派生してくる欲求は「手段的欲求」と呼ばれる。このような場合におこなわれる人助けは、真の意味で利他的行為だとは言い難いだろう。ここから、心理的利己主義をより精確に理解することができる。心理的利己主義は、「究極欲求」にかかわる説なのだ。したがって、利他的な欲求の存在を示すだけでは、まだ心理的利己主義を退けることはできない。さらに、それが利他的「究極」欲求であるということをも言わなければならないのだ。

ここまでの整理から、関連する概念を以下のように定義することができるだろう。

心理的利己主義　人間のすべての行為は利己的究極欲求のみから生じる、とする説
心理的利他主義　人間の行為の中には利他的究極欲求から生じたものもある、とする説

利己的欲求　自己利益を対象とする欲求
利他的欲求　他人の利益を対象とする欲求

究極欲求　ある対象を、それ自体として求める欲求
手段的欲求　ある対象を、他の欲求を満たすための手段として求める欲求

利己的究極欲求　自己利益を対象とする究極欲求
利他的究極欲求　他人の利益を対象とする究極欲求

また、ここで以下のような語法も定め、厳密な意味での利他的行為以外には「利他的行為」という語を使わないようにしよう。

利己的行為　利己的究極欲求のみから生じた行為
利他的行為　利他的究極欲求から生じた行為

2・3 心理的利己主義の誤りは自明か？（2）——内観

以上の整理によれば、心理的利己主義の真偽を決するために必要なのは、人の究極欲求のありかたを明らかにすることだということになる。だがここで再び、利他的究極欲求が存在することは自明であり、やはり心理的利己主義は明らかに誤っていると思う人がいるかもしれない。たしかに、他人の一見利他的な行為の究極欲求を正しく推し測るのはかなり難しい。しかし、私たちが自分自身の心を真摯に反省してみれば、自分の心のうちに他人の利益を求める究極欲求がたしかに存在し、その欲求から生じた行為があったことは容易に理解できるはずではないだろうか。心理的利己主義はこうした明白な事実を無視し、わざわざ悲観的な解釈によってありもしない利己的究極欲求を想定し、私たちの不安を煽っているにすぎないのではないだろうか（Blackburn 2001）。この批判はかなりあたっていると思われるのだが、一点だけ気になることがある。自分で自分の心をのぞいてみること、いわゆる「内観」は、自分の心について知るための方法としてどのくらい正確なものなのだろうか。実際私たちは、自分の心を自分でうまく理解できなかったり、時には自己欺瞞に陥っていることもある。

ファインバーグもやはり内観の正確さに着目していた（Feinberg 1958: 4c, 10）。どう見ても自己利益を求めて行為しているのにそれを否定し、「自分はあくまで他人のためを思ってやっているのだ」と本気で考えたり言ったりする人はよくいる。このことが、「自分は利他的行為をしたと思ったがそれは実はことごとく勘違いで、本当は利己的究極欲求から行為したにすぎないのではないか。つまり心理的利己主義は正しいのではないか」という疑念を生み出しうるとファインバーグは指摘する。たしかに、自分は利他的究極欲求を持っていると誤って（時には欺瞞的に）信じてしまうことがあるというのは否定できない事実だ。だがファインバーグは、こうした内観が正確ではない事例をすべての行為に一般化するには多くの証拠が必要であり、現在のところそのような証拠はないと反論をおこなった。

このファインバーグの反論はもっともだ。だが彼の言う「現在」から半世紀以上たった今、この反論はどの程度有効だろうか。こう問い返すのには理由がある。近年、内観によって自分の行動の本当の原因を正しく知ることは実は人間にはかなり難しく、私たちは後づけでそれらしい説明をあたえがちであることが広く知られてきたからだ（Wilson 2002; Wegner 2002）。つまりファインバーグがないと言った証拠は、今日ではそれなりに手に入ってしまっているように思われるのである。たとえば心理学者ロバート・ニスベット（Robert Nisbett）とティモシー・ウィルソン（Timothy Wilson）の有名な実験を見よう。全く同種のストッキングを四つ並べ好きなものを選ばせると、一番右のストッキングが選ばれる割合がきわめて高い。しかしなぜそのストッキングを選んだのかを被験者に尋ねても、位置に言及するものはいない。それどころか、位置が影響していなかったかどうかを直接尋ねてみると、すべての被験者がそれを否定するのである（Nisbett and Wilson 1977: 243–244）。ニスベットとウィルソンは、このような「自分の行為の原因にかんする報告と実際の原因との食い違い」を示した多くの心理学実験を検討した。その結果彼らは、行為を生み出す評価・推論・判断などにかんする自己報告は、正確な内観に基づくものではなく、後からの理屈づけにすぎないと結論している。

もちろん彼らは、上記のような心の働きについて私たちはなにも知ることはできず、すべての自己報告が後づけなのだとまでは主張していない。ウィルソンの場合、意識的な思考を経て行為した場合には内観が信用できることは認めている。ただし彼は、無意識的な心の働きは私たちが素朴に考えているよりも相当多くの行為にかかわっていると強調することを忘れてはいない（Wilson 2002, 邦訳一三八‐一四〇頁）。上のような研究は、内観への素朴な信頼を揺すぶるには十分強力なものだろう。また、ウィルソンの見解は心理的利己主義について重要なことを思い出させてくれる。上の心理的利己主義の定義は、欲求が意識的であるか無意識的であるかという点に全く触れていない。もし心理的利己主義者が「利己的究極欲求は常に無意識的なものなのだ」と言い張ってきた場合、内観の方法は役に立たなくなってしまうだろう（Clavien 2012）。では、内観によらず究極欲求を明らかにするもっとよい方法はないだろうか。

3　道徳を学ぶ

3・1　「学習からの論証」——行動主義と道徳教育

内観によらず究極欲求を明らかにする方法として一つ考えられるのは、人間の欲求のあり方にかんする原理的な考察に訴えることだ。たとえば、心理的利己主義の真偽は経験科学によって明らかになると早くから自覚していた哲学者マイケル・スロート（Michael Slote）は、当時の心理学で力を持っていた行動主義的な学習理論が心理的利己主義の正しさを示していると考えた（Slote 1964）。この理論によれば、人間には何種類かの基本的な利己的欲求があり（食欲、乾き、睡眠欲、排泄欲、性欲など）、そしてその他すべての「高次の」欲求は、こうした基本的欲求から「効果の法則」にしたがって学習される。たとえば、快楽を対象とする欲求を考えよう。そして、他人の利益が促進されたのを見た時に快がえられるという経験を何度も積んだとしよう。このときはじめて、他人の利益の促進を求める利他的欲求が獲得される。つまり、高次の欲求は低次の利己的欲求をみたすための手段に過ぎないものなのだ。そして高次の欲求は、関連する低次の欲求がない場合には消える。他人の利益を促進しても一切快がえられないということになれば、人はもはや他人の利益を促進する行為をおこなわなくなる、ということだ。このような主張は、利他的な欲求は実はすべて道具的な欲求であり、究極欲求には利己的なものしかないとする心理的利己主義の見解そのものである[5]。

行動主義という心理学上の学説とは独立に、より日常的な経験から同じような原理にたどりつくこともできるかもしれない。これはファインバーグの最後の論点である（Feinberg 1958: 4d, 11）。私たちは子供に道徳教育をおこなうさい、子供に報酬や罰をあたえる。そしてこうした教育によって、他人を大切にする心が身につくこともまた事実だ。ここから、すべての利他的欲求は実は報酬の獲得や罰の回避を求める利己的究極欲求に基づいているのではないかという疑念が出てきても不思議ではない。もちろん上のような事実から心理的利己主義を帰結させるためにはさらなる前提が必要となる。「すべての」利他的欲求が報酬や罰による教育によって生じてきたという前提と、そのような利他的欲求はあとから究極的なものになることはないという前提だ。この前提を補うと、もとの疑念は、上でみた行動主義的学習理論と全く同じことを言っていることがわかるだろう。そこで、(1)「すべての利他的欲求は利己的究極欲求から学習された」という前提と、(2)「そのようにして学習された利他的欲求はあとから究極的なものにはなりえない」という前提から心理的利己主義を帰結させるこの論証を、「学習からの論証」と呼ぶことにしよう。

この論証に対するファインバーグ自身の反論はうまくいっていない。彼は、罰や報酬は教育のための重要な手段ではあるものの、罰への恐れや報酬への愛のみから道徳的な行いをするようになった人は真の意味で道徳的人間とは言い難いと論じる。そして、正しいことを「それが正しいがゆえに」おこなおうとする人を育てることができたとき、道徳教育は成功したと言えるのだと主張する。この主張は、「理想的な道徳教育」とはどのようなものかにかんする主張としては一理あるのかもしれないが、心理的利己主義に対する批判としては機能しない。なぜなら、心理的利己主義が正しく、「そのような理想的な道徳教育は不可能だ」というのが実情かもしれないからだ。逆に言うと、もしこの主張が反論として機能しているのだとすると、「理想的な道徳教育は実際に可能である」という前提をファインバーグはおいていなければならない。しかし、この前提はつまり心理的利己主義は誤りであると前提しているのと等しいのであり、ここで彼は論点を先取していることになる。(6)

3・2　援助行動の生得性

とはいえ、「学習からの論証」を退けるには他にもさまざまな道が考えられる。まず一般的に言えば、今日の心理学では行動主義的な学習理論のさまざまな限界が指摘されている。ただし、既に見たように学習からの論証はより日常的な経験からも提起されうるから、ここでは心理学における行動主義の是非という問題は脇へ置いておこう。むしろここで注目したいのは、子供が学習によらずに相手の利益を求める行動をおこなうことがありうるか、という点だ。というのはもしこのような行動があるならば、それは学習によって生じたのではない利他的欲求、つまり(A)「生得的な利他的欲求がある」ということだから、「学習からの論証」の前提(1)を否定することができる。ただし、利他的欲求が生得的であることは、それが究極的であることとは別問題である。利他的道具的欲求と利己的究極欲求の特定の組み合わせが生得的なものであるかもしれないからだ。したがって(B)「生得的な利他的究極欲求がある」という主張は(A)よりもかなり強く、もしこの主張の正しさを示せればそれだけで心理的利他主義の正しさが示されたことになる。この(A)と(B)の観点から、子供の援助行動にかんする研究を見てみよう。

ここで、心理学者マイケル・トマセロ（Michael Tomasello）らによる子供の研究が重要な情報を与えてくれる。はじめに、(A)「生得的な利他的欲求がある」という論点にかかわる研究を見よう。手の届かないところにある物をとってあげる、障害物をよけてあげる、などの簡単な援助行動は、一四ヶ月から一八ヶ月というかなり早い時期の子供にも見られる（Warneken and Tomasello 2006）。そしてこのような早期の出現は、インド・カナダ・ペルーという複数の文化圏で見られる（Callaghan et al. 2011）。援助行動が、比較的学習の機会が少ない早い時期から、しかも子供への教育がさまざまに異なる多様な文化圏の中で見られるということは、この種の援助行動が学習されたものではないことの証拠だと考えることができる。さらに、種類こそ劣るものの同様の援助行動はチンパンジーにもみられる。このことは、この種の援助行動は進化的に起源が古く、人間固有の文化に由来するものではないことを示唆しており、このこともまた生得的な利他的欲求があることの一つの証拠だと考えられる（Warneken et al. 2007）。

また次の二つの研究は、(B)「生得的な利他的究極欲求がある」というさらなる論点にもかかわってくる。まず、子供は報酬をもらうと援助行動をかえっておこなわなくなる。たとえばトマセロらは、大人が自分の手の届かないところにペンなどを落としたとき、これを二〇ヶ月の子供が拾ってあげるかどうかを調べた（Warneken and Tomasello 2008）。このとき、子供がペンを拾うたびにオモチャが渡される条件、拾うたびに大人が感謝する条件、なにもない条件の三条件が用意された。するとオモチャを与えた条件では、その他の条件と比較して、そのあとの機会に援助行動をおこなう頻度がかなり落ちた。このことは、子供はオモチャを求める利己的究極欲求から援助行動をおこなっていたわけではないと示唆する。もちろんこの実験から、子供の援助行動を生み出す究極欲求は利己的なものではないと結論することはできない。この援助行動に関係するかもしれない利己的究極欲求は、オモチャを求める利己的究極欲求以外にもさまざまに考えられるからだ。たとえば、援助をおこなうと心地よい気分が生み出されるために、子供はこの気分を求める究極欲求から行為しているのかもしれない。とはいえこの実験は、想定しうるさまざまな利己的究極欲求の候補を減らすことには成功している。

もう一つの研究は、子供の援助行動に共感がかかわっていることを示すものだ。たとえばある実験では、一八ヶ月および二五ヶ月の子供が次の二つの光景のどちらかを目撃する（Vaish et al. 2009）。一つ目の光景は、ある大人が絵を書いていると別人がやってきてそれを破くという光景である。もう一つの光景は、ある大人の近くにあった白紙を別人が破くという光景である。どちらの光景でも、紙を破かれた方の大人はなんの感情も表出しない。だが、前者の光景を見た子供は後者に比べて明らかに心配そうな顔でこの大人を見る。そして心配そうな表情をした子供は、そのあとの機会に援助行動を行いやすくなるのだ。子供の心配そうな表情は、紙を破かれた大人に対する共感のあらわれだと解釈できる。そして後に見るように、大人の場合には共感から利他的究極欲求が生じることがあると考えられるため、この子供がおこなった援助行動もやはり利他的究極欲求に基づくと考えられるかもしれない。共感にかんする話題は第4節と第5節で再び扱うことにしよう。

以上のような研究は「学習からの論証」への反論という観点からどのように評価できるだろうか。(B)「生得的な利他的究極欲求がある」にかんしては、想定しうる利己的究極欲求のいくつかが退けられているとは言えるものの、判断は保留せざるをえないというのが現状だろう。しかし(A)「生得的な利他的欲求がある」についていては、早期の出現、文化的普遍性、動物における前身の存在など、生得性を支持する証拠がいくつもあがっている。したがって(A)に対しては十分な支持があるといえるだろう（Tomasello 2009, Ch. 1）。そしてそうだとすれば、「学習からの論証」の(1)が否定されることになり、この論証を無効化することできる。

4　共感利他性仮説

第2節の末尾では、心理的利己主義の真偽を決定するために、究極欲求を確かめる内観以外の方法が求められていた。そして第3節では、欲求にかんする原理的考察に訴えるという方法がとられた。だが、究極欲求を明らかにする方法は他にもある。それは、状況を体系的に変化させたうえで行動を観察する実験の手法だ。人は欲しているものごとを手に入れようとするが、この簡単な事実が究極欲求を探るのに役立つ。たとえば、ペプシコーラしかおいていない自動販売機からペプシを買おうとしている人を考えよう。この人は真のペプシマニアでこのペプシを求める欲求は究極欲求なのだろうか。それとも、この人はただ喉が渇いていているだけなのだが、水分補給のための手近な手段がペプシを買うことしかないので、ペプシを欲しがっているにすぎないのだろうか（つまり、この欲求は道具的欲求なのだろうか）。これを確かめるひとつの方法は、わざわざペプシを買わなくても水が無料で手に入る状況にこの人をおいてやることだ。もしペプシを飲むことが究極欲求ならあいかわらずペプシを買うだろうし、喉が渇いているだけなら水を飲むだろう。おなじ理屈から、人の一見利他的な行為が利己的究極欲求によるものかどうかを確かめるためのひとつの方法は、わざわざその行為をおこなわなくても自己利益がえられるような状況に人をおいてやって、それでも同じ行為がおこなわれるかどうか見ることだ。考えうるさまざまな自己利益についてこのような実験をおこなえば、究極欲求が実際にはなんなのかに迫っていくことができる。

4・1 共感利他性仮説と議論の一般的図式

この節では、心理学者ダニエル・バトソン（Daniel Batson）が心理的利他主義の正しさを示すために長年にわたっておこなってきた仕事を概観する（Batson 1990, 2011）。バトソンが注目するのは共感だ。すでに多くの実験によって、援助が必要だと思われる他人に共感を抱くことで人は援助行動をおこないやすくなることが示されていた（Eisenberg and Miller 1987）。ただし、共感が援助行動につながるという事実それ自体は、心理的利己主義の真偽を決さない。共感がどのような欲求を通して援助行動をもたらしているのかが不明だからだ。

バトソンは共感が利他的究極欲求を生みだしていると考える。彼の「共感利他性仮説」（empathy-altruism hypothesis）によると、「援助を必要としている他人の知覚」と「他人の利益の尊重」という二つの原因によって「共感」が生み出され、それが利他的究極欲求を生む。そして利他的究極欲求は他の欲求や信念との比較検討のなかに入れられ、その結果に応じて援助行動がおこなわれる[7]。なお、このように欲求や信念を比較検討して別の手段的欲求や行為を生み出すプロセスは、しばしば「実践的推論」と呼ばれる（三四八頁の図2も参照[8]）。

ここでいう「共感」とはなんだろうか。私たちは、他人が助けを必要とする状況にあるとわかった時、そのことに応じた感情をその人に対して抱く。たとえば、その人がかわいそうだ、あわれだと感じたり、気の毒に思ったりする。このような感情のことをバトソンは「共感」と定義している（Batson 2011, 邦訳三頁）。すぐにわかるように、ここでいう「共感」はそれ自体が一種類の独自の感情なわけではない。場面に応じてさまざまな感情が共感であったりなかったりする[9]。

この共感は特定の人に向けられたものだから、それが生じるのに、「援助を必要としている他人の知覚」

	共感低い	共感高い
助けなくても自己利益が手に入る	(1) 低	(3) 低
助けないと自己利益が手に入らない	(2) 高	(4) 高

表1　利己主義的対抗仮説：援助行動がおこなわれる割合の一般的予測

が必要なのは当然だろう。しかしこれだけでは十分ではない理由がある。他人が助けを必要としていることを知ったが、その他人のことが嫌いだったり、あるいは苦しんで当然の理由があると思われるような場合、共感が抱かれることはないからだ(Singer et al. 2006)。このことを考慮すると、「相手の利益を尊重する」という態度が共感の発生には必要だということがわかる。

共感利他性仮説の基本的なアイデアは以上のようなものだ。しかし、共感から援助行動がおこなわれること自体は利己主義的な解釈もゆるす。共感が特定の利己的究極欲求と結びつくことで援助行動がおこなわれているかもしれない。したがって、共感利他性仮説の正しさを示すには、さまざまな利己主義的対抗仮説を排除することが必要になる。そこで重要となるのが、共感利他性仮説と利己主義的対抗仮説が互いに異なる予測をおこなうような実験条件を用意することだ。一般的な図式で話を整理しておこう。まず、援助を必要としている他人に対する共感を高めた条件とそうではない条件を用意する。さらに、援助しなくても関連する自己利益が手に入る条件とそうではない条件を用意する。これらを組み合わせると合計四条件ができる。それぞれの条件での被験者の行為にかんして二種類の仮説がなにを予測するかは、次のようにまとめられる(表1、表2)(Batson 2011, 邦訳、一三五頁をもとに一般化)。

共感利他性仮説も利己主義的対抗仮説も共感に関連する欲求についての仮説であるから、(1)や(2)のような共感が低い条件については基本的に何も予測しない。ただし一般的に言って、人には共感とは関係なく援助行動をもたらす利己的欲求が色々あると

	共感低い	共感高い
助けなくても自己利益が手に入る	（1）低	（3）高
助けないと自己利益が手に入らない	（2）高	（4）高

表2　共感利他性仮説：援助行動がおこなわれる割合の一般的

考えられるから、援助しなければ自己利益が手に入らない(2)では、援助行動の割合は高くなるだろう。二種類の仮説を分けるのは共感が高い条件の方だ。特に(3)では助けなくても自己利益が手に入るので、利己主義的対抗仮説は援助行動の割合が低くなると予測する。一方で共感利他性仮説は、利他的究極欲求が自己利益の手に入りやすさとは関係なく援助行動をもたらすと考えるため、この条件での援助行動の割合は高いと予測する。なお(4)では助けないと自己利益も手に入らないので、いずれの仮説も援助行動の割合は高くなると予測する。したがって二種類の仮説の命運を分けるのは、(3)「相手への共感が高いが助けなくても自己利益が手に入る」という条件での被験者の行動である。

4・2　利己主義的対抗仮説1――嫌悪喚起低減仮説

以上の一般的図式を念頭に、利己主義的対抗仮説の具体例を検討していこう。苦しんでいる他人を見ると、自分の方もつらくなるものだ。相手を助けることは、この自分の心の痛みをとり除くためのひとつの方法である。すると結局、援助行動は共感がもたらす個人的な苦痛を無くしたいという利己的究極欲求からおこなわれるのではないだろうか。バトソンはこの仮説を「嫌悪喚起低減仮説」（aversive-arousal-reduction hypothesis）と呼んでいる。だが自分の苦痛を取り除く手段は、なにも援助行動だけではない。苦痛の源になっている共感を取り除くという手もある。そのためのひとつの方法は、嫌なものは見ないようにその場から逃げるというものだろう。したがって、嫌悪喚起低減仮説が正しいとすれば、援助をおこなわなくても簡単に逃げられる条件を用意すれば、逃げにくい条件と比べて援助行動はあまり生じないと考えられる。他方で、共感利他性仮説が言うように共感から利他的究極欲求が生じているとすれば、自分が逃げても相手の苦しみが減るわけではないのだから、逃げやすさが変化しても一貫して高い割合で援助行動がおこなわれるだろう。

そこでバトソンらは次のような実験をおこなった（Batson et al. 1981）。被験者は、電気ショックを受けながら課題をおこなう人物を観察する（なお実際には電気ショックは受けていない）。このさい、この人物がおこなう課題一〇試行中二回だけを見ればいい条件（つまり二回の試行後は逃げられる）と、一〇回全部を見なくてはいけない（最後まで逃げられない）条件が用意される。また被験者には、観察している人物と自分の価値観がどのくらい似ているかにかんする情報が与えられ、この類似性の大小によって共感の高低が設けられる。そして二回の試行を見終わったあと、被験者にはこの電気ショックを伴う課題を代わりにやってあげるかどうかという選択肢が提示される。ここで課題を代わってあげることが、この実験での援助行動にあたる。

ここで、前述の一般的図式でいう(3)、つまり「相手への共感が高いが二回の試行後には逃げられる」という条件について考えよう。もし嫌悪喚起低減仮説が正しいなら、被験者は自分の苦痛を減らすのにわざわざ課題を代わってあげなくても単に逃げればいい。したがってここでは、(2)「相手への共感は低いが逃げられない」や(4)「相手への共感が高く逃げられない」の条件に比べ、援助行動がなされる割合が低くなるはずだ。一方で共感利他性仮説が正しければ、この条件では援助行動の割合は高くなるだろう。実験の結果、(3)での援助行動の割合は(2)や(4)に劣らず高いことが明らかになった。これは、共感が利他的究極欲求を生むという共感利他性仮説の方を支持するものである。類似の実験からも同様の結果が出ている（Batson et al. 1983）。

こうした実験に対しては、物理的な意味での「逃げやすさ」は心理的な意味での「逃げやすさ」とは異なるのではないかとの批判が投げかけられた（Sober 1991; Hoffman 1991; Stich et al. 2010）。これはつまり、他人が苦しんでいるのを見なくなっただけで他人が苦しんでいるという信念がすぐなくなるわけではないのだから、その場から逃げるだけでは個人的な苦痛は減らないのではないかという批判だ。この点にかんしては、物理的な逃げやすさは一定だが心理的逃げやすさだけを操作した次の研究が重要である（Stocks et al. 2009）。この研究では、生き延びるために心臓の手術を必要としている人物を描写した架空の新聞記事が用意される。そしてこれをできるだけ客観的に読めという指示、もしくは、相手の気持ちを考えながら（「視点取得」しながら）読めという指示を与えることで、被験者の共感の高低が操作される。さらに一群の被験者には、「他人の情動にかんして新聞からえた情報は記憶の中には非常に残りにくい」という別の記事を読ませることで、心理的な逃げやすさを増やすように操作した。その後、被験者にはこの人物を援助する機会が与えられる。するとここでも(3)、つまり「相手への共感が高いが心理的にも逃げやすい」という条件では、援助行動がおこなわれる割合は高かった。もし嫌悪喚起低減仮説が正しいのなら、心理的に逃げやすければ援助行動は減るはずであり、ここでもやはり共感利他性仮説の方が支持されている。バトソンはこの他にもいくつかの論拠から批判を退けている（Batson 2011, 邦訳一九〇–二〇四頁）。

4・3　利己主義的対抗仮説2——共感特定的罰仮説

利己主義的な対抗仮説をもう一種類みておこう。共感しているにもかかわらず相手を助けないのは、ひどく冷たい人のやることのように思える。このような態度をとると、他の人から否定的に評価されるかもしれないし、また自己評価が否定的になるかもしれない。こうした否定的な評価を避けたいという利己的究極欲求から、私たちは援助行動をおこなうのではないだろうか。このような仮説をバトソンは「共感特定的罰仮説」（empathy-specific-punishment hypothesis）と呼ぶ。

他の人からの否定的評価を避けたいという利己的究極欲求があるのなら、助けるかどうかが他人には全くわからないような状況では、援助行動はそう多くならないはずだ。そこである実験では、孤独な状況にある女性と会ってあげることを援助行動として設定し、援助するかどうかの選択が自分にしかわからないと被験者に思わせる条件と、実験者にもわかると思わせる条件を用意した（Fultz et al. 1986）。またこの女性の手記を視点取得しながら読むかどうかで共感の高低を操作した。その結果、ここでも前述の(3)、つまり「相手への共感が高いが援助するかどうかは自分しかわからない」という条件では、援助行動がおこなわれる割合は高かった。この結果も、共感によって利他的究極欲求が生じていることを示唆している。

では、自分自身を否定的に評価したくないという利己的究極欲求の方はどうだろうか。このような欲求が援助行動を生み出すなら、自分が援助しないことを正当化できるなんらかの理由があれば、自分自身を否定的に評価する必要はなく、そのぶん援助行動の割合は下がると考えられる。そこでバトソンらは、他の多くの人が援助を断ったなど、援助をおこなわないことを正当化できるいくつかの理由を一部の被験者に提示した。そして、相手がインタビューに回答しているのを視点取得しながら聞くかどうかなどで共感の高低が操作された（Batson et al. 1988）。すると、(3)「相手への共感が高いが、援助をおこなわない正当な理由がある」という条件でもやはり、援助行動がおこなわれる割合は高かった。この結果も、共感によって利他的究極欲求が生じていることを示唆する。したがって、他人からと自分から両方にかんして、否定的な評価を避けるために援助をしているという仮説はうまくいっていない。

4・4　この節のまとめ

上のような例から、バトソンが心理的利他主義を擁護するためにどのような実験をおこなってきたかがわかるだろう。バトソンは長年にわたり同様の実験を行い、共感利他性仮説を一貫して裏づけてきた。ここで詳しくは紹介できないが、さらにさまざまな利己主義的対抗仮説がさまざまな角度からの検討を受けて却下されている。たとえば、共感は特定の報酬に結びついており、この報酬を求める利己的究極欲求から援助行動がおこなわれているのではないかという仮説や、共感は「自他の融合」によって生じるのではないかという仮説が棄却された。これらの実験により、今日では共感によって利他的究極欲求が生まれることはかなり認められるようになっている（Dovidio et al. 2006, Ch. 4; Haidt and Kesebir 2010）。

もちろん彼がおこなってきた実験の細部にかんしては批判がある。たとえば、実験状況が人工的すぎて現実の状況にどれだけあてはまるかが不明であるといった指摘（Hubbeling 2012）や、より複雑な形の利己主義的対抗仮説がまだ検討されていないという指摘もある（Stich et al. 2010; Sober and Wilson 1998: 260–271）。実際、さまざまな利己主義的対抗仮説と比較することで共感利他性仮説の正しさを示すというバトソンの議論の構造上、「まだ検討されていない利己主義的対抗仮説」の可能性は数多く残りつづけることだろう。しかし少なくとも現在のところ、容易に考えつくタイプの利己主義的対抗仮説には多くの反例が示された一方で、共感利他性仮説は反証されていない。このことを考えると、ひとまず目下のところは、共感利他性仮説が正しいと考えてよいだろう。少なくとも共感の関与によって、人は利他的行為をすることができる。

5　利他的行為を支える心のしくみ

前節でみてきた研究では、利他的行為を生み出すのに共感が重要な役割を担うことが示されていた。この節はいったん心理的利己主義の真偽という問題を離れて、利他的行為を支える心のしくみについて二つの観点からより詳しく検討したい。すなわち、「利己的究極欲求と利他的究極欲求の関係」および「視点取得の役割」という観点である。

5・1　複数の究極欲求

すべての援助行動がもっぱら利他的究極欲求のみによって生み出されるわけではない。利己的究極欲求が援助行動を生み出すのに関与することもあり、この関与の仕方についてはいくつかのパターンが考えられる。まず、利己的究極欲求のみが援助行動を生み出すというパターンがある。前節で見たようなさまざまな利己主義的対抗仮説は、共感によってもたらされる援助行動はまさにこのようなものだとする説だった。また共感とはまったく関係なく、より冷静で計算ずくに援助行動がおこなわれることもある。実際のところ、援助行動のかなりの部分がこれらの形で生み出されているだろう。しかし、これらの援助行動は第2節の定義によれば「利己的行為」であるから、ここでは細かく検討しないでおこう。

むしろ興味深いのは、利他的究極欲求と利己的究極欲求が組み合わさって利他的行為が生まれるパターンだ。しばしば見過ごされてしまうが、人間の行為は一つの究極欲求のみから生じるものではない。たとえば他人を助けたいという利他的究極欲求をもち、また同時に、時間を節約したいという利己的究極欲求を持つ人は、両方の欲求にしたがって、あまり時間のかからない募金をおこなうということがあるだろう。このような利他的行為の可能性に目を向けておくことは、心理的利己主義・利他主義を適切に定義するためにも重要となる。ここで、第2節での心理的利己主義の定義をふりかえろう。そこで心理的利己主義は、「すべての行為は利己的究極欲求「のみ」から生じる」とする説だとされた。これに対し、心理的利己主義を、「すべての行為は「なんらかの」利己的究極欲求から生じる」という説だと定義する人もいる（Mercer 2001: 217–218）。これを「厳しい定義」と呼んでおこう。厳しい定義を採用すると、行為を生み出すのに「一つでも」利己的究極欲求がかかわっている場合には、その行為は利己的だということになる。しかしこの場合、心理的利己主義はふたたび自明に正しい見解になってしまうと思われる。なぜなら、時間的・物質的コストを最小限にしたいといった究極欲求は、常識的にいっても「利己的」なものに数えられるはずだが、これらはおそらくほとんどすべての行為にかかわっていると考えられるからだ。ここで次のような二人の人物を考えてほしい。まずは先ほどの人で、他人を助けたいという利他的究極欲求をもち、また同時に時間を節約したいという利己的究極欲求をもち、両方の力によって募金をおこなった。もう一方の人は、人助けをした満足感が欲しいという利己的究極欲求と、時間を節約したいという利己的究極欲求から、募金をおこなった。厳しい定義によればどちらの募金も等しく利己的行為だということになる。しかし、後者の行為が利己的行為であるのは間違いないだろうが、前者の行為もこれと同じ利己的行為だと言うのはやはり無理だろう。

5・2 視点取得と「心配メカニズム」

つづいて共感利他性仮説の別の側面に注目しよう。バトソンの考えでは、共感を生じさせる原因の中に、「相手の立場になって考えること」すなわち「視点取得」（perspective taking）は必要ない。このことは不思議に思われるかもしれない。というのは、視点取得が共感を増すというデータが数多くあるのみならず、既に見たようにバトソンは実験の中で、被験者に視点取得をおこなわせることで共感を操作しているからだ。さらに以前のバトソンは、共感の原因として、「他人の利益を尊重する態度」ではなく「視点取得」が重要だと明示的に表明していたのだ（Batson 1999）。しかし近年のバトソンは、いくつかの実験結果を踏まえてこの見解を撤回し、第4節で見た二つの原因を重視するモデルをとるようになった。この共感が生じるのに視点取得は必要ないという考え方は、哲学者のショーン・ニコルスによっても提唱されている（Nichols 2001）。ただし彼は、バトソンとは全く別の経験的証拠からこの考え方にたどりついた。以下では両者の議論を比較検討してみたい。

ニコルスは視点取得を重視していた頃のバトソンに反対し、共感にとって視点取得は重要ではないと論じる。ここで参照されるのは発達研究と障害研究だ。まずニコルスは、私たちも既に第3節で確認したことだが、二歳以下の子供でも援助行動をおこなうという事実に注意を促す。ただしここですぐに注意しなければいけないのだが、ニコルスは子供の援助行動が利他的行為、すなわち利他的究極欲求から生じた行為だということを暗黙の前提にしているようだ(10)。しかし何度も確認しているように、援助行動の存在だけからは、その行為を引き起こしている利他的欲求が究極的なのか道具的なのかにかんしてはなにも言えない。そしてこれも私たちが第3節で見たように、子供の援助行動が利他的行為であることを示す証拠はいまのところ十分とは言えない。したがってニコルスのこの前提は不当だと言わざるをえない。しかしここでは話を進めるため、いったん前提を認めておこう。

さて、二歳以下の子供たちの視点取得能力は極めて限られていることが知られている。この年齢の子供は他人が間違ったことを考えていると理解するのが難しいし（Wimmer and Perner 1983）、おそらく想像力に

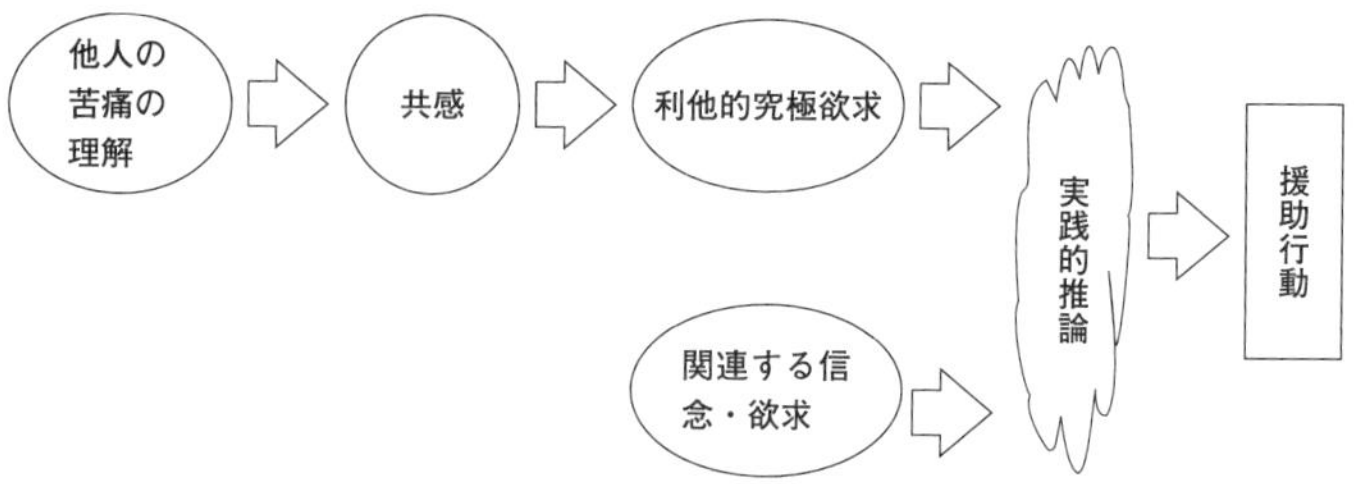

図1　「心配メカニズム」と関連する過程

よって他人の心を理解する能力も十分ではない（Nichols and Stich 2000）。ということは、子供たちは視点取得の能力が不十分であるにもかかわらず利他的行為が可能だということになる。そうすると、子供と大人で利他的行為を生み出す心のメカニズムが違うと考える特別な理由がないかぎり、視点取得は大人の場合でも利他的行為の産出にとって必要不可欠の役割を担っていないということになる。その一方、視点取得の能力が十分ではない子供であっても、他人が苦痛を感じていることを理解する能力を持つことが言語的データから示唆されている（Wellman et al. 1995）。ニコルスはここから、他人の苦痛を理解すると共感が生まれそこから利他的究極欲求が生まれるという心のメカニズムを想定した[11]。これは「心配メカニズム」（concern mechanism）と呼ばれる（図1）。

心配メカニズムが視点取得の能力とは独立に利他的究極欲求を生み出すことは、二種類の障害の研究からさらに支持される。一つは自閉症だ。自閉症児が視点取得に困難をおぼえることは広く知られている（Baron-Cohen 1995）。だが自閉症児は、他人の苦痛に対する情動的応答や援助行動という点では定型発達児と変わらない（Blair 1999; Sigman et al. 1992）。ここから、自閉症児がおこなう利他的行動は視点取得を利用したものではなく、むしろ他人の苦痛の理解とそれに対する情動的応答（共感）を利用する心配メカニズムから生じたものだと考えられる。逆に、視点取得の能力はそなえているが心配メカニズムを欠いている事例として、ニコルスはサイコパスをあげる。サイコパスは標準的な成人と同じような視点取得能力を持つものの（Blair et al. 1997）、他人の苦痛に対して情動的応答をあまり示さず（Blair et al. 1996）、利他的行為もあまりおこなわない。つまり視点取得能力があってもそれだけでは利他的行為にはつながらないのだ。

話を整理しよう。ニコルスは発達研究と障害研究を参照しながら心配メカニズムの存在を擁護した。しかしその議論は、「子供が利他的行為をおこなう」という隠れた前提に依拠しており、そして子供の援助行動が利他的行為であるという証拠は不十分であった。ニコルスは子供のデータからスタートして大人でも視点取得が重要ではないと論じていくため、子供の援助行動が利他的行為であることを示す独立の証拠がないかぎり、心配メカニズムは空虚なモデルとなっている可能性が残る。

一方でバトソンが視点取得の重要性を値引いた根拠は別のところにある。その理由の一つは、「相手の利益を尊重する態度」がなければ視点取得はあまり共感を増やさないという点だ。たとえば、殺人犯に視点取得した被験者は、たしかに視点取得しない被験者よりは多くの共感を報告する。だがそれは、助けを求めている人に視点取得した被験者に比べればずっとわずかなものでしかない（Batson et al. 1997）。また、被験者が相手の利益をどの程度尊重するかを操作することで、視点取得をしているかどうかにかかわりなく、報告される共感の程度を操作することもできる（Batson et al. 2007）。以上を含むいくつかの実験からバトソンは、視点取得は共感が生じるのに必須の原因というよりもむしろ、「他人の利益の尊重」という態度から「共感」の生起にいたる経路を活性化させる媒介的な役割を持つだけだと考えるに至った（Batson 2011, 邦訳五四–五五頁）（図2）。ふつう人は他人の利益をそれなりには尊重しているから、視点取得を促すことで、この態度が共感に与える影響を強めることができる。よって視点取得を促すことで、共感の度合いを実験的に操作

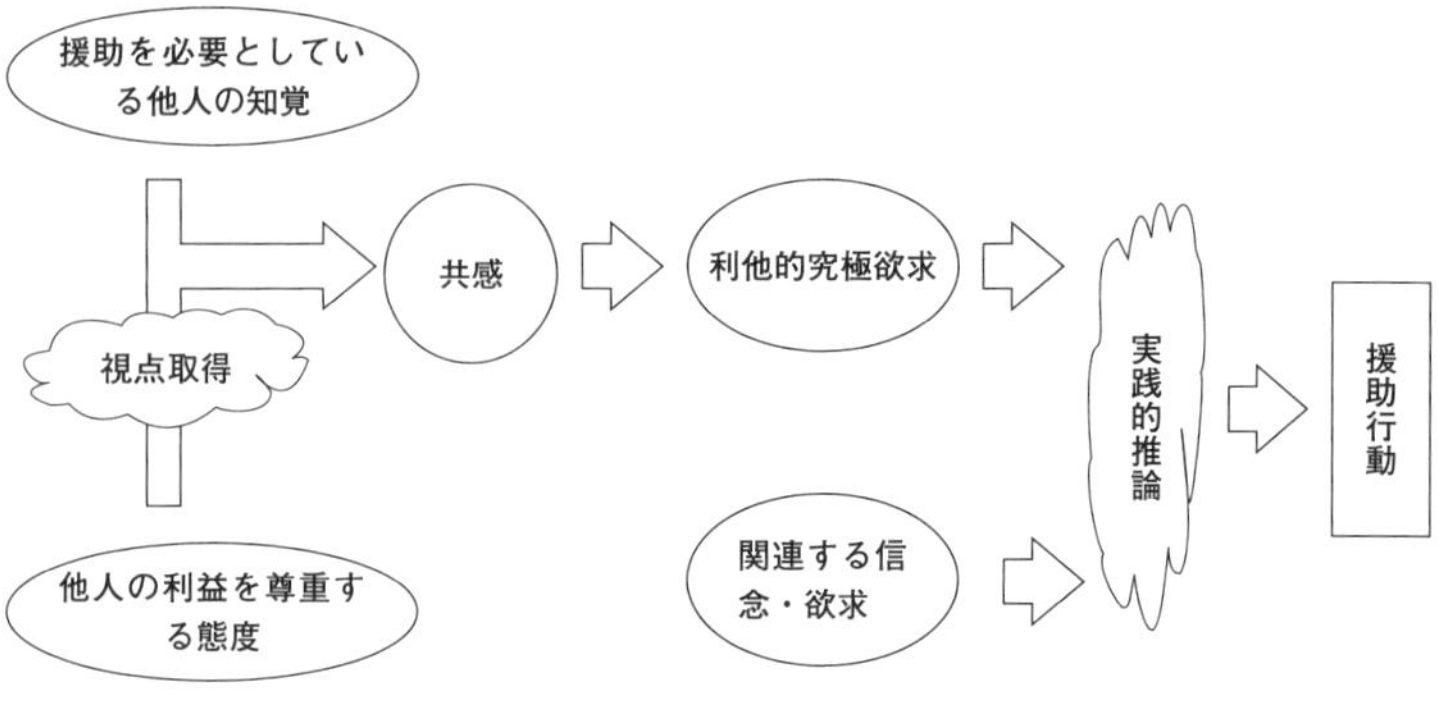

図2　共感利他性仮説

できるのである。

　視点取得の役割を媒介的なものにとどめたバトソンの新しい見解は、ニコルスの見解とほとんど変わらないように見える。ニコルスもバトソンも、相手の不利益の認知の重要性を認めているし、共感の定義についても実質的な違いがあるようには見えない(12)。ニコルスは「他人の利益の尊重」にかんしてなにも述べていないが、多くの人はふつう他人の利益をそれなりに尊重している点を考えると、ニコルスはこの態度をむしろ暗黙の前提としていると考えられる。またサイコパス解釈にかんしても彼らの間に実質的な不一致はない。すでに見たようにニコルスは、サイコパスは他人の苦痛の認知に対して標準的な情動的応答（共感）を返すことができないと解釈していた。一方でバトソンはサイコパスを、他人の利益を尊重する態度を極端に持っていない人々だと解釈している（Batson 2011, 邦訳五四頁）。しかしバトソンの説によれば、「他人の利益の尊重」が低いということはつまり「共感」が生み出されにくいということだ。するとバトソンはニコルスと同じことを言っていることになる。

　以上のような理解が正しいとすると、ニコルスの「心配メカニズム」（図1）は、「バトソンの想定する心のメカニズム（図2）から非本質的な部分である視点取得を引いたもの」なのだと理解することができる。ここで、高度な視点取得の能力は発達の後の方にならないと出てこないという事実を踏まえれば、発達の初期にはニコルスが想定したような視点取得なしのメカニズムがあり、発達にしたがって視点取得がつけ加わることでバトソンの想定した複雑なメカニズムが現れる、と発展的に考えるのが一番自然ではないだろうか。

またこのような発達上の連続性を想定できるとすると、ここまで保留していた「子供の援助行動は利他的行為である」というニコルスの前提には違った光が投げかけられることになる。私たちは第4節で見たような実験から、バトソンの考えるメカニズムが大人において利他的行為を生み出すことを認めた。そうだとすれば、そのメカニズムから非本質的な視点取得を抜いた「心配メカニズム」が利他的行為を生み出さないと考える理由はとりあえずない。そうすると、「子供の援助行動は利他的行為である」という主張はもはや根拠のない前提ではなく、逆に二つのメカニズムが連続的であることからの帰結だということになる。大人にかんして先に確立された利他的行為の存在によって、子供の利他的行為の存在に間接的な支持が与えられるのである。

6 ソーバーとウィルソンの進化からの論証

第3節から第5節まで、心理的利己主義の真偽という問題に関連する心理学的研究を見てきた。しかし、この問題に関係する経験科学は心理学だけではない。哲学者エリオット・ソーバー（Eliot Sober）と進化生物学者デイヴィッド・スローン・ウィルソン（David Sloan Wilson）（以下、S&W）は、進化の観点から心理的利己主義を否定し心理的利他主義を擁護する議論を提出した（Sober and Wilson 1998, Ch. 10）。この節では彼らの議論の紹介と検討をおこなう。

6・1　快楽主義対多元主義

心理的利己主義の真偽という問題に進化の観点から取り組むにあたって、S&Wはさまざまな援助行動の中でも「子供の世話」に着目する。子供に適切な世話をおこなえないと子孫を残すことができないので、子供の世話をよりたしかにおこなう心のありかたをした生物の方が生き残ってきた公算が高いと考えられるからだ。ここで、子供の世話を生み出す心のありかたについて、S&Wは次の三つの候補を検討している(Sober and Wilson 1998: 308–309)。

まず、快を求め不快を避ける快楽主義的究極欲求が人間にはあり、この欲求から行為をおこなう心のメカニズムしか人間にはないという見解がありうる。このメカニズムをS&Wは「HED」と呼ぶ。この場合、子供の世話もHEDによっておこなわれる。子供が世話を必要としているという信念は親に不快を生み出し、快楽主義的欲求にしたがってこの不快を取り除くために世話がおこなわれるのである。人間はHEDだけを持つというこの見解は、「快楽主義」と呼ばれる。

第二の見解として、人間の心には利他的究極欲求から子供の世話をおこなう専用のメカニズムがあるが、その他の行為は快楽主義的究極欲求からおこなわれるという見解が考えられる。この専用のメカニズムをS&Wは「ALT」と呼ぶ[13]。このような見解は二種類の究極欲求を認めるので多元主義的であり、「タイプ1多元主義」と呼ばれる。タイプ1の特徴は、一定の種類の行為を利他的究極欲求が、別の種類の行為を利己的究極欲求が生み出すという分業の存在にある。

最後に同じ多元主義的見解であっても、利他的究極欲求と快楽主義的究極欲求の両方が子供の世話を生み出しうるとする見解がありうる。これはすなわち、人間の心はＨＥＤとＡＬＴの両方を持つということであり、こうした見解は「タイプ2多元主義」と呼ばれる。

以上の三つの見解のうち、「快楽主義」だけが心理的利己主義的な見解である。どちらのタイプの多元主義でも、利他的究極欲求から子供の世話がおこなわれることを認めているからだ。それでは、この三種類の心のありかたのうち、実際に進化してきた公算が高いのはどれだろうか。

あるメカニズムが「進化してきた公算」を比較するさいに考慮すべきことはいくつかあるが、三種類の見解の明暗を分けるのは「信頼性」だとＳ＆Ｗは考える。メカニズムの信頼性が高いというのは、今回の例でいえば、子供を世話しそこねることが少ないということだ。すでに述べたように、子供の世話に失敗しがちな親はその分だけ子孫を残せないというおおきなリスクを背負うことになる。そのため、信頼性の高い心のありかたのほうがより適応的であり、生き残りやすいと考えることができる。

以上の準備的な議論をふまえ、Ｓ＆Ｗは「快楽主義」的な心よりも「多元主義」的な心の方が子供の世話にかんして信頼性が高いと四つの観点から主張した。ここから彼らは、「多元主義」的な心を持つ生物の方が進化してきた公算が高く、したがって心理的利他主義の方が正しそうだと結論するのである。だがこれに対し哲学者スティーヴン・スティッチ（Stephen Stich）は、四つの議論はことごとく失敗していると反論している（Stich 2007）[14]。この応酬を追いかけるかたちで、Ｓ＆Ｗの四つの論点を順に検討していこう。

6・2　論点1・信念と不快のリンク

四つの論点のうちはじめの三つは、「快楽主義」と「タイプ1多元主義」の比較にかかわる。ＨＥＤでは、子供が世話を必要としているという信念が不快を生み出し、この不快を取り除くために子供の世話がおこなわれる。しかしながら、この信念が不快を生み出すという因果的なリンクが必ず作動するものだとは考えにくい。というのも、たとえば痛みは個体の生存にとってもっとも重要な感覚の一つであるが、この痛みにかんしてすら、体の損傷と痛みの間のリンクがうまく働かない場合がある。だとすれば、まして上のような信念が不快を生じさせないことは当然あるだろう。そしてその場合には子供の世話はおこなわれない。ということは、信念と不快のリンクが完璧でない分だけ、メカニズム全体の信頼性が落ちることになる。その一方で、「タイプ1多元主義」の想定するALTは不快を用いないためこのようなリンクが存在せず、ここで信頼性を落とすことはない。したがって、「快楽主義」と「タイプ1多元主義」を比較した時、「タイプ1多元主義」的な心の方が高い信頼性を持つと考えられる（Sober and Wilson 1998: 315–316）。

しかし、たとえば信念が恐怖を生み出しその結果として回避行動が生み出されるという心のメカニズムは、信念と恐怖のリンクが完璧ではないにもかかわらずたしかに進化してきている。スティッチはこのような事実に訴えることで、S＆Wの議論は妥当ではないと反論した（Stich 2007: 273–274）。しかしこの反論は妥当ではないという指摘もある（Schulz 2011）。というのも、S＆Wが自身の主張の根拠としているのは、自然選択はより信頼性のあるメカニズムに有利にはたらくというあくまで一般的な主張である。彼らは信頼性が完璧ではないが進化してきたメカニズムがあることは全く否定していないし、そうしたメカニズムの存在は上の一般的主張とは両立する。したがってS＆Wの議論はいぜん有効であるという。この再反論の妥当性については、第6節4項でさらに検討することにしよう。

6・3　論点2・不快の強さ

再び確認すると、HEDでは子供が世話を必要としているという信念が不快を生み出す。ここでこのメカニズムが子供の世話にかんして十分信頼可能なものであるためには、不快が十分な強さを持つのでなくてはならない。というのは、もしわずかな不快しか生み出されない場合、その子供の世話よりももっと魅力的な行動の選択肢があればそちらが優先されてしまうからだ。この事態を防ぎ、子供の世話を優先的におこなうためには、HEDには不快の強さにかんする「巧妙な設計」が必要となるとS＆Wは主張する。そして前項からもわかるように、複雑なメカニズムは各構成要素のリンクが多いためその分信頼性が低くなってしまう。一方、ALTは不快を用いないので、その分設計が単純になるから、ここで信頼性が落ちることはない。したがって、やはり「タイプ1多元主義」的な心の方が高い信頼性をもつと考えられる（Sober and Wilson 1998: 315）。

だが、「子供の世話を優先的におこなうためには、HEDには不快の強さにかんする「巧妙な設計」が必要となる」というS＆Wの前提は正しいだろうか。というのも、単に他の行為を抑止するだけなら、子供が世話を必要としているという信念に極めて強い不快を結びつけるという割合単純な設計でも十分なのではないだろうか。子供（に限らず、人）を援助せず見殺しにすることに伴う強い不快感を考えれば、この可能性は十分検討に値すると思われる。ただし、不快が強すぎると親個体の生存には不利となるだろう。そうだとすれば、自分の健康な生存を確保しつつも子供の世話を優先的に生み出すには、さまざまな状況に応じて十分強いがしかし強すぎない不快を生じさせる必要があることになる。これにはたしかに、かなり巧妙な設計が必要だろう。

さて、この第二の論点に対しスティッチはいくつか批判を加えている。そのなかで特に重要なのが、HEDのみならずALTにも巧妙な設計が必要になるというエドゥアール・マシェリ（Eduard Machery）に帰せられた指摘である（Stich 2007: n8）。たしかに、S＆Wが言うように、ALTには不快にかんする設計は必要ない。だが「タイプ1多元主義」的な心には、利他的究極欲求と快楽主義的究極欲求の両方があったことを思い出そう。するとALTが十分信頼可能なものであるためには、さまざまな利己的行為よりも子供の世話を優先させなければならない。このために、ALTにも「なんらかの」巧妙な設計が必要となるはずだ。以上がマシェリ＝スティッチの最低限の主張である。この反論は、「ALTよりHEDのほうが複雑だ」というS&Wの主張に対し、「そうとは限らない」ことを示す。ただし、どちらがどの程度複雑なのかはさらなる論拠なしにはわからないため、決定的な反論とは言えない。

ただしマシェリ＝スティッチの指摘はかなり簡潔で解釈の余地があり、次のような強い反論を読みとる者もいる（Schulz 2011）。S&Wは、HEDには不快の「強さ」にかんする巧妙な設計が必要になると論じていた。すると、「タイプ1多元主義」で必要となる巧妙な設計も、利他的究極欲求の「強さ」にかんする同じような設計なのではないだろうか。つまりこの「強い反論」は、HEDにおける不快の「強さ」とALTにおける利他的究極欲求の「強さ」を対応させることによって、二つのメカニズムが「同様に複雑」でなければならないはずだと論じるのである。したがってここでは、「ALTよりHEDのほうが複雑だ」というS&Wの主張に対し、「そうではない、同じである」という決定的な反論が出されていることになる。

だがこの「強い反論」は妥当ではない。そもそもHEDにおいて、子供の世話に関連する不快が強くなければならないのはなぜか。それは、HEDしか持たない生物の場合、どの行為がおこなわれるかを決定する要因が、その行為に関連する（と思われる）不快（もしくは快）の強さしかないからだ。だが、「タイプ1多元主義」的な心では事情が全く異なっている。この場合、子供の世話はALT、その他の行為は別の利己主義的メカニズムと、それぞれの行為産出を異なるメカニズムが担当する分業が存在する。このため、仮に子供の世話を求める利他的究極欲求が他の欲求より弱かったとしても、子供の世話がおこなわれないとは限らない。たとえば、ALTは情報処理が早いメカニズムであり、利己主義的なメカニズムよりも素早く行為を産出できるかもしれない。実際、ALTは子供の世話という行為に特化したメカニズムとして想定されているが、機能特化した心のメカニズムは一般的に言って処理が早い（Evans 2010）。だが情報処理の速度は一例にすぎない。ここでのポイントは、「タイプ1多元主義」的な心を持つ生物が子供の世話を優先させられるかどうかは、欲求の強さ以外のさまざまな点での設計にも依存しているということだ。したがって、「強い反論」のように、不快の強さと利他的究極欲求の強さを単純に対応させて論じることはできないのだ。

この項をまとめよう。S&Wは、HEDが不快を利用する点に着目し、子供の世話を優先的におこなうために「HEDはALTより複雑になる」と論じた。だがマシェリ＝スティッチは同じ理屈から、ALTにもなんらかの巧妙な設計が必要になると指摘し、どちらが複雑なのかはさらなる証拠なしにはわからない状態に戻した。さらに「強い反論」はHEDとALTが同等に複雑であるとし、S&Wの主張を決定的に退けるものであったが、この反論は成功していなかった。すると結局この第二の論点について、HEDとALTのどちらが複雑なのかという問いは未決となった。

6・4　論点3・信念の撤回可能性

S&Wによる第三の議論は、HEDだけが必要とする特殊な信念にかかわる。HEDが利他的道具的欲求を生み出すには、快楽主義的究極欲求とともに、「子供の世話をすれば不快が取り除かれる」という信念が必要となってくる。しかし、この信念は経験的事実にかんする信念なので、反対の証拠によって撤回されてしまう可能性がある。つまり、子供を世話したのだがなんらかの事情により自分の不快が取り除かれなかった場合、この信念は誤っているものとして棄却されてしまうかもしれない。そうするともはやHEDは子供の世話を生み出さなくなってしまう。この可能性はＨＥＤの信頼性を脅かすことになる（Sober and Wilson 1999: 314–315）。

ここでスティッチは、近年の認知科学で研究されている「準信念的状態」（subdoxastic state）という概念を導入することで反論をおこなっている。準信念的状態は信念と似た推論上の役割をもち、他の信念と組み合わさって別の信念を生み出したり、欲求と組み合わさって別の欲求や行為を生み出したりする。だが準信念的状態には、反対する証拠によって訂正されにくいという重要な特徴がある。たとえば、物体の物理的特徴にかんする日常的な知識は、準信念的状態として心の中にあると考えられる。というのは、私たちが物理学を習っても日常的な物体理解は撤回されずに残り続け、日常生活やさまざまな心理学的課題の中でその理解に基づいた行為が現れてくるからだ（Carey and Spelke 1996）。ここで、私たちの心の中には「子供の世話をすれば不快が取り除かれる」という準信念的状態があるとすると、準信念的状態は推論的役割を果たすことができるので、快楽主義的究極欲求と組み合わさることで利他的道具的欲求を生み出すことができる。しかし、準信念的状態は反対する証拠によって訂正されにくいため、不快が取り除かれない事例があったとしても消えない。こうして、もとの撤回可能性の問題はなくなるのである（Stich 2007: 277–280）。準信念的状態がさまざまな心の領域に存在していることを考えれば、ここでこの状態に訴えるのもそう場当たり的な対応ではない。したがって、この点でのＳ＆Ｗの「快楽主義」への攻撃は無効化されていると言える。

6・5 論点4・バックアップ

以上の三つの論点は、「快楽主義」と「タイプ1多元主義」を比較したものだった。最後の論点は、「快楽主義」と「タイプ2多元主義」の比較にかかわる。ＨＥＤに加えＡＬＴをも備えている「タイプ2多元主義」的な心においては、一方のメカニズムが子供の世話を生み出すのに失敗したとしても他方がそれをバックアップすることができる。したがって、なにか特別な事情がない限り、「タイプ2多元主義」的な心の方が明らかに高い信頼性を持つ（Sober and Wilson 1999: 319–320）。

この議論に対するスティッチの反論は、バックアップのしくみを持たないが現に進化してきたメカニズムがあるという点に訴えたものだ（Stich 2007: 276–277）。しかしすでに第6節2項で見たように、このタイプの反論はある意味ではうまくいっていないのであった。S＆Wが述べているのは信頼性が高い方が進化しやすいという一般論にすぎず、信頼性がそう高くないが進化してきたものがあるという個別事例の指摘はこの一般論を否定しないからだ。だがこの再反論の仕方にはどこかおかしなところがあるのではないだろうか。スティッチは、そもそもこの種の一般的主張に基づく議論はなにが進化してきた公算が高いかという問題にはほとんどなにも貢献しないと考えているようだ[15]。というのは、この理屈に基づけば生存上重要なものはみんな複数あるという馬鹿げた結論が出てきかねないからだ。たとえば、人間の生存には心臓が重要だが、一つの心臓と二つの心臓では後者の方が高い信頼性を持つ。したがって人間には心臓が二個あるに違いない。このような結論を許す議論になんの価値があるというのだろうか。

6・6 メカニズムの入手可能性

二つの心臓の方が高い信頼性を持つのに、なぜ人間には一つの心臓しかないのだろう。それはたとえば、人間の直近の祖先の心臓はすでに複数性を許さないような作りになっており、二個の心臓は進化の過程の中で人間に手に入るようなものではなかったからだ。つまり、どのメカニズムが進化してきた公算が高いかという問題にとっては、それがどの程度適応的か（今の場合、メカニズムの信頼性がそれだけ高いか）は考慮すべき事項の一つに過ぎず、そのほかにも重要な考慮事項がさまざまある。S&W自身このことは認めており、信頼性以外の重要な考慮事項として、メカニズムのエネルギー効率や、上で述べたような入手可能性（availability）を挙げている（Sober and Wilson 1999: 305）。しかし彼らはこの両者について、「快楽主義」と「多元主義」の間で重要な違いはないとする。たとえば入手可能性については、以下のような議論がなされる。まず、「快楽主義」的な生物は、子供の利益にかんする信念を持てると想定されている。つまり、この生物の信念形成メカニズムは、「子供の利益」という概念を利用できる。そして、欲求形成メカニズムは信念形成メカニズムと同じ概念を利用することができると考えられる。だとすれば、子供の利益にかんする究極的欲求を持つ生物まではほんの一歩である。したがって、「快楽主義」的な心が入手可能なら、「多元主義」的な心の方もほとんど入手可能なはずだ（Sober and Wilson 1999: 302）。

だがこの議論には納得しがたい点も多い。たとえば、ここでS&Wは快楽主義的究極欲求と利他的究極欲求が同じ一つの欲求形成メカニズムから生み出されることを暗黙の前提にしている（Lemos 2004）。だが、それぞれの究極欲求にはそれを生み出す専用のメカニズムがあるのかもしれない。この場合、もし人間の先祖が利他的究極欲求専用のメカニズムを持っていないなら、「多元主義」的な心は人間にとってほとんど入手不可能だっただろう（Lemos 2004: 523–524）。では、実際のところ人間の祖先はそのようなメカニズムを持っていたのか。紙幅の都合上これ以上論じることはできないが、この点を明らかにするには、霊長類の子供の世話にかんする研究を参照するほかない。入手可能性の問題にS&Wが純粋な思弁のみでのぞんだのは若干奇妙なことであった。

6・7　この節のまとめ

この節では、進化から心理的利己主義を論駁しようとしたS&Wの議論を、スティッチによる反論を導きとしながら検討してきた。S&Wは議論を四つ提出したが、そのうち成功していると言えそうなものはいまのところないと言わざるをえないだろう。とはいえ、反論の方も決定的ではない点に注意しなければならない。メカニズムの信頼性は具体的にはどの程度あるのか、準信念的状態は本当に存在するのか、霊長類の子供の世話はどのような欲求からおこなわれているのか、これらはすべて今日ではまだ未決の経験的問題である。S&Wの仕事は、心理的利己主義をめぐる論争に進化という観点からアプローチする道を示し、新しい探求の領域を切り開いた点で、重要な研究である。

7　利己主義を信じる

ここまで、哲学、心理学、進化という三つの観点から、心理的利己主義の真偽を問う議論を取り上げてきた。この最終節では手短にではあるが、心理的利己主義そのものではなく、私たちが心理的利己主義を「信じる」ということに焦点を当てたい。心理的利己主義を信じることは、私たちの心や行動にどのような影響をもたらすだろうか。この点は事実の問題として興味深いだけではなく、これまで触れてこなかった評価的な問題にかんしても一定の含意を持つ。というのは、心理的利己主義を信じることでもたらされる影響は、私たちの採用する道徳が禁じたり求めたりするものであるかもしれないからだ。

7・1　心理的利己主義は利己的な人間を生み出すか？

この信念の問題に関係する研究として、S&Wはフランクらの研究（Frank et al. 1993）に言及している。この論文ではまず、経済学を学んだ人はそうでない人と比べて利己的な行動をとりやすいとする実験的研究がいくつか紹介される。しかしこのような結果は、「経済学を学ぶと人が利己的になる訳ではなく、もともと利己的な人が経済学を学びやすい」と説明することもできる。そこでフランクらは、お金を拾ったなどの仮想的状況で自分や他人がどう行為すると思うかを尋ねる質問紙を用意し、被験者が経済学もしくは天文学の講義を受ける前と受けた後の二度この質問紙への回答を求めることで、経済学の学習自体が回答にあたえる影響を調べた。すると、どちらの授業の場合でも授業後の調査では自分や他人は利己的に行為するだろうと考える割合が高くなるのだが、経済学を学んだ被験者の方がその変化が大きかった。これはつまり、とりわけ経済学の学習が利己的な回答につながることを示唆している。S&Wの解釈によればこの種の実験は、経済学の学習によって人は心理的利己主義を信じるようになり、その結果利己的になることを示している。というのも（古典的な）経済学には、人間は自己利益を最大化するよう合理的選択をおこなうという前提があり、これは心理的利己主義を前提にしていると言えるからだ（Sober and Wilson 1999: 273–274）。

このような実験解釈はたしかにもっともらしく、心理的利己主義を信じることがもたらす道徳的に重大な帰結を明らかにしているように思われる。しかし最近では、フランクらを含めた以前の研究の不備が指摘されるとともに、経済学を学んだ人が特に利己的になるわけではないことを示す研究も現れている。たとえばイェーザーらは、上で紹介したフランクらの調査と同種の調査をおこなったが、より詳細な統計的分析をおこなうことで、経済学の学習が利己的回答を促進すると考える根拠は薄いとした（Yezer et al. 1996）。さらにイェーザーらは、質問紙への回答はかならずしも実際の行動のありかたを明らかにしないという点に注意を促し、より自然な状況での行動を見るための実験をおこなった。この実験では、授業前の教室に現金の入った封筒を落としておき、その封筒がどのくらい返却されるかが調べられる。すると、経済学の授業後の方がその他の教科の場合よりもかえって返却率が高かったのである。イェーザーらが指摘した質問紙への回答と実際の行動の間のズレは、たとえば飯田と小田の研究にも見て取れる（Iida and Oda 2011）。この研究によれば、たしかに経済学を学んだ学生は、お金を拾ったなどの仮想的状況で自分や他人が利己的に振る舞うだろうと判断しやすい。しかし実際にお金をかけておこなわれるゲームでは、経済学を学んだ学生がとくに利己的に振る舞うということはなかった。

総じて、経済学と利己性にかんするこれまでの研究結果と解釈は、白黒つかないものばかりである（Hellmich 2012: 20）。さらに、こうした研究では被験者がどの程度心理的利己主義を信じているのかは測定されておらず、問題の回答や行動を生み出しているのがまさに心理的利己主義の信念だというのは推論の域を出ない。こうした点を考慮すると、S&Wの実験解釈が妥当だとは言い切れないだろう。

7・2 心理的利己主義は不幸な人間を生み出すか？

そうすると、私たちにとって重要なものとなってくるのは、より直接的に心理的利己主義の信念を測定している研究である。このような研究は少ないが、バーグナーとラモーンのものを挙げることができる（Bergner and Ramon 2013）。この研究では、被験者がどれだけ心理的利己主義を信じているかが測定され、その回答がその他のさまざまな質問の回答とどのような相関関係にあるかが調べられた。心理的利己主義の信念は、「人は自分の利益よりも他人の利益を優先することができる」、「人は基本的に利己的だ」、「人が他人に良くするのは、基本的には罪悪感とか社会的な非難などの否定的な結果を避けるためである」といった文への賛成度を七段階で尋ねることで測定される。調査の結果、心理的利己主義を信じているほど、人生が有意味であるという感覚や人生の充実感、道徳を重要視する程度などが小さいことが示された。

上の文からも明らかなように、この研究が測定している信念は本章における心理的利己主義の定義とかなりよく合致しており、その分この研究結果は興味深いものだ。しかし、この研究はあくまでも二種類の回答結果の相関関係を示したものにすぎず、「心理的利己主義を信じるようになると人生の有意味感や充実感が減少する」といった因果関係を強力に主張することはできない。この向きの因果関係はたしかにありそうではあるが、しかし少なくとも筆者には「人は不幸になると心理的利己主義を信じるようになる」という逆向きの因果関係もそれなりにありそうに思える。このため残念ながら、心理的利己主義を信じることが私たちの心や行動に与える影響がなにかという点については、この研究から十分な確かさをもって主張できることはあまりない。

7・3　道徳的含意

とはいえ、この種の研究は今後もさらに進展するだろう。そこで、心理的利己主義の信念は利己的行動につながり、また幸福度や人生の有意味性の感覚を減少させるのだと一旦仮定しよう。このような事実が明らかになったとしたら、それはどのような道徳的含意を持つだろうか。言うまでもないが、経験科学によって明らかになる事実によって、私たちが採用すべき道徳が完全に決まるということはない。心理的利己主義が正しいという事実だけから利己的行為をすべきだと主張したり、逆に心理的利他主義が正しいという事実だけから利他的行為をすべきだと主張しようとするのは、すべていわゆる「自然主義的誤謬」の産物である。いかなる道徳を採用するかは、私たち自身の選択の問題である。

ただし私たちが選択する道徳と、経験科学が明らかにする事実の組みあわせから、一定の行動指針が導かれるということはある。たとえば私たちが現在あるいは未来に採用する道徳はおそらく、私たちが他人を助けることを求めたり、あるいは、私たちに幸福に生きることを求めたりするだろう。もしそうであれば、さらにいくつかの前提が必要にはなるが、私たちは不用意に心理的利己主義を信じ、みすみす利己的で不幸な人間になるべきではないということが言えるかもしれない。あるいは、おそらく実践的にはこちらの方が重要だと思われるが、不用意に心理的利己主義を喧伝し、他人を利己的で不幸にするべきではないということも言えるかもしれない。

もちろん、心理的利己主義を信じるべきかどうかは、第一には、心理的利己主義が正しいという証拠があるかどうかの問題である。そして、ここまで紹介した哲学や心理学の試みによれば、心理的利己主義を信じることは認識的にいって十分には正当化されていないだろう。しかし、仮に私たちが採用する道徳が上のようなものであるならば、心理的利己主義を信じたり喧伝したりすることは、道徳的にいっても正当化されないということになる。より日常的な言葉で言えば、そのようなことは愚かであるだけではなく悪である。

結論

本章では、心理的利己主義の是非にかんするいくつかの哲学的議論と経験科学的研究を概観してきた。少なくとも現在のところでは、心理的利己主義は誤りだと考える根拠がいくつかある。これが本章の結論である。この結論はいかにも歯切れが悪い。だが私たちは、心理的利己主義を定義によってかならず正しいものにしてしまうことをさけ、経験的根拠に基づいて問題の真偽を決しようとしてきた。そして、経験的議論の常として、決定的だと言える根拠は簡単には手に入らない。したがって、結論が暫定的なものになるのはさけられないことだ。だが私たちはこのことに失望するのではなく、むしろこの状況をさらなる探求へのいざないと受け取るべきだろう。

これまで哲学者は、「人間の本性」にかんする一定の主張に基づいて無数の学説を唱えて来た。しかしその主張は、往々にして哲学者の憶測によって支えられているにすぎない。このため、ある学説を論駁するためにその学説が想定するのとは異なる「人間の本性」が引き合いに出される事例に無数に突き当たることになるだろう。このようにして生じた哲学的論争に決着をつけるのに、経験科学はとても重要な根拠を与えてくれる。本章で紹介した研究はそのことを私たちに教えてくれる。

註

(1) 強烈な利己主義の擁護者としてしばしば引用されるホッブズだが、彼自身がどの程度の利己主義を採用していたのかにかんしては解釈の余地がある（Curley 1990: 171–175）。

(2) 同種の概論としてMay（2011）やStich et al.（2010）がある。本章はこれらを参照しつつ、新たな論点を盛り込んである。

(3) 第1節では便宜上ある種の常識にしたがってあたかも利他的行為が道徳的に良い行為であるかのように書いたが、本章はこの点にかんしては態度を定めない。仮に倫理的利己主義を採用すべきなのだとすれば、利他的行為は道徳的に悪である。

(4) ただし、ここで言う「自己利益」はあくまで「その人の」利益であって、その人の「遺伝子の」利益を問題にしているのではない点には注意されたい。もちろん、自分の利益を追求することが同時に遺伝子の利益となる場合はある。だがそうでない場合もある（Stanovich 2004. 本書の第1章も参照）。

(5) 精確に言うと、スロートは本章とは異なる「心理的利己主義」の定義を採用している。彼によると、すべての欲求が究極的には自己利益を求めるものだとしても、「人を助けることによってえられる自己利益が別の選択肢を選んだときにえられる自己利益よりも小さい」ならば、その行為は利他的だとしている（Slote 1964: 533）。ただしスロートは、この前提も心理学によって論駁されているとし、いずれにせよ心理的利己主義は正しいとしている。

（6）なおこの議論は、快や幸福だけを求める人はかえって幸福や快をえられないという「快楽主義のパラドクス」の特殊事例として提示されている。だがそもそもこのパラドクスは、究極欲求と手段的欲求を区別しないために生じた見せかけのものにすぎない。ファインバーグは、心理的利己主義者が想定する人間は政治にもスポーツにも芸術にもまったく関心を示さずただただ幸福や快だけを欲するかのように描いているが、幸福を求める究極欲求と芸術鑑賞を求める道具的欲求は両立するのであり、この描写は不適切である。さらに仮にこのパラドクスが成立していたとしても、本文と同じ議論により心理的利己主義は論駁されない。このパラドクスが示しているのは、「心理的利己主義が正しければ人間はもっとも効率的な幸福追求に失敗していることになる」ということだが、そのような効率的な幸福追求は不可能だというのが実情かもしれないからだ。

（7）この「信念」という語は専門用語的に使われている。日常的には「信念」と言うと、とくに宗教的な事柄を固く信じているというニュアンスがあるが、ここではなんであれとにかくその通りだと肯定的に考えている心の状態をすべて信念と呼んでいる。

（8）バトソン自身はこのプロセスを「費用便益分析」と呼んでいる。ここでは哲学で一般的な名称の方に合わせた。

（9）バトソン自身は共感を「援助を必要としている他人の利益についての信念によって引き起こされ、その信念に適合している他者指向的な感情」と定義している。バトソンはこの意味での共感をとくに「共感的配慮」と呼び、「共感」という言葉で意味されることがある他のさまざまなものと入念に区別している（Batson 2011, 邦訳三一一七頁）。しかし本章では簡略さのため「共感」という言葉を使い続けることにする。

（10）実際のところ、ニコルスは「利他的行為」（彼の言い方だと「利他的行動」）という言葉を明示的には定義していないため、この暗黙の前提を彼に帰すことが正当かどうかにわかにはわからないところがある。ただし、ニコルスは自分の見解とバトソンの見解を競合するものだと明らかにみなしており、そうであれば彼はバトソン（および私たち）と同じ説明対象、つまり利己的究極欲求とそれを生み出す共感について話しているのでなければならない。

（11）ニコルス自身は、「相手の苦痛の表象」が「一種の二階の共感的苦痛」を生み、それが援助行動を生む、という言葉遣いをしているが、本章では簡略さのため彼自身の言葉遣いには従わなかった。

（12）ニコルスは、心配メカニズムに関連する「共感」を「一種の二階の共感的苦痛」（a kind of second order empathic distress）と呼んでおり、これを「相手の悲しみを表象することは、その表象した人自身を悲しくさせる」と特徴づけている。この感情は「二階の」と名づけられている以上、相手が苦痛を感じていることにかんして自分が持っている苦痛だと想定されているはずだ。そうするとこの特徴づけは第４節でみたバトソンによる「共感」の特徴づけと一致している（註（９）も参照）。なおこの「二階の共感的苦痛」は単なる「個人的苦痛」（personal distress）ではない。ニコルスは別の論文の中で、他人の苦痛に対する応答として「心配」を促進させるメカニズムと「個人的苦痛」を促進させるメカニズムという二つの別のメカニズムがあるという考えを表明している（Nichols 2007: 264）。

（13）ＨＥＤとＡＬＴについて二つ注記しておきたい。まずＨＥＤについて、Ｓ＆Ｗは子供の世話が親に快をもたらすという、快を利用したＨＥＤの可能性も念頭に置いている。だが、話が煩雑になるのでここでは基本的に不快が取り除かれるというアイデアを主に検討することにする。次に、第４節と第５節では共感の話を扱ってきたが、ここでＳ＆Ｗはとくに共感とは関係ないメカニズムを想定している。

（14）実のところ、Ｓ＆Ｗが一体いくつの反論をおこなっているのかは彼らの記述からはかなりわかりにくい。ここではスティッチの方での整理にしたがって四つとみなす。

（15）この見解はSchulz（2011）: 257–258 でスティッチからの私信として紹介されている。

参考文献

Baron-Cohen, S. 1995. *Mindblindness: An essay on autism and theory of mind*. MIT Press.（Ｓ・バロン＝コーエン『自閉症とマインドブラインドネス』新装版、長野敬他訳、青土社、二〇〇二年）

Batson, C. D. 1991. *The altruism question: Toward a social psychological answer*. Erlbaum.

———2011. *Altruism in humans*. Oxford University Press.（Ｃ・Ｄ・バトソン『利他性の人間学』菊池章夫・二宮克美訳、新曜社、二〇一二年）

Batson, C. D., Duncan, B., Ackerman, P., Buckley, T. and Birch, K. 1981. Is empathic emotion a source of altruistic motivation?

Journal of Personality and Social Psychology 40 (2): 290–302.

Batson, C. D., Dyck, J. L., Brandt, J. R., Batson, J. G., Powell, A. L., McMaster, M. R. and Griffitt, C. 1988. Five studies testing two new egoistic alternatives to the empathy-altruism hypothesis. *Journal of Personality and Social Psychology* 55 (1): 52–77.

Batson, C. D., Eklund, J. H., Chermok, V. L., Hoyt, J. L. and Ortiz, B. G. 2007. An additional antecedent of empathic concern: Valuing the welfare of the person in need. *Journal of Personality and Social Psychology* 93 (1): 65–74.

Batson, C. D., O'Quin, K., Fultz, J., Vanderplas, M. and Isen, A. M. 1983. Influence of self-reported distress and empathy on egoistic versus altruistic motivation to help. *Journal of Personality and Social Psychology* 45 (3): 706–718.

Batson, C. D., Polycarpo, M. P., Harmon-Jones, E., Imhoff, H. J., Mitcherner, E. C., Bednar, L. L., Klein, T. R. and Highberger, L. 1997. Empathy and attitudes: Can feeling for a member of a stigmatized group improve feelings toward the group? *Journal of Personality and Social Psychology* 72 (1): 105–118.

Bergner, R. M. and Ramon, A. 2013. Some implications of beliefs in altruism, free will, and nonreductionism. *Journal of Social Psychology* 153 (5): 598–618.

Blackburn, S. 2001. *Being good: Introduction to ethics*. Oxford University Press.（S・ブラックバーン『ビーイング・グッド――倫理学入門』坂本知宏・村上毅訳、晃洋書房、二〇〇三年）

Blair, R. 1999. Psychophysiological responsiveness to the distress of others in children with autism. *Personality and Individual Differences* 26 (3): 477–485.

Blair, R., Jones, L., Clark, F. and Smith, M. 1997. The psychopathic individual: A lack of responsiveness to distress cues? *Psychophysiology* 34 (2): 192–198.

Blair, R., Sellars, C., Strickland, I., Clark, F., Williams, A., Smith, M. and Jones, L. 1996. Theory of mind in the psychopath. *Journal of Forensic Psychiatry* 7 (1): 15–25.

Butler, J. 1726. *Fifteen sermons preached at the rolls chapel*. J. and J. Knapton.

Callaghan, T., Moll, H., Rakoczy, H., Warneken, F., Liszkowski, U., Behne, T. and Tomasello, M. 2011. Early social cognition in three cultural contexts. *Monographs of the Society for Research in Child Development* 76 (2): 1–142.

Carey, S. and Spelke, E. 1996. Science and core knowledge. *Philosophy of Science* 63 (4): 515–533.
Clavien, C. 2012. Altruistic emotional motivation: An argument in favour of psychological altruism. In K. Plaisance and T. Reydon (eds.), *Philosophy of behavioral biology*. Springer.
Curley, E. 1990. Reflections on Hobbes: Recent work on his moral and political philosophy. *Journal of Philosophical Research* 15: 169–250.
Dovidio, J. F., Piliavin, J. A., Schroeder, D. A. and Penner, L. A. 2006. *The social psychology of prosocial behavior*. Erlbaum.
Eisenberg, N. and Miller, P. A. 1987. The relation of empathy to prosocial and related behaviors. *Psychological Bulletin* 101 (1): 91–119.
Evans, J. S. B. T. 2010. *Thinking twice: Two minds in one brain*. Oxford University Press.
Feinberg, J. 1958. Psychological egoism. Reprinted in J. Feinberg and R. Shafer-Landau (eds.), *Reason and responsibility* (15th edition). Cengage Learning, 2013.
Frank, R. H., Gilovich, T. and Regan, D. T. 1993. Does studying economics inhibit cooperation? *Journal of Economic Perspectives* 7 (2): 159–171.
Fultz, J., Batson, C. D., Fortenbach, V. A., McCarthy, P. M. and Varney, L. L. 1986. Social evaluation and the empathy-altruism hypothesis. *Journal of Personality and Social Psychology* 50 (4): 761–769.
Haidt, J. and Kesebir, S. 2010. Morality. In S. Fiske, D. Gilbert and G. Lindzey (eds.), *Handbook of social psychology* (5th edition), Volume 2. Wiley.
Hellmich, S. 2012. *Are economists selfish and rational? and if so, why?* Universität Bielefeld, Fakultät für Soziologie, Didaktik der Sozialwissenschaften, Working Paper Nr. 4.
Hobbes, T. 1651/2012. *Leviathan*. (N. Malcolm (ed.), Oxford University Press)（永井道雄責任編集『世界の名著28 ホッブズ』中央バックス、一九七九年）
Hoffman, M. L. 1991. Is empathy altruistic? *Psychological Inquiry* 2 (2): 131–133.
Hubbeling, D. 2012. Altruism in humans: A review of C. Daniel Batson, *Altruism in humans*. *Evolutionary Psychology* 10 (1): 95–99.
Iida, Y. and Oda, S. H. 2011. Does economics education make bad citizens? The effect of economics education in Japan. *Journal of*

Education for Business 86 (4): 234–239.
Lemos, J. 2004. Psychological hedonism, evolutionary biology, and the experience machine. *Philosophy of the Social Sciences* 34 (4): 506–526.
May, J. 2011. Psychological egoism. *The internet encyclopedia of philosophy*. http://www.iep.utm.edu/psychego/ (accessed Jun. 2015)
Mercer, M. 2001. In defense of weak psychological egoism. *Erkenntnis* 55 (2): 217–237.
Nadelhoffer, T., Nahmias, E. and Nichols, S. (eds.), 2010. *Moral psychology: Historical and contemporary readings*. Wiley-Blackwell.
Nichols, S. 2001. Mindreading and the cognitive architecture underlying altruistic mechanism. *Mind & Language* 16 (4): 425–455.
——— 2007. Sentimentalism naturalized. In W. Sinnott-Armstrong (ed.), *Moral psychology volume 2: The cognitive science of morality: Intuition and diversity*. MIT Press.
Nichols, S. and Stich, S. 2000. A cognitive theory of pretense. *Cognition* 74 (2): 115–147.
Nisbett, R. E. and Wilson, T. D. 1977. Telling more than we can know: Verbal reports on mental processes. *Psychological Review* 84 (3): 231–259.
Rosas, A. 2002. Psychological and evolutionary evidence for altruism. *Biology and Philosophy* 17 (1): 93–107.
Schulz, A. 2011. Sober & Wilson's evolutionary arguments for psychological altruism: A reassessment. *Biology and Philosophy* 26 (2): 251–260.
Sigman, M., Kasari, C., Kwon, J-H. and Yirmiya, N. 1992. Responses to the negative emotions of others by autistic, mentally retarded, and normal children. *Child Development* 63 (4): 796–807.
Singer, T., Seymour, B., O'Doherty, J. P., Stephan, K. E., Dolan, R. J. and Frith, C. D. 2006. Empathic neural responses are modulated by the perceived fairness of others. *Nature* 439 (7075): 466–469.
Slote, M. 1964. An empirical basis for psychological egoism. *Journal of Philosophy*, 61 (18): 530–537.
Sober, E. 1991. The logic of the empathy-altruism hypothesis: Comments on Batson and Shaw's 'evidence for altruism: towards a

pluralism of prosocial motives'. *Psychological Inquiry* 2 (2): 144–147.

——— 1992. Hedonism and Butler's stone. *Ethics* 103 (1): 97–103.

Sober, E. and Wilson, D. S. 1999. *Unto others: The evolution and psychology of unselfish behavior.* Harvard University Press.

Stanovich, K. E. 2004. *The robot's rebellion: Finding meaning in the age of Darwin.* University of Chicago Press.（K・E・スタノヴィッチ『心は遺伝子の論理で決まるのか――二重過程モデルで見るヒトの合理性』椋田直子訳、みすず書房、二〇〇八年）

Stich, S. 2007. Evolution, altruism and cognitive architecture: A critique of Sober and Wilson's argument for psychological altruism. *Biology and Philosophy* 22 (2): 267–281.

Stich, S., Doris, J. and Roedder, E. 2010. Altruism. In J. Doris and The Moral Psychology Research Group (eds.), *The moral psychology handbook.* Oxford University Press.

Stocks, E., Lishner, D. and Decker, S. 2009. Altruism or psychological escape: Why does empathy promote prosocial behavior? *European Journal of Social Psychology* 39 (5): 649–665.

Tomasello, M. 2009. *Why we cooperate.* MIT Press.（M・トマセロ『ヒトはなぜ協力するのか』橋彌和秀訳、勁草書房、二〇一三年）

Vaish, A., Carpenter, M. and Tomasello, M. 2009. Sympathy through affective perspective taking and its relation to prosocial behavior in toddlers. *Developmental Psychology* 45 (2): 534–543.

Warneken, F., Hare, B., Melis, A. P., Hanus, D. and Tomasello, M. 2007. Spontaneous altruism by chimpanzees and young children. *PLOS Biology* 5 (7): 1414–1420.

Warneken, F. and Tomasello, M. 2006. Altruistic helping in human infants and young chimpanzees. *Science* 31 (5765): 1301–1303.

Warneken, F. and Tomasello, M. 2008. Extrinsic rewards undermine altruistic tendencies in 20-month-olds. *Developmental Psychology* 44 (6): 1785–1788.

Wegner, D. 2002. *The illusion of conscious will.* MIT Press.

Wellman, H., Harris, P., Banerjee, M. and Sinclair, A. 1995. Early understanding of emotion: Evidence from natural language.

Cognition and Emotion 9 (2–3): 117–179.

Wilson, E. O. 1978. *On human nature*. Harvard University Press.（E・O・ウィルソン『人間の本性について』岸由二訳、思索社、一九九〇年）

Wilson, T. D. 2002. *Strangers to ourselves: Discovering the adaptive unconscious*. Harvard University Press.（T・D・ウィルソン『自分を知り、自分を変える――適応的無意識の心理学』村田光二監訳、新曜社、二〇〇五年）

Wimmer, H. and Perner, J. 1983. Beliefs about beliefs: Representation and constraining function of wrong beliefs in young children's understanding of deception. *Cognition* 13 (1): 103–128.

Yezer, A., Goldfarb, R. and Poppen, P. 1996. Does studying economics discourage cooperation? Watch what we do, not what we say or how we play. *Journal of Economic Perspectives* 10 (1): 177–186.

第8章 徳と状況——徳倫理学と状況主義の論争

立花幸司

はじめに

道徳的であるとは、単に道徳的な振る舞いをすることではなく、そうした振る舞いができるような道徳的な性格（徳）をもった人になることである、という考え方がある。これは徳倫理学と呼ばれるが、この背景には、性格が行動を生み出すという常識的な考え方がある。しかし、性格と行動の関係について疑義を唱える立場（状況主義）が登場したことにより、性格と状況と行動の三項関係について、徳倫理学と状況主義のあいだで論争が生じている。本論文では、この論争を通じて、この三項関係をどのように考えていけば良いのかを考察する。第1節で、徳倫理学とは何かということを、その歴史を辿りながら確認する。第2節で、心理学における状況主義として、パーソナリティ心理学と社会心理学の二つの分野の研究から確認する。第3節で、心理学的状況主義を理論的背景とする哲学における状況主義の主張および徳倫理学との論争を、時期による分類と論点による分類の二つの観点から確認する。さいごに、現状の論争を超えてこの問題に取り組むための三つの論点を提示して展望を示す。

1 徳倫理学

「徳倫理学（virtue ethics）」とは「徳（virtue）」を倫理性の中心に据えた一群の倫理学説の総称である。しかし、徳倫理学者たち自身がしばしば吐露するように、この学説がどういった理論であるのかを包括的に、必要にして十分なかたちで述べることは容易ではない[1]。本節では、状況主義との論争を理解するために必要となる徳倫理学の素描を与えることを目的とするが、依然としてその素描が徳倫理学のもつ一つの側面を照射したものでしかないことは註記しなければならない。そこで本節では、まず、徳倫理学の歴史の古さと現代における新しさを大掴みに辿り（1・1）、ついで、そこからみえてくる徳倫理学を語ることにともなう困難を二つ指摘し（1・2）、さいごに、それらを踏まえたうえで本節で必要となる徳倫理学の素描を与えることとする（1・3）。

1・1 徳倫理学の古さと新しさ

徳倫理学の歴史は古い。その由来を辿れば古代ギリシア哲学まで遡ることができ、とりわけ、倫理学を一つの学問領域として打ち立てたアリストテレスがその始祖として言及されることが多いことから、徳倫理学はもっとも古い倫理学説の一つといえるだろう。しかし彼の死後、歴史的経緯なども相俟ってこの学説は衰退の一途を辿り、結果として長きにわたる停滞期を迎えることとなる[2]。徳倫理学が倫理学ないしは道徳哲学の表舞台からその姿を消したのち、今日まで倫理学の主要理論でありつづけることとなった二つの学説が一八世紀末から一九世紀初頭にかけて登場した。一つは、ドイツの哲学者であるカントを始祖とする義務論であり、もう一つは、英国の哲学者であるベンサムおよびミルを始祖とする功利主義である。[3] これら二つの倫理学説の登場により、「義務論vs功利主義」という構図が倫理学・道徳哲学におけるスタンダードとなる。倫理道徳の研究は、大枠としてみれば、義務論的アプローチと功利主義的アプローチのいずれを採るのかという二者択一の時代ができあがったのである。[4]

現代における徳倫理学は、こうした二者択一の状況に対するアンチテーゼとして〈再〉登場した。その嚆矢となったのが、オックスフォード大学に属していた女性哲学者たち（エリザベス・アンスコム、フィリッパ・フット、アイリス・マードックなど）による一九五〇年代後半からのめざましい活躍であった。彼女らは、義務論でもなければ功利主義でもない〈新しい〉倫理学説の可能性を論じた。そして、少なからぬ哲学研究者らが、こうした考え方に触発され、そのアイデアをさまざまに展開していった（MacIntyre 1981; Williams 1985; Hursthouse 1999）。そして現在では、トマス・アクィナス、ヒューム、ニーチェ、孔子（儒家）など、古代ギリシア哲学以外の思想家を思索の拠り所とする立場が登場し、それぞれの徳倫理学説が唱えられている。さらには、後期ウィトゲンシュタインの知識論などの現代哲学の論争も編み込みこんでいくという複雑な経緯を辿りながら、二〇世紀中葉以降、徳倫理学はまさしく〈再興〉の道を歩むこととなったのである。[5]

1・2　徳倫理学の包括的説明を与えることを難しくする二つの要因

徳倫理学の再興へと至るこの経緯のなかに、徳倫理学を包括的に説明することを難しくしている二つの要因を指摘することができる。一つは、倫理を徳の観点から考えなおすという新しい思考方法を推し進めるうえで、参照に値するとされる古典的な思想家が多様であるということである。徳倫理学の歴史からみてもまたその影響力からみてもアリストテレスが始祖とされていることについては一定の共通認識が認められるが、しかしアリストテレスだけが思索の源泉となっているわけではない。言い換えれば、アリストテレス流の徳倫理学だけが徳倫理学であるわけではないのである。先に述べたトマス・アクィナス、ヒューム、ニーチェ、孔子（儒家）など、さらにはウィトゲンシュタインなどといったさまざまな思想家が思索の源泉としての役割を果たしており、どの思想家にどの程度依拠するのかによって、異なる徳倫理学説が提唱されることとなる(6)。

徳倫理学の包括的な説明を与えることを難しくしている二つめの要因は、徳倫理学がその再登場の仕方として、義務論や功利主義への対抗思想というかたちで登場したという歴史的経緯である。現在では、徳倫理学は義務論や功利主義と並ぶ規範倫理学の第三の立場として認知され、哲学・倫理学の領域で専門的に議論されるのみならず、生命医療倫理学や環境倫理学をはじめとするさまざまな応用倫理学の分野でも参照され現実の問題解決の場面で活用されている(7)。しかし、当初はその独自性を主張するにあたっては、義務論や功利主義と対決し、その違いを強調するという戦術が採られてきた(8)。それゆえ、その勃興期において、徳倫理学の独自性がつねに義務論や功利主義との対比という図式で唱えられていたことは自然なことであった。

そこで描かれていた対立図式とは、概ね次のようなものである。まず、義務論や功利主義によれば、道徳的に正しい行為はそれぞれ何らかの普遍的で一般的な規則によって規定される。義務論であれば「嘘をついてはならない」といった道徳法則が、功利主義であれば「最大多数の最大幸福を最も促進する行為をせよ」といった功利規則がそれにあたる(9)。それゆえ、徳倫理学の立場からすれば、道徳的に正しい行為が一般的な規則のかたちで捉えられるものだという点では、義務論と功利主義は同一陣営にあり、両者のあいだの対立とは、単に、どういった一般的な規則が道徳的に正しい行為をもっともうまく捉えているのかという点にすぎないということになる。

これにたいして徳倫理学は、道徳的に正しい行為とは、そもそもそうした規則のかたちでは規定されず、その時の、その場面での、その人の立場等々によって、つまり行為が求められる個別的な状況に応じて個別的に決まるという立場を採る。(10) ここで問題となるのが、規則を放棄した場合、道徳的な正しさは何によって捉えられるのかという点である。この問題に対して徳倫理学は、優れた性格によって捉えられると応答する。徳倫理学によれば、人は優れた性格を身につけることにより、状況のもつ倫理的特徴を的確に捉え、その状況に対して的確な感情で向き合うことができるようになる。優れた性格に拠るこうした状況認知と感情形成に基づいて、その状況で的確な態度を形成し行為することができる。そして、こうした優れた性格がそなわっていることが、「徳（がある）」とされるのである。

さらに、ここで語られている徳とは、実際にはアリストテレスが「思慮（フロネーシス）」とよび、英語圏では「実践的知識（practical knowledge）」とも訳されてきたものであり、また、あとでみるように状況主義が徳倫理学への批判として焦点をあてているものでもある。たとえば、年老いた身寄りのない母親が実家で一人で生活をしているとしよう。帰省した折りに実家の状況をみて母親の窮状を察知し（状況認知）、身の回りの世話をしてあげたいと思い（感情形成）、地元にとどまり母親の世話をしながら生活をすることは（行為）、家族愛と呼ばれる徳ある立派なことであろう。またたとえば、美しく自然豊かな祖国が外国から侵攻されているとしよう。いま義勇兵として参加しなければ祖国が失われることを察知し（状況認知）、愛する祖国を守りたいと思い（感情形成）、義勇兵として戦争に参加すること（行為）もまた、（異論はあるだろうが）祖国愛と呼ばれる徳ある立派なことであろう。しかしたとえば、これら二つの状況が同時に起こった場合はどうだろうか。つまり、実家では老いた母親が一人で暮らしていて身の回りの世話を必要としているのだが、それと同時に、祖国が侵攻を受けていて義勇兵を必要としているという状況である。[11]これは、家族愛に基づく有徳な行為（母親の世話）と祖国愛に基づく有徳な行為（義勇兵として戦争に参加）が両立しない状況である。つまり、この場面では、二つの有徳な行為が両立しないのである。サルトルはこうした事例は理知的には解決不能なジレンマであり各人が決断するほかないとしたが、しかしこういった状況でも最適の行為があると徳倫理学は考える。[12]そうした複数の徳が両立しないように思われる状況でも、その状況における最適な行為を導くものが、個々の徳目の上位に位置する本来的な徳とされる思慮（実践的知識）である。それゆえ、思慮は、さまざまに異なる状況でも、為すべき行為を一貫して指示することができるものとされる。

こうして、徳倫理学では、規則を状況に適用することによってではなく、優れた性格であることによって、倫理的な正しさは捉えられ、また倫理的に正しく行為できると主張することになる。これを義務論や功利主義との対立図式で描けば、徳倫理学の主張とは、義務論と功利主義が共通して前提としていた「道徳の規則主義」に対する反規則主義なのである。[13]

この対立図式はたしかに分かりやすく、印象的である。また、徳倫理学が再登場した当初は戦略上有効な図式であったと言える。しかし、現在では両者（ないし三者）のあいだにひかれた「境界線」はぼやけてきている。その理由はいくつかあるが、そのうちの一つは、義務論であれ功利主義であれ、それぞれの文献を注意深くみてゆけば、規則のみならず徳についても考察をおこなっており、仮に明示的な議論を展開したと言えずとも、徳倫理学的な主張に近いかたちで再解釈したり自説を修正したりすることができるというものである。もう一つの理由は、徳倫理学の側でも、義務論や功利主義との接点に焦点を当てて徳理論を修正するものが（当然）出てきたというものである。[14]そうした現在の研究状況を踏まえると、当初の対立図式で徳倫理学を包括的に説明しようとすることは必ずしも適切ではないと言わざるをえない。しかし、包括的な説明となるような代案が提出されているわけでもないことも事実である。

新たな研究のほぼすべてについて言えることだが、徳倫理学の内部のさまざまな議論や解釈についても今後淘汰や収斂が進み、それによって徳倫理学の一般的な（あるいは「教科書」的な）描像を描くことが可能となるだろう。しかし、これまでみてきたように、再登場した経緯や思索の源泉となる思想家の多様性のために、また現在の複雑な論争状況のために、さまざまな徳倫理学説を包括するような規定を与えることは容易ではない、とするのが徳倫理学全体に対する現時点での適切な向きあい方であろう。

1・3　本論での徳倫理学の素描

徳倫理学の包括的な説明を与えることが困難であるとはいえ、状況主義との対立をみていくためには、やはり一定の特徴付けをおこなう必要がある。そして、状況主義との対決を概観し理解するという本論文での目的に限れば、実際のところ旧来の対立図式で捉えることはそれほど問題とはならないどころか、むしろ有益である。なぜなら、状況主義者が槍玉に挙げる徳倫理学の描像の大半が旧来の単純なものだからである。そこで、本論では徳倫理学をさしあたり以下のように徳を規定する倫理学説の総称として特徴付けることとする。すなわち、徳とは、（1）状況に含まれる倫理的特徴を的確に認知し、（2）そうした特徴をもつ状況に対して適切な感情を抱き、（3）そうした的確な状況認知と適切な感情に基づいて、かつ、（4）行為者から独立して存在し誰もが従うべき（道徳法則や功利原則といった）何らかの規則を根拠にすることなく、（5）さまざまに異なる状況で一貫して、倫理的にふさわしい態度を形成し行為することを可能とするような心的なものである。なお、こうした旧来の描像に由来して論争することの弊害については、第3節および結語でそれぞれ触れることとする。

2　心理学における状況主義

わたしたちは、人には性格というものがあり、性格と行動のあいだには（性格から行動の予測を可能とする程度には）一定の連関があると考えている。では、性格にはどれだけの種類があるのか。また、それらはどのようにして行動と関連するのか。人の性格を研究対象とする学問領域としては現在では心理学が挙げられるが、歴史的にみれば、性格の研究は（ヴントの研究室が実験心理学のカリキュラムとなった一八七九年以降の、いわゆる科学としての）心理学よりもずっと古く、ヒポクラテス学派など古代ギリシアにおける四体液説にまで遡ることができ、近代においても頭蓋骨の形態から性格を割り出そうとした骨相学などがある（高橋 1999）。

現在では、おもにパーソナリティ心理学（あるいは人格心理学や性格心理学）と呼ばれる分野がこの問題に取り組んでいる。パーソナリティ心理学では、人の性格を「正直さ」や「親切さ」といったさまざまな性格特性（character traits）から構成されたものと理解し、個々の性格特性の観察や測定を通じて直接には観察することのできない性格を捉えようとする。この分野の研究の進展にともない性格と行動の関連にかんする知見が蓄積され、そこから性格から行動を予測するさまざまな尺度が開発され、教育、人事考査、軍事といった応用の場面でも活用されるにいたっている（渡邊 2010, 10–13, 47–48）。

古代ギリシアから現代のパーソナリティ心理学にいたるまでのこうした広義の心理学研究において、性格は、直接観察されないものの行動を生みだす原因として実体化され、その存在が想定されつづけてきた。本節と次節では、この想定に疑義を唱える「状況主義（situationism）」と呼ばれる立場を概観する。この立場はまず心理学の内部で一九六〇年代後半に生じ、「人か状況か論争（Person-Situation Debate）」を引き起こした。一九九〇年代にはいり、哲学の分野に派生したことで徳倫理学に対する状況主義からの批判が展開され、徳倫理学とのあいだの論争へと発展した。そこで、まず本節では、そもそもの始まりである心理学における状況主義（心理学的状況主義）を概観し、つぎの第3節で、この考えを展開した立場として哲学における状況主義（哲学的状況主義）を概観する[15]。

2・1　心理学的状況主義を支える二つの来歴

心理学的状況主義は性格と行動のあいだの連関（言い換えれば、行動を生み出す原因としての性格の存在）に疑義を唱える立場である。この疑義はおもに二つの方向から差し向けられている。一つは、パーソナリティ心理学の内部からのものであり、もう一つは、隣接する社会心理学の知見に由来するものである。

第一は、パーソナリティ心理学の内部から差し向けられた疑義である。その嚆矢となったのは、ウォルター・ミッシェルによる『パーソナリティの理論——状況主義的アプローチ』である（Mischel 1968）。彼は、それまでのパーソナリティ心理学の実験の多くを検討しなおした結果、性格特性とその特性に関連する行動（たとえば、「正直さ」と「正直な行動」）のあいだには、さまざまに異なる状況を通じて一貫する関連性はみられないと論じた。これは、性格が行為者に実体（つまり、行動を生み出す原因）としてそなわるという考え方を否定することであった。そしてミッシェルは、行動の予測のためには状況的要因をよりいっそう重視したモデルが必要であると提案したのである。

第二は、パーソナリティ心理学と隣接する社会心理学の知見に由来する疑義である。奇しくも、パーソナリティ心理学の分野における研究に注目したミッシェルの疑義とほぼ同時期に、社会心理学の分野で状況の重要性を示すさまざまな実験結果が報告されはじめた。次節でみる哲学的状況主義者たちの議論では、ミッシェルの指摘と並んで（あるいはそれ以上に）そうした社会心理学分野の実験結果が、ほぼかならずと言ってよいほど証左として挙げられる。本稿の主題でもある徳倫理学者とのあいだの論争を理解するためには、それら実験を瞥見しておく必要があるため、以下では、その後の状況主義の議論でとりわけ言及されることの多い六種類の著名な社会心理学実験を、必要な範囲で簡単にみておこう(16)(17)。

2・2　ムード効果

これは、状況的要因によるムード（気分）の違いによって、倫理的行為の発現が変化することを示した研究である。たとえば、電話をするためにあなたが公衆電話の電話ボックスに入ったとしよう。用件を済ませ、電話ボックスから出たときに、向こうから歩いてきた人が躓き、抱えていた書類をあなたの目の前で地面に散乱させてしまった。このとき倫理的に望ましい振る舞いは、散乱した書類を拾うのを手伝うことであろう。

こうした場面を人為的に作り出した研究がある（Isen and Levin 1972）。被験者たちに電話ボックスに入って電話をしてもらう。そして、出てきたところで実験協力者（サクラ）が目の前で書類を散乱させる。そのとき、落とした書類を拾い集めることを被験者たちが手伝うかどうかを観察したのである。ただしその際、一つの状況設定をおこなった。それは、被験者たちを電話ボックスの釣り銭口のところに小銭が入っていた人のグループと入っていなかった人のグループに分けたのである。そして、それぞれのグループのあいだで性格に偏りが出ないようにした。こうすることで、釣り銭口で小銭を見つけたかどうかによって手伝うか手伝わないかに違いがでるかどうかを調べたのである。結果は歴然だった。小銭を見つけた人の八七・五％の人が手伝ったのに対し、見つけなかった人ではたった四％の人しか手伝わなかったのである。そして、二つのグループのあいだに性格の偏りが出ないように設定した以上、被験者たちの行動の違いは電話ボックスの釣り銭口で小銭を見つけて気分が良くなったかどうかという些細な状況的要因によって説明される。つまり、落とした書類を拾い集めるという倫理的な行為が、性格によってではなく、「釣り銭口に小銭をみつけた」という些細な状況的要因によって生じるものであることをこの結果は示しているのである。

2・3　傍観者効果

これは、自分のほかにも事態に立ち会っている人がいることで、為すべき倫理的行為が抑制されてしまうことを示した実験である。最初の実験は、発作を起こした人の救助を求めるかどうかというものである(Darley and Latane 1968; Latane and Darley 1970)。（ニューヨークのマンハッタンという大都会にある）コロンビア大学の七二人の学生被験者に、新入生が都会の生活で抱える問題について議論をしてもらった。その際、各人はブースに入り、ヘッドセットを装着し、約二分ごとに各人のマイクが順番にオンになるのでそのあいだに喋ることによって議論をしてもらう。順番に議論をしていくなかで、あるブースに入っている人の番になる。そのときその人（本当は録音テープ）がてんかんの発作を起こし、被験者はそれをヘッドフォンごしに耳にする（そしてそのマイクだけがオンになっているので、どう対応するのかを他の参加者と相談することができない）。そのとき、その被験者が議論を中断して発作を起こした人の救助を求めるかどうかを調べたのである。録音テープが終わる二分のあいだに発作の報告をしたのは、発作の声を聞いたのは自分だけだと思った被験者の場合で八五％、自分のほかに一人の参加者が聞いていると思った被験者の場合で六二％、自分のほかに四人聞いている人がいると思った被験者の場合で三一％だった。

二つめの実験は、部屋の中に立ち籠める煙について指摘するかどうかというものである（Latane and Darley 1969; 1970）。被験者は部屋のなかで書類を書かされているのだが、その最中に壁の通気口から（偽の）煙が部屋にはいってくる。その部屋に自分しかいない場合は七〇％の人がそのことを報告したのに対して、自分のほかに二人いる（しかしその二人は実験協力者なので文句も言わず平然としている）場合には一〇％の人しか報告しなかった。

こうした実験が示しているのは、自分以外にも人が居る場合、わたしたちは援助行動や救援行動といったたぐいの倫理的行動を控えてしまう傾向があるということである。

2・4　善きサマリア人の実験

『新約聖書』のなかに、「善きサマリア人の説話」として知られるキリストの語った話がある。

すると、ある律法の専門家が立ち上がり、イエスを試そうとして言った。「先生、何をしたら、永遠の命を受け継ぐことができるでしょうか。」イエスが、「律法には何と書いてあるか。あなたはそれをどう読んでいるか」と言われると、彼は答えた。「『心を尽くし、精神を尽くし、力を尽くし、思いを尽くして、あなたの神である主を愛しなさい、また、隣人を自分のように愛しなさい』とあります。」イエスは言われた。「正しい答えだ。それを実行しなさい。そうすれば命が得られる。」しかし、彼は自分を正当化しようとして、「では、わたしの隣人とはだれですか」と言った。イエスはお答えになった。「ある人がエルサレムからエリコへ下って行く途中、追いはぎに襲われた。追いはぎはその人の服をはぎ取り、殴りつけ、半殺しにしたまま立ち去った。ある祭司がたまたまその道を下って来たが、その人を見ると、道の向こう側を通って行った。同じように、レビ人もその場所にやって来たが、その人を見ると、道の向こう側を通って行った。ところが、旅をしていたあるサマリア人は、そばに来ると、その人を見て憐れに思い、近寄って傷に油とぶどう酒を注ぎ、包帯をして、自分のろばに乗せ、宿屋に連れて行って介抱した。そして、翌日になると、デナリオン銀貨二枚を取り出し、宿屋の主人に渡して言った。『この人を介抱してください。費用がもっとかかったら、帰りがけに払います。』さて、あなたはこの三人の中で、だれが追いはぎに襲われた人の隣人になったと思うか。」律法の専門家は言った。「その人を助けた人です。」そこで、イエスは言われた。「行って、あなたも同じようにしなさい。」（新共同訳『新約聖書』「ルカによる福音書」第一〇章第二五～二七節。http://www.bible.or.jp/read/vers_search.html）

この説話をめぐる聖書解釈上のさまざまな論点はそれ自体として興味深いものなのだが、それはとりあえず脇におくとしよう。その上でこの話の要点をまとめれば次のようになる。まず、この説話では隣人愛について語られている。祭司などの倫理的に立派であるはずの人たちは道ばたで倒れているユダヤ人を避けて通り過ぎていってしまう。反対に、ユダヤ人から酷い扱いを受けていたサマリア人だけが立ち止まり、手当てし、宿までつれていって介抱し、宿の人に後を託す。キリスト教（的隣人愛）について深い理解をもっていない筆者（＝立花）のような者でも、このサマリア人のように振る舞うことが倫理的に立派であることは知っている。ましてや、キリスト教を信仰しさらにその教説を専門に学んでいる人たちであればなおさらなはずである。

この説話を用いたある実験が行われた（Darley and Batson 1973）[18]。プリンストン神学校に所属する四七名の学生たちに、報酬一ドルの質問紙への回答だけではわからない事柄があるので、さらに一・五ドルの報酬をあげるからいまから隣の建物に行き、資料を基にした話を五分ほどしてほしいと頼む。その際、次のような計六つのグループ分けを行った。まず、上で引用した善きサマリア人の説話をそのまま資料として読んでもらい、それについて話してもらうグループと（helping-condition）、現代社会において神学校卒業後の進路および良き聖職者の役割が揺らいでいることにかんする資料を読んでもらい、それについて話してもらうグループ（task-relevant condition）の二つに分ける。そしてそのそれぞれのグループを、もう時間が過ぎてしまったと言って大急ぎで隣の建物へ向かわせたグループ（high-hurry condition）、もう準備ができていると言ってある程度急がせたグループ（intermediate-hurry condition）、まもなく準備ができる言ってそれほど急がせなかったグループ（low-hurry condition）の三つにさらに分けるという、計六つのグループである。そのうえで、実験者たちは、それぞれの被験者の移動中、建物を出たところで人（実験協力者）が戸口にもたれかかって座り込んで動かず、頭をうなだれて目を閉じ咳き込んでいる場面に遭遇させた。そして、そのときにどれだけの神学校の学生たちがその人を助けたのかを調べたのである。その結果、動けなくなっていた人に声をかけるなどした人の割合は、それほど急がせなかったグループの場合で六三％、ある程度急がせたグループの場合で二九％、大急ぎで向かわせたグループの場合で一〇％であった。しかし、読んでもらった資料の違いによっても、また別途調べた被験者一人一人の（信仰心などを含めた）性格の違いによっても、援助行動に統計上有意な差は生じなかった。つまり、援助行動の有無にはっきりとした関係が認められたのは、そのときどの程度急いでいたかということだけであり、信仰心などといった性格との関係は確認されなかったのである。

2・5　正直さ研究

嘘はつかないが拾得物をネコババしたりする人や、ネコババはしないが試験でカンニングしたりするような人のことをわたしたちは正直者だとはいわない。それは、正直者（正直な性格の人）というのは、正直さが求められるさまざまに異なる状況の間で一貫して正直さを発揮する性格をもった人のことを意味するからである。一般に、わたしたちは、状況間一貫性をそなえたものとして性格を理解している。かつて、この性格のもつ状況間一貫性を調べた大規模な実験があった（Hartshorne and May 1928）。かれらは、数多くの学齢期の生徒を対象に三〇以上の状況でどう行動するのかを調査した。たとえば、正直さについていえば、自分のほかには誰もいない教室で小銭を見つけたときにネコババするかどうかという「窃盗状況」、教室内の試験で正答が見えたときにそれを書き写すかどうかという「カンニング状況」、そして友人のために先生に嘘をつくかどうかという「嘘つき状況」を設定し、被験者である生徒たちがどのように振る舞うのかを調べた。その結果、たとえば、こうした指標から任意の二つを選んで組み合わせたものの平均相関係数が〇・二三であったのに対して、正答を写さないという指標を六ヶ月後にもういちど実施した場合の平均相関係数は〇・七九であった。これが意味するのは、同種の状況では行動が一貫していたが（これを「通時的安定性」や「経時的安定性」という）、状況間一貫性はほとんどみられなかったということである。つまり、多くの生徒はある状況では安定して正直に振る舞うものの、さまざまに異なる状況で正直に振る舞うという、わたしたちが正直な「性格」として理解しているような性格をそなえている生徒はほとんどいなかったのである。

2・6　アイヒマン実験・ミルグラム実験

上司や周りから「やれ」と言われても倫理的にやってはいけないことが世の中にはある。家族を人質に取られたとか、言うとおりにしなければ路頭に迷うとか、そういった事情があるならまだしも、やれと言われたことを断ったからといって実害が生じるのでなければ、そうした指示は断るべきである。これはだれしもが同意する当たり前の倫理観であろう。そして、多くの善良な市民はそうしたまっとうな倫理観を性格としてそなえているだろうとわたしたちは考えている。

しかし、当たり前だと思っていたこの感覚を疑わしいものとする実験がある（Milgram 1963; 1974）。イェール大学の社会心理学者であるスタンレー・ミルグラムたちは、一般の人たちを被験者として集めるために、地元のニューヘイブンの新聞等で記憶と学習に関する研究という（嘘の）広告を出して参加者を募集した。応募してきた中から選ばれた人は、イェール大学の研究所を訪れ、そこでグレーの実験用上着を着た専門家風の実験者（実際には実験協力者）から、この研究では罰が学習に与える影響を調べたいと（嘘の）説明を受ける。そして、回答をする学習者役と罰を与える教師役をクジで決めたようにみせ、実際にはすべての被験者が教師役に割り当てられる。学習者役となった人（この人も実際には実験協力者）が椅子に縛りつけられその手首に電極が繋がれたことを確認してから、実験者と一緒に隣の部屋に移る。そこで教師役の被験者は、学習者役の人に単語の連想にかんする質問を出し、間違えるたびに電圧を上げながら電流を流すようにと、実験者から指示される。最初は一五Vから始まり最高は四五〇Vである。ボルト数の強さについては、電気ショック発生装置のスイッチのところにそれぞれ言葉で説明が書かれている。まず、一五Vから六〇Vまでのところに「わずかな電気ショック」と書かれていて、そこから「中程度の電気ショック」（七五～一二〇V）、「強い電気ショック」（一三五～一八〇V）、「非常に強い電気ショック」（一九五～二四〇V）、「激しい電気ショック」（二五五～三〇〇V）、「極めて激しい電気ショック」（三一五～三六〇V）「危険：強烈な電気ショック」（三七五～四二〇V）とつづき、最後の四三五～四五〇Vのところには暗示的な「XXX」

と書かれている。

始める前、試しにこんな感じだといって四五Ｖの電気ショックを被験者に実際に与えてリアリティを出す。実験が始まり、学習者役は前もって決められているパターンに沿って正答したり誤答したりする。間違え、被験者から電気ショックを与えられるたびに学習者役は（本当は電気ショックが与えられていないのだが見事にそれらしく）苦しむ。電圧が上がるたびに「もう止めてくれ」などと訴える（が、じつはこれは録音テープの音声である）。被験者の隣に立つ実験者が「続けてください」などと促す。さて、被験者たちはどうしたのだろうか。別グループに対する質問調査では、最高の四五〇Ｖまで与える被験者はせいぜい三％だろうと予想されていた。しかし、結果はまったく違っていた。四〇人の被験者のうち、二五人（六二・五％）の被験者たちが最高電圧である四五〇Ｖを与えたのである[19]。

この実験は、ナチス政権下でホロコーストを指揮していたアドルフ・アイヒマンが自らの職務を厳格なまでに緻密に遂行したことと後の裁判（一九六一年）における「自分は平凡な人間で、単に上の命令に従っただけだ」という彼の弁明のもつギャップに対して人々が受けた衝撃との繋がりから、「アイヒマン実験」や研究者の名を冠して「ミルグラム実験」などと呼ばれている。この実験の解釈については多くの論争があるが、電気ショックを与えることを放棄しても自分にはなんら実害がないにもかかわらず、多くの（善良だと思われていた）人たちがその状況に飲み込まれ、普段であればしないようなことをしてしまったのである。

2・7　スタンフォード監獄実験

わたしたちはそれぞれ複数の「役割」を担っている。たとえば筆者（立花）の場合であれば、（日本国にとっては）国民・市民であり、（両親にとっては）息子であり、（妻にとっては）夫であり、（子どもたちにとっては）父親であり、（学者仲間にとっては）研究者であり、（勤務先の学生にとっては）教員である。そして、置かれる状況に応じて求められる振る舞いも変わってくる。社会では市民として、大学では教員として、学会では研究者として、家庭では父親や夫として、実家に帰れば息子として振る舞うことが求められるし、通常それらは自然にできる。つまり、状況ごとに役割があり、その時々の状況に基づいてわたしたちは自然と適切に振る舞えるのである。そしてさらに複数の役割を同時にこなすこともできる。わたしは、家族で実家に帰省すれば、たとえば父親に対しては息子として振る舞いながら、同時に、息子に対しては父親として振る舞うことができる。さらに複数の役割のあいだのバランスの取り方も自然とわかっている。たとえば、大学で教員として仕事をしているときに市民としての義務を放棄したり父親としての約束を破ったりしてよいとは考えない。つまり、わたしたちは通常、目下の置かれている状況に飲み込まれたりすることなく、それ以外の自分の役割などを踏まえて総合的に判断し振る舞うことができると考えているのである。

しかし、人が状況に飲み込まれてしまい、結果的にその中での役割のみを過剰に遂行してしまうことを示唆した実験がある（Haney et al. 1973; Zimbardo 2007）。スタンフォード大学の研究者たちは社会的にも精神的にも身体的にも問題がないとされる男性二四名を集め、一日一五ドルの報酬を支払うことで彼らに被験者として実験に参加してもらった。研究者たちは、まず被験者たちを看守役と囚人役にランダムに振り分けた。そして、大学の構内に作られた摸擬監獄で過ごしてもらい、その影響を二週間にわたって調べるという実験をおこなう計画を立てていた。ところが、研究者たちの予想に反し、そして予想以上に、被験者たちは自らの役割に染まっていった。看守役はきわめて看守らしく高圧的でサディスティックになり、囚人役を抑圧し、自尊心を踏みにじるような扱いをした。それに対して囚人役が実験開始からわずか二日で暴動を起こしたりするも、看守役が鎮圧し、さらに懲罰が与えられ、囚人役のなかには精神を病む者がではじめた。その結果、実験は六日で中止された。

この実験の解釈や是非については、実験そのものの倫理的妥当性や実験が頓挫したことなどもありさまざまな議論があるが、ポイントは比較的明瞭である。それは、精神的にも身体的にも健康で社会的にも問題を起こしたことのない「善良」な人々が、おかれた状況次第で倫理的に認められないようなことも行ってしまうということである。つまり、人々の行動は性格よりも状況に左右されるということである。——この実験をおこなった研究者たちは、二五年後に寄稿した論文の中で「スタンフォード監獄実験のとき、有効なパーソナリティ・テストを幾つか用いたにもかかわらず、わたしたちにわかったのは、誰があんな風に振る舞うのか、そしてどうしてそんな風に振る舞うのかを予測することばかりか、後から説明することさえもできないということだった」と回顧している（Haney and Zimbardo 1998, 720）[20]。

2・8　本節のまとめ

わたしたちは、人にはそれぞれ性格というものがあり、それがわたしたちのさまざまな行動を生み出すと考えてきた。意地悪な人は何かにつけて意地悪だし、意気地のない人は何をやっても意気地なしで、注意深い人は何事も注意深くやってくれるし、優しい人はいつも周りに親切である、と。こうした「意地悪さ」や「意気地なさ」や「注意深さ」や「優しさ」という表現は、その人の性格特性を表し、それぞれ関連する行動の原因となっていると考えてきた。行動は性格から生じるという考え方は非常に根強く、状況的要因によることが明確な場合でさえも、その人の性格に由来するものだと言いたくなることさえある。たとえば、カストロを賛美する（あるいは批判する）文章を読んで、書き手のカストロに対する本心を判定してもらうという実験がある（Jones and Harris 1967; cf. Tiberius 2015, 114–115）。被験者に文章を読んで書き手の本心を判定してもらったあとで、実はその文章は賛美する（あるいは批判する）内容を書くように指示されて書いたものであることを告げても、被験者は依然として書き手の本心はカストロを賛美している（あるいは批判している）と判断しつづけたのである。

しかし、これまでみてきた社会心理学の実験からはそうした性格の存在は言えそうにない。優しい振る舞いは性格によってではなく、その時の気分で生じたり、急いでいたり傍観者がいるだけで簡単に抑制されたりしてしまう。さまざまに異なる場面で正直に振る舞う人もほとんどおらず、その時々の状況でみなころころと変わってしまう。閉鎖的な状況で指図されたり、自分に役割が与えられたりすれば、普段であればしてはいけないことだと思えているはずのことも自ら進んで行ってしまう。このように、倫理的な行為を左右する理由としては適当でない（そして十分でない）はずの些細な状況的要因が、わたしたちの行動に大きな影響を与えている。社会心理学におけるこれら一連の実験結果は、わたしたちの行動が何によって生じるのかを考える際、性格よりも状況的要因に注目した方が事態を正確に捉えているかもしれないことを示唆している。

パーソナリティ心理学の内部からの批判と社会心理学の知見を背景に、心理学の分野において状況主義と括ることのできる立場が形成された。心理学的状況主義は、行動は性格から生じるものだとどれほどわたしたちに思われようとも、わたしたちにはそうした（状況間で一貫した）性格はそなわっていないと主張する。この主張により、心理学的状況主義とパーソナリティ心理学のあいだで激しい論争が繰り広げられた。これは「人か状況か論争」と呼ばれ、性格・状況・行動の三つ組みについてさまざまな考え方が提案されることとなる。[21]

3 哲学における状況主義

哲学における状況主義は、前節で概観した心理学における状況主義の主張を議論の土台とした哲学者たちの立場である。そのおもな主張は、行動を導くものとしての性格の存在を示す経験的データがないならば、そうした性格の存在を前提とした徳倫理学には問題がある、というものである。ここに、徳倫理学に対するこうした状況主義からの批判に端を発した、徳倫理学と哲学的状況主義のあいだの論争が勃発する。本節では、先行研究を援用しつつ、哲学的状況主義の主張と徳倫理学とのあいだの論争を、二つの観点から概観する。一つは、哲学的状況主義の主張を時期の観点から描くものであり、もう一つは、それを論点の観点から描くものである。

3・1 哲学的状況主義の三つの時期

アプトンによれば、哲学的状況主義は年代・内容・展開の仕方に鑑みて三期に分けられる（Upton 2009）。まず第一期では、心理学的状況主義の知見に対して好意的に捉える哲学的議論が多く見られるようになる。たとえば、カッパーマンは、ミルグラムの研究を好意的に捉え、優れた人よりは一般の人の行動を観察したほうが人間の道徳心理はよくわかると主張する（Kupperman 1991, Appendix 1）。また、バドワーは、すべての徳は思慮を必要とするという意味で徳は思慮の下で一つとなるというアリストテレス流の徳の一性という考え方を批判する。そして彼女は、この思慮という考え方はあらゆる異なる状況で適切に振る舞えることを含意しており、この含意は状況主義の知見と合致しないので、アリストテレス流の思慮概念を放棄し、代わりに思慮という単一の心的状態を想定しないかたちでさまざまな徳を統合するという考え方のほうがよいと主張する（Badhwar 1996）。そして、フラナガンは、状況主義の知見が正しい場合、それを踏まえることによってわれわれはより適切に振る舞えるようになるだろうと主張する（Flanagan 1991）。

第二期では、徳の本性を巡る論争が本格化し、ハーマンやドリスなどの状況主義者からの批判とそれに対する徳倫理学との応酬が活発になる。ハーマンは、心理学的状況主義が示しているように、状況間で一貫した性格特性というものが認められないのだとすれば、徳倫理学は徳を性格と規定している以上、伝統的な徳倫理学説を経験的に適切であるとするためのデータが不十分であるどころか、徳倫理学は経験的に不適切だということになり、結果として伝統的に定義されるような徳をほとんどの人はそなえていないと主張する（Harman 1999）。また、ドリスは、心理学的状況主義の知見は、状況間で一貫した性格特性をそなえた人がごく一部存在しうることと両立可能であるが、多くの人には通時的に安定した性格特性しか成り立たないため、徳倫理学は規範理論としては不十分であると主張する（Doris 2002）。アプトンは、どちらも徳倫理学を批判する論者であるが、両者の違いを把握しておくことは重要であるとした上で、それをローカル特性（local traits）を認めるか否かにみる。彼によれば、この違いが重要となるのは、徳倫理学擁護陣営からの反論には、徳とは（それゆえまた思慮とは）どういったものであるかをめぐる議論が含まれることによる（Upton 2009）。

第二期は、ハーマンやドリスといった中心論者が位置することで、徳倫理学の側からの反論も集中している。両者に共通する批判としては、徳概念を単純化しすぎているというものがあるが、ハーマンに対しては、性格を完璧なものと想定していたり、ある一つの状況における正しい行為はすべての人のあいだで同じ一つのものであると想定していたりするなど、徳倫理学に対する想定がかなり厳しいものとなっているという批判がある（Kupperman 2001）。また、先のハーツホーンとメイによる正直さ実験に注目し、哲学的状況主義者は状況の解釈に行き違いがありうるという問題を見落としているとする批判もある（Sreenivasan 2002; 2013）。ほかにも、完全な徳が備わっている人は希であって、むしろ人々には弱い徳が備わっていると考えることで徳倫理学と状況主義が両立するという考え方も提示されている（Miller 2003; 2014, 202ff.; Athanassoulis 2000）。さらに、これに関連する批判として、状況主義では性格特性を相互に独立して機能するものとしたうえで性格概念を捉えているが、徳倫理学では性格をむしろ全体論的に捉えているというものがあり（Kamtekar 2004）、第一期のバドワーの議論も含め、性格ないし徳を（いわゆる）スタンド・アローン・コンプレックスとして捉えるかどうかという問題、ひいては徳の一性という（プラトンおよびアリストテレス解釈研究の最難関の一つとされている）問題にも繋がる論点が提示されている。

第三期では、第二期に見られる議論からは離れ、それまでの議論を展開させたり、そうした議論とは別の道を模索したりするという特徴がある。たとえば（次の分類方法でも登場する）プリンツのように、グローバルな性格特性という考え方は状況主義の批判に耐えられるかも知れないが、徳の文化相対性に着目した場合、規範的役割を担うことができず、結果徳倫理学は（それが規範倫理であろうとする限り）そうしたグローバルな性格特性とは上手くやっていけないという議論などがある（Prinz 2009）。

3・2　状況主義批判をめぐる五つの論点

状況主義からの批判とそれにたいする徳倫理学の応答については、前節でみた時期にわけることで見取り図を描く方法とは別に、論点を挙げていくことにより描く方法もある。ただし、（第1節で確認したように、多様な）徳倫理学説をどのように理解するのかに応じて、また、哲学的状況主義者の論拠である心理学的状況主義の主張をどのように理解するのかに応じて、重視される論点も異なってくる。以下では、そうした主要な論点として挙げられるものを五つに分けてみていくこととしよう[22]。

(1) **文化普遍的な性格特性の有無**　これは文化を超えて共通してみられる普遍的な性格特性があるのか否かという論点である。ドリスは、社会心理学の研究に基づいて[23]、西洋と東洋では徳の内容が異なるため、徳については状況主義的に考えた方がうまくいくと主張する（Doris 2002）。この主張に対しては、徳倫理学陣営は三つの答え方が可能だろう。一つめは、洋の東西を問わず共通してみられる徳目があると主張することで徳の内容にかんする普遍性を主張することである。この立場は、さらに三つにわかれ、すべての徳目が共通しているか、一部の徳目が共通しておりそのほかの徳目は文化ごとに異なるか、あるいは、一部の徳目は共通していてしかもそのほかの文化ごとに異なってみえる徳目も共通する徳目に何らかの仕方で（たとえば還元的な仕方で）基づいているか、という三つである。

二つめは、徳の内容は異なるが、どちらも徳という仕方で人間の倫理性を捉えているという点では共通であると主張することもできる。この立場をとる場合は、徳の内容についての相対主義は問題とならないが、具体的な行動規範が異なってくるため、規範倫理学としての効力は低下するだろう。

三つめは、これら二つを組み合わせて主張することである。たとえば、どの文化も人間の倫理性を徳として捉えるものの、徳の内容は文化によって異なるが、しかしどの文化にも普遍的にみられる徳目が一部存在すると主張することなどがそれにあたる。これら三つのどの立場を唱えるにしても、徳倫理学は文化人類学などの他分野の成果を踏まえて議論を展開する必要がある。

(2) **性格および徳の断片性の是非**　性格および徳は断片化したものなのか否かという論点がある。人の行動には状況間一貫性がみられないとするならば、行動を生み出す性格や徳は内部で統合されていないことになる（Merritt et al. 2010）。そして、徳をそうした断片化したものとして捉える道もある（Athanassoulis 2000; Miller 2003; 2014, 202ff.; Adams 2006）。しかし、徳倫理学者たちにとっては、徳が断片化しているという考えは受け入れがたい。なぜなら、徳の断片化とは、もろもろの徳を統合する役割を果たしている思慮概念の放棄に他ならないからである（Kamtekar 2010）。この放棄はどのような徳倫理学説を採るかに応じてその深刻さは変わり、思慮概念を重視するアリストテレス流の徳概念にコミットする徳倫理学者にとっては困難なものとなるだろう。

(3) 徳倫理学の射程範囲の問題　これは、規範理論としての徳倫理学はどれだけの人々を対象とした理論となっているのかという問題である。状況主義の主張は、ごく一部の人々が有徳な性格をそなえていることと両立する（Doris 2002; Adams 2006）。それゆえ、徳倫理学陣営は、徳という考え方が多くの人に適用されるものと考えるのかどうかについて態度決定を行う必要がある。ごく一部の人にしか適用されないものとすれば、理論としての整合性は保てるが、規範倫理学としては現実味を欠いてしまう。しかし、多くの人に適用できるものであるとすれば、（ドリスとスティッチが指摘したように）実際に適用できるということが示されねばならない。ドリスとスティッチはこの挙証責任は徳倫理学の側にあると論じるが（Doris and Stich 2005）、多くの人に適用できるという経験的知見――たとえば、状況間一貫性の平均が一定以上であるという知見――が示されてもよいので、パーソナリティ心理学や心理学的状況主義などの研究から示される可能性もあるだろう。

(4) 心理学実験における状況の解釈　心理学的状況主義の実験はその実験でターゲットとしていた性格特性を調べたものとなっているのかどうかという論点もある。哲学的状況主義者はそのように考えるからこそ、心理学的状況主義の知見を徳倫理学への批判材料として用いるが、実験のタスクの解釈が実験者と被験者のあいだで異なる場合、得られたデータの意味が異なってくる可能性がある。スリーニヴァサンは、前節で言及したハーツホーンとメイによる正直さを調べた実験に言及しながら次のように述べている。

ハーツホーンとメイは小銭を取ることを「盗むこと」すなわち「正直でない」反応とみなした。しかし、「落とし物は拾い得」だと信じている人——彼女をサリーと呼ぼう——は同意しないだろう。サリーは小銭をとることはなんら悪いことではないと考えるだろうし、より大事な点だが、彼女は「正答を書き写さないこと」と「小銭を取ること」のあいだには何も矛盾する点はないとも考えるだろう。言わば、カンニング状況や窃盗状況での彼女の反応は実はそういうことなのだということである。サリーを「状況間では一貫していない」と評価することでハーツホーンとメイがしていたのは、サリーの側に何か行動上の本物の不整合を発見したというよりはむしろ、〈落とし物は拾い得〉の正しさについて彼女にたいする不同意の記録（にすぎない）のである。さらにいえば、〈落とし物は拾い得〉という彼女の信念を無視したために、窃盗状況でのサリーの行動を予測することが彼らには困難だったであろうということは、なんら驚くに値しないものとなる。（Sreenivasan 2013, 302, 邦訳四五八-四五九頁）

ここで指摘されている問題は、心理学の内部で状況の主観的側面と客観的側面の区別として論じられているものであり、ロスとニスベットは次のように述べている（Ross and Nisbett 1991, 11; Krahe 1992, chap. 8; Sreenivasan 2013, 302）。

「客観的な」刺激状況のもつインパクトは、行為者がその状況に付与する個人的で主観的な意味に依存している。人の行動の予測を成功させるためには、われわれは行為者が状況をどのように解釈しているのかを判別できなければならないのである。

もしある実験のデザインが狙った行動を測定できていないとすれば、その実験を証左にして議論を構築している哲学的状況主義の主張は再検討を必要とすることになるだろう。

(5) そのほかの論点

そのほかにも幾つもの論点がある。たとえばプリンツは、パーソナリティ心理学は性格特性の存在を（ビッグファイブなどとして）証明できているのか否か、状況主義は有徳な人さえもその有徳さの発揮が妨げられるような状況的要因を持ち込むことで当該の徳のなさを示しているにすぎないのか否か、状況的要因が与える影響は限定的か否か、状況主義実験によって否定される性格概念は徳倫理学が唱えているものと同じか否かなどの論点を挙げている（Prinz 2009）。プリンツ自身は、どの論点にとっても徳倫理学に有利な結論は導けないと主張するが、これまでの論点で示されたような問題と併せて考察していく必要があるだろう。また、状況主義を受け入れた場合、アリストテレス流の徳倫理をやめてヒューム流の倫理学説を採用すれば問題を回避できるとする考え方も提示されており（Merritt 2000）、現代徳倫理学内部での議論のみならず、アリストテレスやヒュームなどについてのいわゆる解釈研究としての徳倫理学研究との兼ね合いもまた今後検討が必要となるだろう。

3・3 本節のまとめ

本論文ではここまで、徳倫理学と状況主義の対立を理解するために、三つのステップを踏んだ。まず、第1節で、徳倫理学とは何かということを、その歴史を概観し、また包括的説明を与えることの難しさを踏まえることを通じて確認した。ついで、第2節で、心理学における状況主義として、パーソナリティ心理学の内部の批判と隣接する社会心理学の知見の二つの観点から確認した。さいごに、第3節で、心理学的状況主義を理論的背景とする哲学における状況主義の主張および徳倫理学との論争を、時期による分類と論点による分類の二つの観点から確認した。

紙幅の都合で簡略化した論点や言及できなかった論点もあるが、依然として徳倫理学と（哲学的）状況主義のあいだには数多くの論点があることがわかる。実際のところ、こうした争点は独立したものではなく、相互に結びついているが（Miller 2014, chap. 8）、その中心でありつづけている問題は、「徳という仕方で人間の倫理を考えることはどのようなかたちであれば可能であるのか、またそれは経験的にどの程度妥当で、また規範倫理の学説として実効的な意味をもつのか」という問題である。この問題は、解釈研究、現代哲学研究、経験科学の三つ組みの中に定位されており、それに伴う複雑さを抱えながらも、そうであるがゆえに刺激的なものとなっている。

結語

徳と状況をめぐる論争を考える上で、哲学的状況主義が今後も発言力のある立場として維持されるかどうかは、（経験科学に拠り所を求める哲学的主張の多くがそうであるように）経験科学の展開に拠るところが大きい。その点をふまえ、結語にかえて、今後問題となると思われる三つの論点に言及しておきたい。

第一は、「状況」の定義の問題である。状況主義に対する批判の一つに、心理学実験のタスクの内部における状況の解釈を巡る問題が挙げられていた。しかし、状況の定義が問題となるのは、個別のタスクの内部としてだけではない。一方で、パーソナリティ心理学の内部の問題としても、そもそも状況を定義するということ自体が（状況とはその場その場で異なるものであるから）或る意味でトリッキーなものとなるという指摘がされており（Asendorpf 2009）、状況（的要因）の定義や特徴については明確には示されていないというのが現状である（Wagerman and Funder 2009, 渡邊 2010, 100ff.）。他方で、同様の事情は徳倫理学についてもいえる。たとえば、アリストテレス流の徳倫理学をみた場合、そもそものアリストテレスにとって状況がどのように規定しうるのか、現代の徳倫理学のなかではほとんど言及がされていない。アリストテレス自身は「状況」という言い方で一括りにはせず「個別的な事柄ども（タ・カタ・ヘカスタ）」という表現で行為が生じる現場を捉えようとしているが（アリストテレス 2015/2016）、この表現で彼が考えていたものが現代の状況主義との論争でいう「状況」とどの程度同じものなのかは必ずしも定かではない。心理学にとっても徳倫理学にとっても、行動が発動する場面としての状況とは何なのかについて、さらに明確にする必要があるだろう。

第二に、パーソナリティ心理学のその後の展開への目配りである。心理学研究において人の行動を決定する要因として性格だけが注目されてきたわけではない。たとえば、レヴィンによる行動の原理である「B＝f(PE)」のうちにすでに状況への言及が含まれている（Lewin 1936, 11–12）[24]。しかし、その後の心理学研究の歴史の中で、性格と状況の相互作用で行動を考えるという立場は主流派ではなくなる。クラーエのまとめによれば、心理学的状況主義の登場をうけて、一九七〇年代後半から、新相互作用論と呼ばれる考え方がパーソナリティ心理学の分野で登場する（これが「新（modern）」であるのは、レヴィンなどの時代にかつてそういう考え方があったからである）。これは、状況主義とパーソナリティ心理学の間の伝統的な葛藤は見かけ上のものでしかなく、行動を規定する上で特性も状況も同程度の必要性をもつとすることで、その葛藤を乗り越えようとする立場である（Krahe 1992）。ここでは、一貫性をめぐる考え方の改訂作業や行動の因子として状況をどのように組み込むのかについて、さまざまな検討が行われている。たとえば、これまでの状況間一貫性は、状況の客観的側面を重視しすぎており、結果として個別差を考慮しない「被験者全体の平均値」で割り出される定量的評価になってしまっているとして、否定的に捉えなおされている。こうした旧来の状況間一貫性を絶対的一貫性モデルと呼びなおしたうえで、その代わりとして状況の主観的側面を組み込んだ首尾一貫性モデルが提案されている。では、このようなかたちで捉えられた行動のモデルは徳倫理学の主張とどこまで対立するのだろうか。状況主義批判の理論的意義については、第2節で見たような一九六〇〜一九七〇年代の古典的な研究だけではなく、その後のパーソナリティ心理学研究の進展についても踏まえながら見積もっていく必要があるだろう。

第三に、参照する研究を狭義の心理学研究に限らず、さまざまな状況下での人の行動にかんしておこなわれている隣接領域の研究の知見もまた踏まえることが重要である。第2節でみた社会心理学の実験のなかでもとりわけインパクトが強いのがミルグラム実験やスタンフォード監獄実験などのように、隔離閉鎖環境下での人の心理と行動を調べたものである。しかし、こうした研究には現在の倫理基準からすれば（また研究の一部については当時からすでに）研究倫理上の問題点が含まれており、現在実施するにはいろいろな困難もある（cf. Blass 2004）。しかし、隔離閉鎖環境下での人の心理と行動の研究の知見は、そうした（倫理ガイドラインの存在しなかった）かつての心理学分野に限られるわけではない。たとえば、現在では、潜水艦や南極基地、実験施設、さらには宇宙船といったさまざまな隔離閉鎖環境での人々の生理、心理、精神、行動上の変化が医学、心理学、行動科学を横断するかたちでおこなわれており、そうした研究が地上でのさまざまな、そしてより日常的な隔離閉鎖環境での人々の変化を理解するうえで有益な知見を提供することが指摘されている（立花ら 2016）。性格、状況、行動の三項関係をめぐる研究は、こうした近接する他分野の現在の研究も加味しながら、より包括的に検討することで、より豊かな成果を挙げることができるだろう。

性格（徳）、状況、行動の三項関係をめぐる徳倫理学と状況主義のあいだの論争は、解釈研究、現代哲学研究、経験科学の三分野が交差する地点で生じる問題である。これらのそれぞれについて、何を重視しどのような立場をとるのか、また、そのうえでどのように研究に取り組んでいくのかに応じて、さまざまなアプローチが可能となる。さらに、結語で述べたその後の研究の進展を加味することで、これまでとは異なる議論の展開も可能となるだろう。有徳な性格をそなえた「善い人」になることで「善く為し善く生きる」ことができるのかという古代からつづく徳倫理学の問いは、現代の経験科学との接点を得たことで、あらためて問われるべき問題として取り組まれはじめたといえる。

註

（1）たとえば、Hursthouse（1999）や Russell（ed.）（2013）の序文を参照。
（2）衰退と停滞の経緯については MacIntyre（1984）が古典的著作である。しかし近年では彼の描像は批判されてもいる。そうした新たな描像については Frede（2013）がわかりやすい。
（3）義務論ないし直観主義と功利主義の対立については児玉（2010）を参照。
（4）とはいえ、当然それぞれの学説の内部では解釈研究を基底とした多様な立場が論争を繰り広げていたし、また、社会契約説や実存主義、さらには無道徳主義など、義務論や功利主義に与しない倫理的な立場も一定のプレゼンスをもちつづけてきた。
（5）二〇世紀中葉以降、現代における徳倫理学の再興については、Chappell（2013）が参考になる。
（6）これらアリストテレス以外の思想家がそれぞれどういった意味で徳倫理学的であるのかについては紙幅の都合で本章では論じることはできない。Russell（ed.）（2013）や加藤・児玉編監訳（2015）に収められた各章を参照。

（7）徳倫理学の興隆のおもな要因の一つとして、義務論と功利主義の二択ではうまく問題を解消できない悩みを抱えていた（たとえば人工妊娠中絶をめぐる倫理学的問題のような）応用倫理学分野への貢献があることは指摘しておかねばならない。徳倫理学が応用倫理学としてどのような分野にどのような貢献しているのかについてはRussell（ed.）（2013）の後半に収められた各章を参照。また、同書に収められた諸分野以外の応用として、日本の公教育への応用についてはTachibana（2008）を、科学技術の倫理学への応用については立花（2011）および立花（2015a）を、防災の倫理学への応用については立花（2015b）、宇宙での隔離閉鎖状況の研究との接点については立花ら（2016）をそれぞれ参照。

（8）この点については、現代徳倫理学の泰斗であるハーストハウスによる回顧を参照（Hursthouse 1999; 邦訳、一二頁）。また、先に述べた女性哲学者たちも実際そうであった。アンスコムの「現代道徳哲学」（Anscombe 1958）は現代の帰結主義批判が、フットの「道徳的論証」（Foot 1958）やマードックの『善の至高性』（Murdoch 1970）では功利主義の主要論者であるヘア批判がなされている。また、フットの「仮言命法の体系としての道徳性」（Foot 1972）では、カント批判がなされている。

（9）他方で、義務論と功利主義の対立は、行為の倫理性を行為の動機から評価する立場（義務論）と行為の帰結から評価する立場（功利主義）の対立としても描き出すことができる。切り口の違いによって各立場の描き方が異なってくるが、その理解をすすめるうえで、田中（2012）の図式化が役に立つ（pp. xvi-xii）。

（10）ただし、こう主張することは、道徳的規則にまったく有用性を認めないことではない（Hursthouse 1999）。反対に、徳倫理学を明示的に標榜するわけではないが、規則をまったく必要としない立場を唱える論者もいる（Dancy 2004）。

（11）これはもともとはサルトルが用いていた例である（Sartre 1946）。

（12）この背景には、徳倫理学の理論的前提の一つである「道徳実在論」を理解することが重要となるものの本稿の論点とはさしあたりかかわらないため省略する。道徳実在論についての初歩的な説明については、立花（2015b）を参照。また、「最適」であることは「完璧」ないし「理想」的でもあるのかという問題は依然として残る。例えば、古典的にはアリストテレスもこの問題を扱っている（アリストテレス 2015, 第一巻第一〇章）。

（13）しかしここにもやはり註が必要となる。前註と併せて言えば、徳概念がどの程度反規則的な立場を推し進めるのかについては慎重な検討が必要である。とりわけ、ウィギンズ（Wiggins 1975/1976）によるアリストテレスの思慮概念の新たな解釈に端を発し、マクダウェル（McDowell 1979）などによって洗練されていった「新アリストテレス主義（neo-Aristotelianism）」に与する論者の解釈が、（少なくともアリストテレス流の）徳倫理学を反規則主義的に理解するさいに果たした影響の歴史を辿り直す必要がある（この点については、Ross 2002 の邦訳に収められる予定の邦訳者による解説を参照）。

（14）Hursthouse（1999, 邦訳、六-七頁および三七-三八頁）を参照。

（15）心理学的状況主義と哲学的状況主義という呼称は Sreenivasan（2013）に倣った。

（16）パーソナリティ心理学は行動における性格の役割を重視するのに対して、社会心理学は状況の役割を重視するという違いに注目すれば、こうした研究が社会心理学の領域から登場したことは当然とも言える（Ross and Nisbett 1991; Wagerman and Funder 2009）。他方で、性格・状況・行動という三項関係の説明方式として、パーソナリティ心理学と状況主義的な社会心理学を峻別することは難しいという指摘もある（Kupperman 1991, 165ff.）。

（17）以下の六種類の実験の紹介（第２・２項〜第２・７項）では、立花（2015a）の第二節を元に本稿の議論の文脈に沿うように一部改変した。また、これら実験の呼称については Alzola（2008）に倣った。

（18）ただしダーリーらは、この説話の引用として第二五節から始めずに第二九節から始めている。終わりは同じく第三七節である。

（19）ミルグラムらは状況設定を変えて調べてもいる。学習者役の声だけが聞こえる場合のほかにも、たとえば、声も聞こえない場合、声だけでなく姿も見えている場合、さらには学習者側と身体的に接触している場合などである。そして、被験者が学習者役を近くに感じるほど、最後まで罰を与える人の数は減少した（Milgram 1974）。

（20）この実験を元にした映画としては、オリヴァー・ヒルシュビーゲル監督の『es［エス］』（二〇〇一年、独）、およびそのリメイクであるポール・シュアリング監督の『エクスペリメント』（二〇一〇年、米）がある。また、関連する映画としては、実際に起こった電話詐欺を元にしたクレイク・ゾベル監督の『コンプライアンス 服従の心理』（二〇一二年、米）がある。

（21）そうした考え方をまとめたものとしては、Ross and Nisbett（1991）, Krahe（1992）, 渡邊（2010）などを参照。一九八〇年代後半までの心理学における状況主義の盛んな議論状況をまとめたものとしては佐藤・渡邊（1992）を、またその後の状況主義の展開をまとめたものとしては Wagerman and Funder (2009) がそれぞれ参考になる。

(22) 以下の論点のうちの⑴と⑵については Snow (2014) が、⑶と⑷については Sreenivasan (2013) がそれぞれより詳しいサーヴェイを与えている。

(23) こうした研究を概観したものとしては、Nisbett (2003) を参照。

(24) この式は「行動 (behavior) とは人 (person) と環境 (environment) の関数 (function) である」という意味だが、「P」と「E」の二項のあいだにどのような演算子をもつ関数として解釈するのかに応じて、この式の意味は異なってくる (Wagerman and Funder 2009, 28)。

参考文献

Adams, R. 2006. *A Theory of Virtue: Excellence in Being for the Good*. Oxford University Press.

Alzola, M. 2008. Character and Environment: The Stats of Virtues in Organizations. *Journal of Business Ethics* 78: 343–357.

Anscombe, G. E. M. 1958. Modern Moral Philosophy. *Philosophy* 33: 1–19.

Asendorph, J. 2009. Personality: Traits and Situations. In Philip J. Corr and Gerald Matthews (eds.), *The Cambridge Handbook of Personality Psychology*. Cambridge University Press, pp. 43–53.

Athanassoulis, N. 2000. A Response to Harman: Virtue Ethics and Character Traits. *Proceedings of The Aristotelian Society New Series*: 215–221.

Badhwar, N. 1996. The Limited Unity of Virtue. *Noûs* 30: 306–329.

Blass, T. 2004. *The Man Who Shocked The World: The Life and Legacy of Stanley Milgram*. Basic Books. (トーマス・ブラス『服従実験とは何だったのか――スタンレー・ミルグラムの生涯と遺産』野島久雄・藍澤美紀訳、誠信書房、二〇〇八年)

Chappell, T. 2013. Virtue Ethics in the Twentieth Century. In Russell (ed.) 2013, pp. 149–171. (T・チャペル「二十世紀における徳倫理学」立花幸司訳、ラッセル編、二〇一五年、二三五–二六六頁所収)

Dancy, J. 2004. *Ethics Without Principles*. Oxford University Press.

Darley, J. M. and C. D. Batson. 1973. From Jerusalem to Jericho: A Study of Situational and Dispositional Variables In Helping

Behavior. *Journal of Personality and Social Psychology* 27: 100–108.

Darley, J. M. and B. Latane. 1968. Bystander Intervention in Emergencies: Diffusion of Responsibility. *Journal of Personality and Social Psychology* 8: 377–383.

Doris, J. M. 2002. *Lack of Character: Personality and Moral Behavior*. Cambridge University Press.

Doris, J. M. and S. Stich. 2005. As A Matter of Fact: Empirical Perspectives on Ethics. In F. Jackson and M. Smith (eds.), *The Oxford Handbook of Contemporary Analytic Philosophy*. Oxford University Press, pp. 114–153.

Flanagan, O. 1991. *Varieties of Moral Personality*. Harvard University Press.

Foot, P. 1958. Moral Arguments. *Mind* 67: 502–551.

——— 1972. Morality as a System of Hypothetical Imperatives. *The Philosohical Review* 81 (3): 305–316.

——— 2001. *Natural Goodness*. Oxford University Press.（P・フット『人間にとって善とは何か——徳倫理学入門』高橋久一郎監訳、河田健太郎・立花幸司・壁谷彰慶訳、筑摩書房、二〇一四年）

Haney, G., C. Banks, and P. Zimbardo. 1973. Interpersonal Dynamics in a Simulated Prison. *International Journal of Criminology and Penology* 1: 69–97.

Haney, G. and P. Zimbardo. 1998. The Past and Future of U.S. Prison Policy: Twenty-Five Years after the Stanford Prison Experiment. *American Psychologist* 53 (7): 709–727.

Harman, G. 1999. Moral Philosophy Meets Social Psychology: Virtue Ethics and the Fundamental Attribution Error. *Proceedings of the Aristotelian Society New Series* 99: 315–331.

Hartman, E. 2013. The Virtue Approach to Business Ethics. In: Russell (ed.) 2013, pp. 240–264.（E・ハートマン「ビジネス倫理に対する徳倫理学的アプローチ」佐良土茂樹・稲村一隆訳、ラッセル編、二〇一五年、三六七–四〇三頁所収）

Hartshorne, H. and M. A. May. 1928. *Studies in the Nature of Character. Vol. I: Studies in Deceit*. Macmillan.

Hursthouse, R. 1999. *On Virtue Ethics*. Oxford University Press.（R・ハーストハウス『徳倫理学について』土橋茂樹訳、知泉書館、二〇一四年）

Isen, A. M. and P. F. Levin. 1972. Effect of Feeling Good on Helping: Cookies and Kindness. *Journal of Personality and Social*

Psychology 21: 384–388.

Jones, E. E. and V. A. Harris. 1967. The Attribution of Attitudes. *The Journal of Experimental Social Psychology* 3: 1–24.

Kamtekar, R. 2004. Situationism and Virtue Ethics on The Content of Our Character. *Ethics* 114: 458–491.

——— 2010. Comments on Robert Adams, *A Theory of Virtue: Excellence in Being for the Good*. *Philosophical Studies* 148 (1): 147–158.

Krahe, B. 1992. *Personality and Social Psychology: Towards a Synthesis*. Sage Publication.（B・クラーエ『社会的状況とパーソナリティ』掘毛一也編訳、北大路書房、一九九六年）

Kupperman, J. 1991. *Character*. Oxford University Press.

——— 2001. The Indispensability of Character. *Philosophy* 76: 239–250.

Latane, B. and J. M. Darley. 1969. Bystander "Apathy". *American Scientist* 57 (2): 244–268.

——— 1970. *The Unresponsive Bystander: Why Doesn't He Help?* Appelton-Century Crofts.

Lewin, K. 1936. *Principles of Topographical Psychology*. McGraw Hill.

MacIntyre, A. 1981 1st./1984 2nd./2007 3rd. *After Virtue: A Study in Moral Philosophy*. University of Notre Dame Press.（A・マッキンタイア『美徳なき時代』篠崎榮訳、みすず書房、一九九三年（第二版の邦訳））

Mackie, J. 1977. *Ethics: Inventing Right and Wrong*. Penguin Books.（J・マッキー『倫理学——道徳を創造する』加藤尚武監訳、高知健太郎・三嶋輝夫・古賀祥二郎・森村進・桑田禮彰訳、哲書房、一九九〇年）

McDowell, J. 1979. Virtue and Reason. *The Monist* 62: 331–350.（J・マクダウェル「徳と理性」荻原理訳、『思想』二〇〇八年七月号、七-三三頁）

Merritt, M. 2000. Virtue Ethics and Situationist Personality Psychology. *Ethical Theory and Moral Practice* 3: 365–383.

Merritt, M. W., J. M. Doris, and G. Harman. 2010. Character. In J. M. Doris and the Moral Psychology Research Group. *The Moral Psychology Handbook*. Oxford University Press, pp. 355–401.

Milgram, S. 1963. Behavioral Study of Obedience. *Journal of Abnormal and Social Psychology* 67: 371–378.

——— 1974. *Obedience to Authority: An Experimental View*. Harper and Row.（S・ミルグラム『服従の心理』山形浩生訳、河出文庫、二〇一二年）

Miller, C. B. 2003. Social Psychology and Virtue Ethics. *Journal of Ethics* 7: 367–395.

——— 2014. *Character and Moral Psychology*. Oxford University Press.

Mischel, W. 1968. *Personality and Assessment*. John Wiley and Sons.（W・ミッシェル『パーソナリティの理論——状況主義的アプローチ』詫摩武俊監訳、誠信書房、一九九二年）

Murdoch, I. 1970. *The Sovereignty of Good*. Routledge.（I・マードック『善の至高性——プラトニズムの視点から』菅豊彦・小林信行訳、九州大学出版会、一九九二年）

Nisbett, R. 2003. *The Geography of Thought: How Asians and Westerns Think Differently... and Why*. Free Press.（R・E・ニスベット『木を見る西洋人 森を見る東洋人——思考の違いはいかにして生まれるのか』村本由紀子訳、ダイヤモンド社、二〇〇四年）

Prinz, J. 2009. The Normativity Challenge: Cultural Psychology Provides the Real Threat to Virtue Ethics. *The Journal of Ethics* 13: 117–144.

Ross, L. and R. Nisbett. 1991. *The Person and The Situation: Perspectives of Social Psychology*. McGraw-Hill.

Ross, W. D. 2002. *The Right and The Good*. Edited by P. Stratton-Lake. Oxford University Press.（P・ストラットン-レイク編、W・D・ロス著『「正しい」ことと「よい」こと——倫理的多元主義の可能性』立花幸司訳、勁草書房、近刊）

Russell, D. C. (ed.) 2013. *The Cambridge Companion to Virtue Ethics*. Cambridge University Press.（ダニエル・C・ラッセル編『ケンブリッジ・コンパニオン 徳倫理学』立花幸司監訳、相澤康隆・稲村一隆・佐良土茂樹訳、春秋社、二〇一五年）

Sartre, J-P. 1946. *L' Existentialisme est un humanism*. Nagel.（J-P・サルトル『実存主義とは何か 増補新装版』伊吹武彦・海老坂武・石崎晴己訳、人文書院、一九九六年）

Snow, N. 2014. Situationism and Character: New Directions. In Stan van Hooft (ed.), *The Handbook of Virtue Ethics*. Acumen, pp. 430–439.

Sreenivasan, G. 2013. The Situationist Critique of Virtue Ethics. In Russell. (ed.) 2013, 290–314.（G・ゴパル・スリーニヴァサン「徳倫理学に対する状況主義者からの批判」立花幸司訳、ラッセル編、二〇一五年、四四一-四七七頁所収）

Tachibana, K. 2008. An Inquiry into the Relationship between Public Participation and Moral Education in Contemporary Japan:

Who decides your way of life? In Ishihara, Kohji and Majima, Shunzo (eds.), *Applied Ethics: Perspectives from Asia and Beyond*. Hokkaido University, chapter 4 (pp. 26–39).

Tiberius, V. 2015. *Moral Psychology: A Contemporary Introduction*. Routledge.

Upton, C. L. 2009. Virtue Ethics and Moral Psychology: The Situationism Debate. *The Journal of Ethics* 13: 103–115.

Wagerman, S. A. and D. C. Funder. 2009. Personality Psychology of Situations. In Philip J. Corr and Gerald Matthews (eds.), *The Cambridge Handbook of Personality Psychology*. Cambridge University Press, pp. 27–42.

Wiggins, D. 1975/1976. Deliberation and Practical Reason. *The Proceedings of Aristotelian Society* 76: 29–51.

Williams, B. 1985. *Ethics and The Limits of Philosophy*. Fontana Press.（B・ウィリアムズ『生き方について哲学は何が言えるか』森際康友・下川潔訳、産業図書、一九九三年）

Zimbardo, P. 2007. *The Lucifer Effect: Understanding How Good People Turn Evil*. Random House.（P・ジンバルドー『ルシファー・エフェクト――ふつうの人が悪魔に変わるとき』鬼澤忍・中山宥訳、海と月社、二〇一五年）

アリストテレス（2015/2016）『ニコマコス倫理学』（上／下）渡辺邦夫・立花幸司訳、光文社古典新訳文庫。

加藤尚武・児玉聡編監訳（2015）『徳倫理学基本論文集』勁草書房。

児玉聡（2010）『功利と直観――英米倫理思想史入門』勁草書房。

佐藤達哉・渡邊芳之（1992）「『人か状況か論争』とその後のパーソナリティ心理学」、東京都立大学人文学部『人文学報』二三一、九一-一一〇頁。

高橋澪子（1999）『心の科学史――西洋心理学の源流と実験心理学の誕生』東北大学出版会。

立花幸司（2011a）「科学技術の倫理の学び方――学習方法の視点から」、勢力尚雅編『科学技術の倫理学』梓出版社、一四九-一八〇頁所収。

――――（2011b）「科学技術の倫理と市民参加」、勢力尚雅編『科学技術の倫理学』梓出版社、一八一-一八七頁所収。

――――（2015a）「弱さを認めて強くなる――個人の有徳な倫理性に頼らない科学技術倫理の構築に向けて」、勢力尚雅編『科学技術の倫理学Ⅱ』梓出版社、一三三-一五二頁所収。

――（2015b）「見えないものをみる――徳倫理学の立場から考える防災の倫理」、山口大学時間学研究所編『時間学の構築I「防災と時間」』恒星社厚生閣、一九一－二二一頁所収。
立花幸司・立花正一・井上夏彦（2016）「宇宙行動科学の社会的意義と可能性――有人宇宙開発と社会のよりよい関係のために」、宇宙航空研究開発機構（ＪＡＸＡ）編『人文・社会科学研究活動報告集――２０１５年までの歩みとこれから』、頁数未定。（JAXA-SP-15-017）
田中朋弘（2012）『文脈としての規範倫理学』ナカニシヤ出版。
渡邊芳之（2010）『性格とは何だったのか――心理学と日常概念』新曜社。
※本稿はＪＳＰＳ科研費２６７７０００７の助成を受けたものである。

第9章 文化相対主義の克服に寄せて——道徳的／慣習的規則の区別に関する論争を手がかりに(1)

吉田　敬

はじめに

人間が暮らす社会や文化が多様であることはよく知られている。社会や文化の多様性を示す事柄は様々だが、ここでは一例として、いわゆる名誉殺人の事例を考えてみよう。名誉殺人とは、婚外・婚前性交渉を行った女性が家族の名誉を汚したとして自分の家族に殺害されるというものであり、その性交渉が女性の意に沿わないレイプであったとしても行われることがある。このような名誉殺人が私たちにとって不可解なことの一つは、たとえ仮にある社会では婚外・婚前性交渉が道徳的に問題であり、処罰の対象になることがありうるとしても、なぜレイプ被害者まで名誉殺人の対象とされなければならないのかということである(2)。レイプ被害者は婚外・婚前性交渉という行為をそもそも望んでいないし、意図してもいないのだから、被害者に対して道徳的責任を問うのはおかしいと、現代日本に暮らす私たちならば考えるだろう。しかし、このような名誉殺人が行われている文化においては、そもそも意図の有無は行為の道徳的責任とは関係がなく、その行為が起こったかどうかだけが問題で、その行為に関わった場合には意図の有無を問わず罪に問われることになると考えられているのかもしれない（Sommers 2012: 51–52）。

このような事例が示唆するように、私たちにはなかなか理解し難い異文化の行為や慣習がある。異文化を研究してきた人類学者の中には、キリスト教や西洋科学を背景にして行われた非西洋社会のキリスト教化および植民地化や現実に社会で起こっている人種差別問題に対する反省から文化相対主義を主張するものもいる。あるいは文化相対主義に与することなく反相対主義を批判しながらも、相対主義的傾向が人類学に内在することを認めるクリフォード・ギアツのような論者もいる（Geertz 1984: 264，邦訳六〇頁）。文化相対主義によれば、道徳や慣習はそれぞれの文化に相対的であり、何かしらの行為や慣習の良し悪しはその文化内でのみ判断可能であり、文化を超えた普遍的な判断といったようなものは否定される。

このような文化相対主義に対して、道徳の普遍性を主張するものもいる。例えば、道徳発達の六段階を主張したローレンス・コールバーグがその一人である。また、コールバーグを批判して、それとは異なる道徳発達の形式を示したエリオット・テュリエルにしても道徳の普遍性を主張している。テュリエルによれば、子供は社会や文化の違いを超えて、道徳的／慣習的規則を区別するように発達する。しかも道徳的規則は社会的文脈とは無関係なのである。

こうした道徳的／慣習的規則の区別に基づく議論に対して、文化相対主義の立場から反論を行ったのがリチャード・シュウィーダーである。彼に言わせれば、それぞれの文化には異なる合理性があり、道徳的／慣習的規則の区別は個人主義的な特定の文化を反映している。したがって、道徳的／慣習的規則の区別は何ら普遍性を持ったものではないと彼は主張するのである。

この論文ではまず、テュリエルとシュウィーダーとの論争及び、それを吟味しシュウィーダーに軍配を上げたジョナサン・ハイトの調査を検討する。それから、シュウィーダーが支持する文化相対主義の抱える問題点について、彼が提示した「異なる合理性」という概念を中心に吟味する。その上で、批判的合理主義者の合理性に対するアプローチを援用しながら、文化の多様性を擁護しつつ文化相対主義を克服する方法について論じる。

1　道徳的／慣習的規則の区別の成り立ちとその批判——コールバーグ、テュリエル、シュウィーダー

この節ではそもそも道徳的／慣習的規則の区別とはどのようなものなのかを確認していく。この区別はコールバーグへの批判として、テュリエルが提唱したものであるため、まずコールバーグの理論がいかなるものであるのかを見ていくことにする。

コールバーグはジャン・ピアジェの影響の下に、独自の認知発達理論を発展させた。コールバーグによると、子供の道徳発達は次の六段階から成り立ち、この発達の仕方は文化の差異を超えて普遍的に見られる(Kohlberg 1969: 375, 邦訳四三頁)。すなわち、

第一段階「〈服従と罰への志向〉　優越した権力や威信への自己中心的な服従、または面倒なことを避ける傾向。客観的責任」

第二段階「〈素朴な自己中心的志向〉　正しい行為とは自分の欲求、時には他者の欲求を道具的に満たすこと。行為者の欲求や視点に応じた価値の相対性の意識。素朴な平等主義および交換と互恵性への志向」

第三段階「〈よい子志向〉　他者から是認されることや、他者を喜ばせたり助けたりすることへの志向。大多

数がもつステレオタイプのイメージあるいは当然の役割行動への同調。意図による判断」

第四段階「〈権威と社会秩序の維持への志向〉『義務を果たし』、権威への尊敬を示し、既存の社会秩序をそれ自体のために維持する志向。他人の当たり前という期待に対する配慮」

第五段階「〈契約的遵法的志向〉同意のための規則や期待における恣意的要素や出発点の認識。契約、他者の意志や権利の侵害に対する全般的な忌避、そして大多数の意志と幸福という観点から定義された義務」

第六段階「〈良心または原理への志向〉現実に定められた社会的な規則だけでなく、論理的な普遍性と一貫性への訴えを含めた、選択の原理への志向。方向づけをなすものとしての良心、および相互的な尊敬と信頼への志向」

（Kohlberg 1969: 376, 邦訳四四頁〔但し訳文は適宜改変してある〕）

この六段階のうち、第一段階と第二段階、第三段階と第四段階、そして第五段階と第六段階はそれぞれ同じ水準に属するものとされる。その水準とは、前慣習的、慣習的、そして脱慣習的の三つの水準である。前慣習的水準の道徳判断の基礎には、「道徳的価値は人や規範にあるのではなく、外的、準物理的な出来事や悪い行為、準物理的な欲求にある」。慣習的水準の道徳判断の基礎は「道徳的価値は良いあるいは正しい役割を遂行すること、慣習的な秩序や他者からの期待を維持することにある」。そして、脱慣習的水準の道徳判断の基礎は、「道徳的価値は、共有されたあるいは共有されうる規範、権利、義務に自己がしたがうことにある」（Kohlberg 1969: 376, 邦訳四四頁〔但し訳文は適宜改変してある〕）。「慣習的」という用語から分かるように、コールバーグの立場においては子供の道徳発達は前慣習的なものから慣習的なものを経て、脱慣習的な道徳へと至るという構造になっている。

このようなコールバーグの立場に対して批判がなかったわけではない。特によく知られている批判としては、コールバーグの下で学んだキャロル・ギリガンによるものがある。ギリガンはコールバーグが子供の道徳発達を調べるために用いたジレンマの一つである、ハインツのジレンマに対する少年と少女の答え方の違いを用いて、コールバーグの説に対して反論を行った。ハインツのジレンマとは、ハインツという男性が病に苦しむ妻を助けるために、高価で買うことの出来ない薬を薬剤師から盗むべきかどうかというものである。このジレンマについて、一一歳のジェイクという少年に尋ねると、論理的に考えて人命は金銭より大事なのだから盗むべきだとジェイクは答える。対照的にエイミーという同い年の少女はお金を借りるなり、薬剤師と話し合うなり盗む以外の方法で解決すべきだと主張した。この二人の答えをコールバーグの説に従って考えると、ジェイクのほうがエイミーより上位の道徳段階にいるように思われる。ジェイクは第三段階と第四段階の間、エイミーは第二段階と第三段階の間である。しかしギリガンは、そのように考えるのは間違っていると主張した。彼女の考えでは、もしエイミーの考え方がジェイクよりも劣っているように思われるのだとしたら、それはジェイクのような論理的な考え方の正しさを前提としているからに他ならない。このように主張することで、ギリガンはコールバーグの道徳発達の段階説が男性的な原理重視の倫理に基づいていると批判する。むしろ、女性の基本的な道徳的傾向性は原理を重視するのではなく、気づかいを重視しているのである。ギリガンの考えでは、女性的な気づかい重視の倫理は男性的な原理重視の倫理が持っている欠点を克服する可能性を秘めている（Gilligan 1982: 25–32, 邦訳三九–五三頁）。

ギリガンの批判以外にも、同じくコールバーグの下で学んだテュリエルの批判もよく知られている。子供の道徳性はコールバーグが想定するように、前慣習的から慣習的そして脱慣習的といった段階的な形では発達しないとテュリエルは主張した。先に見た通り、コールバーグの枠組みでは子供は慣習から抜け出て道徳へという発達の道筋を取るわけだが、テュリエルに言わせれば、道徳的／慣習的規則を子供は早い内に区別するように発達しており、しかもその区別は文化の違いを超えて見られる（Turiel 1978: 110; Huebner, Lee and Hauser 2010: 2-3）。つまり、どのような文化の子供も成長していくにつれて道徳的になるのではなく、早くから道徳というものを身に付けて、発達するというわけである。

しかし、ここで言う道徳的／慣習的規則とはどのようなものであろうか。まず、道徳的規則とは個人の権利や福祉、そして正義に関わるもので、社会的文脈に相対的なものではない。道徳的規則の典型例としては、他人に危害を加えてはならない、あるいは他人の物を盗んではならないという規則などが挙げられ、このような規則からの逸脱はいかなる社会的文脈においても悪いと考えられる。言ってみれば、とにかく駄目なものは駄目ということになろう。これに対して、慣習的規則は社会制度内の個々人の行為の調整をするための規則で、社会的文脈に相対的である。このような規則の例としては、服装や挨拶の仕方などが考えられる。もちろん適切な服装や挨拶の仕方というものはあるが、その表れ方や機能の果たし方は文化によって異なる（Turiel 1978: 79-80; Turiel 1983: 77-78）。例えば、日本と西洋の伝統的な結婚式や葬式での服装を比較してみれば良い。あるいは、初対面の人に対する挨拶の仕方でも良いだろう。どちらも文化間で違いが見られるが、それぞれの文化において適切であると見なされているのであれば何も問題にはならない。

もちろん、このような区別には賛否両論があり、近年もその区別の妥当性を巡って、様々な調査が行われている。例えば、ダニエル・ケリーたちの調査結果は、遠い昔や異文化において行われた事例の場合、あるいは権威によって禁止されていないような場合には、鞭で罰するような危害も被験者たちは容認することを示している。すなわち、他人に対する危害を禁ずる道徳的規則は歴史や権威に制約されていることになり、必ずしも普遍的なものとは言えないということを彼らは示した（Kelly et al. 2007）。また、テュリエルたちの研究は基本的には子供の道徳発達を対象としたものだが、ブライス・ヒューブナーたちは大人の道徳判断について調査し、大人が実際に道徳的／慣習的規則を区別していることを確認している（Huebner, Lee and Hauser 2010）。

道徳的／慣習的規則の区別については以上のように様々な視点から検討がなされているが、文化相対主義との関連ということで注目に値するのが、シュウィーダーたちの調査である（Shweder, Mahapatra and Miller 1987）。シュウィーダーたちは文化相対主義の立場から、道徳の普遍性を擁護するコールバーグやテュリエルを批判する意図を持って調査を行った。その際に彼らは、シュウィーダーが提唱した「異なる合理性（divergent rationalities）」という概念を拠り所にする（Shweder 1986; Shweder, Mahapatra and Miller 1987）。この概念とそこから導き出される文化相対主義の問題点については後に詳しく検討するが、この概念を提示するに当たって、人間の主観性を科学的に研究するためには合理性概念を広く取る必要があるとシュウィーダーは主張する。彼の考えでは、既存の実証主義的な科学観においては、「合理的な思考というものが演繹論理（三段論法的推論と述語論理）と帰納論理（ミルの実験的推論の原理、ベイズの統計的推測の原理など）と同一視されている」（Shweder 1986: 178）。しかし、シュウィーダーに言わせると、演繹論理や帰納論理は人間の主観性を学ぶには不必要というわけではないものの狭すぎるため、それを拡げる必要がある。彼の考えでは、それぞれの文化はひとつの全体を形成しており、それぞれに独自の合理性を備えている。したがって、テュリエルたちのように西洋に特有の考え方が文化を超えて普遍的に見られると考えるのは間違っているということになる。シュウィーダーたちは次のように主張する。「非道徳的な出来事の集合が子供や大人の心の中の道徳的な出来事の集合と普遍的に区別され、そして対比されなければならないという命題に私たちは懐疑的である。私たちが懐疑的なのは、本来的に非道徳的な出来事の普遍的な集合が存在するとは思わないからである。そうする文化もあるけれども、道徳的なものと慣習的なものの区別を全ての文化がするとも私たちは思わない」（Shweder, Mahapatra and Miller 1987: 31）。

このような立場に基づいて、シュウィーダーたちはアメリカのシカゴとインドのブバネーシュワル（Bhubaneswar）の子供と大人計六〇〇人を対象に調査を行った。その対象者の内訳は、シカゴは中流から中上流階級の主に白人の子供一八〇人と大人六〇人、ブヴァネーシュヴァルではバラモン階級の子供一八〇人と大人六〇人、それから不可触賤民の子供六〇人と大人六〇人である。シュウィーダーたちは三九のストーリーの中から一三のストーリーを選んで質問するという形式で調査を行った。ストーリーの例としては、「父の死の翌日、長男は髪を切ってもらい、鶏を食べた」、「あなたの共同体の未亡人は週二、三回魚を食べる」や「ある男性には既婚の息子と娘がいた。死後、息子が遺産のほとんどを相続し、娘はほとんどもらえなかった」というようなものがある。このようなストーリーに対して、シュウィーダーたちは次のような質問を各被験者に対して行った。

① この行為は悪いですか。
② その行為による侵害は深刻ですか（a 侵害ではない、b 軽微な侵害、c いくぶん深刻な侵害、d 非常に深刻な侵害）。
③ その行為は罪ですか。
④ 誰もその行為が行われたことを知らないとしても、悪いですか。
⑤ 世界のすべての人があなたが支持する規則に従ったら一番良いですか。

⑥ もう一方の社会では、あなたが支持するのとは反対の行為がいつも行われています。その行為を止めたらその社会はもっと良くなりますか。

⑦ あなたの社会のほとんどの人はその行為を変えたいと思っていますが、変えても良いですか。

⑧ その行為をしている人は止めさせられる、あるいは何らかの形で処罰されるべきだと思いますか。

(Shweder, Mahapatra and Miller 1987: 42)

調査結果としては、アメリカにおいてもインドにおいても、自文化に特有な慣習だと思われる行為についても道徳的規則の観点から考える傾向が見られた。例えば、週二、三回魚を食べる未亡人について尋ねられると、どうするのが道徳的に正しいのかということについてはアメリカ人の情報提供者とインド人の情報提供者では不一致が見られるが、どちらも慣習的な観点では考えていない。アメリカ人は魚を食べることは彼女の権利であると考えているし、インド人は食べるべきではないと述べ、もう一方の社会も自分の社会と同じようにすべきだと主張する。また、慣習的規則という考えはアメリカの年長の子供や大人には見られるが、インドではほとんど見られない。「正統派ヒンドゥーの情報提供者は慣習という概念をほとんど使わない。インド人は自分たちの実践を自然法の直接的な表現と見なしている」(Shweder, Mahapatra and Miller 1987: 35)。さらに、テュリエルたちが慣習的規則であると考える衣服・食事・父親の呼び方などもアメリカの年長の子供や大人は多少慣習的に捉えるものの、基本的には道徳的規則として捉えられている。そして、このような調査結果からシュウィーダーたちは、道徳的／慣習的規則の区別は普遍的なものではなく、個々人が自由に契約するといったことを前提とする社会に特有なものであると結論づける。アメリカでは自由な契約、個人の選択や自由などに対する権利が強調されるのに対して、インドではヒンドゥーの秩序に対する義務が強調されている（Shweder, Mahapatra and Miller 1987: 35）。言い換えれば、テュリエルたちの議論は西洋、特にアメリカに特有な考え方を非西洋社会に押し付けた上で、道徳の普遍性を主張しているというわけである。しかしシュウィーダーたちの考えでは、異文化の人々は固有の世界観を持っているばかりでなく、その世界観が異文化の人々の認知機能に大きな影響を及ぼしている（Shweder and Bourne 1982: 133）。そのため、ある特定の社会の考え方を前提として議論することはできないのである。

ここまでシュウィーダーたちの調査を見てきたが、テュリエルたちも黙っていたわけではない。彼らはいくつかの反論を行っている（Turiel, Killen and Helwig 1987）。第一に、慣習的であるとシュウィーダーたちが思う行為もよく考えてみると、観察できない存在に危害を及ぼすように解釈できるとテュリエルたちは主張する（Turiel, Killen and Helwig 1987: 207）。例えば、未亡人が魚を食べるのは、亡き夫の魂に対する冒瀆であると解釈することができる。とすれば、この行為はそもそも単なる食習慣の違いといった慣習的なものではなく、亡き夫の魂に危害を加えているという意味で道徳的であるということになる。こうしたテュリエルたちの反論に対しては、基本的にはシュウィーダーを擁護するハイトでさえ、次のように述べることでシュウィーダーたちの調査に問題があることを認めている。「シュウィーダーの研究には、実験をコントロールする重要な要素が欠けているというテュリエルの指摘には同意できる。シュウィーダーは、危害については質問しなかったのだ」（Haidt 2012: 18, 邦訳四七–四八頁）。

第二に、シュウィーダーたちの調査では文化の均一性が想定されているが、実際には文化内でも多様性が見られるとテュリエルたちは主張する。「彼ら〔シュウィーダーたち〕の多様性の探求は十分とは言えない。というのも、それは文化間の比較における多様性にとどまっていると思われるからである。彼らの分析においては、文化間の多様性は文化内の社会的・道徳的・自然的世界観の均一性を含意する。文化が均一的な志向を体現する限り、共存する判断領域に対する余地、あるいはその文化や構成員における多様な関心と生じるかもしれない衝突に対する余地はほとんどない」(Turiel, Killen and Helwig 1987: 195)。これはシュウィーダーたちが個人と文化との関係について全体論の立場を取っていることに対する批判と言える。

更に、文化の均一性に基づいて、アメリカ人は権利ベース、インド人は義務ベースで道徳性を考えているとシュウィーダーたちは主張するが、アメリカ人も権利ではなく義務を優先させることがあるし、インド人も権利を重要視するようになっているとテュリエルたちは反論する(Turiel, Killen and Helwig 1987: 196)。この反論はアメリカ人とインド人との間で道徳性の考え方に明確な線を引くことが間違っているということを意味しており、更にシュウィーダーの議論が基づいている全体論、そしてそれが基づく「異なる合理性」という概念に対する批判と考えることができる。異なる合理性については後述するが、テュリエルたちに言わせれば、「〔シュウィーダーたちの〕文化と道徳性に関する社会コミュニケーション理論によって採用されている立場は、異なる合理性――例えば、義務ベースの道徳性は権利ベースの道徳性とは異なる合理性であるということ――というより一般的な主題によって導かれている。異なる前提、仮定、証拠規則、そしてデータを評価し解釈する手段を備えた合理的に基礎づけられた枠組みが複数あるのだから、異なる枠組みは比較可能ではない。シュウィーダーの見解では、異なる合理性は自然科学や社会科学の理論的見解間と同様に宗教的枠組みにおいても明らかである。見解、パラダイム、あるいは伝統の中では合理的な議論を行えるが、それらを超えては行えない」(Turiel, Killen and Helwig 1987: 199)。これは科学哲学の議論をご存知の読者にとってはお馴染みの、異なるパラダイム間の共約不可能性をめぐる議論であり、テュリエルたちもその路線でシュウィーダーの主張は悪循環に陥ると批判する(Turiel, Killen and Helwig 1987: 200)。

シュウィーダーたちとテュリエルたちの論争について検討し、テュリエルたちの反論にはもっともなところがあるが、直観的にはシュウィーダーたちが正しいのではないかと考えたのがハイトである（Haidt 2012: 18, 邦訳四八頁）。そのような観点からハイトはブラジルの協力者たちとともに調査を行い、シュウィーダーたちに軍配を上げている（Haidt, Koller and Dias 1993）。

ハイトたちはアメリカのフィラデルフィアとブラジルのポルト・アレグレとレシフェに暮らす社会的・経済的な身分（ＳＥＳ）が高い層と低い層の子供と大人（大学生）の一二グループ、計三六〇人を対象として調査を行った。フィラデルフィアはアメリカ北東部にあり、アメリカ建国に関わった重要な都市である。その人口は一六〇万で、一九九〇年時点の人口比率は、白人五三％、黒人四〇％、その他七％となっている。ポルト・アレグレはブラジル最南部の都市で、人口は一四〇万である。最も富み、発達した地域で、住民はヨーロッパ系（ポルトガル、イタリア、ドイツ、スペイン）移民が中心である。レシフェはブラジル北東端の都市で、人口一四〇万である。その地域は貧しく、住民はアフリカ系とヨーロッパ系の混血が多い。

ハイトたちは、嫌悪や不敬の念を起こすが他人の目に触れないので害にはならない行為を含むいくつかの行為について質問する形で調査を行った。嫌悪や不敬の念を起こすが他人の目に触れないので害にはならない行為の例としては、「ある女性がクローゼットを掃除していたところ、古い自国旗を見つけた。いらなかったので、彼女は国旗を細かく切り、それで便所掃除をした」といったもので、質問項目は次の通りである。

① この行為をどう思いますか。非常に悪いですか。ちょっと悪いですか。それとも全く問題ありませんか。
② そう考える理由を教えてください。
③ この行為は誰かを傷つけますか。そうだとしたら、誰がどのように傷つきますか。
④ 誰かがこの行為をしているのを見ると、不快になりますか。それとも気にしませんか。

⑤　この行為を行った人は止めさせられたり、あるいは罰せられたりするべきですか。
⑥　二つの異なる国々について学んでいるとして、一方ではその行為がしばしば行われ、他方では全く行われないとしたら、どちらも問題がありませんか。それともどちらかの国は悪いか間違っていますか。
（Haidt, Koller and Dias 1993: 617）

調査結果として判明したことは、アメリカ人は道徳と慣習を区別するが、ブラジル人はそれほど明確に区別しているわけではないということである。特にレシフェの低ＳＥＳ層の子供のほとんどは道徳と慣習を区別しない。つまり、道徳と慣習の区別はテュリエルたちが主張するほどはっきりしておらず、文化の違いがあると言える。また、嫌悪や不敬の念を起こすが他人の目に触れないので害にならない行為をアメリカ人の高ＳＥＳ層は慣習的に、レシフェの低ＳＥＳ層は道徳的に悪い行為だと捉えている。危害を含まない行為でもブラジルでは道徳的に捉えられていることから判断すると、シュウィーダーが言うように、道徳は危害に関わるもの以外も含んでいると考えられる。更に一般的に、高ＳＥＳ層のほうが低ＳＥＳ層よりも慣習的に捉えており、同じ都市で暮らしているかどうかよりも同じ社会階層であるかどうかの方が顕著な影響が見られる。このことが示唆するのは、社会階層が同じならば違う都市に暮らしていても同じように判断しているので、大学生間の違いだけに基づいて道徳性について調査するのは問題があるかもしれず、むしろ社会階層の違いに注目することが重要になるということである。(3)おおよそ以上のように述べて、ハイトたちはテュリエルよりはシュウィーダーの方が正しいと結論づける（Haidt, Koller and Dias 1993: 618–27）。

2 文化相対主義の何が悪いのか

ここまで、テュリエルの道徳的／慣習的区別に関する論争を中心に検討してきた。ハイトはテュリエルとシュウィーダーの論争を、合理主義あるいは認知主義と情動主義との論争と捉え、シュウィーダーに軍配を上げる（Haidt 2012; Haidt, Koller and Dias 1993; Shweder and Haidt 1993）。しかし、これはこの論争をハイト自身の情動主義の立場から合理的に再構成したものであり、本来の論争上の文脈から言えば、道徳の普遍性に関する普遍主義・客観主義と文化相対主義との間の論争である。シュウィーダーたちの批判のそもそもの目的は、コールバーグやテュリエルたちの普遍主義的・客観主義的立場を文化相対主義的な観点から退けることであり、テュリエルたちの反論も反相対主義の立場からシュウィーダーたちの立場を反駁しようとするものであった。そのため、この節ではハイトとは異なる視点から、テュリエルとシュウィーダーの論争に内在する文化相対主義の何が悪いのかという問題を抽出して、検討してみたい。

シュウィーダーが自らの文化相対主義的な立場を打ち出すに当たって拠り所にするのが、先ほど言及した「異なる合理性」という考えである（Shweder 1986; Shweder, Mahapatra and Miller 1987）。このような考え方は、必ずしもシュウィーダーに特有のものではない。例えば、後に述べるようにピーター・ウィンチは社会科学の哲学における合理性論争において同じようなことを主張した（Winch 1958; Winch 1964）。また、ジェイムズ・クック船長の神格化を巡る論争の中で、マーシャル・サーリンズも同様に論じている（Sahlins 1995: 14）。シュウィーダーは異なる合理性という概念を提示する際に、当時の科学哲学の文献を参考にしており、彼の議論は科学哲学上の議論によるところが大きい。しかも、テュリエルたちの反論も先に述べた通り、シュウィーダーたちの相対主義は悪循環に陥るといったたぐいの、科学哲学に詳しい読者にはこれまたお馴染みの批判に収斂している。

ここでは、シュウィーダーの文化相対主義が抱える問題をそれが自己論駁的かどうかという観点からではなく、社会科学の哲学における合理性論争との関連で検討してみたい。というのも、これまで見てきたように、テュリエルとシュウィーダーの論争は一九六〇年代から八〇年代頃の科学哲学の議論を下敷きにしているところがあるからである。私見では、テュリエルとシュウィーダーの論争は合理性論争の焼き直しと言っても良く、そうだとすると合理性論争について確認しておくことがシュウィーダーの文化相対主義が抱える問題点を検討し、克服するには非常に重要であるということになる。

社会科学の哲学における合理性論争とは、ウィンチのエドワード・エヴァンズ＝プリチャード批判を発端として一九六〇年代から八〇年代にかけて行われた論争である。そこで問題となっていたのは、アフリカのアザンデ族のような異文化の人々を研究する際に人類学者はどのような方法を用いるべきなのかということである。アザンデ族の人々は妖術を信じており、なにか良くないことが起こった場合にはその原因として誰かが妖術を使ったからだと考えたりした。このような主張は私たちからすれば非合理的に思えるかもしれないが、ウィンチは異文化にはそれぞれ異なる合理性があるので、内的に理解することが必要であると主張した。つまり、合理的であるとは何なのかという私たちの考え方は決して普遍的なものではなく、それを異文化に押し付けることは自文化中心主義の表れにほかならないとウィンチは考えたのである（Winch 1964）。更にウィンチによれば、科学というのは私たちの生活の一つの側面でしかなく、人間活動の合理性は科学的合理性に尽きるものではない（Winch 1970: 250）。私たちには科学や宗教といった様々な生活様式があり、それぞれの生活様式はそれぞれの合理性——科学的合理性、宗教的合理性、等々——を備えている。その上、アザンデ族の妖術は西洋科学とは全く異なる営みであり、科学的合理性の観点から妖術を非合理的であると批判するのは間違っているとウィンチは主張した。このように異文化や私たちの生活様式それぞれに異なる合理性を付与するウィンチの立場は文化相対主義ではないのかということで、激しい論争となった(4)。

このような議論はシュウィーダーの立場に非常に類似した側面があることが見て取れるだろう。例えば、シュウィーダーは次のように論じている。「外部の観察者によって象徴的、妄想的、イデオロギー的、超自然的、あるいは宗教的であるとしばしば分類される理論、教説、概念は、内部の者にとって理にかない、自然で、そして客観的であると見なされるばかりではなく、合理的であると正当に分類される過程に言及することによって十分に説明されるとも私は主張してきた。その主張を支持するために、私は『異なる合理性』の概念――全ての合理的な過程が普遍的な過程であるとは限らない――を導入し、主観性と客観性の境界を侵食しようとしてきた」(Shweder 1986: 191)。こうした考え方に従えば、アザンデ族にもインド人にも内的に理解可能な異なる合理性を認めなくてはならず、どちらに対しても西洋に特有の考え方を押し付けるようなことがあってはならないということになる。確かに振り返ってみれば、キリスト教や西洋科学に基づいて異文化の行為や慣習を非合理的だと断罪し、啓蒙の名の下にキリスト教化や植民地化を押し進めた負の歴史がある以上、それに対する反省は当然あってしかるべきである。その意味では、自文化中心主義を退けて、異文化の行為や慣習に対して寛容でなければならない。その意味では、文化相対主義に見るべきところがないわけではない。

しかし、行き過ぎた文化相対主義は様々な問題を引き起こす可能性がある。例えば、現地ではカキアと呼ばれる女性器切除から逃れるためにアメリカに亡命を申請したトーゴ人少女ファウジーヤ・カシンジャの例を考えてみると良いだろう。彼女は自分の父が急死したあと伯父と伯母の後見に入ることになった。伯母はファウジーヤに結婚話を持ってきたが、相手の男性は切除に反対していた父と異なり切除を支持していたため、ファウジーヤも切除を受けさせられることになった。しかし、彼女は切除を恐れ、母と一番上の姉の手助けで逃亡したのである。女性器切除は様々な国々で行われているため違いもあるが、ファウジーヤによると、彼女の部族では以下の形で行われているようである。「聞いたところによると、まず四人の女が娘の両脚を大きく広げ、動けないように押さえつけるのだという。そのあと、いちばん年長の女がナイフを手に取り、陰毛を剃り、女の部分をそぎ取るのだ。鎮痛剤も、麻酔も使わない。しかもナイフは消毒されていない。そのあと、娘は両脚を閉じた恰好で、腰からひざまでをグルグル巻きにされ、そのまま傷口がふさがるまでの四十日間を、ベッドで過ごさなくてはならない。四十日後、娘は夫のために『生まれ変わる』。そして夫の家に送られ、彼の妻としての新しい人生を歩みはじめるのだ」（Kassindja and Miller Bashir 1997: 3, 邦訳上一〇頁）。

このような慣習はテュリエルの理論的枠組みから言えば、女性に対して危害を加えているので道徳的規則に反しているということになるだろうが、ファウジーヤの部族の人々がそれほど問題視していないことからすると、テュリエルたちが正しいとは言いがたいところがある。ただ、シュウィーダーたちがインド人に関する調査に基づいて主張したように、ファウジーヤの部族の人々も自分たち以外の文化でも切除を行うべきだと考えているのかどうかは定かではない。しかし、もし私たちが文化相対主義を極めてまじめに受け取ると、切除のような慣習に対して批判を行うことが難しくなる。なぜならその慣習は、切除を受けた女性は淫乱にならないとか夫に不貞を働かないようになるといった理由で、ファウジーヤの部族の内部ではファウジーヤの父のように反対するものがいないわけではないが一応は合理的なものとして正当化されており、それを批判することは私たちの価値観をファウジーヤの部族に押し付けていることになりかねないからである。

そのような押し付けを避けて異文化に寛容であるためには、私たちはその部族の中では切除というものが正当化されていることを容認しなければならない。だが本当にそれで良いのだろうか（Rachels［1986］2003: 26–28, 邦訳三〇–三二頁）。しかもこの問題は実は見知らぬ異国の地にとどまる問題ではない。ファウジーヤの弁護を担当し、彼女の苦闘を記した手記の共著者でもあるレイリ・ミラー・バッシャーが切除の問題に関心を持つようになった一因には、移民によってアメリカ国内にも切除の慣習が持ち込まれるようになったことがある（Kassindja and Miller Bashir 1997: 251, 邦訳下八頁）。現在はアメリカ市民となり、スタテンアイランドで食料品店を営むファウジーヤも、アメリカに持ち込まれた切除などの慣習に悩むアフリカ系女性たちに助言をしている（Constable 2012）。このような場合には、移民たちは自分の部族の慣習を守っているのだから容認しなくてはならないということになるのか、それとも彼らはアメリカに暮らしているのだからアメリカで受け入れられている人権を尊重しなくてはならないのか、文化相対主義者の答えはどちらなのだろうか。

このような文化相対主義の問題に対して、ジェイムズ・レイチェルズは文化相対主義に従うと、二重の意味で批判が困難になると指摘する。つまり、文化相対主義の立場からはある行為や慣習を外部からだけでなく、内部からも批判することが難しくなるのである（Rachels［1986］2003: 21–22, 邦訳二五–二六頁）。第一の意味での外部からの批判の困難というのはこれまで述べてきた通り、ある文化の行為や慣習について外部から批判することが難しいということである。ある文化で認められていることについて、別の文化はどうやって自らの批判を正当化することができるのか、むしろそのような批判は自文化中心主義的でおこがましいのではないかというわけだ。そして、もう一つの意味での批判の困難は内部から批判を行うことも難しくなるということを意味する。ファウジーヤがそうであるように、切除という慣習に同意できないものがいたとしても、その慣習が行われている当の社会で受け入れられている以上、同意するように強いられるといった事態は容易に考えられることである。ファウジーヤの四人の姉は切除を受けないまま結婚することができた。しかし、それは切除に反対していた父に金銭的な余裕があり、娘たちを守ることができたからこそ可能であったことであり、金銭的な余裕や政治的な権力がない場合に逆らうことはなかなか困難であろう。実際のところ、ファウジーヤの父はある種の伝統を尊重する一方で、自分の納得のいかないカキアや一夫多妻制などの伝統には反対しており、ファウジーヤが結婚話とそれに伴う切除に直面することになったのも、強力な庇護者であった父が亡くなり、父とは異なる意見を持つ伯父と伯母の後見に入ることになったからである。逆らえば様々な社会的制裁を受け、日常生活にも支障が生じる恐れがある以上、金銭や権力のないものが自分の社会で当然のように受け入れられている慣習に逆らうことは困難である。もちろん慣習というものが内部から自発的に変化する余地が全くないというわけではない。しかし、それにはかなりの犠牲を伴う可能性があるというのもまた事実であろう。

しかし、なぜ私たちは異文化の行為や慣習を批判することに及び腰になってしまうのだろうか。レイチェルズは三つの理由を挙げて、この問いに答えようとする。第一の理由としては、既に述べた負の歴史に対する反省ということがある。しかし、レイチェルズは次のように論じる。「我々は、(1) ある文化的習慣を道徳的に欠陥があると判断すること、と、(2) 事実を報道し、キャンペーンを行い、外交圧力を加え、それに対して何か働きかけるために軍を派遣すべしと考えること、には違いがあることに注意しなければならない」(Rachels [1986] 2003: 29, 邦訳、三三頁)。確かに場合によっては(2)が示しているような形で介入しなくてはならないことがあるかもしれないが、常にそうだというわけではない。行き過ぎた介入を避けなければならないのは当然のことである。しかし(2)の可能性を恐れて、(1)まで全く行おうとしないというのは次に挙げる第二、第三の理由からしても問題があるように思われる。第二の理由としてレイチェルズが挙げるのは、私たちは異文化に寛容であるべきだと思っているということである。こちらも既に述べたように、寛容それ自体は否定すべきではなく、むしろ賞賛すべきである。しかし、寛容の本性のどこを探しても信仰、宗教、社会習慣の全てが賞賛に値するなどということは含まれていないとレイチェルズは指摘する。第三に私たちが批判に及び腰になってしまうのは、その批判対象の社会に対する軽蔑を私たちが表したくないということがある。しかし、どのような信仰、宗教、社会習慣であれ良い所もあれば悪い所もある。それは批判の対象となっている社会においてばかりでなく、私たちの社会においても同じである。ある社会のある慣習が間違っているからといって、その社会が別の社会にありとあらゆる面で常に劣っているということにはならないのである（Rachels［1986］2003: 28–29, 邦訳三二–三三頁）。ファウジーヤの事例が世の中の注目を浴びることで、ファウジーヤの部族にも変化が起こった。彼女は次のように記している。「わたしの部族が大きな集会を開き、この慣習を存続させるべきかどうかを話し合うことになった、とも聞いた。その会合の結果はまだ聞いていないが、廃止となるよう、アッラーに祈っている。わたしの部族は、みんないい人たちだ。しかし、いい人でも、悪いことをするときもある。彼らは、自分たちがしていることと、その理由について、じっくり考える必要がある。昔からしてきたからというだけで、その慣習を存続させることがあってはならない。伝統が正しいものとはかぎらないのだ」、と（Kassindja and Miller Bashir 1997: 512–13, 邦訳下四一四頁）。ファウジーヤの部族が結局のところ、どのような判断を下したのか私たちには知る由もない。しかし、自分たちの慣習を存続させるべきかどうか、ファウジーヤの部族の人々が考えなおすことになったきっかけが彼女の事件であることは疑いようもない。私たちが他の社会の行為や慣習に批判的な目を向けることが当の社会の人々の反撥を招く場合があることも確かに事実である。しかしだからといって、そうすること自体が常に悪いということにはならない。以上のように考えれば、私たちは異文化を批判することに及び腰になる必要は必ずしもない。もちろん異文化の行為や慣習をはじめから非合理的だと断罪するようなことは寛容という理念からしても適切なことではないし、一方的な批判になってしまってはならないだろう。それでは、文化の多様性を擁護しつつ、対話と相互批判を可能にするにはどうしたら良いのだろうか。

そのための手がかりとして、ここではカール・ポパーを初めとする批判的合理主義者たちによって提唱されたアプローチを援用してみたい。その際に重要になるのが、「正当化なき批判」という考え方である。この考え方について重要な貢献をしたのがW・W・バートリーである。彼は知識の究極的根拠付けを求める立場を正当化主義と呼んだ。バートリーの考えでは、正当化主義は無限後退か独断的コミットメントのジレンマに直面する。すなわち、知識の究極的な根拠付けを求めようとしてもその根拠はどのように正当化されるのかを問い続けていって無限に後退してしまうか、それが嫌ならばどこかで恣意的に無限後退を止めてしまうほかない。このようなジレンマの角を取るために、バートリーは正当化と批判を切り離し、正当化を放棄することを提案する。これが正当化なき批判である。これは、何ものも正当化されていないのだから、全ては批判に開かれているということを意味する。このような立場をバートリーは非正当化主義と呼んだ(Bartley［1962］1984)。

この非正当化主義の考え方をイアン・ジャーヴィーとジョセフ・アガシは発展させて、合理性は程度問題として考えることができると主張し、次のように合理性のレベル分けを行った。

合理性1——ある目的や環境の下で、問題を解決するための目的志向的行為に関わるもの。
合理性2——明示的な一連の規則に従う(合理的な)思考という要素を含むが、自己批判という契機を欠くもの。

合理性3――最高度の合理的思考の基準、特に自己批判という契機を満たすもの。

(Jarvie and Agassi 1979: 353–54)

このように合理性のレベルという観点から見てみると、アザンデ族の妖術の使用もファゥウジーヤの部族で行われている女性器切除もある目的の下に、問題を解決しようとしている点では合理性1を満たすと言えるだろう。つまり、まったくもって非合理的であるというわけではない。また、何かしらの明示的な規則に従っているのだとしたら合理性2も満たすことになるのかもしれない。しかし、アザンデ族もファゥウジーヤの部族も既存のやり方が問題解決のための最善のやり方なのかということに関しては自己批判的ではなく、むしろ伝統だからということで無批判に従っているように思われる。そういう意味では、どちらも合理性3にまで到達しているとは言いがたい。以上のように述べると、それではこのレベル分けの仕方はコールバーグの道徳発達の理論と同じようなもので、子供から大人に成長するように発達するものなのかと疑問に思う読者もいるかもしれない。しかし、そうではない。コールバーグの場合には子供から大人に成長するにつれて段階が上がっていくため段階が下がることは必ずしも想定されていないように思われる。しかし、合理性3に到達しているかのように普通考えられる科学的思考も自己批判という契機を欠いて満足するようであれば、合理性3に到達しているとは言いがたい。その意味で、ここで言う合理性のレベル分けの場合には絶えざる批判が求められており、そのためにもこのアプローチにおいては正当化なき批判という考えが重要な位置を占めることになる。

こうした合理性のレベル分けの利点の一つには、互いの批判的評価や相互批判を可能にするということがある。異文化同士にそれぞれに異なる合理性を付与してしまうと、互いの文化に共通の評価基盤が求められなくなり、相互批判が困難になってしまう。しかし、合理性を程度の問題として考えれば、ある文化はより合理的であったり、別の文化はより合理的でなかったりしても、一方が他方より常に優れているわけではない。たとえある文化が私たちからすると非合理的に見えるとしても、その文化にはある程度の合理性があり、完全に非合理的であるというわけではない。つまり、文化間の違いはより合理的でないのか、あるいはより合理的であるのかということになる。もちろん科学的思考でさえ自己批判という契機を欠いてしまえば、完全に合理的であるわけではない。だからこそ相互批判が必要なのである。お互いに完全に合理的であるわけではないのだから、お互いの見解を改善していかなければならない。もちろんファウジーヤが述べていたように、自分の伝統に対する自己批判が重要であることは言うまでもない。しかし、常に自己批判が可能なわけではない。その意味では自己批判と他者批判は車の両輪のようなものだと言える。このようにお互いを軽蔑するためにではなく、お互いの違いを尊重しつつ問題のある所を指摘し修正していくためにこそ、相互批判による対話が必要なのである。こうした形で文化の多様性を擁護することが可能になるだろうし、それによって文化相対主義を退けることもできるだろう（Yoshida 2014）。

おわりに

道徳的／慣習的規則の区別に関する論争とそこで提示されたシュウィーダーの「異なる合理性」概念を手がかりとして、文化の多様性を擁護しつつ、文化相対主義を克服する方法を検討してきた。確かに、シュウィーダーやハイトたちが主張するように、道徳と慣習の区別には文化差が存在するのかもしれない。ただし、その文化差は程度の問題として捉えられるべきであり、それぞれの文化に全く異なる合理性が存在するのだとまでシュウィーダーたちのように主張するのは無理がある。確かに、植民地主義などがもたらした負の歴史を考えれば、異なる文化の行為や慣習を頭ごなしに非合理的であるとか野蛮であるといって断罪することがあってはならないのはその通りである。それぞれの文化に良い面があることは言うまでもない。しかしそれと同時に悪い面もある。全てを問題のないものと見なしたり、あるいは賞賛に値するものとして受け入れてしまうのはそれぞれの文化の現実を真正面から捉えているとは言いがたい。その上、行き過ぎた文化相対主義には内部からの批判も外部からの批判も難しくしてしまうという大きな問題がある。しかし、それぞれの文化が全く孤立して存在することが可能だった昔ならともかく、現代のように異文化間の交流が盛んに生じている状況では、文化相対主義を言い立てることで相互批判の可能性を欠いてしまうことの方が問題である。むしろ必要なのはお互いの違いを認めつつ、それでもなおお互いの良い所や悪い所を指摘し合えるような環境を作ることだろう。そのように考えると、それぞれの文化に異なる合理性を付与するシュウィーダーたちのやり方では相互批判は単なるすれ違いにしかならないため、そのような環境を作ることには寄与し得ない。その意味で、合理性をレベル分けすることによって、お互いがお互いを批判的に評価しあう環境づくりが可能になるのではないかと思われる。お互いがお互いの良い所や悪い所を自由に指摘し、批判し合うことにこそ重要な意義があり、その上で寛容の精神が発揮されなければならないのである。

註

（1）この論文は二〇一四年九月七日に開催された「名古屋哲学フォーラム」での発表に加筆修正を加えたものである。当日頂いた全てのコメントにお答えできているわけではないが、コメントを下さった聴衆の皆さんに感謝申し上げる。なお言うまでもなく、全ての誤りの責任は筆者にある。

（2）夫のある妻の婚外性交渉については、日本でも一九四七年一〇月二六日の刑法一部改正によって廃止されるまで、姦通罪によって処罰の対象とされていたことが知られている。

（3）この点はジョセフ・ヘンリックたちが指摘していることと共鳴しているように思われる。ヘンリックたちによれば、行動科学系のジャーナルの被験者の大部分がWEIRDな人々——西洋の（Western）、教育を受け（Educated）、産業化され（Industrialized）、裕福で（Rich）、民主主義的な（Democratic）社会の人々——であり、この人々は他の社会の人々と比べるとかなり異なっており、WEIRDな人々に関する調査に基づいて人間性について一般化することには問題がある（Henrich, Heine and Norenzayan 2010）。

（4）合理性論争に関する筆者の見解については、Yoshida（2014）を参照のこと。ウィンチについては、特に第二章で論じている。また、先に述べたクック船長の神格化を巡る論争については、第五章を参照されたい。

参考文献

Bartley, W. W. [1962] 1984. *The retreat to commitment*. 2nd ed. Open Court.

Constable, P. 2012. Once victims, two women crusade against abusive traditions. *Washington Post*, May 2, 2012. http://www.washingtonpost.com/lifestyle/style/once-victims-two-women-crusade-against-abusive-traditions/2012/05/01/gIQAGbmavT_story.html（二〇一四年一〇月一五日閲覧）

Geertz, C. 1984. Anti anti-relativism. *American Anthropologist* 86 (2): 263-78.（C・ギアツ「反・反相対主義」、『現代社会を照らす光——人類学的な省察』鏡味治也・中林伸浩・西本陽一訳、青木書店、二〇〇七年、五七-八七頁）

Gilligan, C. 1982. *In a different voice: Psychological theory and women's development*. Harvard University Press.（C・ギリガン『もうひとつの声——男女の道徳観のちがいと女性のアイデンティティ』岩男寿美子監訳、生田久美子・並木美智子訳、川島書店、一九八六年）

Haidt, J. 2012. *The righteous mind: Why good people are divided by politics and religion*. Pantheon Books.（J・ハイト『社会はなぜ左と右にわかれるのか——対立を超えるための道徳心理学』高橋洋訳、紀伊國屋書店、二〇一四年）

Haidt, J., Koller, S. H. and Dias, M. G. 1993. Affect, culture, and morality, or Is it wrong to eat your dog? *Journal of Personality and Social Psychology* 65（4）: 613–28.

Henrich, J., Heine, S. J. and Norenzayan, A. 2010. The weirdest people in the world? *Behavioral and Brain Sciences* 33: 61–83.

Huebner, B., Lee J. J. and Hauser, M. D. 2010. The moral-conventional distinction in mature moral competence. *Journal of Cognition and Culture* 10: 1–26.

Jarvie, I. C. 1970. Understanding and explanation in sociology and social anthropology. In Borger, R. and Cioffi, F.（eds.）*Explanation in the behavioural sciences*. Cambridge University Press, 231–48; 260–69.

Jarvie, I. C. and Agassi, J. 1979. The rationality of dogmatism. In Geraets, T. F.（ed.）*Rationality today*. University of Ottawa Press, 353–62.

Kassindja, F. and Miller Bashir, L. 1997. *Do they hear you when you cry*. Delacorte Press.（F・カシンジャ、L・ミラー・バッシャー『ファウジーヤの叫び』（上・下）大野晶子訳、ソニー・マガジンズ、一九九九年）

Kelly, D., Stich, S., Haley, K. J., Eng, S. J. and Fessler, D. M. T. 2007. Harm, affect, and the moral/conventional distinction. *Mind and Language* 22（2）: 117–31.

Kohlberg, L. 1969. Stage and sequence: The cognitive-developmental approach to socialization. In Goslin, D. A.（ed.）*Handbook of socialization theory and research*. Rand McNally College Publishing, 347–480.（L・コールバーグ『道徳性の形成――認知発達的アプローチ』永野重史監訳、新曜社、一九八七年）

Rachels, J.［1986］2003. *The elements of moral philosophy*. 4th ed. McGraw-Hill.（J・レイチェルズ『現実を見つめる道徳哲学』古牧徳生・次田憲和訳、晃洋書房、二〇〇三年）

Sahlins, M. D. 1995. *How "natives" think: About Captain Cook, for example*. University of Chicago Press.

Shweder, R. A. 1986. Divergent rationalities. In Fiske, D. W. and Shweder, R. A.（eds.）*Metatheory in social science: Pluralisms and subjectivities*. University of Chicago Press, 163–96.

Shweder, R. A. and Bourne E. J. 1982. Does the concept of the person vary cross-culturally? In Marsella, A. J. and White, G. M.（eds.）*Cultural conceptions of mental health and therapy*. D. Reidel, 97–137.

Shweder, R. A. and Haidt, J. 1993. The future of moral psychology: Truth, intuition, and the pluralist way. *Psychological Science* 4 (6): 360–65.

Shweder, R. A., Mahapatra, M. and Miller, J. G. 1987. Culture and moral development. In Kagan J. and Lamb, S. (eds.) *The emergence of morality in young children*. University of Chicago Press, 1–83.

Sommers, T. 2012. *Relative justice: Cultural diversity, free will, and moral responsibility*. Princeton University Press.

Turiel, E. 1978. Distinct conceptual and developmental designs: Social convention and morality. In Howe, H. E. Jr. and Keasey, C. B. (eds.) *Nebraska symposium on motivation, 1977: Social cognitive development*. University of Nebraska Press, 76–116.

——— 1983. Domains and categories in social-cognitive development. In Overton, W. F. (ed.) *The relationship between social and cognitive development*. Lawrence Erlbaum Associates, 53–89.

Turiel, E., Killen, M. and Helwig, C. C. 1987. Morality: Its structure, functions, and vagaries. In Kagan J. and Lamb, S. (eds.) *The emergence of morality in young children*. University of Chicago Press, 155–243.

Winch, P. 1958. *The idea of a social science and its relation to philosophy*. Routledge and Kegan Paul.（P・ウィンチ『社会科学の理念――ウィトゲンシュタイン哲学と社会研究』森川真規雄訳、新曜社、一九七七年）

——— 1964. Understanding a primitive society. *American Philosophical Quarterly* 1 (4): 307–24.

——— 1970. Comment [on Jarvie 1970]. In Borger R. and Cioffi, F. (eds.) *Explanation in the behavioural sciences*. Cambridge University Press, 249–59.

Yoshida, K. 2014. *Rationality and cultural interpretivism: A critical assessment of failed solutions*. Lexington Books.

あとがき

倫理学はいくつかの分野に分類される。一つ目は、人間がなす行為の善し悪しや正しさを問う「規範倫理学」。二つ目は、そもそも善悪や正しさといったものが実在するのか、そしてそれはどのように認識されうるのかを問う「メタ倫理学」。三つ目は、現代社会のなかで実際に生じている倫理問題を考察する「応用倫理学」である。これらに対して本書は、倫理にまつわる人間観を探求し、その心理や行動を記述することに焦点を当てている。その点で、本書で扱われている問題の多くは「記述倫理学」という四つ目の分野に該当するものである。とりわけ、個人的な経験則や素朴な人間観を超えて、科学的な知見に裏打ちされるような記述的考察に踏み込んでいるところが特徴である。しかし本書はそれだけでなく、そうした記述が他の倫理学諸分野の様々な問題にどのように関わっているのか、またそれらに対してどのような意味合いを持っているのかをも問うている。モラル・サイコロジー（道徳心理学）とは本来そのような学問なのであり、またそれが本書の理念とするところでもあるのだ。

本書に含まれる論考の大半は、東京大学駒場キャンパスを中心地として開催されたいくつかの研究会での討議に基づいたものである。これらの研究会は、サントリー文化財団「人文科学、社会科学に関する学際的グループ研究助成」を受けて開催されたものと、日本学術振興会科学研究費補助金を受けて開催されたものから構成されている。その成果と言うべき本書の刊行にあたり、これらの機関と関係者の皆様に対して、改めて心より御礼申し上げたい。

また担当編集者の小林公二氏には、本書の刊行のために大変多くの労をとっていただくことになった。その素晴らしい仕事ぶりはもちろんのこと、忍耐強く執筆陣を支えていただいたことに、深く感謝申し上げる次第である。

二〇一六年三月　オックスフォードにて、春を迎えながら

太田紘史

ま行

や行

ら行

な行

は行

さ行

た行

事項索引

あ行

か行

195-196, 199, 208-218, 227, 252-253, 262, 268, 395, 399, 409
ブルーム（Bloom, P.） 128, 152, 175, 179, 181, 233, 266,
ヘルム（Helm, B.） 286-287, 314
ベンサム（Bentham, J.） 11, 60, 171, 205, 375
ホィートリ（Wheatley, T.） 192-193, 218, 233, 269
ボイド（Boyd, R.） 50, 96
ホッブズ（Hobbes, T.） 4, 7, 156, 187, 319-320, 326, 364, 368

ま行

マーカス（Marcus, G.） 132, 181
マードック（Murdoch, I.） 375, 404, 409
マクダウェル（McDowell, J.） 405, 408
マシェリ（Machery, E.） 168, 178, 181, 353-355
ミッシェル（Mischel, W.） 381-382, 409
ミハイル（Mikhail, J.） 26, 121, 132, 135-138, 140-145, 148, 155-157, 173-174, 179, 181, 216, 222, 266-267
ミリカン（Millikan, R.） 304, 314
ミル（Mill, J. S.） 79, 81-82, 112, 172, 175
ミルグラム（Milgram, S.） 22, 27, 387-389, 393, 402, 405-406, 408
ムーア（Moore, C.） 43-45, 67
ムーア（Moore, G. E.） 89-92, 95, 110, 115, 261, 268
メイ（May, M.） 387, 395, 398, 407

や行

山岸俊男（Yamagishi, T.） 46, 53, 64-65, 69, 71-72
ヤン（Young, L.） 25-26, 115, 134-136, 153, 157-158, 160-161, 176-180, 183-184, 215, 240, 242, 265-266, 269

ら行

ラマルク（Lamarck, J-P.） 83
レイチェルズ（Rachels, J.） 87-88, 91, 116, 430-432, 438
レヴィン（Lewin, K.） 401, 408
ロールズ（Rawls, J.） 4, 138, 140-141, 173, 179, 181-182, 215, 224, 268
ロス（Ross, L.） 398, 405, 409,
ロス（Ross, W.） 12, 27, 223-224, 226, 257, 260-261, 268, 409
ロスキース（Roskies, A.） 17, 27, 277-279, 311-312, 314-315

スミス（Smith, A.） 122, 138, 183
スミス（Smith, M.） 17, 27, 197, 281, 285-287, 289, 312, 315, 367, 407
スリーニヴァサン（Sreenivasan, G.） 395, 398-399, 405-406, 409
スロート（Slote, M） 330, 364-365, 369
ソーバー（Sober, E.） 112, 115-117, 326, 340, 342, 349-350, 352-353, 356-358, 360, 369-370
ソーリー（Sorley, W.） 89, 92, 116

た行

ダーウィン（Darwin, C） 5, 23, 70-71, 73-83, 85-87, 92, 96, 109-110, 112, 114, 116-117, 156, 370
ダーリー（Darley, J.） 22, 25-27, 115, 178, 266, 383-385, 405-408
ダマシオ（Damasio, A） 16, 25, 113-115, 190, 215, 277, 314-315
ダンバー（Dunbar, R.） 56, 58-59, 68-69
チョムスキー（Chomsky, N.） 137-139, 146-148, 163-164, 173, 175-176
ティモンズ（Timmons, M.） 205-206, 216, 218, 264, 268
ティンバーゲン（Tinbergen, N） 31-32, 71, 174
デネット（Dennett, D.） 109, 114
デューイ（Dewey, J.） 92, 114
テュリエル（Turiel, E.） 19, 27, 123, 183, 414-415, 417-419, 421-423, 425-427, 429, 439
ドゥ・ヴァール（De Waal, F.） 8, 25, 59-60, 68, 77-78, 114
トゥービー（Tooby, J.） 40-42, 68, 96
ドーキンス（Dawkins, R.） 34, 68, 96
トマセロ（Tomasello, M.） 333-334, 367, 370
トムソン（Thomson, J.） 10, 27, 97, 117, 183
トリヴァース（Trivers, R.） 6, 27, 34, 42-43, 71, 76, 117
ドリス（Doris, J.） 23, 25, 97, 114, 171, 177, 182, 215, 217, 315, 370, 394, 396-397, 407-408
トレサン（Tresan, J.） 299-300, 315

な行

ニコルス（Nichols, S.） 188, 193, 195, 199, 206, 214, 217, 230, 245, 267, 315, 322, 345-349, 365-366, 369
ニスベット（Nisbett, R.） 329, 369, 398, 405-406, 409,
ノヴァク（Nowak, M.） 7, 27, 35, 69
ノーブ（Knobe, J.） 157, 165, 173-174, 180, 230, 233, 245, 266-267

は行

ハーツホーン（Hartshorne, H.） 387, 395, 398, 407
バートリー（Bartley, W.） 433, 437
ハーマン（Harman, G.） 23, 26, 137, 140, 148, 150, 171, 179, 182, 226, 261, 266, 394, 406-408
ハイト（Haidt, J.） 13-14, 20, 26-27, 99, 111, 115, 121, 129-133, 150-154, 159-160, 166, 173, 178-180, 183, 188, 192-193, 196, 206-207, 216-218, 233, 265, 268, 312-313, 342, 368, 415, 422, 424-426, 435, 437-438
ハクスリー（Huxley, J.） 92-94, 110, 115
ハクスリー（Huxley, T.） 83-86, 92, 112, 116
バトソン（Batson, D.） 8, 25, 267, 321-322, 336-342, 344-345, 347-349, 365-369, 385, 406
バトラー（Butler, J.） 324, 326, 367, 370
バドワー（Badhwar N.） 393-395, 406
ハミルトン（Hamilton, W） 6, 26, 34, 69, 76, 115
ハムリン（Hamlin, J.） 124-127, 172, 179
ピアジェ（Piaget, J.） 123, 129, 133, 182, 196, 415
ヒューム（Hume, D.） 14, 81, 115, 130, 187-188, 196, 203, 213, 215, 227, 266, 375-376, 399
ファイン（Fine, C.） 61, 274-275, 277-279, 312, 314
ファインバーグ（Feinberg, J.） 323, 326, 328-329, 331-332, 365
フィッチ（Fitch, W.） 163, 165, 169, 174, 177
フット（Foot, P.） 10, 25, 61, 68, 97, 114, 134, 177, 375, 404, 407
ブラウン（Brown, W.） 43-45, 67
フラナガン（Flanagan, O.） 394, 407
フランク（Frank, R.） 360, 368
プリンツ（Prinz, J.） 150, 182, 188, 192-193,

人名索引

あ行

アイゼンバーグ（Eisenberg, N.） 33, 68, 336, 368
アガシ（Agassi, J.） 433-434, 438
アクィナス（Aquinas, T.） 134, 375-376
アプトン（Upton, C.） 393-394, 410
アリストテレス（Aristotle） 4, 21, 23, 374, 376-377, 393, 395, 397, 399, 401, 403-405, 410
アレクサンダー（Alexander, R.） 7, 25, 35, 67
アンスコム（Anscombe, G） 134, 174-175, 404, 406
イェーザー（Yezer, A.） 360-361, 371
ウィギンズ（Wiggins, D.） 404, 410
ウィルソン（Wilson, D） 112, 116-117, 342, 349-350, 352-353, 356-358, 360, 370
ウィルソン（Wilson, E.） 94-96, 110-111, 117, 320, 371
ウィルソン（Wilson, T） 329-330, 369, 371
ウィンチ（Winch, P.） 426-428, 437, 439
ウォレス（Wallace, A.） 86-87, 111, 117
内井惣七（Uchii, S.） 83, 86-87, 90, 112, 117
エイヤー（Ayer, A.） 225, 260, 264, 313
小田亮（Oda, R.） 39, 44-46, 48-49, 53-54, 56-58, 62, 65, 69-71

か行

カシンジャ（Kassindja, F.） 428-430, 432, 438
カッシュマン（Cushman, F.） 12-13, 25-27, 115, 128, 134-136, 156, 158-159, 161, 176-179, 184, 207, 214-215, 240, 242, 265-266, 269
カッパーマン（Kupperman, J.） 393, 395, 405, 408
カヘイン（Kahane, G.） 105-106, 115, 254-256, 259-260, 264, 297,
カント（Kant, I.） 11-12, 14, 25, 60-62, 65-66, 69, 123, 188, 196-198, 206, 214-215, 263-265, 404
ギブソン（Gibson, J.） 303, 313
ギリガン（Gilligan, C.） 417, 437
クラーエ（Krahe, B.） 398, 401-402, 408
グリーン（Greene, J.） 15, 25-26, 97-100, 103-104, 108, 110-115, 134, 156, 188-189, 191-192, 201-208, 213-214, 250-251, 254, 256, 259, 263
クリフォード（Clifford, W.） 80-82, 109, 114
グレイ（Gray, K.） 160-162, 178
ゲージ（Gage, P.） 177
ケネット（Kennett, J.） 208, 215, 274-279, 312, 314
ゴールドマン（Goldman, A.） 142, 173, 178
コールバーグ（Kohlberg, L.） 18-19, 26, 78, 123, 129, 133, 180, 196, 216, 414-419, 426, 434, 438
児玉聡（Kodama, S.） 98, 113, 117, 120, 184, 260, 403, 410,
コスミデス（Cosmides, L.） 40-42, 68, 96

さ行

サルトル（Sartre, J-P.） 378, 404, 409
ザングウィル（Zangwill, N.） 311, 315
シグムント（Sigmund, K.） 7, 27, 35, 69
シジウィック（Sidgwick, H.） 88-89, 92, 112, 116, 215, 261
シノット-アームストロング（Sinnott-Armstrong, W.） 115, 161, 181, 183, 216-217, 234-236, 238-239, 249, 261-262, 264-265, 268, 314, 369
ジャーヴィー（Jarvie, I.） 433-434, 438-439
ジャッケンドフ（Jackendoff, R.） 142, 165, 180-181
シュウィーダー（Shweder, R.） 19-20, 27, 131, 183, 414-415, 419-429, 435-436, 438-439
シンガー（Singer, P.） 9, 27, 103-104, 108, 116, 224-225, 263, 268
スタノヴィッチ（Stanovich, K.） 62-63, 70, 364, 370
スティーヴン（Stephen, L.） 81-82, 96, 114, 116
スティッチ（Stich, S.） 175, 179, 182, 340, 342, 346, 351-357, 359, 364, 366, 369-370, 397, 407, 438
スペンサー（Spencer, H.） 82-83, 90, 93, 110, 112, 116

編著者

太田紘史 *Koji Ota*

1980年生。新潟大学人文学部准教授。専門は、心の哲学。著書に『シリーズ 新・心の哲学』全3巻（共編著、勁草書房、2014年）、訳書にD・チャーマーズ『意識の諸相』（共訳、春秋社、近刊）など。

執筆者（執筆順）

小田亮 *Ryo Oda*

1967年生。名古屋工業大学大学院准教授。霊長類の行動を進化の観点から研究している。著書に『利他学』（新潮社、2011年）、訳書にD・C・ギアリー『心の起源』（培風館、2007年）など。

田中泉吏 *Senji Tanaka*

1980年生。慶應義塾大学文学部助教。専門は、科学哲学。著書に『進化論はなぜ哲学の問題になるのか』（共著、勁草書房、2010年）、訳書にK・ステレルニー『進化の弟子』（共訳、勁草書房、2013年）など。

飯島和樹 *Kazuki Iijima*

1982年生。日本学術振興会特別研究員PD、玉川大学脳科学研究所特別研究員。専門は認知神経科学。著書に『シリーズ 新・心の哲学Ｉ 認知篇』（共著、勁草書房、2014年）、『発達と脳――コミュニケーション・スキルの獲得過程』（共著、医学書院、2010年）など。

永守伸年 *Nobutoshi Nagamori*

1984年生。京都市立芸術大学美術学部講師。専門は、カント哲学、現代倫理学。論文に「信頼概念の射程：自律概念の再検討を通じて」（『倫理学年報』62号、2013年）など。

信原幸弘 *Yukihiro Nobuhara*

1954年生。東京大学大学院総合文化研究科教授。専門は、心の哲学。著書に『心の現代哲学』（勁草書房、1999年）、『意識の哲学』（岩波書店、2002年）、訳書にR・G・ミリカン『意味と目的の世界』（勁草書房、2007年）など。

片岡雅知 *Masanori Kataoka*

1989年生。東京大学総合文化研究科博士課程在籍。専攻は、心の哲学。論文に「共同行為の説明に関する個人主義」（『哲学・科学史論叢』第15号、2013年）、訳書に中村かれん『クレイジー・イン・ジャパン』（共訳、医学書院、2014年）など。

立花幸司 *Koji Tachibana*

1979年生。熊本大学文学部准教授。専門は、古代ギリシアおよび現代の倫理学。訳書にD・C・ラッセル編『ケンブリッジ・コンパニオン 徳倫理学』（監訳、春秋社、2015年）、アリストテレス『ニコマコス倫理学（上/下）』（共訳、光文社古典新訳文庫、2015/2016年）など。

吉田敬 *Kei Yoshida*

1972年生。早稲田大学社会科学総合学術院専任講師。専門は、社会科学の哲学。単著に *Rationality and Cultural Interpretivism: A Critical Assessment of Failed Solutions* (Lexington Books, 2014)、共著に『経済学に脳と心は必要か？』（川越敏司編著、河出書房新社、2013年）など。

モラル・サイコロジー
心と行動から探る倫理学

2016年5月25日　第1刷発行

編著者――――太田紘史
著者――――――小田亮・田中泉吏・飯島和樹・永守伸年・信原幸弘・
片岡雅知・立花幸司・吉田敬
発行者――――澤畑吉和
発行所――――株式会社 **春秋社**
〒101-0021 東京都千代田区外神田2-18-6
電話 03-3255-9611
振替 00180-6-24861
http://www.shunjusha.co.jp/
印刷――――――株式会社 シナノ
製本――――――黒柳製本 株式会社
装丁――――――伊藤滋章

ISBN978-4-393-32365-6
定価はカバー等に表示してあります